U0912751

短篇小说
中篇小说
散　文
报告文学

2015 中国文坛纪事

2005

2010

2015

中国文坛纪事

白　烨／主编

人民文学出版社

图书在版编目（CIP）数据

2015中国文坛纪事/白烨主编. —北京：人民文学出版社，2016
ISBN 978-7-02-011552-5

Ⅰ.①2… Ⅱ.①白… Ⅲ.①中国文学—文学史—史料—2015 Ⅳ.①I209.76

中国版本图书馆CIP数据核字(2016)第074863号

责任编辑 王 晓
装帧设计 刘 静
责任印制 王景林

出版发行 人民文学出版社
社　　址 北京市朝内大街166号
邮政编码 100705
网　　址 http://www.rw-cn.com

印　　刷 三河市鑫金马印装有限公司
经　　销 全国新华书店等

字　　数 446千字
开　　本 880毫米×1230毫米 1/32
印　　张 16.75 插页3
版　　次 2016年6月北京第1版
印　　次 2016年6月第1次印刷

书　　号 978-7-02-011552-5
定　　价 49.00元

如有印装质量问题,请与本社图书销售中心调换。电话:010-65233595

目　　录

年度特载

学习《讲话》笔谈

要闻聚焦

文情传真

现状观察

百家论坛

研讨举要

文人互看

评奖与评选

对话与访谈

忆怀故人

史料与史实

年度逝世文艺家

文坛大事记

·年度特载·

在文艺工作座谈会上的讲话

（2014年10月15日）

习近平

今天，这里群英荟萃、少长咸集，既有德高望重的老作家、老艺术家，也有崭露头角的文艺新秀，有些同志过去就很熟悉，有些是初次见面。见到大家很高兴。

文艺事业是党和人民的重要事业，文艺战线是党和人民的重要战线。长期以来，广大文艺工作者致力于文艺创作、表演、研究、传播，在各自领域辛勤耕耘、服务人民，取得了显著成绩，作出了重要贡献。在大家共同努力下，我国文艺园地百花竞放、硕果累累，呈现出繁荣发展的生动景象。借此机会，我向大家表示衷心的感谢，向全国文艺工作者致以诚挚的问候！

今天召开这个座谈会，我早有考虑，直到现在才有机会，主要是想听听大家的意见和建议，同大家一起分析现状、交流思想，共商我国文艺繁荣发展大计。刚才，几位同志的发言都很好，有思想，有见地，听了很受启发。下面，我讲5个问题，同大家一起讨论。

第一个问题：实现中华民族伟大复兴需要中华文化繁荣兴盛

为什么要高度重视文艺和文艺工作？这个问题，首先要放在我国和世界发展大势中来审视。我说过，实现中华民族伟大复兴，是近代以来中国人民最伟大的梦想。今天，我们比历史上任何时期都更接近中华民族伟大复兴的目标，比历史上任何时期都更有信心、有能力实现这个目标。而实现这个目标，必须高度重视和充分发挥文艺和文艺工作者的重要作用。

文化是民族生存和发展的重要力量。人类社会每一次跃进，人类文明每一次升华，无不伴随着文化的历史性进步。中华民族有着5000多年的文明史，近代以前中国一直是世界强国之一。在几千年的历史流变中，中华民族从来不是一帆风顺的，遇到了无数艰难困苦，但我们都挺过来、走过来了，其中一个很重要的原因就是世世代代的中华儿女培育和发展了独具特色、博大精深的中华文化，为中华民族克服困难、生生不息提供了强大精神支撑。

德国哲学家雅斯贝尔斯在《历史的起源与目标》一书中写道，公元前800年至公元前200年是人类文明的“轴心时代”，是人类文明精神的重大突破时期，当时古代希腊、古代中国、古代印度等文明都产生了伟大的思想家，他们提出的思想原则塑造了不同文化传统，并一直影响着人类生活。这段话讲得很深刻，很有洞察力。古往今来，中华民族之所以在世界有地位、有影响，不是靠穷兵黩武，不是靠对外扩张，而是靠中华文化的强大感召力和吸引力。我们的先人早就认识到“远人不服，则修文德以来之”的道理。阐释中华民族禀赋、中华民族特点、中华民族精神，以德服人、以文化人是其中很重要的一个方面。

历史和现实都表明，人类文明是由世界各国各民族共同创造的。我出访所到之处，最陶醉的是各国各民族人民创造的文明成果。世界文明瑰宝比比皆是，这里我举几个国家、几个民族的例子。古希腊产生了对人类文明影响深远的神话、寓言、雕塑、建筑艺术，埃斯库罗斯、索福克勒斯、欧里庇得斯、阿里斯托芬的悲剧和喜剧是希腊艺术的经典之作。俄罗斯有普希金、果戈理、莱蒙托夫、屠格涅夫、陀思妥耶夫斯基、涅克拉索夫、车尔尼雪夫斯基、托尔斯泰、契诃夫、高尔基、肖洛霍夫、柴可夫斯基、里姆斯基-科萨科夫、拉赫玛尼诺夫、列宾等大师。法国有拉伯雷、拉封丹、莫里哀、司汤达、巴尔扎克、雨果、大仲马、小仲马、莫泊桑、罗曼·罗兰、萨特、加缪、米勒、马奈、德加、塞尚、莫奈、罗丹、柏辽兹、比才、德彪西等大师。英国有乔叟、弥尔顿、拜伦、雪莱、济慈、狄更斯、哈代、萧伯纳、透纳等大师。德国有莱辛、歌德、席勒、海涅、巴赫、贝多芬、舒曼、瓦格纳、勃拉姆斯等大师。美国有霍桑、朗费罗、斯托夫人、惠特曼、马克·吐温、德莱赛、杰克·伦敦、海明威等大师。我最近访问了印度，印度人民也是具有非凡文艺创造活力的，大约公元前1000年前后就形成了《梨俱吠陀》、《阿达婆吠陀》、《娑摩吠陀》、《夜柔吠陀》四种本集，法显、玄奘取经时，印度的诗歌、舞蹈、绘画、宗教建筑和雕塑就达到了很高的水平，泰戈尔更是产生了世界性的影响。我国就更多了，从老子、孔子、庄子、孟子、屈原、王羲之、李白、杜甫、苏轼、辛弃疾、关汉卿、曹雪芹，到"鲁郭茅巴老曹"（鲁迅、郭沫若、茅盾、巴金、老舍、曹禺），到聂耳、冼星海、梅兰芳、齐白石、徐悲鸿，从诗经、楚辞到汉赋、唐诗、宋词、元曲以及明清小说，从《格萨尔王传》、《玛纳斯》到《江格尔》史诗，从五四时期新文化运动、新中国成立到改革开放的今天，产生了灿若星辰的文艺大师，留下了浩如烟海的文艺精品，不仅为中华民族提供了丰厚滋养，而且为世界文明贡献了华彩篇章。

历史和现实都证明，中华民族有着强大的文化创造力。每到重大历史关头，文化都能感国运之变化、立时代之潮头、发时代之先声，为亿万人民、为伟大祖国鼓与呼。中华文化既坚守本根又不断与时俱进，使中华民族保持了坚定的民族自信和强大的修复能力，培育了共同的情感和价值、共同的理想和精神。

没有中华文化繁荣兴盛，就没有中华民族伟大复兴。一个民族的复兴需要强大的物质力量，也需要强大的精神力量。没有先进文化的积极引领，没有人民精神世界的极大丰富，没有民族精神力量的不断增强，一个国家、一个民族不可能屹立于世界民族之林。

文艺是时代前进的号角，最能代表一个时代的风貌，最能引领一个时代的风气。“文变染乎世情，兴废系乎时序。”在欧洲文艺复兴运动中，但丁、彼特拉克、薄伽丘、达·芬奇、拉斐尔、米开朗琪罗、蒙田、塞万提斯、莎士比亚等文艺巨人，发出了新时代的啼声，开启了人们的心灵。在谈到文艺复兴运动时，恩格斯说，这“是一个需要巨人而且产生了巨人——在思维能力、热情和性格方面，在多才多艺和学识渊博方面的巨人的时代”。在我国发展史上，包括文艺在内的文化发展同样与中华民族发展紧紧联系在一起。先秦时期，我国出现了百家争鸣的兴盛局面，开创了我国古代文化的一个鼎盛期。20 世纪初，在五四新文化运动中，发端于文艺领域的创新风潮对社会变革产生了重大影响，成为全民族思想解放运动的重要引擎。

现在，全党全国各族人民正按照党的十八大确立的奋斗目标和党的十八届三中全会提出的改革任务，一步一步把中国特色社会主义事业向前推进。实现“两个一百年”奋斗目标、实现中华民族伟大复兴的中国梦是长期而艰巨的伟大事业。伟大事业需要伟大精神。实现这个伟大事业，文艺的作用不可替代，文艺工作者大有可为。广大文艺工作者要从这样的高度认识文艺的地位和作用，认识自己所担负的历史使命和责任。

鲁迅先生说，要改造国人的精神世界，首推文艺。举精神之旗、立精神支柱、建精神家园，都离不开文艺。当高楼大厦在我国大地上遍地林立时，中华民族精神的大厦也应该巍然耸立。我国作家艺术家应该成为时代风气的先觉者、先行者、先倡者，通过更多有筋骨、有道德、有温度的文艺作品，书写和记录人民的伟大实践、时代的进步要求，彰显信仰之美、崇高之美，弘扬中国精神、凝聚中国力量，鼓舞全国各族人民朝气蓬勃迈向未来。

第二个问题：创作无愧于时代的优秀作品

“文章合为时而著，歌诗合为事而作。”衡量一个时代的文艺成就最终要看作品。推动文艺繁荣发展，最根本的是要创作生产出无愧于我们这个伟大民族、伟大时代的优秀作品。没有优秀作品，其他事情搞得再热闹、再花哨，那也只是表面文章，是不能真正深入人民精神世界的，是不能触及人的灵魂、引起人民思想共鸣的。文艺工作者应该牢记，创作是自己的中心任务，作品是自己的立身之本，要静下心来、精益求精搞创作，把最好的精神食粮奉献给人民。

优秀文艺作品反映着一个国家、一个民族的文化创造能力和水平。吸引、引导、启迪人们必须有好的作品，推动中华文化走出去也必须有好的作品。所以，我们必须把创作生产优秀作品作为文艺工作的中心环节，努力创作生产更多传播当代中国价值观念、体现中华文化精神、反映中国人审美追求，思想性、艺术性、观赏性有机统一的优秀作品，形成“龙文百斛鼎，笔力可独扛”之势。优秀作品并不拘于一格、不形于一态、不定于一尊，既要有阳春白雪、也要有下里巴人，既要顶天立地、也要铺天盖地。只要有正能量、有感染力，能够温润心灵、启迪心智，传得开、留得下，为人民群众所喜爱，这就是优秀作品。

文艺深深融入人民生活，事业和生活、顺境和逆境、梦想和期望、爱和恨、存在和死亡，人类生活的一切方面，都可以在文艺作品中找到启迪。文艺对年轻人吸引力最大，影响也最大。我年轻时读了不少文学作品，涉猎了当时能找到的各种书籍，不仅其中许多精彩章节、隽永文字至今记忆犹新，而且从中悟出了不少生活真谛。文艺也是不同国家和民族相互了解和沟通的最好方式。去年3月，我访问俄罗斯，在同俄罗斯汉学家座谈时就说到，我读过很多俄罗斯作家的作品，如年轻时读了车尔尼雪夫斯基的《怎么办?》后，在我心中引起了很大的震动。今年3月访问法国期间，我谈了法国文艺对我的影响，因为我们党老一代领导人中很多到法国求过学，所以我年轻时对法国文艺抱有浓厚兴趣。在德国，我讲了自己读《浮士德》的故事。那时候，我在陕北农村插队，听说一个知青有《浮士德》这本书，就走了 30 里路去借这本书，后来他又走了 30 里路来取回这本书。我为什么要对外国人讲这些？就是因为文艺是世界语言，谈文艺，其实就是谈社会、谈人生，最容易相互理解、沟通心灵。

改革开放以来，我国文艺创作迎来了新的春天，产生了大量脍炙人口的优秀作品。同时，也不能否认，在文艺创作方面，也存在着有数量缺质量、有“高原”缺“高峰”的现象，存在着抄袭模仿、千篇一律的问题，存在着机械化生产、快餐式消费的问题。在有些作品中，有的调侃崇高、扭曲经典、颠覆历史，丑化人民群众和英雄人物；有的是非不分、善恶不辨、以丑为美，过度渲染社会阴暗面；有的搜奇猎艳、一味媚俗、低级趣味，把作品当作追逐利益的“摇钱树”，当作感官刺激的“摇头丸”；有的胡编乱写、粗制滥造、牵强附会，制造了一些文化“垃圾”；有的追求奢华、过度包装、炫富摆阔，形式大于内容；还有的热衷于所谓“为艺术而艺术”，只写一己悲欢、杯水风波，脱离大众、脱离现实。凡此种种都警示我们，文艺不能在市场经济大潮中迷失方向，不能在为什么人的问题上发生偏差，否则文艺就没有生命力。

我同几位艺术家交谈过，问当前文艺最突出的问题是什么，他们不约而同地说了两个字：浮躁。一些人觉得，为一部作品反复打磨，不能及时兑换成实用价值，或者说不能及时兑换成人民币，不值得，也不划算。这样的态度，不仅会误导创作，而且会使低俗作品大行其道，造成劣币驱逐良币现象。人类文艺发展史表明，急功近利，竭泽而渔，粗制滥造，不仅是对文艺的一种伤害，也是对社会精神生活的一种伤害。低俗不是通俗，欲望不代表希望，单纯感官娱乐不等于精神快乐。文艺要赢得人民认可，花拳绣腿不行，投机取巧不行，沽名钓誉不行，自我炒作不行，“大花轿，人抬人”也不行。

精品之所以“精”，就在于其思想精深、艺术精湛、制作精良。“充实之谓美，充实而有光辉之谓大。”古往今来，文艺巨制无不是厚积薄发的结晶，文艺魅力无不是内在充实的显现。凡是传世之作、千古名篇，必然是笃定恒心、倾注心血的作品。福楼拜说，写《包法利夫人》“有一页就写了5天”，“客店这一节也许得写3个月”。曹雪芹写《红楼梦》“披阅十载，增删五次”。正是有了这种孜孜以求、精益求精的精神，好的文艺作品才能打造出来。

“取法于上，仅得为中；取法于中，故为其下。”有容乃大、无欲则刚，淡泊明志、宁静致远。大凡伟大的作家艺术家，都有一个渐进、渐悟、渐成的过程。文艺工作者要志存高远，就要有“望尽天涯路”的追求，耐得住“昨夜西风凋碧树”的清冷和“独上高楼”的寂寞，即便是“衣带渐宽”也“终不悔”，即便是“人憔悴”也心甘情愿，最后达到“众里寻他千百度”，“蓦然回首，那人却在，灯火阑珊处”的领悟。

“诗文随世运，无日不趋新。”创新是文艺的生命。文艺创作中出现的一些问题，同创新能力不足很有关系。刘勰在《文心雕龙》中就多处讲到，作家诗人要随着时代生活创新，以自己的艺术个性进行创新。唐代书法家李邕说：“似我者俗，学我者死。”宋代诗人黄庭坚说：“随人作计终后人，自成一家始逼真。”文艺创作是观念和手段相结合、内容和形式相融合的深度创新，是各种艺术要素和技术要素的集成，是胸怀和创意的对接。要把创新精神贯穿文艺创作生产全过程，增强文艺原创能力。要坚持百花齐放、百家争鸣的方针，发扬学术民主、艺术民主，营造积极健康、宽松和谐的氛围，提倡不同观点和学派充分讨论，提倡体裁、题材、形式、手段充分发展，推动观念、内容、风格、流派切磋互鉴。我国少数民族能歌善舞，长期以来形成了多姿多彩的文艺成果，这是我国文艺的瑰宝，要保护好、发展好，让它们在祖国文艺百花园中绽放出更加绚丽的光彩。

繁荣文艺创作、推动文艺创新，必须有大批德艺双馨的文艺名家。要把文艺队伍建设摆在更加突出的重要位置，努力造就一批有影响的各领域文艺领军人物，建设一支宏大的文艺人才队伍。文艺是给人以价值引导、精神引领、审美启迪的，艺术家自身的思想水平、业务水平、道德水平是根本。文艺工作者要自觉坚守艺术理想，不断提高学养、涵养、修养，加强思想积累、知识储备、文化修养、艺术训练，努力做到“笼天地于形内，挫万物于笔端”。除了要有好的专业素养之外，还要有高尚的人格修为，有“铁肩担道义”的社会责任感。在发展社会主义市场经济条件下，还要处理好义利关系，认真严肃地考虑作品的社会效果，讲品位，重艺德，为历史存正气，为世人弘美德，为自身留清名，努力以高尚的职业操守、良好的社会形象、文质兼美的优秀作品赢得人民喜爱和欢迎。

互联网技术和新媒体改变了文艺形态，催生了一大批新的文艺类型，也带来文艺观念和文艺实践的深刻变化。由于文字数码化、书籍图像化、阅读网络化等发展，文艺乃至社会文化面临着重大变革。要适应形势发展，抓好网络文艺创作生产，加强正面引导力度。近些年来，民营文化工作室、民营文化经纪机构、网络文艺社群等新的文艺组织大量涌现，网络作家、签约作家、自由撰稿人、独立制片人、独立演员歌手、自由美术工作者等新的文艺群体十分活跃。这些人中很有可能产生文艺名家，古今中外很多文艺名家都是从社会和人民中产生的。我们要扩大工作覆盖面，延伸联系手臂，用全新的眼光看待他们，用全新的政策和方法团结、吸引他们，引导他们成为繁荣社会主义文艺的有生力量。

第三个问题：坚持以人民为中心的创作导向

社会主义文艺，从本质上讲，就是人民的文艺。毛泽东同志在延安文艺座谈会上指出：“为什么人的问题，是一个根本的问题，原则的问题。”邓小平同志说：“我们的文艺属于人民”，“人民是文艺工作者的母亲”。江泽民同志要求广大文艺工作者“在人民的历史创造中进行艺术的创造，在人民的进步中造就艺术的进步”。胡锦涛同志强调：“只有把人民放在心中最高位置，永远同人民在一起，坚持以人民为中心的创作导向，艺术之树才能常青。”

人民既是历史的创造者、也是历史的见证者，既是历史的“剧中人”、也是历史的“剧作者”。文艺要反映好人民心声，就要坚持为人民服务、为社会主义服务这个根本方向。这是党对文艺战线提出的一项基本要求，也是决定我国文艺事业前途命运的关键。只有牢固树立马克思主义文艺观，真正做到了以人民为中心，文艺才能发挥最大正能量。以人民为中心，就是要把满足人民精神文化需求作为文艺和文艺工作的出发点和落脚点，把人民作为文艺表现的主体，把人民作为文艺审美的鉴赏家和评判者，把为人民服务作为文艺工作者的天职。

第一，人民需要文艺。人民的需求是多方面的。满足人民日益增长的物质需求，必须抓好经济社会建设，增加社会的物质财富。满足人民日益增长的精神文化需求，必须抓好文化建设，增加社会的精神文化财富。物质需求是第一位的，吃上饭是最主要的，所以说“民以食为天”。但是，这并不是说人民对精神文化生活的需求就是可有可无的，人类社会与动物界的最大区别就是人是有精神需求的，人民对精神文化生活的需求时时刻刻都存在。

随着人民生活水平不断提高，人民对包括文艺作品在内的文化产品的质量、品位、风格等的要求也更高了。文学、戏剧、电影、电视、音乐、舞蹈、美术、摄影、书法、曲艺、杂技以及民间文艺、群众文艺等各领域都要跟上时代发展、把握人民需求，以充沛的激情、生动的笔触、优美的旋律、感人的形象创作生产出人民喜闻乐见的优秀作品，让人民精神文化生活不断迈上新台阶。

还有，国际社会对中国的关注度越来越高，他们想了解中国，想知道中国人的世界观、人生观、价值观，想知道中国人对自然、对世界、对历史、对未来的看法，想知道中国人的喜怒哀乐，想知道中国历史传承、风俗习惯、民族特性，等等。这些光靠正规的新闻发布、官方介绍是远远不够的，靠外国民众来中国亲自了解、亲身感受是很有限的。而文艺是最好的交流方式，在这方面可以发挥不可替代的作用，一部小说，一篇散文，一首诗，一幅画，一张照片，一部电影，一部电视剧，一曲音乐，都能给外国人了解中国提供一个独特的视角，都能以各自的魅力去吸引人、感染人、打动人。京剧、民乐、书法、国画等都是我国文化瑰宝，都是外国人了解中国的重要途径。文艺工作者要讲好中国故事、传播好中国声音、阐发中国精神、展现中国风貌，让外国民众通过欣赏中国作家艺术家的作品来深化对中国的认识、增进对中国的了解。要向世界宣传推介我国优秀文化艺术，让国外民众在审美过程中感受魅力，加深对中华文化的认识和理解。

第二，文艺需要人民。人民是文艺创作的源头活水，一旦离开人民，文艺就会变成无根的浮萍、无病的呻吟、无魂的躯壳。列宁说："艺术是属于人民的。它必须在广大劳动群众的底层有其最深厚的根基。它必须为这些群众所了解和爱好。它必须结合这些群众的感情、思想和意志，并提高他们。它必须在群众中间唤起艺术家，并使他们得到发展。"人民生活中本来就存在着文学艺术原料的矿藏，人民生活是一切文学艺术取之不尽、用之不竭的创作源泉。

人民的需要是文艺存在的根本价值所在。能不能搞出优秀作品，最根本的决定于是否能为人民抒写、为人民抒情、为人民抒怀。一切轰动当时、传之后世的文艺作品，反映的都是时代要求和人民心声。我国久传不息的名篇佳作都充满着对人民命运的悲悯、对人民悲欢的关切，以精湛的艺术彰显了深厚的人民情怀。《古诗源》收集的反映远古狩猎活动的《弹歌》，《诗经》中反映农夫艰辛劳作的《七月》、反映士兵征战生活的《采薇》、反映青年爱情生活的《关雎》，探索宇宙奥秘的《天问》，反映游牧生活的《敕勒歌》，歌颂女性英姿的《木兰诗》等，都是从人民生活中产生的。屈原的"长太息以掩涕兮，哀民生之多艰"，杜甫的"安得广厦千万间，大庇天下寒士俱欢颜"、"朱门酒肉臭，路有冻死骨"，李绅的"谁知盘中餐，粒粒皆辛苦"，郑板桥的"些小吾曹州县吏，一枝一叶总关情"，等等，也都是深刻反映人民心声的作品和佳句。世界上最早的文学作品《吉尔伽美什》史诗，反映了两河流域上古人民探求自然规律和生死奥秘的心境和情感。《荷马史诗》赞美了人民勇敢、正义、无私、勤劳等品质。《神曲》、《十日谈》、《巨人传》等作品的主要内容是反对中世纪的禁欲主义、蒙昧主义，反映人民对精神解放的热切期待。因此，文艺只有植根现实生活、紧跟时代潮流，才能发展繁荣；只有顺应人民意愿、反映人民关切，才能充满活力。

人民不是抽象的符号，而是一个一个具体的人，有血有肉，有情感，有爱恨，有梦想，也有内心的冲突和挣扎。不能以自己的个人感受代替人民的感受，而是要虚心向人民学习、向生活学习，从人民的伟大实践和丰富多彩的生活中汲取营养，不断进行生活和艺术的积累，不断进行美的发现和美的创造。要始终把人民的冷暖、人民的幸福放在心中，把人民的喜怒哀乐倾注在自己的笔端，讴歌奋斗人生，刻画最美人物，坚定人们对美好生活的憧憬和信心。

说到这里，我就想起了一件事情。1982 年，我到河北正定县去工作前夕，一些熟人来为我送行，其中就有八一厂的作家、编剧王愿坚。他对我说，你到农村去，要像柳青那样，深入到农民群众中去，同农民群众打成一片。柳青为了深入农民生活，1952 年曾经任陕西长安县县委副书记，后来辞去了县委副书记职务、保留常委职务，并定居在那儿的皇甫村，蹲点 14 年，集中精力创作《创业史》。因为他对陕西关中农民生活有深入了解，所以笔下的人物才那样栩栩如生。柳青熟知乡亲们的喜怒哀乐，中央出台一项涉及农村农民的政策，他脑子里立即就能想象出农民群众是高兴还是不高兴。

第三，文艺要热爱人民。有没有感情，对谁有感情，决定着文艺创作的命运。如果不爱人民，那就谈不上为人民创作。鲁迅就对人民充满了热爱，表露他这一心迹最有名的诗句就是“横眉冷对千夫指，俯首甘为孺子牛”。我在河北正定工作时结识的作家贾大山，也是一位热爱人民的作家。他去世后，我写了一篇文章悼念他。他给我印象最深的就是忧国忧民情怀，“处江湖之远则忧其君”。文艺工作者要想有成就，就必须自觉与人民同呼吸、共命运、心连心，欢乐着人民的欢乐，忧患着人民的忧患，做人民的孺子牛。这是唯一正确的道路，也是作家艺术家最大的幸福。

热爱人民不是一句口号，要有深刻的理性认识和具体的实践行动。对人民，要爱得真挚、爱得彻底、爱得持久，就要深深懂得人民是历史创造者的道理，深入群众、深入生活，诚心诚意做人民的小学生。我讲要深入生活，有些同志人是下去了，但只是走马观花、蜻蜓点水，并没有带着心，并没有动真情。要解决好“为了谁、依靠谁、我是谁”这个问题，拆除“心”的围墙，不仅要“身入”，更要“心入”、“情入”。

文艺的一切创新，归根到底都直接或间接来源于人民。“世事洞明皆学问，人情练达即文章。”艺术可以放飞想象的翅膀，但一定要脚踩坚实的大地。文艺创作方法有一百条、一千条，但最根本、最关键、最牢靠的办法是扎根人民、扎根生活。曹雪芹如果没对当时的社会生活做过全景式的观察和显微镜式的剖析，就不可能完成《红楼梦》这种百科全书式巨著的写作。鲁迅如果不熟悉辛亥革命前后底层民众的处境和心情，就不可能塑造出祥林嫂、闰土、阿Q、孔乙己等那些栩栩如生的人物。

关在象牙塔里不会有持久的文艺灵感和创作激情。有一位苏联诗人形容作家坐在屋里挖空心思写不出东西的窘态是“把手指甲都纹出了水来”。我们要走进生活深处，在人民中体悟生活本质、吃透生活底蕴。只有把生活咀嚼透了，完全消化了，才能变成深刻的情节和动人的形象，创作出来的作品才能激荡人心。正所谓“闭门觅句非诗法，只是征行自有诗”。一切创作技巧和手段最终都是为内容服务的，都是为了更鲜明、更独特、更透彻地说人说事说理。背离了这个原则，技巧和手段就毫无价值了，甚至还会产生负面效应。

当然，生活中并非到处都是莺歌燕舞、花团锦簇，社会上还有许多不如人意之处、还存在一些丑恶现象。对这些现象不是不要反映，而是要解决好如何反映的问题。古人云，“乐而不淫，哀而不伤”，“发乎情，止乎礼义”。文艺创作如果只是单纯记述现状、原始展示丑恶，而没有对光明的歌颂、对理想的抒发、对道德的引导，就不能鼓舞人民前进。应该用现实主义精神和浪漫主义情怀观照现实生活，用光明驱散黑暗，用美善战胜丑恶，让人们看到美好、看到希望、看到梦想就在前方。

一部好的作品，应该是经得起人民评价、专家评价、市场检验的作品，应该是把社会效益放在首位，同时也应该是社会效益和经济效益相统一的作品。在发展社会主义市场经济的条件下，许多文化产品要通过市场实现价值，当然不能完全不考虑经济效益。然而，同社会效益相比，经济效益是第二位的，当两个效益、两种价值发生矛盾时，经济效益要服从社会效益，市场价值要服从社会价值。文艺不能当市场的奴隶，不要沾满了铜臭气。优秀的文艺作品，最好是既能在思想上、艺术上取得成功，又能在市场上受到欢迎。要坚守文艺的审美理想、保持文艺的独立价值，合理设置反映市场接受程度的发行量、收视率、点击率、票房收入等量化指标，既不能忽视和否定这些指标，又不能把这些指标绝对化，被市场牵着鼻子走。

有的同志说，天是世界的天，地是中国的地，只有眼睛向着人类最先进的方面注目，同时真诚直面当下中国人的生存现实，我们才能为人类提供中国经验，我们的文艺才能为世界贡献特殊的声响和色彩。说的是有道理的。中华民族5000多年的文明进步，近代以来中国人民争取民族独立、人民解放的浴血斗争，中国共产党领导人民进行的革命、建设、改革的伟大历程，古老中国的深刻变化和13亿中国人民极为丰富的生产生活，为文艺创作提供了极为肥沃的土壤，值得写的东西太多了。只要我们与人民同在，就一定能从祖国大地母亲那里获得无穷的力量。

第四个问题：中国精神是社会主义文艺的灵魂

这段时间，我集中强调了培育和践行社会主义核心价值观问题。今年2月，中央政治局专门就培育和弘扬社会主义核心价值观进行集体学习，我作了讲话，对全社会提了要求。五四青年节，我到北京大学去，对大学师生讲了这个问题。5月底，我在上海考察工作时，对领导干部弘扬和践行社会主义核心价值观提了要求。六一儿童节前夕，我在北京海淀区民族小学同师生们座谈时讲了这个问题。6月上旬，我在两院院士大会上对院士们也提了这方面要求。9月教师节前一天，我到北京师范大学同师生座谈，再次强调了这个问题。今天，我也要对文艺界提出这方面要求，因为文艺在培育和弘扬社会主义核心价值观方面具有独特作用。

每个时代都有每个时代的精神。我曾经讲过，实现中国梦必须走中国道路、弘扬中国精神、凝聚中国力量。核心价值观是一个民族赖以维系的精神纽带，是一个国家共同的思想道德基础。如果没有共同的核心价值观，一个民族、一个国家就会魂无定所、行无依归。为什么中华民族能够在几千年的历史长河中生生不息、薪火相传、顽强发展呢？很重要的一个原因就是中华民族有一脉相承的精神追求、精神特质、精神脉络。

改革开放以来，我国经济发展很快，人民生活水平提高也很快。同时，我国社会正处在思想大活跃、观念大碰撞、文化大交融的时代，出现了不少问题。其中比较突出的一个问题就是一些人价值观缺失，观念没有善恶，行为没有底线，什么违反党纪国法的事情都敢干，什么缺德的勾当都敢做，没有国家观念、集体观念、家庭观念，不讲对错，不问是非，不知美丑，不辨香臭，浑浑噩噩，穷奢极欲。现在社会上出现的种种问题病根都在这里。这方面的问题如果得不到有效解决，改革开放和社会主义现代化建设就难以顺利推进。

我们始终强调，两个文明都搞好才是中国特色社会主义。邓小平同志早就告诫我们：风气如果坏下去，经济搞成功又有什么意义？会在另一方面变质！因此，我们要在全社会大力弘扬和践行社会主义核心价值观，使之像空气一样无处不在、无时不有，成为全体人民的共同价值追求，成为我们生而为中国人的独特精神支柱，成为百姓日用而不觉的行为准则。要号召全社会行动起来，通过教育引导、舆论宣传、文化熏陶、实践养成、制度保障等，使社会主义核心价值观内化为人们的精神追求、外化为人们的自觉行动。

文艺是铸造灵魂的工程，文艺工作者是灵魂的工程师。好的文艺作品就应该像蓝天上的阳光、春季里的清风一样，能够启迪思想、温润心灵、陶冶人生，能够扫除颓废萎靡之风。“凡作传世之文者，必先有可以传世之心。”广大文艺工作者要高扬社会主义核心价值观的旗帜，充分认识肩上的责任，把社会主义核心价值观生动活泼、活灵活现地体现在文艺创作之中，用栩栩如生的作品形象告诉人们什么是应该肯定和赞扬的，什么是必须反对和否定的，做到春风化雨、润物无声。同时，文艺界知名人士很多，社会影响力不小，大家不仅要在文艺创作上追求卓越，而且要在思想道德修养上追求卓越，更应身体力行践行社会主义核心价值观，努力做到言为士则、行为世范。

在社会主义核心价值观中，最深层、最根本、最永恒的是爱国主义。爱国主义是常写常新的主题。拥有家国情怀的作品，最能感召中华儿女团结奋斗。范仲淹的“先天下之忧而忧，后天下之乐而乐”，陆游的“王师北定中原日，家祭无忘告乃翁”、“位卑未敢忘忧国”、“夜阑卧听风吹雨，铁马冰河入梦来”，文天祥的“人生自古谁无死，留取丹心照汗青”，林则徐的“苟利国家生死以，岂因祸福避趋之”，岳飞的《满江红》，方志敏的《可爱的中国》，等等，都以全部热情为祖国放歌抒怀。我们当代文艺更要把爱国主义作为文艺创作的主旋律，引导人民树立和坚持正确的历史观、民族观、国家观、文化观，增强做中国人的骨气和底气。

追求真善美是文艺的永恒价值。艺术的最高境界就是让人动心，让人们的灵魂经受洗礼，让人们发现自然的美、生活的美、心灵的美。一首短短的《游子吟》之所以流传千年，就在于它生动讴歌了伟大的母爱。苏东坡称赞韩愈“文起八代之衰，而道济天下之溺”，讲的是从司马迁之后到韩愈，算起来文章衰弱了八代。韩愈的文章起来了，凭什么呢？就是“道”，就是文以载道。我们要通过文艺作品传递真善美，传递向上向善的价值观，引导人们增强道德判断力和道德荣誉感，向往和追求讲道德、尊道德、守道德的生活。只要中华民族一代接着一代追求真善美的道德境界，我们的民族就永远健康向上、永远充满希望。

文艺创作不仅要有当代生活的底蕴，而且要有文化传统的血脉。“求木之长者，必固其根本；欲流之远者，必浚其泉源。”中华优秀传统文化是中华民族的精神命脉，是涵养社会主义核心价值观的重要源泉，也是我们在世界文化激荡中站稳脚跟的坚实根基。增强文化自觉和文化自信，是坚定道路自信、理论自信、制度自信的题中应有之义。如果“以洋为尊”、“以洋为美”、“唯洋是从”，把作品在国外获奖作为最高追求，跟在别人后面亦步亦趋、东施效颦，热衷于“去思想化”、“去价值化”、“去历史化”、“去中国化”、“去主流化”那一套，绝对是没有前途的！事实上，外国人也跑到我们这里寻找素材、寻找灵感，好莱坞拍摄的《功夫熊猫》、《花木兰》等影片不就是取材于我们的文化资源吗？

中华民族在长期实践中培育和形成了独特的思想理念和道德规范，有崇仁爱、重民本、守诚信、讲辩证、尚和合、求大同等思想，有自强不息、敬业乐群、扶正扬善、扶危济困、见义勇为、孝老爱亲等传统美德。中华优秀传统文化中很多思想理念和道德规范，不论过去还是现在，都有其永不褪色的价值。我们要结合新的时代条件传承和弘扬中华优秀传统文化，传承和弘扬中华美学精神。中华美学讲求托物言志、寓理于情，讲求言简意赅、凝练节制，讲求形神兼备、意境深远，强调知、情、意、行相统一。我们要坚守中华文化立场、传承中华文化基因，展现中华审美风范。

传承中华文化，绝不是简单复古，也不是盲目排外，而是古为今用、洋为中用，辩证取舍、推陈出新，摒弃消极因素，继承积极思想，“以古人之规矩，开自己之生面”，实现中华文化的创造性转化和创新性发展。

当然，我们强调弘扬社会主义核心价值观，继承和发扬中华民族优秀传统文化，坚持和弘扬中国精神，并不排斥学习借鉴世界优秀文化成果。我们社会主义文艺要繁荣发展起来，必须认真学习借鉴世界各国人民创造的优秀文艺。只有坚持洋为中用、开拓创新，做到中西合璧、融会贯通，我国文艺才能更好发展繁荣起来。其实，现代以来，我国文艺和世界文艺的交流互鉴就一直在进行着。白话文、芭蕾舞、管弦乐、油画、电影、话剧、现代小说、现代诗歌等都是借鉴国外又进行民族创造的成果。鲁迅等进步作家当年就大量翻译介绍国外进步文学作品。新中国成立后，我们学习借鉴苏联文艺，如普列汉诺夫的艺术理论、斯坦尼斯拉夫斯基表演体系，苏联的芭蕾舞、电影等，苏联著名舞蹈家乌兰诺娃以及一些苏联著名演员、导演当年都来过中国访问。这种学习借鉴对建国初期我国社会主义文艺发展起到了促进作用。改革开放之后，我国文艺对世界文艺的学习借鉴就更广泛了。现在，情况也一样，很多艺术形式是国外兴起的，如说唱表演、街舞等，但只要人民群众喜欢，我们就要用，并赋予其健康向上的内容。

当今世界是开放的世界，艺术也要在国际市场上竞争，没有竞争就没有生命力。比如电影领域，经过市场竞争，国外影片并没有把我们的国产影片打垮，反而刺激了国产影片提高质量和水平，在市场竞争中发展起来了，具有了更强的竞争力。

第五个问题：加强和改进党对文艺工作的领导

党的领导是社会主义文艺发展的根本保证。党的根本宗旨是全心全意为人民服务，文艺的根本宗旨也是为人民创作。把握了这个立足点，党和文艺的关系就能得到正确处理，就能准确把握党性和人民性的关系、政治立场和创作自由的关系。

加强和改进党对文艺工作的领导，要把握住两条：一是要紧紧依靠广大文艺工作者，二是要尊重和遵循文艺规律。各级党委要从建设社会主义文化强国的高度，增强文化自觉和文化自信，把文艺工作纳入重要议事日程，贯彻好党的文艺方针政策，把握文艺发展正确方向。要选好配强文艺单位领导班子，把那些德才兼备、能同文艺工作者打成一片的干部放到文艺工作领导岗位上来。要尊重文艺工作者的创作个性和创造性劳动，政治上充分信任，创作上热情支持，营造有利于文艺创作的良好环境。要诚心诚意同文艺工作者交朋友，关心他们的工作和生活，倾听他们心声和心愿。要重视文艺阵地建设和管理，坚持守土有责，绝不给有害的文艺作品提供传播渠道。各级宣传文化部门要在党委领导下，切实加强对文艺工作的指导和扶持，加强对文艺工作者的引导和团结，为推动文艺繁荣发展作出积极贡献。文联、作协要充分发挥优势，加强行业服务、行业管理、行业自律，真正成为文艺工作者之家。

现在，文艺工作的对象、方式、手段、机制出现了许多新情况、新特点，文艺创作生产的格局、人民群众的审美要求发生了很大变化，文艺产品传播方式和群众接受欣赏习惯发生了很大变化。对传统文艺创作生产和传播，我们有一套相对成熟的体制机制和管理措施，而对新的文艺形态，我们还缺乏有效的管理方式方法。这方面，我们必须跟上节拍，下功夫研究解决。要通过深化改革、完善政策、健全体制，形成不断出精品、出人才的生动局面。

要高度重视和切实加强文艺评论工作。文艺批评是文艺创作的一面镜子、一剂良药，是引导创作、多出精品、提高审美、引领风尚的重要力量。文艺批评要的就是批评，不能都是表扬甚至庸俗吹捧、阿谀奉承，不能套用西方理论来剪裁中国人的审美，更不能用简单的商业标准取代艺术标准，把文艺作品完全等同于普通商品，信奉“红包厚度等于评论高度”。文艺批评褒贬甄别功能弱化，缺乏战斗力、说服力，不利于文艺健康发展。

真理越辩越明。一点批评精神都没有，都是表扬和自我表扬、吹捧和自我吹捧、造势和自我造势相结合，那就不是文艺批评了！金无足赤、人无完人，天下哪有十全十美的东西呢？良药苦口利于病，忠言逆耳利于行。有了真正的批评，我们的文艺作品才能越来越好。文艺批评就要褒优贬劣、激浊扬清，像鲁迅所说的那样，批评家要做“剜烂苹果”的工作，“把烂的剜掉，把好的留下来吃”。不能因为彼此是朋友，低头不见抬头见，抹不开面子，就不敢批评。作家艺术家要敢于面对批评自己作品短处的批评家，以敬重之心待之，乐于接受批评。要以马克思主义文艺理论为指导，继承创新中国古代文艺批评理论优秀遗产，批判借鉴现代西方文艺理论，打磨好批评这把“利器”，把好文艺批评的方向盘，运用历史的、人民的、艺术的、美学的观点评判和鉴赏作品，在艺术质量和水平上敢于实事求是，对各种不良文艺作品、现象、思潮敢于表明态度，在大是大非问题上敢于表明立场，倡导说真话、讲道理，营造开展文艺批评的良好氛围。

同志们！“等闲识得东风面，万紫千红总是春。”党中央对文艺工作和文艺工作者寄予厚望。希望文艺战线和广大文艺工作者不辜负时代召唤、不辜负人民期待，创造出更好更多的文艺精品，为推动文化大发展大繁荣、建设社会主义文化强国作出新的更大的贡献！

（新华社北京2015年10月14日电）

中共中央关于繁荣发展社会主义文艺的意见

（2015 年 10 月 3 日）

为深入贯彻党的十八大和十八届三中、四中全会精神，认真落实习近平总书记在文艺工作座谈会上的重要讲话精神，繁荣发展社会主义文艺，提出如下意见。

一、做好文艺工作的重大意义和指导思想

1. 充分认识文艺工作的重要作用。文艺是民族精神的火炬，是时代前进的号角，最能代表一个民族的风貌，最能引领一个时代的风气。文艺事业是党和人民事业的重要组成部分。我们党历来高度重视文艺工作，在革命、建设、改革各个时期，充分运用文艺引领时代风尚、鼓舞人民前进、推动社会进步。实现中华民族伟大复兴，离不开中华文化繁荣兴盛，离不开文艺事业繁荣发展。举精神旗帜、立精神支柱、建精神家园，是当代中国文艺的崇高使命。弘扬中国精神、传播中国价值、凝聚中国力量，是文艺工作者的神圣职责。

2. 准确把握文艺工作面临的形势。当前，我国文艺创作生产活跃，内容形式丰富，风格手法多样，涌现了一大批人民喜爱的优秀作品，呈现出百花竞放、蓬勃发展的生动景象。广大文艺工作者辛勤耕耘、服务人民，取得了显著成绩，作出了重要贡献。随着改革开放和社会主义现代化建设深入推进，我国经济社会发展取得巨大成就，现代科学技术日新月异，对外交流交往不断

加深，国际地位显著提升，人民精神文化需求日益增长，为文艺发展提供了坚实基础、内在动力、广阔空间。同时，意识形态领域形势十分复杂，巩固思想文化阵地、维护国家文化安全的任务更加紧迫；在思想活跃、观念碰撞、文化交融的背景下，文艺领域还存在价值扭曲、浮躁粗俗、娱乐至上、唯市场化等问题，价值引领的任务艰巨迫切；文艺创作生产存在有数量缺质量、有“高原”缺“高峰”，抄袭模仿、千篇一律、粗制滥造等问题，推出精品力作的任务依然繁重；文艺评论存在“缺席”、“缺位”现象，对优秀作品推介不够，对不良现象批评乏力，文艺评论辨善恶、鉴美丑、促繁荣的作用有待强化。文艺环境、业态、格局深刻调整，创作、传播、消费深刻变化，新的文艺组织和文艺群体大量出现，引导、管理、服务的体制机制、手段方法亟须改革创新。

3. 文艺工作的指导思想和方针原则。高举中国特色社会主义伟大旗帜，以马克思列宁主义、毛泽东思想、邓小平理论、“三个代表”重要思想、科学发展观为指导，深入学习贯彻习近平总书记系列重要讲话精神，紧紧围绕全面建成小康社会、全面深化改革、全面依法治国、全面从严治党的战略布局，深入贯彻党的十八大和十八届三中、四中全会精神，坚持社会主义先进文化前进方向，全面贯彻“二为”方向和“双百”方针，紧紧依靠广大文艺工作者，坚持以人民为中心，以社会主义核心价值观为引领，以中国精神为灵魂，以中国梦为时代主题，以中华优秀传统文化为根脉，以创新为动力，以创作生产优秀作品为中心环节，深入实践、深入生活、深入群众，推出更多无愧于民族、无愧于时代的文艺精品，不断满足人民精神文化需求，建设社会主义文化强国，为实现“两个一百年”奋斗目标、实现中华民族伟大复兴的中国梦提供强大的价值引导力、文化凝聚力、精神推动力。

二、坚持以人民为中心的创作导向

4. 为人民抒写、为人民抒情。社会主义文艺本质上是人民的文艺，人民的需要是文艺存在的根本价值。解决好“为了谁、依靠谁、我是谁”的问题，牢固树立人民是历史创造者的观点，自觉以最广大人民为服务对象和表现主体，在人民生产生活中进行美的发现和美的创造。生动展现人民创造历史的伟大进程，用现实主义精神和浪漫主义情怀观照现实生活，歌颂光明、抒发理想，鞭挞丑恶、抵制低俗，给人民信心和力量。紧跟时代发展，把握人民对文艺作品质量、品位、风格等的期盼，创作生产更多人民喜闻乐见的优秀作品，推动人民精神文化生活不断迈上新台阶。

5. 深入生活、扎根人民。生活是文艺创作的源头活水，人民是文艺工作者的衣食父母。大力倡导文艺工作者深入生活、扎根人民，虚心向人民学习、向实践学习，不断进行生活的积累和艺术的提炼。制定支持文艺工作者长期深入生活的经济政策，健全长效保障机制，为他们蹲点生活、挂职锻炼、采风创作提供必要的工作条件和成果展示平台。完善激励机制，把深入生活纳入文艺单位目标管理和领导班子业绩考核，作为文艺工作者业务考核、职称评定、表彰奖励的重要依据。发挥知名作家艺术家的带头作用，使深入生活、扎根人民在文艺界蔚然成风。

6. 面向基层、服务群众。坚持重心下移，把各种文艺惠民措施纳入公共文化服务体系建设规划，推行菜单式服务，以实效为标准，提升质量和水平。创新形式、持续开展“文化进万家”、“送欢乐下基层”、“心连心”、文化艺术志愿服务、农村电影放映、全民阅读等活动，深入推进服务农民、服务基层文化建设先进集体创建活动。组织实施基层群众文化建设工程，发挥农家书屋、社区书屋效用，落实乡镇文化站职能，在编制总量内健全社区文化中心专兼职岗位，落实国家规定的工资待遇政策。促进“送文化”与群众需求有效对接，加大政府对面向基层文艺产品和服务的购买力度。建立“结对子、种文化”工作机制，组织专业文艺工作者到基层教、学、帮、带。实施农村中小学艺术教育计划，鼓励艺术院校毕业生到农村中小学任教。

7. 激发人民创造活力、繁荣群众文艺。充分尊重人民群众的主体地位和首创精神，使蕴藏于群众中的创造活力充分迸发。

制定繁荣群众文艺发展规划，健全群众文艺工作网络，发挥好基层文联、作协、文化馆（站）、群艺馆在群众文艺创作中的引领作用，壮大民间文艺力量。完善群众文艺扶持机制，扶持引导业余文艺社团、民营剧团、演出队、老年大学以及青少年文艺群体、网络文艺社群、社区和企业文艺骨干、乡土文化能人等广泛开展创作活动，创新载体形式，展示群众文艺创作优秀成果。提高社区文化、村镇文化、企业文化、校园文化、军营文化、网络文化建设水平，培育积极健康、多姿多彩的文化形态，引导群众在参与中自我表现、自我教育、自我服务。普及文艺知识，培养文艺爱好，提高全民文化素养。鼓励群众文艺与旅游、体育等相关产业相结合。

8. 建立经得起人民检验的评价标准。评价文艺作品，要以最广大人民的根本利益为出发点和落脚点，坚持把社会效益放在首位，努力实现社会效益和经济效益、社会价值和市场价值相统一，绝不让文艺成为市场的奴隶。建立健全反映文艺作品质量的综合评价体系，完善影视剧、文艺演出、美术和文艺类出版物等创作生产出版的立项、采购、评审标准，完善文艺作品推介传播等环节的评估标准，把票房收入、收视率、收听率、点击率、发行量等量化指标，与专家评价和群众认可统一起来，推动文艺健康发展。把服务群众和引领群众结合起来，既满足人民多样化精神文化需求，又加强引导、克服浮躁，讲品位、讲格调，坚决抵制趋利媚俗之风。

三、让中国精神成为社会主义文艺的灵魂

9. 聚焦中国梦的时代主题。实现中华民族伟大复兴的中国梦，是当代文艺创作的鲜明主题。深入开展中国梦主题文艺创作活动，生动反映改革开放和社会主义现代化建设的伟大实践，全面展示中国特色社会主义发展前景，着力书写人们寻梦的理想和追梦的奋斗，汇聚起同心共筑中国梦的强大精神力量。不断丰富拓展中国梦的表现内容，既讲好国家民族宏大故事，又讲

好百姓身边日常故事，用生动的艺术形象和叙事体现中国梦的丰富内涵，见人、见事、见精神。

10. 培育和弘扬社会主义核心价值观。社会主义核心价值观是中国精神的集中体现和时代表达。坚持以社会主义核心价值观引领文艺创作生产，实现核心价值观的全方位贯穿、深层次融入，通过精彩的故事、鲜活的语言、丰满的形象，使核心价值观生动活泼、活灵活现地体现在文艺作品中，潜移默化、滋养人心，让人们在文化熏陶中感悟认同社会主流价值。运用各种形式，艺术展现党史国史上的重大事件、重要人物，让光辉业绩、革命传统一代一代传承光大。大力支持文艺单位和作家艺术家从社会生活、当代人物中挖掘题材，讴歌真善美，贬斥假恶丑，彰显信仰之美、崇高之美，引导人们向往和追求讲道德、尊道德、守道德的生活。文学、艺术、电影、出版等方面的基金、资金，重点支持传递向上向善价值观的青少年文艺创作和推广。

11. 唱响爱国主义主旋律。爱国主义是中国精神最深层、最根本的内容，也是文艺创作的永恒追求。坚持唯物史观，不管历史条件发生任何变化，凡是为中华民族作出历史贡献的英雄，都应得到尊敬、受到颂扬，被人民记忆、由文艺书写。组织和支持爱国主义题材文艺创作，大力讴歌民族英雄，倾诉家国情怀，弘扬集体主义精神，不断增强做中国人的骨气和底气。正确反映中华民族五千多年文明史、中国人民近代以来斗争史、中国共产党奋斗史、中华人民共和国发展史、当代中国改革开放史，生动反映各族人民维护祖国统一、海外儿女心向祖国的心路历程。旗帜鲜明反对历史虚无主义，抵制否定中华文明、破坏民族团结、歪曲党史国史、诋毁国家形象、丑化人民群众的言论和行为，反对以洋为尊、唯洋是从，引导人民树立和坚持正确的历史观、民族观、国家观、文化观，不断增强中国特色社会主义道路自信、理论自信、制度自信。拓展爱国主义题材的表现空间，不断丰富形式、创新手法，增强艺术魅力。充分运用重要纪念日、民族传统节日等时间节点，集中展映展播展示群众喜爱的爱国主义优秀作品，开展丰富多彩的群众性文化活动。

12. 传承和弘扬中华优秀传统文化。中华优秀传统文化是中华民族的精神命脉，是我们屹立于世界文化之林的坚实根基。坚守中华文化立场，坚持古为今用、推陈出新，秉持客观科学礼敬的态度，努力实现创造性转化和创新性发展。弃其糟粕、取其精华，从传统文化中提炼符合当今时代需要的思想理念、道德规范、价值追求，赋予新意、创新形式，进行艺术转化和提升，创作更多具有中华文化底色、鲜明中国精神的文艺作品。实施中华文化传承工程，通过国民教育、民间传承、礼仪规范、政策引导和舆论宣传、文艺创作等各个方面，传承中华文化基因。做好古籍整理、经典出版、义理阐释、社会普及工作。加强对中华诗词、音乐舞蹈、书法绘画、曲艺杂技和历史文化纪录片、动画片、出版物等的扶持。发展民族民间艺术，保护和发掘我国少数民族文艺成果及资源，保护和传承非物质文化遗产。实施地方戏曲振兴计划，做好京剧"像音像"工作，挖掘整理优秀传统剧目，推进数字化保存和传播。推进基层国有文艺院团排练演出场所建设，政府采购戏曲项目，提供公共文化服务，推进戏曲进校园。扶持中华文化基因校园传承工作，建设一批中华优秀传统文化教育基地。

四、创作无愧于时代的优秀作品

13. 把创作优秀作品作为中心环节。牢固树立精品意识，推出更多思想精深、艺术精湛、制作精良，体现时代文化成就、代表国家文化形象的文艺精品。组织实施中国当代文学艺术创作工程，科学编制现实题材、爱国主义题材、重大革命和历史题材、青少年题材等专项创作规划，优化创作生产平台，重点支持文学、影视剧、戏剧、音乐、美术等创作。提高组织化程度，集中力量、集聚资源，推出一批有筋骨、有道德、有温度、艺术震撼力强的大作力作，努力形成文艺创作生产的"高峰"。中央和地方设立文艺创作专项资金或基金，加大对创作生产的投入，加强对评论、宣传和推广的保障。发挥精神文明建设"五个一工程"等的示范导向作用，加大评奖成果的宣传展示。办好媒体文艺栏目节目，实施中国文艺原创精品出版项目。

14. 把创新精神贯穿创作生产全过程。坚持思想性、艺术性相统一，坚持内容为王、创意致胜，提高文艺原创能力，在探索中突破超越，在融合中出新出彩，着力增强文艺作品的吸引力、感染力。重点扶持文学、剧本、作曲等原创性、基础性环节，注重富有个性化的创造，避免过多过滥的重复改编。把继承创新和交流借鉴统一起来，深入挖掘和提炼优秀传统文化中的有益思想艺术价值，积极吸收各国优秀文化成果，使文艺更加符合时代进步潮流，更好引领社会风尚。推动文艺与新技术、新业态、新模式、新媒体有机融合，以数字化技术为先导，积极推动文艺创作生产方式的变革和进步，丰富创作手段，拓展艺术空间，不断增强艺术表现力、核心竞争力。

15. 高度重视和切实加强文艺理论和评论工作。坚持以马克思主义为指导，继承中国传统文艺理论评论优秀遗产，批判借鉴外国文艺理论，研究梳理、弘扬创新中华美学精神，推动美德、美学、美文相结合，展现当代中国审美风范。实施马克思主义文艺理论与评论建设工程，深入研究中国特色社会主义文艺理论，编好用好马克思主义文艺理论教材，把马克思主义中国化最新成果贯穿到课堂教学和文艺评论实践各环节。扶持重点文艺评论力量，发挥好各级文艺评论组织、研究机构、高等学校的积极作用。办好重点文艺评论报刊、网站和栏目，丰富表达形式，拓展传播途径。坚持运用历史的、人民的、艺术的、美学的观点评判和鉴赏作品，褒优贬劣、激浊扬清。

16. 大力发展网络文艺。网络文艺充满活力，发展潜力巨大。坚持"重在建设和发展、管理、引导并重"的方针，实施网络文艺精品创作和传播计划，鼓励推出优秀网络原创作品，推动网络文学、网络音乐、网络剧、微电影、网络演出、网络动漫等新兴文艺类型繁荣有序发展，促进传统文艺与网络文艺创新性融合，鼓励作家艺术家积极运用网络创作传播优秀作品。充分发挥新媒体的独特优势，把握传播规律，加强重点文艺网站建设，善于运用微博、微信、移动客户端等载体，促进优秀作品多渠道传输、多平台展示、多终端推送。加强内容管理，创新管理方式，规范传播秩序，让正能量引领网络文艺发展。

17. 加强文艺阵地建设。进一步加强领导、加强规划、加大投入，充分发挥报纸、期刊、电台、电视台、网络媒体、图书音像电子出版物的积极作用，建好用好剧场、电影院、文化馆（站）、群艺馆、美术馆、工人文化宫、文化广场、基层综合性文化服务中心等各类文艺阵地。因地制宜、因时制宜，采用群众喜闻乐见的方式，举办各种展映展播展演展览和品读鉴赏传唱活动，让优秀文艺作品走进基层群众特别是广大青少年。切实增强政治意识、责任意识、阵地意识，按照谁主管谁负责和属地管理原则，加强对各类文艺阵地的管理，做到守土有责、守土负责、守土尽责，绝不给错误文艺思潮和不良文艺作品提供传播渠道。

18. 推动优秀文艺作品走出去。运用文艺形式讲好中国故事、展示中国魅力，是树立当代中国良好形象、提升国家文化软实力的重要战略任务。深入挖掘博大精深的传统文化、多姿多彩的民族文化、昂扬向上的红色文化、充满生机的当代文化，创作生产符合对外传播规律、易于让国外受众接受的优秀作品，不断增强中国文艺的吸引力感召力。加强统筹指导，完善协调机制，把实施丝绸之路文化项目、丝绸之路影视桥、丝路书香等项目纳入国家"一带一路"战略，制定文化交流合作专项计划。实施中国当代作品翻译工程，遴选具有代表性的中国当代文艺作品，进行多语种翻译、出版、播映、展示。充分利用国内和国际、政府和民间多种对外交流渠道和活动平台，把文艺走出去纳入人文交流机制，向世界推介我国优秀文艺作品。

五、建设德艺双馨的文艺队伍

19. 加强思想道德建设。文艺工作者是灵魂的工程师，必须把思想道德建设放在首位。深化马克思主义文艺观学习教育，引导文艺工作者成为党的文艺方针政策的拥护者、践行者，成为时代风气的先行者、先倡者。深化社会主义核心价值观学习教育，引导文艺工作者打牢世界观、人生观、价值观的根底，明确是非、善恶、美丑的界限，摒弃低俗、庸俗、媚俗现象，弘扬公德良序，树立新风正气。组织开展“做人民喜爱的文艺工作者”活动，引导文艺工作者牢记文化担当和社会责任，不断提高学养、涵养、修养。广泛开展职业道德职业精神教育，引导文艺工作者自觉遵守《中国文艺工作者职业道德公约》，处理好义利关系，反对拜金主义、享乐主义、极端个人主义，秉持职业操守，树立良好形象。

20. 培养造就文艺领军人物和高素质文艺人才。着眼于培养大批有影响的各领域文艺领军人物，造就大批人民喜爱的名家大师和民族文化代表人物，深入实施文化名家暨“四个一批”人才工程，进一步加大文艺名家资助扶持、宣传推介力度，实施好国家“千人计划”、“万人计划”文化艺术人才项目，加大国内文化艺术领军人才和青年拔尖人才培养支持力度。加强马克思主义文艺理论评论队伍建设，实施文艺理论评论队伍培养计划。做好各类文艺人才培训工作，实施基层文化队伍培训计划、民族地区文艺人才培养计划。加强和改进专业艺术教育工作，优化专业结构，提高教学质量。落实重大文化项目首席专家制度，完善文艺人才职称职务评聘措施和办法，支持特殊专业艺术人才的学历、职称认定。

21. 做好新的文艺组织和文艺群体工作。新的文艺组织和文艺群体已经成为文化艺术领域的有生力量。要扩大工作覆盖面，延伸联系手臂，完善工作机制，创新组织方式，做好团结、引导、服务工作，发挥好新的文艺组织和文艺群体在繁荣发展社会主义文艺中的积极作用。各级宣传、文化、新闻出版广电部门和文联、作协，要在项目申报、教育培训、展演展示、评比奖励等方面创造条件，在发展会员、职称评定等方面提供便利。文化园区、新的文艺群体聚居区所在县（区）以及街道、乡镇党委和政府要切实加强管理和服务。

六、加强和改进党对文艺工作的领导

22. 党的领导是文艺繁荣发展的根本保证。各级党委要从建设社会主义文化强国、提升党的执政能力的战略高度，增强文化自觉和文化自信，准确把握党性和人民性、政治立场和创作自由的关系，把文艺工作纳入重要议事日程，加强宏观指导，把好文艺方向，提高创作生产的组织化程度，防止把文艺创作生产完全交由市场调节的倾向。各级政府要把文艺事业纳入经济社会发展总体规划，纳入考核评价体系，落实中央支持文艺发展的政策，制定本地支持文艺发展具体措施，不断加大文艺事业投入力度。各级党委宣传部门要发挥统筹指导作用，充分调动各方面力量做好文艺工作，形成党委统一领导，宣传部门牵头抓总，文化、教育、新闻出版广电、文联、作协等部门和团体协同推进，社会各方面积极参与的文艺工作新格局。选优配强文艺单位领导班子，把那些德才兼备、熟悉文艺工作规律、能同文艺工作者打成一片的干部充实到领导岗位上来。推动文艺界廉政建设，加强纪律，反对腐败，改进作风。

23. 营造繁荣发展文艺的良好环境。尊重文艺人才，尊重文艺创造，落实国家荣誉制度，对成就卓著的文艺工作者授予国家荣誉称号。加大对优秀文艺人才、文艺作品的宣传力度，使优秀作家艺术家专业上有权威、社会上受尊重。做好中青年德艺双馨文艺工作者评选表彰工作。大力支持文艺工作者干事创业，诚心诚意同他们交朋友、为他们办实事。改革和完善有利于文艺繁荣发展的酬劳和奖励办法。尊重和遵循文艺规律，发扬学术民主和艺术民主，提倡不同观点和学派充分讨论，提倡题材、体裁、形式、手段充分发展，推动观念、内容、风格、流派积极创新，形成创新精神和创造活力竞相迸发、文艺精品和文艺人才不断涌现的生动局面。

24. 不断深化改革、完善体制机制。贯彻落实全面深化改革的要求，扎实推进文化事业单位改革，建立健全有利于出作品、出人才的体制机制。发挥骨干文化企业和小微文化企业等各种市场主体作用，运用市场机制，调动作家艺术家积极性，推动多出优秀作品。落实和完善对文化单位的配套改革政策，支持他们做大做强，助推文化产业成为支柱性产业。进一步完善各项文艺扶持政策，加大对国有文艺院团改革发展的扶持，加大对文学艺术重点报刊、重点网络文学网站的扶持。把面向基层的公益性文化活动、重大文艺项目纳入公共财政预算。用好各类专项资金和基金，把握方向，突出重点，向弘扬中国梦、弘扬社会主义核心价值观、弘扬中华优秀传统文化等方面的文艺创作倾斜。坚持政府引导和市场调节两轮驱动，创新资金投入方式，健全政府采购、项目补贴、贷款贴息、捐资激励等制度，落实公益性捐赠税前扣除等措施，鼓励和引导社会力量参与文艺创作生产和公益性文化活动，逐步建立健全文艺创作生产资助体系。加强各级各类学校艺术教育，推动学校与社会艺术教育资源和设施共建共享，提高青少年的艺术素养。修订、制定促进和保障文艺繁荣发展的法律法规。依法管理文化市场，深化文化市场综合行政执法改革，加强文化市场执法，深入开展"扫黄打非"，进一步提高依法行政水平。加强知识产权保护，维护文艺工作者和文艺机构合法权益。加强和改进文艺评奖管理，严格评奖标准，既看作品也重人品，切实提高评奖公信力和影响力。

25. 充分发挥文联、作协等人民团体作用。文联、作协是党和政府联系广大文艺工作者的桥梁和纽带。各级党委和政府要加大对文联、作协的支持保障力度，切实支持其履行团结引导、联络协调、服务管理、自律维权职能，在行业建设中发挥主导作用。文联、作协要改革创新、增强活力，改进工作机制和方法手段，改进工作作风，避免机关化、脱离群众现象，真正成为文艺工作者之家，更好地团结凝聚广大文艺工作者，充分调动一切积极因素，为繁荣发展社会主义文艺、建设社会主义文化强国作贡献。

（新华社北京 2015 年 10 月 19 日电）

中共中央办公厅、国务院办公厅印发《关于全国性文艺评奖制度改革的意见》

为贯彻党的十八大和十八届三中、四中全会精神，落实文艺工作座谈会精神，促进优秀文艺作品创作生产传播，现就全国性文艺评奖制度改革提出如下意见。

一、充分认识全国性文艺评奖制度改革的重要意义

1. 文艺评奖是推动多出精品、多出人才，促进社会主义文艺繁荣发展的重要手段。近年来，全国性文艺评奖坚持正确导向、发挥激励作用，在繁荣文艺创作生产、丰富社会文化生活、弘扬社会主义核心价值观等方面，发挥了重要作用。同时，随着形势发展，文艺评奖也出现了一些不容忽视的问题：评奖过多过滥、奖项重复交叉，标准不尽科学、程序不尽规范、监督机制不尽完善，出现个别作品脱离群众、只为评奖而创作的现象等。这些问题，对文艺繁荣发展产生不利影响，容易助长不正之风，必须引起高度重视，采取切实措施加以改进。要从坚持社会主义文艺正确方向、为实现中华民族伟大复兴中国梦提供强大精神力量的高度，深刻认识全国性文艺评奖制度改革的重要意义，切实增强责任感和紧迫感，坚定不移地把这项改革推向深入。

二、全国性文艺评奖制度改革的指导思想、基本原则和总体目标

2. 指导思想和基本原则。深入贯彻党的十八大和十八届三中、四中全会精神，以邓小平理论、“三个代表”重要思想、科学发展观为指导，学习贯彻习近平总书记系列重要讲话精神，坚持“二为”方向和“双百”方针，坚持以人民为中心的创作导向。坚持唱响主旋律、传递正能量，大力弘扬社会主义核心价值观；坚持思想性、艺术性有机统一，推动创作更多无愧于时代的优秀作品；坚持尊重和遵循文艺规律，尊重作家艺术家的创造性劳动；坚持把社会效益放在首位，努力实现社会效益和经济效益、社会价值和市场价值有机统一；坚持公平公正公开，严格标准、严格程序，提高公信力和权威性。

3. 总体目标。通过改革，使奖项设置更加科学，评奖数量更加合理，评奖标准更加严格，评奖程序更加规范，监督保障措施更加完善，品牌效应更加凸显，对文艺工作者的激励更加有力，对创作生产的导向更加鲜明，推出更多人民群众喜爱的优秀作品和优秀人才。

三、明确全国性文艺评奖的举办主体

4. 全国性文艺评奖是指在全国范围内对文艺领域的人物、作品进行的评奖活动，包括跨省、自治区、直辖市的各类文艺评奖活动，冠以“全国”“中国”“中华”等名称的文艺评奖活动，以及在境内举办的冠以“国际”“全球”“华语地区”等名称的文艺评奖活动。全国性文艺评奖分常设性和非常设性两类。

5. 中央宣传部、中央网信办、文化部、新闻出版广电总局、中国文联、中国作协等，可举办常设全国性文艺评奖。上述部门或省、自治区、直辖市党委和政府，经党和国家荣誉表彰工作机构审定，可在节庆活动中举办常设全国性文艺评奖。中央新闻单

位可举办非常设全国性文艺评奖。

四、完善全国性文艺评奖的标准和审批

6. 完善科学合理的评价标准。按照思想精深、艺术精湛、制作精良的标准评价作品，把群众评价和专家评议与上座率、收视率、收听率、点击率、发行量等有机统一起来，把深入基层、受到群众欢迎作为重要依据，建立能够反映文艺作品综合质量的评价体系。按照德艺双馨的要求，把社会声誉和艺术成就作为参评的前提条件，向深入生活、扎根人民的文艺工作者倾斜，严禁有劣迹的从业人员及其作品参评。

7. 具有举办资格的单位举办常设全国性文艺评奖，按程序报请党和国家荣誉表彰工作机构依照有关规定审批。中央新闻单位主办非常设全国性文艺评奖，采取一事一报，由中央宣传部负责审核和管理。

8. 申请举办全国性文艺评奖，应当在举办评奖前向党和国家荣誉表彰工作机构提交申请书，申请书应当载明下列内容：

(1)评奖项目名称，主办单位名称、地址；

(2)申请评奖项目的理由依据；

(3)评奖范围、评选条件、活动周期；

(4)所设子项名称、评奖数量；

(5)评奖章程、评委数量及结构；

(6)奖励办法、经费来源；

(7)评奖活动主要负责人的姓名及联系方式；

(8)其他需要载明的事项。

五、压缩全国性文艺评奖的奖项和数量

9. 20 项常设全国性文艺评奖，压缩 1 项，保留 19 项(保留的具体评奖项目由中央宣传部另行发文通知)。保留的 19 项评奖，大幅压缩子项和评奖数量，着力提高质量。

10. 从严审批节庆活动设立文艺评奖申请。对已经批准的节庆活动中设立的跨省、自治区、直辖市或跨境的各类文艺评奖进行清理压缩，奖项数由 32 项压缩为 4 项（保留的具体评奖项目由中央宣传部另行发文通知）。继续举办的评奖，评奖数量做大幅度压缩。压缩了评奖的节庆活动，要充分发挥文艺评论的作用。通过召开作品研讨会、评议会，充分听取群众意见，加大权威发布力度。今后节庆活动中的全国性文艺评奖实行总量控制，一般不新增。

11. 严格评奖项目设置管理。全国性文艺评奖，原则上只能设置二级子项。子项变更需报批。严禁自行增加子项或扩展到三级分项。

六、加强对社会组织、学校、研究机构以及企业等举办全国性文艺评奖的管理

12. 社会组织未按规定程序获得批准，不得举办全国性文艺评奖。社会组织的业务主管单位，要履行监督管理职责。社会组织应当在年度检查中向登记管理机关和业务主管单位报告举办全国性文艺评奖的情况，接受检查。

13. 学校和研究机构未经批准，不得举办全国性文艺评奖。教育和相关行政管理部门要履行监督管理职责，对已经设立的相关项目予以规范和清理。

14. 报刊、出版单位和网站未经批准，不得举办全国性文艺评奖。网信和新闻出版管理部门及相关主管主办单位要履行监督管理职责，对已经设立的相关项目予以规范和清理。

15. 严禁各类企业以各种名目举办全国性文艺评奖。

七、健全评审机制

16. 坚持正确导向，参评作品应体现社会主义核心价值观的要求，体现民族精神和时代精神；弘扬中华民族伟大复兴中国

梦，传承中华优秀传统文化；反映人民主体地位和现实生活，讲述中国故事；弘扬真善美、凝聚正能量，发挥塑造美好心灵、陶冶道德情操、引领社会风尚的作用。

17. 保持评奖规则和章程的相对稳定性，规范评奖的报送、评选、公示等程序，增强评奖透明度。

18. 完善评委结构，坚持专家评委和群众评委相结合，注重评委的代表性和权威性，严格落实评委遴选、轮换、回避与保密等制度。

19. 严格评奖纪律，评审机构及其工作人员要廉洁自律，确保评奖风清气正。

八、加强监督检查

20. 加强社会监督。健全群众监督机制，充分听取社会各方面意见，评奖规则和评奖结果要向社会公示。对群众反映的涉及党员干部违纪问题线索，及时移送纪检监察机关处理。

21. 加强舆论监督。新闻媒体对违规举办的全国性文艺评奖，以及评奖中的不正之风要及时给予曝光、批评。对未经批准的文艺评奖，不得宣传报道。

22. 加强督促检查。定期对全国性文艺评奖开展情况进行督导检查，对不符合规定的给予通报、责令整改。中央宣传、网信、文化、新闻出版广电、文联、作协等部门和各省、自治区、直辖市要按照谁主办、谁管理的原则，及时发现问题、及时纠正。纪检监察机关、审计等部门要加强监督检查工作，纠正不正之风。

九、提供支持保障

23. 加强文艺评奖经费保障。党的机关、行政机关、人民团体举办的全国性文艺评奖，所需经费按现行资金渠道解决，纳入财政预算管理。财政补助事业单位举办的全国性文艺评奖，所需经费由单位自有资金解决，财政可根据具体情况予以补助。

其他单位举办的全国性文艺评奖，所需经费由单位自有资金解决。所有评奖一律不准向参评者收取报名费、参评费和任何形式的赞助，以保持文艺评奖的独立性和公正性。

24. 加强评奖成果的宣传推广。通过各类媒体加大对评奖成果的宣传展示。组织获奖文艺作品展映、展播、展演、展示。把获奖优秀作品纳入政府采购和公共文化服务范围。

十、抓好贯彻落实

25. 加强组织领导。中央和国家机关有关部门及各省、自治区、直辖市要高度重视，把全国性文艺评奖制度改革纳入议事日程，专题研究，给予指导和支持，切实抓紧抓好。

26. 本意见施行前经批准设立的全国性文艺评奖，应当自本意见施行之日起，依照本意见重新办理审批手续。各省、自治区、直辖市对本地区举办的评奖活动，可以参照本意见的规定制定具体管理办法。

27. 本意见自 2015 年 11 月 1 日起施行。

（新华社北京 2015 年 12 月 28 日电，
原载 2015 年 12 月 29 日《人民日报》）

用文学的光芒照亮中华民族的精神世界

刘 奇 葆

党中央高度重视文学艺术工作。去年习近平总书记主持召开文艺工作座谈会并发表重要讲话,进一步明确了文艺繁荣发展的方针原则、目标任务和时代要求,给人以方向、给人以信心、给人以力量,具有里程碑意义。最近,中央将印发《关于繁荣发展社会主义文艺的意见》,对做好当前和今后一个时期的文艺工作作出全面部署,对繁荣文学创作提出明确要求。近年来,我国文学园地百花竞放、充满活力,特别是涌现了一大批有分量有高度、思想性艺术性俱佳的长篇小说,构成了蔚为大观的文学画卷。最近评选揭晓的第九届茅盾文学奖,就是对近年我国长篇小说创作的一次集中检阅。评奖得到社会广泛公认,是文学界贯彻习近平总书记文艺工作座谈会重要讲话精神的具体成果。我国文艺事业正处于需求旺盛的发展时期,文学创作也进入了一个繁荣发展的黄金期。

一、坚定对文学价值的信念是作家最可贵的品质

大凡卓有成就的作家都有一个共同的特点,就是无论身处生活的顺境逆境,还是处于创作的高峰低谷,都始终秉持文学信念,胸怀一颗对文学的赤子之心,不轻言放弃、不随波逐流。茅

盾先生一生颠沛流离，却始终没有放下手中的笔。在动荡的年代，他先后流亡武汉、上海、日本，辗转香港、新疆、延安等地，写出了《子夜》《林家铺子》《春蚕》《霜叶红似二月花》等力作。路遥肝病到了晚期时，依然没有放弃写作，忍受病痛折磨，呕心沥血地完成了《平凡的世界》最后一卷。正是因为对文学的热爱和坚守，才诞生了这些文学经典。

文学是一个民族的心灵。当我们看待一个国家和民族的精神气质和思想创造时，目光总会首先落到文学身上。那些文学大师闪耀着思想和智慧的光芒，是本民族最好的精神标识，就像巴尔扎克、雨果对于法国，歌德、海涅对于德国，莎士比亚、拜伦对于英国，普希金、托尔斯泰对于俄罗斯的意义。我国文学史上，屈原、陶渊明、李白、杜甫、苏轼、曹雪芹等一个个文学巨匠，代表了中华民族的精神高度。千百年来，这些名家大师奉献了不计其数的文学经典，让人们在文学的海洋里得到了精神的滋养、思想的启迪和奋进的动力。

当然，今天的社会环境、文学环境与以前大不相同，当年报刊上发表一篇小说、一首诗歌，就会收到成麻袋的读者来信，这样的年代已经成为历史。现在，文化市场日益繁荣、文化产品日益多样，人们的文化选择更加多元。在各种因素作用下，文学创作遇到了一定困难，作家也产生了一些困惑。应当看到，不管时代如何变化、文化样式如何演进，文学对文艺创作的基础作用、对文化发展的引领作用、对社会人心的涵育作用，什么时候都不会改变。任何看轻文学、唱衰文学都是肤浅的、短视的，正如王蒙先生所说，“不要相信文学式微的谣言”。费孝通先生在他的晚年著作《中国文化的重建》一书中，呼吁树立文化自觉。他提出，“在新一页人类文化发展史上，应该有中华民族实现文化自觉的恢弘篇章”。广大作家要树立文化自信、保持文化自觉，坚持“二为”方向和“双百”方针，以社会主义核心价值观为引领，坚守对文学价值的信念，坚定文学创作的信心，在市场大潮中保持定力，在名利浮躁面前不忘初心，创作出更多有筋骨、有道德、有温度的优秀作品，用文学的光芒照亮中华民族的精神世界。

二、反映时代进程、讲好中国故事是当代文学的重要使命

茅盾文学奖已经走过30多年的历程，九届共评出40多部优秀长篇小说，其中贯穿着一条鲜明的主线，就是高扬现实主义精神。像改革题材的《冬天里的春天》《沉重的翅膀》，农村题材的《许茂和他的女儿们》《平凡的世界》，民族题材的《穆斯林的葬礼》《额尔古纳河右岸》，军事题材的《历史的天空》《英雄时代》，至今仍引起广大读者的强烈共鸣，岁月的灰尘从未掩饰这些作品的光芒。这些作家作品，与时代同步、与人民同心，关注社会生活、记录时代风云，充分彰显了现实主义精神的力量。

今天，我们正处在一个伟大的时代。习近平总书记提出实现中华民族伟大复兴的中国梦，13亿中国人正在为实现“两个一百年”奋斗目标、过上更加美好的生活而不懈奋斗，这是人类发展史上亘古未有的大事件。如果忽略了这一点，文学不仅会错过成就辉煌的最佳机会，也会辜负这个伟大的时代。现在的中国，发展步伐之快前所未有，变化之大难以想象，每天都有说不尽的故事，国家的故事、社会的故事、个人的故事，震撼人心、跌宕曲折、精彩纷呈，这为当代文学创作提供了无比丰富的素材。一些作家和评论家反映，现在文学创作反映现实生活的精品力作不多，反映改革开放波澜壮阔历史进程的传世之作更少。我们应当有这样的历史担当，自觉站在时代的高处，观照当下的火热实践，展现人们寻梦的理想，讴歌人们追梦的奋斗，弘扬社会主流价值，把当代中国的精彩故事讲出来、讲精彩，把当代中国人的精神写出来、传下去。

中国故事，折射着国家民族的历史命运和发展变化，更浓缩着中国人的独特经历和情感。讲好中国故事，关键是讲好中国人的故事，塑造传之久远的典型形象。鲁迅先生刻画的阿Q、老舍先生塑造的骆驼祥子、赵树理先生笔下的小二黑、柳青先生提炼的梁生宝，这些人物形象都栩栩如生，令人回味无穷、难以忘

怀。在改革开放的大潮中，涌现出了许多具有时代特点的新人，改革先锋、科技奇才、商业强人，还有各行各业追梦圆梦的普通劳动者，他们是这个时代最生动的标志性符号。如何表现好、塑造好时代新人，这是一个具有挑战性的文学课题。我们应当下功夫去了解、去提炼，塑造更多生动鲜明、饱满立体的时代新人形象。英雄是一个国家、一个民族的精神坐标，在文学里应当得到正确的、突出的表现。时下，有一股调侃、诋毁英雄的歪风，人民群众对此意见很大。在文学创作中，应该对英雄心怀崇敬，用最好的文字讲好英雄的故事，把英雄的形象立起来，成为中国故事里最闪亮的主人公。上个世纪 30 年代，范文澜先生创作了《大丈夫：范文澜说英雄》，唤起了全社会对民族英雄的崇敬之情。我们要像范文澜先生那样，让那些英雄人物成为人们心目中的大丈夫，让他们在历史的天空中熠熠生辉。

三、文学创作最根本的方法是扎根人民、扎根生活

习近平总书记指出，文艺创作方法有一百条、一千条，但最根本、最关键、最牢靠的办法是扎根人民、扎根生活。应当看到，人民是历史大舞台的真正主角，生活是文学创作的源头活水。只要文学存在，人民与文学、生活与文学的关系问题就永不过时。去年以来，文艺界开展“深入生活、扎根人民”主题实践活动，广大作家艺术家积极参与、热情投入，在深入生活、了解生活中增进了与群众的感情、丰富了创作的灵感，取得了很好的效果。

“闭门觅句非诗法，只是征行自有诗。”只有牢固树立以人民为中心的创作导向，切实解决好“为了谁、依靠谁、我是谁”的问题，自觉以最广大人民为服务对象和表现主体，才能写出大作、力作、传世之作。我们要真正沉下心来、扑下身子，把双脚踩在大地上，深耕生活沃土，提炼生活真味，在人民的生产生活中进行美的发现和美的创造，使文学创作更有底气、更接地气、更有生活温度。

深入生活、扎根人民，还有一个如何看待和把握生活的问题。真正的文学，应该向上、向善，充满着活得更好、更光明、更美丽的力量，即使是悲剧创作也是如此。如果只是单纯记述现状、原始展示丑恶，过度渲染社会阴暗面，就不能鼓舞人民前进。文学要源于生活、高于生活，用现实主义精神和浪漫主义情怀观照现实，更加全面准确地把握社会生活的本来面目，与时代前进的脚步合拍、与人心向背合拍，让人们看到美好、看到希望、看到梦想就在前方。

四、在继承借鉴创新的基础上提升文学的创造力

今年是《新青年》杂志创刊100周年。《新青年》的创办，拉开了新文化运动的序幕。以“鲁郭茅巴老曹”为代表的一批思想进步、才华横溢的优秀作家，学贯中西、革故鼎新，站在新文化运动的前列，用白话文表达新思想、新道德，创作出一大批经典之作，拓展了中国文学的领域，丰富了中华文化的美学表达，提升了中华民族的文化创造力。

继承、借鉴、创新是文学创作的生命力所在。中华优秀传统文化是当代中国文学的底色，是文学创作想象力的不竭源泉和深厚土壤。我们要坚守中华文化立场，深扎本土、不忘本根，继承中华美学精神，汲取古典文学精华，赋予当代文学新的时代内涵，使中国文学拥有自己独特的面孔，始终保持中国精神、中国风格、中国气派。强调继承传统，并不是要排斥吸收借鉴世界优秀文学成果，中国当代文学是以开放包容的胸怀面向世界的。改革开放以来，中外文化交流互鉴越来越频繁，一大批外国优秀作家作品被翻译介绍到中国，对当代作家的创作影响很大，促进了当代文学的发展繁荣。要在尊重传统、保持底色的基础上，积极吸收国外优秀文化成果，借鉴文学创作的新鲜经验，丰富发展我国文学创作的理念、样式和手法，增强当代文学的创造活力。

语言文字体现一个民族的智慧。文学是语言的艺术，对于传承发展母语、提升民族创造力具有重要作用。托尔斯泰、巴尔

扎克、曹雪芹等中外文学巨匠，都对丰富母语作出了重要贡献。我们打开《红楼梦》，就好像打开了一座民族语言文字的宝库。鲁迅先生的作品为什么经久不衰，除了思想性以外，还在于极富特色的语言，他的语言凝练质朴、犀利深刻，具有强大的艺术张力和穿透力。在当代作家中，汪曾祺的小说、散文篇幅大都不长，但文字简洁优美，语言筋道、充满灵性。金庸先生的武侠小说，不仅故事情节引人入胜，语言也非常有特点，文白兼用、雅俗共赏，体现了深厚的传统文化底蕴。有不少人反映，现在有些作品的语言比较粗糙，缺少中国语言文字的气韵、美感、味道，艺术呈现、艺术魅力不足。这有快餐文化盛行、创作心态浮躁的问题，也有作家自身文字功力不足的问题。我们应当有母语自信，以名家为范、向先贤看齐，在锤炼文字上下更大功夫，努力成为语言大师，创作出更多文质兼美的精品力作，为提升母语表现力、创造力作出贡献。

文学评奖是坚持导向、引领创作、推出精品、激励队伍的重要手段。茅盾文学奖是我国长篇小说最高奖项，在国内外有着广泛影响，近年来在评奖方面做了一些改革，实践证明是有成效的。要进一步规范和改进文学评奖工作，把真正优秀的作品和作家评选出来，提高公信力和权威性。要加强对获奖作品的评论和研讨，让读者更好地了解这些优秀作品。

（本文摘自刘奇葆同志 2015 年 9 月 29 日
在与第九届茅盾文学奖获奖作家座谈时的讲话）

大力弘扬现实主义文学创作

钱 小 芊

在文艺创作上，现实主义不仅是一种创作方法，也是一种创作精神。习近平总书记在文艺工作座谈会上的重要讲话中指出，文艺创作应该用现实主义精神和浪漫主义情怀观照现实生活，用光明驱散黑暗，用美善战胜丑恶，让人们看到美好、看到希望、看到梦想就在前方。这一论述从根本上揭示了文艺作品与现实的关系，指导着文艺创作如何看待现实、如何反映现实。有没有现实主义精神，对于中国文学艺术的整体面貌关系重大。广大文艺工作者应该感国运变化、立时代潮头，以更多优秀的现实主义作品汇成当代文艺创作主流，弘扬中国精神，凝聚中国力量，助力中国梦的实现。

弘扬现实主义文学创作是时代的客观要求

中国文学有着悠久的现实主义的优良传统。尤其是毛泽东《在延安文艺座谈会上的讲话》发表以来，无数作家走向广阔社会现实，扎根中国大地，通过对普通民众经验与情感的表达，揭示社会发展规律，以理想远景的召唤，给人以启迪和鼓舞。改革开放以来，广大作家与祖国共命运，与人民共呼吸，与时代共前进，描绘着人民生活的宏伟画卷，谱写了记录社会进步的史诗。在新的历史条件下，如何继续弘扬现实主义创作精神、促进现实主义文学创作已成为重大课题。特别是随着文学创作的多元化态势逐渐形成，现实主义文学创作如何寻求新的突破，更加鲜明地反映现实生活，书写时代风貌，贴近人民心怀，让现实主义真正成为创作主流，已关系到中国当代文学的发展前途。

大力弘扬现实主义文学创作，是时代发展的要求。文学是时代的镜子。现实主义文学侧重于如实地、客观地反映现实生活，忠实地表现时代精神。歌德在谈到创作与时代精神的关系时曾说："一切倒退和衰亡的时代都是主观的，与此相反，一切前进上升的时代都有一种客观的倾向。""一切健康的努力都是由内心世界转向外在世界，像你所看到的一切伟大的时代都是努力前进的，都是具有客观性格的。"中国正在经历的巨大发展、巨大变革，使我们比历史上任何时候都更接近中华民族伟大复兴的目标。这样一个伟大的时代也必然要求文学创作以现实主义的客观精神真实反映现实，用浪漫主义的理想情怀照亮现实。在这个伟大的历史进程中，大力弘扬现实主义创作，需要作家艺术家以现实主义精神描绘当代社会生活，讲述新的中国故事，创造新的伟大史诗，以与时代进程同步的姿态，为我们这个时代的发展进步提供价值引导和精神推动，站在历史与未来的高度，认真观察与描摹日常生活细节，全面把握和洞察现实世界，以深刻的思想穿透力，清醒分析时代特征，进行艺术提炼和概括，弘扬真善美，抨击假恶丑。因此，这既是一个重要的文化战略，也是文学自身发展的需要。

大力弘扬现实主义文学创作，是坚持以人民为中心的创作导向的要求。现实主义创作的本质，就是与人民保持密切联系，从群众中来，到群众中去，写人民，为人民写，写给人民看。唯物史观认为，人民是历史的创造者，是文学创作的源头活水。文学所反映的现实生活广阔不广阔，深刻不深刻，主要看它反映人民群众现实生活的广度和深度，描绘人民创造历史、改造世界的社会实践的深度和广度。曾有一度，现实主义受到过质疑，被视为陈旧过时的创作道路，一些现实主义的基本原则也遇到过责难。这一思潮在一定程度上导致了现实主义精神的弱化，在总体上，我们的文学创作规模很大，但与新时期初期文学创作获得广泛社会赞誉的景象相比，当前在群众中颇具影响的作品不多。这既有人们文化生活方式的多元化等原因，更主要的是文学创作疏离现实、逃避现实的倾向所导致的。有些作品纯粹“私人化”，成为孤芳自赏的对象；有些作品与现实若即若离，无关痛痒；有些作品一味炫弄技巧，冲淡了严肃的现实内容；有些作品无力认识和把握现实，只能对现实做简单的描摹。这些现象的存在，造成了群众对一些作品的疏远，也造成了文学创作的“边缘化”。今天，现实主义文学大规模回归，依然呈现为当代文学无法忽视的主流，是因为人民群众终究是文学社会价值的最终评判者，能不能为群众喜闻乐见，也最终取决于能否为人民抒写、为人民抒情、为人民抒怀。事实证明，贴近现实、直面人生的作品更为人民群众广泛欢迎。习近平总书记说，一旦离开人民，文艺就会变成无根的浮萍、无病的呻吟、无魂的躯壳。在新的时代条件下，文学创作只有坚持现实主义创作原则，着力表现人民群众奋发进取的前进步伐，反映人民群众的喜怒哀乐，通过具体作品展现时代精神，才能赢得人民群众的衷心欢迎，获得蓬勃的艺术生命力。这是文学繁荣发展的必由之路。

大力弘扬现实主义文学创作，是推动当代文学艺术发展的要求。要解决有数量缺质量、有“高原”缺“高峰”等问题，需要我们的广大作家脚踏实地，从现实的中国经验出发进行艺术创造，而不是以简单模仿中外经典代替创新。中国经验来源于中国的现实，这是一个正经历着数千年未有之变局、发生日新月异的变化、具有强大精神品格的伟大现实。同时，又是多层次多样态、充满着纷繁复杂和曲折艰难的伟大现实。13 亿多人口的社会主义国家，在全球化环境下进行着民族复兴的伟大探索，是人类历史上前所未有的伟大实践。今天的现实比任何文艺作品都来得生动，因为现实已远远走在文艺创作的前面。处在这个时代的作家是幸运的，因为这个时代绝不缺乏伟大的题材；处在这个时代的作家又是任务艰巨的，因为伟大的表达需要准确把握这个全新的时代。坚持现实主义精神，必须站在历史与未来的高度，深入把握和洞察现实世界，以深刻的思想穿透力，清醒分析时代特征，进行强大的艺术提炼与概括，告诉人们如何看待生活、如何创造生活。这也是习近平总书记在讲话中指出文艺创作应该用现实主义精神和浪漫主义情怀“观照”现实生活的深意。作家只有树立成为大思想家的雄心，既努力向生活学习，也努力以人类最先进的文化资源武装自己，才能做到透辟地把握时代和现实，创作出无愧于这个时代的作品，推动当代文学从“高原”走向“高峰”。

大力弘扬现实主义文学创作，是优化当前文学生态与格局的要求。倡导现实主义创作，并不是排斥其他创作方法和其他艺术流派，而是要在充分尊重作家创作自由的前提下，加强引导，积极提倡，在多样化中形成现实主义创作的主流。我们应该清醒地看到，在当前文学生态与格局中，现实主义创作面临着各种挑战。特别是在消费文化、大众文化与流行文化日益盛行的情况下，坚持现实主义精神、发展严肃文学依然是严峻的任务。我们也应该清醒认识到，一个沉溺于消遣娱乐的民族是没有前途的，文学应当培育刚健有为的民族精神。在新形势下，尤其需要强化现实主义创作的主流引领作用，强调文艺的认识教育审美功能，张扬文艺创作的精神品格与艺术品格，这样才能将以娱乐消遣为目的的大众文化和流行通俗文艺限制在合理范围，优化文艺创作的生态与格局。因此，应当鼓励作家积极关注社会人生，在喧嚣浮躁的氛围中沉静下来，以更加严肃沉稳的态度拥抱生活、投入创作，切实以现实主义精神繁荣文学，创造真正有价值的人类文化财富，实现当代文学创作的新的辉煌。

为弘扬现实主义文学创作创造有利条件

大力弘扬现实主义创作，需要作家协会积极发挥专业团体的职能作用，尊重和遵循文艺规律，推动现实主义文学创作的健康发展。

探索和完善帮助作家深入现实生活的多种机制。近年来，中国作协不断完善深入生活项目，陆续组织作家参加了“重走长征路”“走进红色岁月”“少数民族作家走基层”等活动，完善作家挂职锻炼机制及网络作家、自由撰稿人深入生活的办法。今后，中国作协还将继续探索和不断丰富帮助作家深入现实生活的形式，积极完善作家深入生活的长效机制，建立健全定点深入生活制度，把作家深入生活同“结对子、种文化”“文化进万家”“送欢乐下基层”“心连心”“全民阅读”等活动结合起来，做到常态化制度化。鼓励知名作家带头下基层，带头参加志愿服务，以挂职锻炼、双向交流等方式，发挥示范表率作用，鼓励更多作家投入现实主义文学创作。

探索和完善重点项目扶持的多种机制。一是把完善重点作品项目扶持机制作为促进多出精品的重要措施。借助重点专项、重点题材规划、重点资助等形式，加大对现实题材创作的支持，重点鼓励积极反映现实生活的优秀选题，吸引有实力有锐气的作家热情关注当下生活，积极投身现实主义创作。二是要加强对创作规划的调控。当前，我们的文艺创作在题材上不同程度地存在轻现实、重历史，轻农村、重城市等问题，作家协会要加大对农村题材、工业题材、少儿题材等现实题材在创作规划立项上的倾斜和扶持力度，逐步扩大对文学生产的宏观调控。同时，加大对网络作家和自由撰稿人的工作覆盖，加强团结、引导和扶持，通过重点作品扶持工程的示范作用，吸引网络作家更多尝试现实主义创作。

活跃评论，营造现实主义文学创作的良好氛围。文学批评是引导创作、引领风尚的特殊力量。我们大力倡导作家认真学习马克思主义文艺理论和习近平总书记在文艺工作座谈会上的重要讲话，以历史唯物主义和辩证唯物主义的科学理论为指导，坚持马克思主义历史观文艺观，增强作家艺术家坚持现实主义创作的自觉性坚定性。积极宣传柳青、赵树理、周立波等深入生活、扎根人民的事迹，弘扬他们所表现出的强烈的现实主义精神，继承现实主义传统，进行新的时代创新。认真总结新时期以来广大作家坚定走现实主义道路的历程，引导和推动开创现实主义文学创作的新局面。对优秀现实主义作品要积极组织开展研讨和评论，帮助广大作家进一步增强文艺创作的社会责任感。

加强理论建设，为现实主义文学创作提供理论支撑。重视组织对现实主义文学理论的研究，以理论为先导、为支撑，对现实主义文学创作经验进行系统总结，影响和引导现实主义文学创作。充分发挥各级作协、社科机构、高校科研人员的积极性，切实推进现实主义文学理论建设，出一批新成果。发挥专业报刊优势，并借助新媒体，推出一批有理论深度和影响力的论文，探索现实主义美学原则，使现实主义文学创作方法建立在坚固的理论基础上。同时积极做好文艺评奖评选工作，发挥其重要的导向作用，为现实主义文学创作的经典化打好基础。积极搭桥促成优秀现实主义文学作品的影视改编，使现实主义创作在更多领域开花结果。

（原载 2015 年 10 月号《求是》）

用中华优秀传统文化助推中国梦的实现

景 俊 海

习近平总书记在中央政治局第二十九次集体学习时指出，“要努力从中华民族世世代代形成和积累的优秀传统文化中汲取营养和智慧，延续文化基因，萃取思想精华，展现精神魅力。要以时代精神激活中华优秀传统文化的生命力”。我们应当从中华优秀传统文化的智慧宝库中汲取营养，使其成为推动中华民族不断前行的不竭动力，助推实现中华民族伟大复兴的中国梦。

一、中国梦是对中华优秀传统文化的历史继承和当代表达

习近平总书记指出：“一个民族最深沉的精神追求，一定要在其薪火相传的民族精神中来进行基因测序。”中华民族伟大复兴的中国梦具有深厚的文化渊源、清晰的历史脉络和丰富的时代内涵。

中国梦根植中华传统文化沃土，与中国古人的社会理想一脉相承。中华民族创造了博大精深的中华文化，历经5000余年而从未中辍，是中华民族的“根”与“魂”。其中蕴含的具有深刻思想内涵的社会理想，始终是中华民族的深沉追求。从“民亦劳止，汔可小康”的生活憧憬到“大道之行，天下为公”的社会理想，一直绵延和流淌在历代先贤和民众的血液中，渗透着华夏儿

女的美好理想和深沉追求。今天提出的实现中华民族伟大复兴的中国梦,承载着中华民族既古老又常青的光荣与梦想,是中华文明在凤凰涅槃中重生复兴的时代最强音。

中国梦承接近代以来的历史使命,与无数仁人志士追求民族振兴、国家富强、人民幸福的精神信念一脉相承。近代以来,面对列强入侵和国力衰弱,追求民族独立、人民解放和实现国家繁荣富强、人民共同富裕,成为中华民族肩负的两大历史任务。魏源、林则徐、康有为、梁启超、孙中山等一批批仁人志士,怀抱救亡图存、富国强民的愿望,进行了不懈探索和艰苦追求。中国共产党成立后,自觉担负起民族救亡和发展振兴的历史重任,把马克思主义理论与中国具体实践相结合,继承并弘扬中华优秀传统文化,团结带领各族人民历经革命、建设和改革开放的艰苦奋斗,实现了民族独立、人民解放、经济发展、社会和谐和综合国力的大幅跃升,开创了一条建设中国特色社会主义的康庄大道。当年毛泽东同志曾经说过,伟大的人民革命"已经复兴了并正在复兴着伟大的中国人民的文化"。今天提出的中国梦,承接近代以来中华民族前赴后继、百折不挠的奋斗,开辟了中华文明伟大复兴的新阶段。既肩负时代的使命,也承载历史的责任,是二者的高度统一,是对中华民族几个世纪以来宏伟愿景的有力彰显。

中国梦立足全面建成小康社会和宏大国际视野,是中华民族当代共同理想的理论升华和生动表达。党的十八大之后,以习近平同志为总书记的党中央站在新的历史起点上,深刻总结中国特色社会主义建设的理论成果和新鲜经验,深刻把握国际国内发展大势,明确提出实现中华民族伟大复兴的中国梦,成为全国各族人民的共同理想和全体中华儿女的奋斗目标,成为鼓舞和指引中国人民团结奋进的精神旗帜。这既是对中国社会发展规律的自觉遵循,更是对中华优秀传统文化的精神升华和当代表达,强化了万众一心、努力奋斗的共同意志,引领着中华民族顺应时代潮流,大踏步地迈向辉煌的未来。

二、中华优秀传统文化是实现中国梦的最大智慧宝库

中国梦是由我国独特的文化传统、独特的历史命运、独特的基本国情和中国人特有的思维方式、价值观念等决定和支撑的。中华优秀传统文化是坚持中国道路的文化根基，是铸造民族魂魄的精神命脉，是实现中华民族伟大复兴的智慧宝库。

中华优秀传统文化为坚持中国道路提供了丰富的思想理念。习近平总书记强调，每个国家和民族的历史传统、文化积淀、基本国情不同，其发展道路必然有着自己的特色。数千年来，中华民族走着一条不同于其他国家和民族的发展道路。中华民族在几千年历史中创造的灿烂文明，是我们坚持道路自信、理论自信、制度自信的坚实基础。“和而不同”的世界观、“民惟邦本”的执政理念、“推己及人”的交往理念等，博大精深的中华优秀传统文化既赋予中国道路鲜明的中国特色，也夯实了我们在世界文化激荡中站稳脚跟的根基，是中国道路的文化之基和自信之源，也是实现中国梦的深厚软实力，并将源源不断地为中国道路提供丰富的思想资源。

中华优秀传统文化为弘扬中国精神提供了强大的精神信念。中华民族是一个勤劳质朴、自强不息、勇于进取、敢于担当的民族。“常思奋不顾身，以殉国家之急”的家国情怀、“先天下之忧而忧，后天下之乐而乐”的忧患意识、“天下兴亡，匹夫有责”的担当精神等，构成了爱国主义的传统。“天行健，君子以自强不息”的进取意识、“苟日新，日日新，又日新”的创新精神、“变则通、通则久”的变革要求等，构成了改革创新的精神，这些都是中国精神的深厚渊源和重要组成，塑造了中华儿女典型的文化心理和性格禀赋，赋予了中华民族自强不息、厚德载物的民族精神，为实现中国梦提供并将持续提供强大的精神动力。

中华优秀传统文化为凝聚中国力量提供了深厚的价值观念。核心价值观是一个民族赖以维系的精神纽带，也是一个国家共同的思想道德基础，是推动文明进步和国家发展最持久、最

深沉的力量。中华民族在长期发展过程中孕育形成的讲仁爱、重民本、守诚信、崇正义、尚和合等思想理念和自强不息、敬业乐群、扶正扬善、扶危济困、见义勇为、孝老爱亲等传统美德，成为中华文化的底色和精髓，也成为涵养社会主义核心价值观的重要源泉，为实现中国梦提供了丰富的价值资源。实现中国梦，要从弘扬优秀传统文化中寻找精气神，不断凝聚众志成城、同心同德的强大力量。

三、用创造性转换、创新性发展的中华优秀传统文化助推中国梦

实现中国梦，从世界的意义上来说，就是要赶上时代。妄自菲薄，没有文化自信，无所谓赶上时代；固步自封，没有文化创新，也不可能赶上时代。正如习近平总书记指出的："没有文明的继承和发展，没有文化的弘扬和繁荣，就没有中国梦的实现。"只有"努力实现传统文化的创造性转换、创新性发展"，才能使之与现实文化相融通，不断提高我们的文化软实力，实现中华民族伟大复兴中国梦的宏伟目标。

用中华优秀传统文化助推中国梦，首先要推动传统文化传下去。不忘本来才能开辟未来，善于继承才能更好创新。要构建中华优秀传统文化传承体系，积极实施中华文化传承工程、典籍整理工程、民族民间文化保护工程、戏曲振兴工程、历史文化纪录片创作工程等，加强文化遗产保护，振兴传统工艺，抢救濒危民间文艺，做好传承保护基础性工作，推动传播普及。要坚持古为今用、辩证取舍、扬弃继承的原则，对传统文化进行科学分析、鉴别和清理，摒弃消极因素，继承积极思想，使优秀传统文化薪火相传，成为中华民族生生不息、发展壮大的丰厚滋养。

用中华优秀传统文化助推中国梦，关键要推动传统文化活起来。文化只有走进大众，进入人民心灵，才能活起来、才能化人育人。要加强中华优秀传统文化教育，纳入家庭教育、学校教育、社会教育，使我们的青少年从小就受到优秀传统文化的沐

浴，使尊老敬贤、勤劳持家、重视家风家训等继续成为家庭美德，使崇德向善、诚信友爱、凡人善举等成为浓厚社会风气，引导人们向往和追求讲道德、尊道德、守道德的生活。要把中华优秀传统文化纳入公共服务全过程，纳入城镇化建设全过程，使优秀传统文化渗透到人们的日常生活、融入人们的精神基因，转化为日用而不觉的思想自觉和行为习惯，让收藏在禁宫里的文物、陈列在广阔大地上的遗产、书写在古籍里的文字都活起来。

用中华优秀传统文化助推中国梦，更要推动中华文化强起来。守正出新才能历久弥新。要坚持兼容并蓄、融会贯通、推陈出新的原则，通过赋予时代内涵、转换现代表达形式、吸收借鉴世界文明成果等方式方法，使中华民族最基本的文化基因与当代文化相适应、与现代社会相协调，推动中华文化繁荣兴盛、走向现代化，成为实现中国梦的显著标志和强大精神力量。要推动中华文化走出去，着力构建中华文化的对外立体传播体系和国际话语权，讲好中国故事，传播好中国声音，把跨越时空、超越国度、富有永恒魅力、具有当代价值的中华优秀传统文化精神弘扬起来，把立足本国又面向世界的中华优秀传统文化创新成果传播出去，不断增强中华文化的竞争力、影响力和感召力。

（本文系中宣部副部长景俊海同志在
“中国梦与中华优秀传统文化座谈会”上的
讲话摘要，原载 2016 年 1 月 23 日《光明日报》）

发展中国当代文艺理论的指南

董 学 文

一

在学习领会习近平总书记文艺工作座谈会讲话的过程中，深深感到这一讲话为中国当代文艺理论的发展指明了方向，为建构21世纪中国的马克思主义文艺学提供了指南。为什么这么说呢？至少有两点根据：一是讲话的内容为文艺理论推进有许多新历史条件下的创新；二是在今年政治局第一次集体学习时，习近平总书记明确提出了“发展21世纪中国的马克思主义”号召。他说：“必须高度重视理论的作用，增强理论自信和战略定力，对经过反复实践和比较得出的正确理论，要坚定不移坚持。要根据时代变化和实践发展，不断深化认识，不断总结经验，不断实现理论创新和实践创新良性互动，在这种统一和互动中发展21世纪中国的马克思主义。”发展21世纪中国的马克思主义，当然包括发展21世纪中国的马克思主义文艺学，因为这是局部和整体的关系。

发展21世纪中国的马克思主义文艺学，这里有三个关键词：一是“21世纪”，一是“中国的”，一是“马克思主义”。“21世纪”指的是时代特性，“中国的”指的是民族特性，“马克思主义”则是其本质属性。这三个关键词与“文艺学”结合起来，就决定它必将形成一个新的文论形态。这种21世纪中国的马克思主义文艺学，同以往的“马克思主义文艺理论中国化”或“中国化马克思主义文艺学”，我认为，从联系上讲，前者是后者的一个发展；从区别上讲，前者对后者是一种理论范式上的转型。

众所周知，马克思主义文艺理论在中国的发生发展，大体经历了这样三个阶段：一是引进、介绍、传播和扩散影响的阶段；二是同中国革命文艺实践逐步结合的阶段；三是持续丰富这种结合并不断增加自身特点的阶段。总体上讲，这些都可看作是实现“马克思主义文艺理论中国化”的过程。而在这个过程中，中国共产党人和文论家对马克思主义文艺理论的贡献是巨大的。

随着历史条件的变迁和文艺实践的发展，随着理论自信的增强和现实需求的迫切，不能不看到，马克思主义文艺理论在21世纪已经走到了需要由“中国化”向“中国的”转变的拐点。套用经济学上的一个说法，那就是我国的马克思主义文艺理论需得从“中国制造”向进入“中国创造”阶段的转化。

瞻望文艺理论前景，要推动中国的马克思主义文艺学发展，不能不对未来中国的马克思主义文艺学从提法、主张和界定上都赋予新的内涵。面对此种语境，习近平总书记提出“发展21世纪中国的马克思主义”，无疑有着特殊的意义。文艺理论界理应跟上步伐，相应地提出发展21世纪中国的马克思主义文艺学的任务。这是现实的需要，也是发展的必然。因为习近平总书记的文艺讲话已经昭示我们：到了新世纪，中国的马克思主义文艺理论应该实现一次理论形态上的转型和升级。我们不仅要实现马克思主义与中国革命文艺实践的结合，而且要有我们自己的理论创造，有真正属于我们“中国的”东西。这里“中国化”与“中国的”虽一字之差，但它在理论层次上、在创造性的含量上是不同的。“21世纪中国的马克思主义文艺学”，应是马克思主义文艺理论在中国的一次新的飞跃。

二

“随着自然科学领域中每一个划时代的发现，唯物主义也必然要改变自己的形式”。文艺理论也不例外。“马克思主义一定要向前发展，要随着实践的发展而发展，不能停滞不前。停止了，老是那么一套，它就没有生命力了。”“马克思这些老祖宗的书，必须读，他们的基本原理必须遵守，这是第一。但是，任何国家的共产党，任何国家的思想界，都要创造新的理论，写出新的著作，产生自己的理论家，来为当前的政治服务，单靠老祖宗是不行的。”进入21世纪，我们更应当有这种抱负、这种能力、这种豪迈的勇气和境界。

进入新世纪之后，时代确乎出现了许多新的变化。依托社会实践和历史转型的中国马克思主义文艺理论，面临着再次“综合创新”的使命。在这种时代条件和背景下，中国马克思主义文艺理论要善于总结经验教训，勇于走出阴霾低谷，站到历史潮头和理论前沿，创造出真正呼应时代、表达精神诉求、凝聚审美理想和崇高信念的文论系统，在理论发展的各个链条和环节上注入中国元素，提出更多带有民族主体性的命题、范畴和概念，这不仅是必要的，而且是可能的。

我们已经看清了这些年文论走过的道路的曲折和泥泞，文论建设已经到了摆脱跟着西方文论跑、变成人家学说的摹仿者和膜拜者的时候了，已经到了抛弃贬损和排斥马克思主义文艺理论与本民族文论学说、认定只有走“西化”之路才行得通的时候了。为了改变文论观念和价值意识大面积倾斜的状况，我们理应在学习前人和外国人长处的基础上，创造性地构建我们自己的、符合马克思主义精神的文艺理论。

通观人类文艺思想史，没有哪个国家的文艺理论是通过依赖外国学说、跟在别人后面亦步亦趋地实现自身强大和振兴的。站在21世纪的地平线上，中国文艺理论界只要秉持自信心，具备理论定力，坚持走自己的路，把握世界潮流，增创自身优势，在中外文论的碰撞和互动中，下决心改变西方现当代文论的“称霸”和“统治”地位，我们就一定能走在世界文艺理论建设的前面。

马克思主义文艺理论从来都是在直面问题中展开自己的画卷的。问题导向和科学思维、全局视野和战略眼光、立足实际和坚定信念、提升经验和针对难题，这些都是习近平总书记文艺工作座谈会讲话带给我们的精神营养。“理论在一个国家实现的程度，总是取决于理论满足这个国家的需要的程度。”毫无疑问，习近平总书记文艺讲话的许多论点，都是从广大文艺工作者的关切、需要和期盼中催生出来的，都是为推动解决文艺领域面临的突出矛盾和问题提炼出来的。正是从对文艺核心问题的深掘和拓展中，倒逼出一个个关乎文艺创作规律的具体问题，层层递进地展开了理论探索。因之，习近平总书记讲话对发展我国马克思主义文艺学具有明确战略方向、规划重点领域、确认主攻目标、制定前行路经的全局性意义。

三

通过文本分析，可以进一步证明习近平总书记讲话对构建“21世纪中国的马克思主义文艺学”的理论价值。

“正确的理论必须结合具体情况并根据现存条件加以阐明和发挥”。我们必须使中国马克思主义文艺理论在其每一表现中带有中国的特性。习近平总书记的讲话充分体现了这个原则。它从实现“两个一百年”奋斗目标、实现中华民族伟大复兴的中国梦高度来强调文艺的“不可替代”作用，认为“文艺是时代前进的号角，最能代表一个时代的风貌，最能引领一个时代的风气”，这就给我国文艺理论建设铺展了新的背景和底色。讲话要求“广大文艺工作者要从这样的高度认识文艺的地位和作用，认识自己所担负的历史使命和责任”，同时又“必须把创作生产优秀作品作为文艺工作的中心环节，努力创作生产更多传播当代中国价值观念、体现中华文化精神、反映中国人审美追求，思想性、艺术性、观赏性有机统一的优秀作品”。这就在功能和价值观领域提出了步入新世纪才面临的课题。

“社会主义文艺，从本质上讲，就是人民的文艺。”习近平总书记对“社会主义文艺”概念的重申，对其本质的界定，有着鲜明的针对性。这种界定，不仅坚持了马克思主义文艺观，而且对当代文艺的人民性做了新的揭示。从马克思主义文艺发展史角度考察，集中从“以人民为中心”的内核来探讨社会主义文艺的本质特征，探讨社会主义文艺的实现方式和路径，这种理念给建构中国新的马克思主义文艺学开拓了无限的空间。譬如，要“坚持以人民为中心的创作导向”，理论上如何去界说这个“中心”，在题材和素材上有何约束和要求，其“导向”功能怎么体现，这些都有必要从学理上加以阐明；又如，以往的文艺理论习惯称“生活是文艺创作的唯一源泉”，但此次习近平总书记讲“人民是文艺创作的源头活水”。这两者是什么关系，也需要给予理论上的有力阐发。

尤其值得重视的是，讲话鲜明地指出了“能不能搞出优秀作品，最根本的决定于是否能为人民抒写、为人民抒情、为人民抒怀”。这种观点，把作品优劣同对人民态度关联起来考察，张扬了唯物史观见解。讲话指出“文艺工作者要想有成就，就必须自觉与人民同呼吸、共命运、心连心……对人民，要爱得真挚、爱得彻底、爱得持久”。“文艺创作方法有一百条、一千条。但最根本、最关键、最牢靠的办法是扎根人民、扎根生活。”这些表述，充满了感情和智慧，充满了辩证法，在理论上是个创造。

讲话对优秀传统文化的重视，对中华美学精神的弘扬，也极大地增添了文论的“中国的”元素和精神内涵。这不仅出色解决了文艺理论上批判与继承的关系，而且为未来的文论建设创造性地铺设了一块具有完全自主知识产权的基石。习近平总书记指出：“只有坚持洋为中用、开拓创新，做到中西合璧、融会贯通，我们文艺才能更好发展繁荣起来。”在这个意义上，“21 世纪中国的马克思主义文艺学”，很可能形成一种更加科学系统的模式。

四

习近平总书记的文艺讲话中有许多新颖的提法。如“文艺是铸造灵魂的工程”；“艺术可以放飞想象的翅膀，但一定要脚踩坚实的大地”；文艺家要有“道德判断力和道德荣誉感”，“讲品位，重艺德，为历史存正气，为世人弘美德”；文艺工作者应当“成为时代风气的先觉者、先行者、先倡者”；文艺作品要“有筋骨、有道德、有温度”，“像蓝天上的阳光、春季里的清风一样，能够启迪思想、温润心灵、陶冶人生，能够扫除颓废萎靡之风”；文艺要“引导人民树立和坚持正确的历史观、民族观、国家观、文化观，增强做中国人的骨气和底气”，等等。这股清新的文风，让我们感受到马克思主义文论的生命力。

随着时代的进步和文艺的发展，中国的马克思主义文艺学要创造出新格局和新面貌这是必然的。而要创造出新格局和新面貌，势必就要认识市场经济条件下文艺产生的机制性特点和结构性矛盾。习近平总书记的讲话直面这些问题，分析了诸多负面现象，把马克思的“艺术生产”理论发挥得淋漓尽致，这极大地增强了马克思主义文艺学说的威力。

习近平总书记高度重视评论工作，提出要“运用历史的、人民的、艺术的、美学的观点评判和鉴赏作品”，这对构建21世纪中国的马克思主义文艺批评提供了新的准绳和信息。“信仰之美”“崇高之美”“文质之美”“自然的美”“生活的美”“心灵的美”“美的发现”“美的创造”“审美追求”“文质兼美”等等，这些词汇和概念不仅使文艺理论增添了诱人的光彩，而且也预示着未来中国马克思主义文艺理论美学之间适度融合的可能性。

习近平总书记指出：“马克思列宁主义、毛泽东思想一定不能丢，丢了就丧失根本。”这在文艺理论建设上，同样是如此。建构和发展“21世纪中国的马克思主义文艺学”，一方面要对实践证明正确的理论坚定不移地坚持，另一方面要靠实践来衡量和检验。马克思主义文艺理论的创新需求，是要靠破解实际的文艺问题来促进和推动的。马克思主义文艺理论有很强的实践功能，一旦被群众和文艺工作者所掌握，就会变成强大的精神力量。因之，马克思主义文艺理论要发展和创新，就要敏锐地发现新问题、分析新问题、解决新问题，切实增强理论的现实感和针对性，努力解决纷繁复杂的文艺实践中那些带根本性、长远性、关键性的问题，这样才能“接地气”。这是习近平总书记文艺工作座谈会讲话给我们的又一启示。

（原载2015年6月24日《文艺报》）

“两个重要”:文艺地位和作用的再认识

李敬泽

“文艺事业是党和人民的重要事业,文艺战线是党和人民的重要战线。”习近平总书记在文艺工作座谈会上的重要讲话,开宗明义就是“两个重要”。这“两个重要”至关紧要,是我们党对中国社会主义文艺地位和作用的根本判断。深入学习习近平总书记在文艺工作座谈会上的讲话,首先是要深入领会“两个重要”。

在领导中国人民进行革命和建设的历史进程中,中国共产党形成了对于文艺在党和人民的伟大事业和艰苦卓绝斗争中的重要地位和作用的深刻认识。毛泽东同志《在延安文艺座谈会上的讲话》明确指出,“在我们为中国人民解放的斗争中,有各种的战线,就中也可以说有文武两个战线,这就是文化战线和军事战线”,而革命的文艺工作者构成了文化战线的一支中坚力量。邓小平同志在中国文学艺术工作者第四次代表大会上的祝词强调:“不论是对于满足人民精神生活多方面的需要,对于培养社会主义新人,对于提高整个社会的思想、文化、道德水平,文艺工作者负有其他部门所不能代替的重要责任。”习近平总书记“两个重要”的论断,继承了中国化的马克思主义文艺观,也在新的历史条件下,针对时代的变化做出了新的理论探索和发展。

强烈的现实针对性和问题意识

改革开放30多年来，中国的社会经济状况发生了巨大变化，人民群众的生活形态与精神文化需求也发生了很大变化，文艺的创作和传播出现了众多前所未见的新情况、新样态，百花盛放，目不暇接，但同时也是乱花渐欲迷人眼。现在，我们谈论文艺时，我们究竟在谈论什么？这成为一个尖锐迫切的问题。在理论批评界，在作家艺术家中间，在文艺的相关生产和传播环节，乃至在公众中，存在着对文艺的种种不同认识。有的人将文艺仅仅看作是文化商品，简单地以市场效益衡量文艺作品。在这种观点看来，文艺除市场价值外再无其他价值，而市场价值就包含着文艺的全部作用与目的。也有人“去历史化”“去中国化”地看待文艺，把文艺从1840年以来中国人民的历史斗争中切割出来。在这种观点看来，存在着一种超越历史、超越国家民族的绝对的文学艺术标准，文艺只有作为纯粹的个人创造才能获得价值和意义.

凡此种种，表现形态不同，都在从不同角度颠覆文艺与时代、与人民的关系。当文艺只与市场有关、只与个人有关时，文艺就被抽去了丰富具体的社会历史内容，文艺对国家民族的责任就被从根本上移除。于是，不再有什么文艺工作者，有的只是在市场上谋生的“艺人”或只对他自己也不知道在哪里的抽象“人类”负责的所谓“艺术家”。

习近平总书记的讲话通篇贯穿着问题意识，开宗明义地提出“两个重要”，就是在时代的发展变化中，敏锐地洞察新情况、新问题，做出具有强烈现实针对性的理论阐述。他指出：“实现中华民族的伟大复兴，是近代以来中国人民最伟大的梦想。”实现这个目标，“必须高度重视和充分发挥文艺和文艺工作者的重要作用”。这就是把文艺放到历史、时代、民族、人民的语境中，坚定不移地确认文艺与近代以来中华民族历史命运的关系，与中国人民创造历史的壮阔实践的关系，与实现中华民族伟大复兴宏伟事业的关系。这种关系决定着文艺的地位和作用：文艺过去、现在和将来都是时代前进的号角，“立时代之潮头，发时代之先声”，因此成为党和人民的“重要事业”和“重要战线”。在新的历史条件下，能不能坚持“两个重要”，关系到中国社会主义文艺的性质，关系到中国社会主义文艺能不能沿着正确的道路继续繁荣发展。

文化文艺的本质属性和重要作用

习近平总书记从文化的高度看文艺，透辟地论证了文化和文艺在中华民族伟大复兴宏伟事业中的重要作用。他指出，文化是民族生存和发展的重要力量，“人类社会每一次跃进，人类文明每一次升华，无不伴随着文化的历史性进步”，“在几千年的历史流变中，中华民族从来不是一帆风顺的，遇到了无数艰难困苦，但我们都挺过来、走过来了，其中一个重要的原因就是世世代代的中华儿女培育和发展了独具特色、博大精深的中华文化，为中华民族克服困难、生生不息提供了强大的精神支撑”。

党的十八大以来，我们党对文化问题的理论认识提高到了一个新的水平，集中反映在习近平总书记系列重要讲话的相关论述中。在文艺工作座谈会的重要讲话中，他从中华民族的历史发展中纵论文化的作用，深刻阐明了文化的本质属性。关于“文化”这个词，据说有百种以上的界定。习近平总书记站在历史的高度、站在民族命运的高度，提纲挈领地指出，文化最根本的层面就在精神，“中华文化既坚守本根又不断与时俱进，使中华民族保持了坚定的民族自信和强大的修复能力，培育了共同的情感和价值、共同的理想和精神”，成为民族赖以维系的精神纽带。

正是在这个意义上，文化是一个民族共同的记忆和经验，是一个民族团结向好的根本信念和不懈探求，是广土众民形成认同的内在基础，它在历史运动中具体地形成，也是能动的历史力量，在全民族的创造和实践中不断获得生机活力。近代以来，中华民族饱经内忧外患而屹立不动，一个根本原因，就是我们有我们的文化作为强大的精神支撑，即使在“最危险的时刻”也能坚守本根而开出新局。今天，我们比历史上任何时期都更接近中华民族伟大复兴的目标，比历史上任何时期都更有信心、有能力实现这个目标，而文化和文艺一直是这一伟大历史进程中不可或缺的一条战线。任何抽去文艺的社会价值、切断文艺与民族历史血肉联系的观点，本质上都是“历史终结论”，所要终结的不是世界历史而是中国历史，所要迎来的是不知今夕何夕的“隔江犹唱”。

世界性维度和民族复兴的题中之义

“实现中华民族伟大复兴需要中华文化繁荣兴盛”，这一论断既是对中国发展大势的深刻总结，也是对世界发展大势的深刻洞察。习近平总书记的讲话通篇贯穿着广阔的世界视野。从古希腊、俄罗斯、法国、英国、德国、美国、印度到中国，他满怀激情、如数家珍地列举各民族人民创造的文明成果。他结合个人的阅读经历，论述文艺是世界的语言，并把增进世界各国人民对中国的了解视为中国文艺的一项重要功能。对文化和文艺世界性维度的深刻认识和准确把握，是习近平总书记在文艺工作座谈会上的讲话的一项重要理论建树。

当今时代，中国正在政治上、经济上发挥着越来越重要的全球性作用，在世界的各个角落，人们都能够日益明显地感受到中国的存在，而中国人也从未以现在这样巨大的规模行走于这个“小小寰球”。中华民族伟大复兴的历史进程本身就是在中国与世界之间展开的，这个目标绝不仅仅是包含 GDP 在内的经济指标，它同时是一个民族的文化抱负，需要国家文化软实力的极大增强。如果说，近代以来的大部分时间里，中国文化的主题是救亡图存，现在，在全球化的世界中，这个伟大悠久的文明能不能葆有坚定的文化自信，能不能展现文化上的充沛创造力和强大感召力，有力地彰显中华文化的世界性意义，这是习近平总书记在“讲话”中对中国文化和文艺提出的一个新的时代课题。

全球化的进程、世界范围内文化碰撞交融的加剧，构成了对每个民族每个国家的艰巨考验，这种考验有时甚至关系到民族国家的存亡绝续。一个文化上孱弱的民族不可能屹立于世界民族之林，一个缺乏文化认同的国家在全球化的世界中必然陷入混乱和衰败。一个中国人，当他和世界各国的人们发生直接间接的关系时，他的文化就是他的祖国，就是他的底气、骨气、精气神之所在。越是全球化，越是走向世界，就越需要坚持民族文化的根性和本位，越需要一个民族在文化上的自觉和自信，越需要精神上的强健和团结。同时，正如习近平总书记所说：“古往今来，中华民族之所以在世界上有地位、有影响，不是靠穷兵黩武，不是靠对外扩张，而是靠中华文化的强大感召力和吸引力。”中华民族的伟大复兴，题中应有之义，就包含着这个伟大民族对世界做出更大的文化贡献，中国的文化和文艺不仅要为中华民族提供丰厚滋养，而且要为世界文明贡献华彩篇章，推动人类社会的跃进和人类文明的升华。

“两个重要”的理论创新和高度

从历史论文化，从世界观中国，习近平总书记关于“两个重要”的论述，在新的历史起点上将我们党对文化和文艺地位和作用的认识推到一个新的理论高度。“文艺事业是党和人民的重要事业，文艺战线是党和人民的重要战线”，是决定中国社会主义文艺性质与前途的根本出发点。实现中华民族伟大复兴的中国梦是长期而艰巨的伟大事业，伟大事业需要伟大精神。实现这个伟大事业，文艺的作用不可替代，文艺工作者大有可为。广大文艺工作者要从这样的高度认识文艺的地位和作用，认识自己所担负的历史使命和责任。

从“两个重要”出发，习近平总书记号召广大文艺工者创作出无愧于时代的优秀作品。优秀文艺作品反映着一个国家、一个民族的文化创造能力和水平，没有优秀作品，其他事情搞得再热闹、再花哨，那也只是表面文章。他提出必须把创作生产优秀作品作为文艺工作的中心环节，文艺工作者应该克服浮躁，应该牢记创作是自己的中心任务，作品是自己的立身之本。

从“两个重要”出发，习近平总书记强调，必须坚持以人民为中心的创作导向。人民是历史的创造者，是1840年以来为争取中华民族伟大复兴而共同奋斗的历史主体。作为中华民族伟大复兴事业的一部分，文艺必须坚持为人民服务、为社会主义服务这个根本方向，文艺工作者要深入生活、扎根人民，始终把社会价值放在首位，决不能在市场经济大潮中迷失方向。

从“两个重要”出发，习近平总书记指出，中国精神是社会主义文艺的灵魂。社会主义核心价值观是中国精神的集中体现，是中华民族团结奋斗的思想道德基础，是中国人的底气和骨气所在。文艺作为铸造灵魂的工程，必须把培育和弘扬社会主义核心价值观作为根本责任。

从“两个重要”出发，习近平总书记要求加强和改进党对文艺工作的领导。中国共产党是领导中华民族实现“两个一百年”奋斗目标，实现中华民族伟大复兴中国梦的核心力量，党的根本宗旨是为人民服务，文艺的根本宗旨也是为人民创作。在这样的立足点上，就能准确把握党性和人民性的关系、政治立场和创作自由的关系。

习近平总书记在文艺工作座谈会上的重要讲话，是我们党领导文艺工作历史经验和实践探索的科学总结。讲话高屋建瓴、博大精深，体现着对中国和世界发展大势的准确把握，展现着与时俱进的理论勇气和总揽全局的政治胸怀，既具有强烈的现实针对性，又具有系统性、前瞻性。认真学习总书记的重要讲话，既要紧密联系实际，也要在整体上领会讲话的精神内涵，深刻理解讲话的重大理论意义。“两个重要”是讲话开宗明义的起点，由此展开的论述，是在新的历史条件下对中国社会主义文艺地位和作用的再认识，构成了整个讲话在理论上的基础。对

"两个重要"的深入理解和阐发，必将有力地推动中国化马克思主义文艺观的理论创新，推动中国社会主义文艺在党和人民的伟大事业中不断繁荣发展。

（原载2015年3月20日《人民日报》）

必须清除文艺领域的历史虚无主义

仲呈祥

《中共中央关于繁荣发展社会主义文艺的意见》中深刻指出："正确反映中华民族五千多年文明史、中国人民近代以来斗争史、中国共产党奋斗史、中华人民共和国发展史、当代中国改革开放史，生动反映各族人民维护祖国统一、海外儿女心向祖国的心路历程。旗帜鲜明反对历史虚无主义，抵制否定中华文明、破坏民族团结、歪曲党史国史、诋毁国家形象、丑化人民群众的言论和行为，反对以洋为尊、唯洋是从，引导人民树立和坚持正确的历史观、民族观、国家观、文化观，不断增强中国特色社会主义道路自信、理论自信、制度自信。"由于一股历史虚无主义思潮沉滓泛起，不仅染指政治、历史、社会界，而且也顽强地在文艺领域登台表演，危害所及，理应引起高度关注。

习近平总书记 2014 年五四青年节在北京大学曾深刻指出：改革要深化，历史要前进，"离不开哲学精神的指引，离不开历史镜鉴的启迪，也离不开文学力量的推动"。这里的排序是"哲、史、文"：哲学管总，哲学通，一通百通；史学是镜鉴，值得重视；而文学在此指包括各种文学形式在内的连同音乐、美术、戏剧、电影、电视剧、曲艺等人类以审美方式把握世界的各种艺术形式，时代和人民需要作家艺术家以优秀作品提供智力支持和精神能源。这"三个离不开"，与毛泽东同志当年向全党全国人民发出的"读点哲学""读点历史"和"读点鲁迅"伟大号召一脉相承。而"灭人之国，必先去其史"。历史虚无主义鼓吹者意欲逆转改革和历史的走向，也势必要染指文艺领域，炮制代表他们的哲学观历史观美学观的作品，去搞乱人们的哲学思维，去歪曲历史精神兜售唯心史观，从而败坏中华民族的哲学素养、史学修养和美学涵养。

历史的主体是人，活跃于历史事件中的人决定着历史发展的走向。文艺作品对重要历史人物的艺术塑造和对重大历史事件的艺术再现，历来是唯物史观与唯心史观交锋的焦点。对于经过历史和人民长期检验已有定评的重要历史人物与历史事件，历史虚无主义的鼓吹者往往祭起"还原历史""重写历史""反思历史"的旗号，以二元对立、非此即彼、好走极端的单向哲学思维加以逆向重塑，颠倒黑白，大作翻案文章。比如对近代历史上如慈禧、李鸿章、袁世凯这样的人物形象塑造，不是考其全人，透过现象，抓住本质，全面把握，而是随意剪裁，拼凑史料，以偏概全，指鹿为马，渲染个别现象掩盖本质、夸大支流否认主流。甚至对像蒋介石这样的人物形象塑造，也想当然地大肆表现其"人性深度"的一面，有一部电视剧送审时就杜撰出这样的情节——他逃到台湾后，居然深刻反思，教育蒋经国，在海边问："经儿，你读过毛润之写的《沁园春·雪》吗？"蒋经国答："读过。""写得很有气势呀！我们这边的人，即使（陈）布雷先生在世，也写不出的！但润之没有写完，他应当在'成吉思汗，只识弯弓射大雕'之后接着写'尚有蒋公，待在宝岛……'"试问，蒋介石会如此讲话和反思吗？这纯属历史虚无主义的一厢情愿的瞎想。好在这段瞎想在该剧正式播出时被理所当然地删去了。在纪念中国抗日战争暨世界反法西斯战争胜利70周年时还播出过这样一部电视剧，从1943年春写起，开篇便道：六年前，国民党军统就派五十余名特勤人员化装成老百姓潜伏在某个城镇，与日本侵略者展开谍战，争夺从北京故宫转移到此的一批国宝。这是明显的历史虚无主义的瞎编，6年前即1937年春，七七事变前，还没有成立军统，戴笠手下的组织还叫复兴社呀！之后，该剧不是从抗日战争的生活这个创作的"源"出发，而是完全从西方"类型片"中的"谍战剧"和"夺宝剧"的结构模式和艺术技法这个创作的“流”出发，去编织情节、塑造人物。这就完全悖离了唯物论的反映论，陷入了唯心史观的泥潭，虚构出抗战历史的大不真实：只有中国共产党倡导的抗日民族统一战线才能充分发动人民群众团结抗日，而蒋介石的抗日只是国民党正面抗日，历史上哪里有过军统发动人民群众抗日保护国宝的实绩？毋庸讳言，过去由于“左”的思想影响，银屏上影视艺术作品曾一度只表现中国共产光领导下的八路军、新四军和人民抗战，但后来也出现了如《血战台儿庄》《中国远征军》等一批描写国民党军队抗战实绩的影视剧，这就比较全面了。但再后来，一些作品为了吸引观众眼球，片面追求票房和收视率，越来越背弃历史的真实，走向极端，专门编织“歪瓜裂枣”、和尚尼姑抗战的故事，不是说在共产党和进步势力影响下完全没有发生过这些故事，而是说此乃支流，绝非主流。甚至极端到针对中华传统诗词讲“商女不知亡国恨”，有作品就专门反其道而行之，极力渲染“妓女最有爱国情”。历史虚无主义鼓吹者所持的这种二元对立、非此即彼、好走极端的单向哲学思维，是与唯物史观历来倡导的考其全人、观其全事、兼容整合、全面辩证的哲学精神格格不入的。

历史的镜鉴值得珍视。中华民族历来有着以史为鉴、以古观今的文化传统。不懂得自己民族历史的民族，是没有希望的民族；不珍视自己民族历史镜鉴的民族，是悲哀的民族。所谓文化自觉，要义之一就是自觉认清自己民族的历史文化、历史精神、历史经验的独特价值与作用；所谓文化自信，要义之一就是要自信自己民族独特的历史文化、历史精神、历史经验至今仍能与当代文化相联系、与现代社会相协调，仍能与时俱进地实现创新性的转化、创造性的发展，仍具有强大的生命力和深刻的启示力。在中华民族丰富多彩的艺术画廊里，有着一系列历经历史和人民检验的优秀的历史题材作品及其所塑造的典型人物形象，已经代代相传，深入民心，形成了一种审美定势，哺育了广大观众。比如，尽管“春秋无义战”，但以春秋吴越战为题材的不少成功作品如由陈道明和陈宝国分别主演的两部长篇电现剧和梅兰芳的代表作之一京剧《西施》等，都把勾践塑造成“十年生计”、卧薪尝胆的民族精神形象，把西施塑造成热爱故土、牺牲自我、外美内秀的伟大女性形象，把范蠡塑造成足智多谋、顾全大局的优秀知识分子形象，把夫差塑造成以强凌弱、失道寡助的侵略者形象。这些成功的艺术形象，蕴含着中华民族代代相传的优秀文化基因，彰显着中华民族极富生命力的美学精神，体现着中华民族的历史传统、价值取向和道德追求，早已深入民心，赢得共识，成为一种凝魂聚气、强基固本的精神资源。但是，却有一部作品打着“创新”旗号，借“重写”历史和“发掘”人性复杂性，反其道而行之，第一场戏就描写越王勾践战胜吴王夫差完成复兴大业后，亲自迎接西施归国，一见西施如此美貌，心想岂容范蠡享用（西施与范蠡有约在先，越胜吴后是要有情人终成眷属的）？！于是背信弃义地将西施拦劫进宫，纳为嫔妃。这一笔，竟把中华民族艺术画廊里的这位卧薪尝胆的民族精神艺术形象，改写为“一匹色狼”！往后，便描写一旦入宫，龙床上发现西施腹中已怀夫差的敌种，（虚无地假想西施人性复杂，伺奉勾践，焉能不怀孕？）于是龙颜大怒，将西施发配。这一笔，又将这位世人称颂的伟大女性形象改写为“一个荡妇”！再往后，竟想当然地顺势编出范蠡闻听此讯，怒发冲冠，赶去当面怒斥西施背弃当年的山盟海誓。这一笔，进一步把中国历史上这位深入民心的了不起的知识分子形象改写成“一个头顶绿帽子的小肚鸡肠”！这样，中华民族艺术画廊里的这一系列优秀的人物形象都被逆向颠覆、重新改写了，也就是说，这些优秀的人物形象中蕴含的优秀文化基因都被“西化”为“转基因”了，所彰显的中华美学精神都被解构为“时尚”和“市趣”了，所体现的历史精神、价值取向、道德追求都被“反其意而用之”了！

文艺领域里历史虚无主义思潮影响和危害所及，严重地表现在对待中华民族的经典文艺名著上。珍视经典名著，敬畏经典名著，是一个民族文化自觉与文化自信的文明标志。经典名著之为经典名著，就因为其经过历史上人民的检验，显示出史学上美学上的永恒价值与魅力。随着历史的行进，经典名著当然也须不断重新发展、不断与时俱进。改编经典名著，是传承和发展优秀文艺历史传统的正途。但须指出，正确的改编，务必尊重原著的精神价值取向和审美风范，沿着顺势方向在新的时代背景和文化语境下加以丰富、深化、发展，以求真正意义上的创新；切不可反其道而行，朝着逆势方向或东施效颦西化观念，或横加扭曲、篡改、颠覆，并美其名曰“创新”。譬如，鲁迅高度评价过的左联的柔石的小说名著《为奴隶的母亲》，描写半封建半殖民地时代一种反人性反人道的丑恶社会现象：富有的地主的老婆生育不成，便花钱“租”用穷人的妻子来家当生育机器，为自己生子后再轰出家门。有一部戏，居然把原著的这种深刻的批判意识和人文精神都解构、颠覆了，改编成地主花钱把农民的妻子“租”到家，为自己怀孕生子，地主背着老婆慈善地“关照”农民的妻子，时而赠其手镯，时而送其钱币，终于“感化”了农民的妻子，令她深感“幸福”，甚至要抛弃丈夫儿女、自愿留在地主家不走了！请看，这岂不是把“为奴隶的母亲”改编成了“当奴才的母亲”，岂不是完全颠覆了原著的主题意蕴和价值取向？令人不解的是，这部作品居然还受到追捧并获得奖项。再如，《三国演义》作为古典名著，早已妇孺皆知。赤壁之战作为战争史上实行统一战线以弱胜强的著名战例，早已彪炳史册。但最近有部拿了大奖的戏，竟以“创新”名义作如此改编：一开场，曹操兵发 83 万，浩浩荡荡，要荡平东吴，当晚，他头痛病发作，名医华佗为其针灸，解除病痛，医者仁心，华佗劝其不要发动这场战争，以免涂炭生灵，伤及无辜，他向华佗口吐真言，说自己其实也不想打仗，主要为的是朝思暮想美女小乔，如果周瑜答应献出小乔，我就收兵。岂不论曹操这话究竟是戏言还是用计，这完全歪曲了《三国演义》中的曹操形象。鲁迅在《魏晋风度及文章与药及酒之关系》中曾精辟指出，提及曹操，人们就想起戏曲舞台上那个奸雄白脸曹操。其实，历史上的曹操并非如此。在我看来，曹操至少是一个英雄。此言极是。曹操是大政治家、大军事家兼大文学家，他发兵破吴，旨在完成统一大业，绝非为了一个美女！接下来，《三国演义》竟被改成“两国演义”，这里没有蜀国刘备、诸葛亮的事了。小乔变成草根民间女，既无姐姐大乔，也非乔玄国老之女。她只在乡间有一结拜的干姐姐叶儿，叶儿家卖豆腐，丈夫王小六是个赌徒，常把妻子交给的买黄豆的钱拿去输光，故而夫妻吵闹。小乔虽然嫁给周瑜做了大都督夫人，却不忘民间情怀，还深入民间，到叶儿姐姐家调解家庭矛盾，劝说叶儿道，"小六可赌赌博、搓搓麻，算不得大节"。这又是历史虚无主义瞎编。麻将是由明末的纸牌到清代才发展形成的，魏晋时期何来"搓麻"？还有，赌博何只是小节？可见，虚无历史就是非历史，就是功利短视。再往后，周瑜发兵抗曹了，小乔赶紧回家劝阻，独自一人，驶一叶小舟，跨过长江，直奔曹营而去。这边华佗因再劝曹操收兵激怒丞相被关押起来，药箱还扔在曹操帐中。曹操怒气不息，抬头却见小乔不期而至，由怒转喜。只见小乔义正辞严地教育曹操：做人要讲诚信，丞相许诺，只要我至，即刻收兵，现在我来了，该你兑现诺言了！曹操听罢，一受刺激，头痛病又发作了。小乔便让大家镇静，说自己曾跟华佗学过针灸，于是从药箱里拿出根针，扎将下去，顿见奇效。曹操病痛解除，噱的大叫一声"大都督夫人，收兵！收兵！"最后一场戏，莺歌燕舞，小乔和叶儿带着孩子，过着安宁、和谐、幸福的生活。请看，在这里，历史上的著名战例赤壁之战完全被"虚无"了，蜀国的刘备、诸葛亮在这场战争中也完全被"虚无"掉了，曹操的大政治家、大军事家、大文学家形象更完全被"虚无"了！更严重的是，这股有哗众取宠之心、无实事求是之意的戏说历史、解构经典的虚无主义歪风，正在危及并削弱中华民族优秀的历史传统、历史意识和历史精神！

在今天这个被称为"读图的时代"，应当看到，文艺作品对于整个民族的史学观美学观的形成至关重要。坚持唯物史观反对唯心史观，坚持实事求是反对形而上学，认真清除文艺领域里的历史虚无主义，刻不容缓！

（原载 2015 年 11 月 4 日《文艺报》）

文艺如何传承和弘扬中华美学精神

彭　程

2014 年 10 月 15 日，习近平总书记在文艺工作座谈会上精辟地指出："中华优秀传统文化是中华民族的精神命脉，是涵养社会主义核心价值观的重要源泉，也是我们在世界文化激荡中站稳脚跟的坚实基础。要结合新的时代条件传承和弘扬中华优秀传统文化，传承和弘扬中华美学精神。"

作为党的最高领导人对文艺工作的指导，"传承和弘扬中华美学精神"是一个充满新意的命题，甫经提出，便以其立意的高远、视域的宏阔、期待的殷切，引发了高度关注，一年来，围绕这个命题有许多文章刊发于各种报刊。但这并不意味着研究已经足够充分和深入了。一方面它是一个内涵淹博、辐射广阔的理论话题，需要通过认真的梳理和辨识，厘清其间的意义架构和逻辑关系；同时它也是一个实践色彩鲜明的课题，需要在具体的行为中验证与检测、修正和调整，获得可以诉诸计量和评判的操作层面的品格和尺度。这些都决定了对于它的理解探讨将是一个长期的过程，而不可能毕其功于一役。

中华优秀传统文化的一个重要组成部分，就是优秀的文学艺术作品。而另一方面，作为一种以审美的方式把握世界的意识形态，优秀文艺作品同时也是优秀传统文化所蕴涵和倡导的价值观念的重要载体和传播渠道。不妨说，在这个话题范畴中，文艺作品体现了目的和手段的统一。正如黑格尔所说，"在艺术里，感性的东西是经过心灵化了，而心灵的东西也借感性而显现出来了”，将思想寄寓于形象、审美过程与意识形态表达相互浸染彼此渗透的文艺，对于促进心灵的净化、道德的完善、社会的进步，具有十分独特的效果。它仿佛春风化雨、润物无声，在潜移默化中起到濡染教化的作用。而作为体现了中华民族五千年文明发展中形成的集体审美意识的精华的中华美学精神，其形成、发展和完善的最主要途径，也是文艺审美活动即文艺作品的创作、欣赏和传播。强调以文艺的载体和审美的方式，来彰显思想的、道德的力量，正是中华美学精神的精髓所在。

这样，我们就会发现一种清晰醒豁的逻辑关联：优秀的文艺作品，与中华优秀传统文化和中华审美精神之间，是一种相互绾联、贯通、生发和映照的关系。辨识清楚它们之间的这种关系，有助于将它们置放在一种整体背景下，以融汇统一的眼光、思路与策略，加以观照和思考。

要有效地传承和弘扬中华美学精神，首先需要准确认识什么是中华美学精神的核心内涵。中华美学精神，首先体现为其超拔高迈的价值追求，是中华民族的核心价值观在审美领域的积淀和呈现。追求至真、至善、至美以及相互之间的统一，是其最为本质的属性，仿佛音乐变奏曲中那个初始的主题，在一系列缤纷摇曳的旋律演变中，葆有一种持久和稳固。这种种价值关怀，尤其充分地体现在文学艺术作品中。以古典文学为例，追寻真理，赞美崇高，追求人格完善，期盼天下大同，对家国社稷的深沉的爱，对人间苦难的深切悲悯……对这些位居价值序列前端的品德或境界的灵魂诉求，我们分别自屈原的肺腑之声（“亦余心之所善兮，虽九死其犹未悔”），自陆游的绝命之作（“死去元知万事空，但悲不见九州同”），自范仲淹气干青云的誓言（“先天下之忧而忧，后天下之乐而乐”），自杜甫忧心如焚的呼唤（“安得广厦千万间，大庇天下寒士俱开颜”），自白居易笔下“满面尘灰烟火色，两鬓苍苍十指黑”的卖炭翁，自柳宗元眼中从“貌若甚戚”到“汪然出涕”的捕蛇者，自不可胜数的词句、人物、故事中，获得印证，受到感动，产生共鸣。总之，讴歌真善美，斥责假恶丑，是中华优秀传统文化中一道源远流长的精神血脉，同样也是中华美学精神的最为坚实的构成。它们过去是、今天是、明天仍将是中华民族精神大厦的牢固基础，是其生命力和创造力的源泉。

别林斯基说过："在真正诗的作品里，思想不是以教条方式表现出来的抽象概念，而是构成充溢在作品里的作品灵魂，像光充溢在水晶体里一般。"指的正是理念借助形象化的表达所产生的突出效果。优秀的文艺作品，凭借文艺的诉诸形象、唤起感受、直抵心灵的审美特质，让思想获得了有力的表达和传播。如对公平和正义的向往，是人性中最为基本也最为坚韧的追求，当人们吟诵起杜甫的"朱门酒肉臭，路有冻死骨"，眼前浮现出反差鲜明的画面；当看到舞台上蒙冤的窦娥临刑前悲愤地呼喊"天也，你错勘贤愚枉为天；地也，你不分好歹何为地"，血溅白练、六月飞雪，不难想象，在阅读和观看者此刻的心中，对被侮辱被迫害者的同情、对残酷黑暗势力的愤恨，一定会变得极为强烈。这是文艺较之社会意识形态的其他传播方式独擅胜场、更具效能之处。

传承和弘扬中华美学精神，体现在当今的文艺创作中，就是要承继和坚守历代文艺家们在其作品中体现出来的一切进步的、关乎世道人心、顺应时代发展规律的价值关切。这种关切是面向社会的，追求修齐治平、家国一体；这种关切也是面向大自然的，强调天人合一、和谐圆融；这种关切还是面向个体人生的，追求信仰，致力于人格完善和灵魂提升，达到"志于道，据于德，依于仁，游于艺"的审美人生境界。

当然，用传承和弘扬这样的词汇，来描述今天的文艺家与传统中华美学精神的关系，就意味着不是简单的机械复制，而是要直面时代深刻变化的大背景，以鲜明强烈的主体意识，对中华美学精神的存在形态加以创造性转化，使得这种源自历史文化传统的精神遗产，在与新时代的碰撞互动中汲取鲜活气息，获得新的质的规定性，从而延续其生命活力。对于作家艺术家来说，这一点更直接地表现为应对审美的挑战——言说什么以及如何言说。一条有效的路径，便是从过去和今天的关联中，敏锐地捕捉精神流变的脉络，辨别源与流、恒定与变易的复杂纠葛，特别是要从中华美学精神的丰厚意蕴中发现它对于现实的映照作用。

比如，强调人与自然和谐关系的生态文学，如今正在全球范围内兴盛繁荣，蔚为大观。如果寻绎其精神资源的滥觞所出，中国传统美学中主客统一、天人合一的思想，无疑会是一处确定的泉眼；今天在资本和技术的双重役使下，多少人厌烦倦怠、焦灼不安，古典美学对于淡泊宁静、了无挂碍的自然生命境界的崇尚，相信在一定程度上能够产生抚慰疗治的功效。当借助文艺形式表达出这些感受和思考时，我们冈心明白，应该向成为我们的灵魂园圃之一角的中华美学精神献上一份由衷的感激。正是它孕育并涌流出这种种古老而又新鲜的、生命力蓬勃的情致和思想。

中华美学精神，同样体现在审美创造活动的方式中，这个方面更为醒目地显露了民族审美思维的鲜明特点。中华民族在数千年的审美活动中，形成了观照、把握生活和描绘、呈现世界的个性卓异的方式和方法。原道、征圣、比兴、取象、风骨、神韵、肌理、滋味、感兴、妙悟、童心、性灵、造境、写境……与西方文学理论相比，从创作到批评，中国古代文学理论形成和发展了一系列特有的概念、范畴。文学之外，绘画艺术的线条、空白、意境，舞台艺术的虚拟性和程式化等等，都具有自身的鲜明特色和不可替代的特质。它们都是宝贵的美学精神遗产，是对于世界美学宝库的重要贡献。近年来，一些中国当代文艺作品在国际文化艺术交流中备受欢迎和推崇，一个重要的原因就是作品中充溢着这种独特的中国美学精神。这一点印证了鲁迅先生的那句名言：只有民族的，才是世界的。对这种博大精深的美学精神进行有效的传承弘扬，正是文艺工作者的神圣职责。

今天传承和弘扬中华美学精神，就要求我们的文艺工作者对在本土文化土壤中生长的美学精神要有深入的认识，对其珍贵的价值要有足够的尊重。要以植根于中华历史文化传统的审美方式，来观照、认识和描绘现实，表达思想。在这样的美学精神指导下，更利于发挥艺术创造的独特性，也才能更好地对世界艺术的丰富性和文化的多样化作出真正的贡献。事实上，近年来的一些成功的文艺创作，不论是文学和影视作品对于古代题材的发掘，还是音乐美术创作中鲜明的古典风格，都以一种熔铸传统与现代、既有赓续又有创新的姿态，拓展了艺术表现的空间。

需要特别提出的是，在今天的语境下传承和弘扬中华美学精神，是以开放包容、兼收并蓄为前提的，而绝不是排他性的画地为牢、自我陶醉。习总书记的讲话深刻而明确地指出了对于外来文化的正确态度：必须认真学习借鉴世界各国人民创造的优秀文艺，“只有坚持洋为中用、开拓创新，做到中西合璧、融会贯通”，中国社会主义文艺才能繁荣发展起来。事实上，中国现当代文学艺术的成就，与外来文艺包括外来文艺美学思想的影响有着密切的关系。这是一个不争的事实。把握了这一点，就会获得正确的方向感和恰当的分寸感，在面对本土和域外、古典和现代等不同美学思想和思潮的差异和龃龉时，就能够以一种全面的、辩证的思维加以对待，不会陷入非此即彼、二元对立的极端化的窠臼。就其本质而言，对本土文化的轻视甚至虚无主义的态度，和那种抱残守缺、视外来文化如洪水猛兽的做法，看似水火不容，但同样是短视的、肤浅的、非理性的。

对中华美学精神的传承和弘扬，关涉到民族精神、民族风格、民族气派在文艺领域的具体体现，应当成为当代文艺创作的核心追求和重要遵循。只有坚守文化自觉和文化自信，有效地传承和弘扬中华美学精神，才可能“打牢在世界文化激荡中站稳脚跟的坚实根基”，才有望通过一系列“文质兼美”“既有数量、又有质量，既有高原、又有高峰”的文艺作品，以审美的方式倡导和培育社会主义核心价值观，谱写实现中华民族伟大复兴的中国梦的美学篇章。

（原载2015年10月12日《光明日报》）

如何掌握文艺话语权

张 政 文

文艺话语权贯穿于文艺创作与鉴赏、文艺理论与评论实践过程中，是主流意识形态表达、社会核心价值观倡扬以及人民群众审美理想实现的基本标识和集中体现。社会主义文艺话语权既表征着当代中国人的生活意义和社会信念，又体现着社会主义核心价值观、马克思主义文艺观、中国优秀传统文化与当代中国具体文艺实践相结合的丰硕成果，是中国特色社会主义文化安全的重要保障。日前公开发布的《习近平总书记在文艺工作座谈会上的重要讲话》（以下简称《讲话》）和《中共中央关于繁荣发展社会主义文艺的意见》（以下简称《意见》），以中华民族伟大复兴的中国梦为诉求，以"四个全面"为目标，针对当前我国文艺事业所面临的形势和挑战，深刻阐述了文艺的地位作用和当前文艺工作的重大使命，以高度的历史责任感和文化自觉性进一步增强中国特色社会主义文艺话语权提供了理论指导，做出了战略部署。我们认为，贯彻落实《讲话》和《意见》精神，增强中国特色社会主义文艺话语权，必须提高四种能力。

一是践行社会主义核心价值观，弘扬中国精神，提升社会主义文艺的主导能力。文艺的主导能力对于掌握文艺话语权具有核心作用，是坚持中国特色社会主义文化道路和文化制度，独立自主确定文艺发展方向、选择文艺发展路径、优化文艺发展方式和维护意识形态安全的首要能力。《意见》指出："意识形态领域形势十分复杂，巩固思想文化阵地、维护国家文化安全的任务更加紧迫。”面对全球化时代多元价值的冲击和碰撞，我们必须有自己的价值定力和文化坚守，坚持社会主义核心价值观，坚守中国精神，破解历史虚无主义和文化虚无主义的侵扰，抵制极端个人主义、拜金主义、享乐主义等不良思潮的腐蚀。

具体而言，首先要以社会主义核心价值观引导文艺创作生产，使社会主义核心价值观通过真诚感人的故事、生动鲜活的语言、个性丰满的形象内化在文艺作品中，让人们在文艺熏陶中感悟并认同社会主义核心价值观。其次，要深刻理解“中国精神是社会主义文艺的灵魂”这一科学论断，将“中国精神”自觉贯穿于当代文艺生产的各个环节，弘扬以爱国主义为核心的民族精神和以改革创新为核心的时代精神。再次，时刻牢记人民是文艺事业的源头活水和发展动力，坚持以人民为中心的创作导向。文艺如果被商业利益绑架，背离人民的文化期待与审美需求，就会低俗粗鄙、狂躁短视，致使思想钙质缺失、精神担当缺席。只有深入人民的真实生活，为人民抒写，为人民抒怀，才能发出温润情感、昭示人生、启迪思想的审美之光。因此，提高文艺为人民服务、为社会主义服务的能力，掌握社会主义文艺发展的领导权和话语权，既是中国特色社会主义对当下文艺创作与理论评论提出的必然要求，也是人类文学艺术发展基本规律在中国特色社会主义文艺实践中的具体表现。

二是突出中国梦的时代主题，凝聚中国力量，提升中国特色社会主义文艺的创新能力。创新能力是文艺话语权的生命力之所在，是一个国家文艺事业自主发展、文艺话语鲜活丰富的源头活水。创新是一个民族的灵魂，更是推动这个民族的精神世界不断丰富，文艺话语生生不息、活力充沛的关键所在。对致力于实现伟大复兴的中华民族而言，创新更是挣脱百年来西方中心主义对文学艺术发展的束缚、重拾中华民族的文化自信、增强当代中国文艺话语自主性的出路所在。针对当前文艺领域存在的抄袭模仿、品粗质俗等问题，《讲话》深刻指出：“创新是文艺的生命。当前文艺创作中出现的一些问题，同创新能力不足很有关系……作家诗人要随着时代生活创新，以自己的艺术个性进行创新。”这一科学论断不仅道出了文艺创新的基本规律，也为破解文艺发展创新能力不足的难题廓清了路径。

文艺必须聚焦中国梦的时代主题，古为今用、洋为中用、推陈出新、与时俱进，才能成为推动中华民族伟大复兴的澎湃力量。中国梦是全体中华儿女的共同追求，这个“追梦”的过程是文艺创作所要扎根的生活土壤，它为文艺创作提供了丰富素材、鲜活故事和典型人物，是当代中国文艺变革思维方式、挖掘崭新资源、创新话语类型的不竭源泉，更是摆脱千篇一律、远离抄袭模仿、杜绝庸俗恶趣的最终依靠。因此，广大文艺工作者应不断提高创新能力，不断丰富拓展中国梦的表现内容，既讲好国家民族宏大故事，又讲好百姓身边故事，用生动的艺术形象和叙事方式体现中国梦的丰富内涵，着力为当代中国人的寻梦理想和追梦奋斗书写放歌，全面展示中国特色社会主义的发展前景，牢牢掌握社会主义文艺话语权。

三是推广中华优秀传统文化和当代文艺精品，讲好中国故事，提升社会主义文艺的传播能力。文艺的传播能力是运用各种媒介手段整合文艺信息资源，宣传推广文艺作品及其所蕴含的文化价值观念的能力。文艺传播能力不仅体现着一个国家媒介技术的实力，更是国家文艺话语感染力、国家形象感召力等文化软实力的重要标志。如果说文艺话语权的主导能力和创新能力是努力使文艺发出“自己的声音”的能力，那么文艺话语权的传播能力则是将“自己的声音”传得更广、更远、更深入人心的能力。《意见》提出“运用文艺形式讲好中国故事、展示中国魅力，是树立当代中国良好形象、提升国家软实力的重要战略任务”，正是对提高中国特色社会主义文艺传播能力的高度重视。

为此，我们首先要以中国精神为魂，深入挖掘博大精深的传统文化、多姿多彩的民族文化、昂扬向上的红色文化和充满生机的当代文化，创作生产符合对外传播规律、易于被国外受众接受的优秀作品，不断增强中国文艺的吸引力、感召力。其次，在文艺全球化传播的语境中，在向世界推介优秀文艺作品的过程中，注意以中华优秀传统文化为根源，深入挖掘和阐发其讲仁爱、重民本、守诚信、崇正义、尚和合、求大同的时代价值，同时在更高层次上实现民族意识和人类意识、传统文化和现代文化的融合提升，从而形成当代中国富有吸引力、感召力的独树一帜的文艺叙事话语。最后，在展示中国文艺、传播中国声音的过程中，应认真学习借鉴世界各国优秀文艺，形成中国立场、世界眼光，关注人类共同问题，传达人类共同情感，引发各民族心灵共鸣，在以我为主、多元共生的对话交流中开掘和传播中华文化的生命力和独特魅力，将仁义、友善、积极、进步的中国形象彰显在当今多元化的世界文化之中，促进世界的和平发展。

四是构建中国特色社会主义文艺理论话语体系，重塑文艺批评精神，提升社会主义文艺理论的阐释能力。阐释能力是文艺话语权的核心竞争力，它反映了主流意识形态对文艺实践的理论把握是否有效、价值评判是否权威。富有科学性、说服力、权威性的文艺理论话语体系是一个国家主流意识形态成熟强大的重要标志，而彰显时代精神、责任意识和高尚品格的文艺批评则是一个民族文艺健康发展的可靠保障。当前文艺理论和评论存在着对优秀作品推介不够、对不良现象批评乏力、套用西方理论强制阐释中国人的文艺实践、用简单的商业标准取代艺术标准等不良现象，其重要原因就在于阐释能力的匮乏和批评精神的缺失。

因此，我们一方面应坚持以马克思主义为指导，吸收中国传统文艺理论的精髓，批判借鉴外国文艺理论，分析总结中国特别是当代中国文艺实践的经验，创新并弘扬中华美学精神，以高度的学术自觉和学术自信不断推进社会主义文艺理论的系统化、知识化和科学化，增强中国特色社会主义文艺理论话语的指导性、针对性和权威性。另一方面，我们要大力倡导和践行具有科学精神、主流思想和交锋意识的文艺批评；磨砺文艺批评应有的力度和锋芒，坚持为人民负责、为民族负责、为社会负责、为文艺负责的态度，坚持马克思主义历史的和美学的批评标准，甄别筛选、去粗取精，推荐兼具思想性、艺术性的精品佳作，营造良好的文艺生态和积极健康的社会风尚。同时注重将马克思主义中国化最新成果贯穿到文艺理论人才培养和文艺评论实践的各个环节，从而把好把准文艺发展的方向盘，使文艺扎评真正成为引导创作、打造精品、引领风尚的重要文化力量。

总之，在新形势下，贯彻落实《讲话》和《意见》精神，加强社会主义文艺话语权建设，对于繁荣发展中国特色社会主义文艺事业、提升国家文化软实力和国际竞争力具有重大意义。我们要着力提升上述四种能力，牢牢掌握中国特色社会主义文艺的话语权和中国特色社会主义文艺事业发展的主动权，为实现“两个一百年”奋斗目标、实现中华民族伟大复兴的中国梦提供强大的精神动力。

（原载2015年12月1日《人民日报》）

新世纪文艺工作的行动指南

——学习《中共中央关于繁荣发展社会主义文艺的意见》的体会

白　烨

在习近平总书记于2014年10月15日主持召开文艺工作座谈会并发表重要讲话之后，2015年10月3日，中共中央又下发了政治局审议通过的《中共中央关于繁荣发展社会主义文艺的意见》。在近一年的时间里，党中央连续就文艺工作召开座谈会，发表总书记的重要讲话，发出有关文艺工作的重要文件，这在整个当代时期都极为少见。这充分表明党对文艺事业的高度重视，对文艺工作的殷切期待，也使得文艺事业的地位更加突出，文艺工作的作用更为彰显。

《中共中央关于繁荣发展社会主义文艺的意见》（以下简称《意见》），以六个方面、二十五个要点的意见指导和工作安排，对做好当前的文艺工作进行了全面的部署，提出了全新的要求。从主要精神与基本内容来看，这个《意见》是以中共中央文件的形式，对习近平总书记文艺工作座谈会讲话精神的进而细化和具体落实。因而，《意见》的作出与下发，为深入贯彻落实习近平文艺座谈会讲话精神，大力推动社会主义文艺的繁荣发展，以顶层设计、整体谋划的方式，提供了有力的政策保证与制度保障，使新世纪的文艺事业有了强大的思想引领与精神动能，为新世纪的文艺工作制定了新的发展路线与行动指南。

一

习近平总书记在文艺工作座谈会讲话里，结合新的历史发展趋势与民族发展需要，对于文艺的作用与功能给了充分的论说与高度的估价。《意见》在“做好文艺工作的重大意义与指导思想”的第一个问题里，也依循习近平文艺座谈会讲话的基本思路，以精警凝练的语言，对文艺的重要意义与重大作用做了概要性的高度评价，指出：”文艺是民族精神的火炬，是时代前进的号角，最能代表一个民族的风貌，最能引领一个时代的风气。”“实现中华民族伟大复兴，离不开中华文化繁荣昌盛，离不开文艺事业的繁荣发展。”这些重要论述，既站高望远，又钩玄提要，从文艺与民族精神的走向、与时代进步的风向的密切缘结，说到民族的伟大复兴、文化的繁荣昌盛与文艺的繁荣发展的内在关联，既步步深入地论述了民族、文化与文艺彼此映照、相互依存的密切关联与递进关系，又由小到大、由远及近地把民族复兴的伟业落实到文艺工作上。这既是对于文艺事业地位与意义的高度认定与充分估价，也是对于文艺工作者工作的殷切期待与高度评价。它昭示人们和文艺工作者，需要从民族复兴的大局、社会发展的需要、历史进步的趋势的高度，来认识文艺的作用与职能，也需要从这样的大局、趋势与高度，来认识自己的使命与责任，从而肩负起“举精神之旗，立精神支柱，建精神家园”的历史责任，履行好“弘扬中国精神、传播中国价值、凝聚中国力量”的神圣职责。

正是由于格外看重文艺工作的重要意义，高度估价文艺事业的巨大作用，《意见》就做好文艺工作提出了系统性的指导思想和纲领性的方针原则后，还就整体的文艺工作提出了“七为”的具体要求；“坚持以人民为中心，以社会主义价值观为引领，以中国精神为灵魂，以中国梦为时代主题，以中华优秀传统文化为根脉，以创新为动力，以创作生产优秀作品为中心环节”，就文艺为实现“两个一百年”的奋斗目标，实现中华民族伟大复兴的中国梦，提出了“提供强大的价值引导力、文化凝聚力、精神推动力”的殷切期望。

在这里，“七为”涉及了文艺的重心与导向，内核与灵魂，主题与根脉，动力与中心等基本问题，而且系列性的提法，简明扼要，环环相扣；而“三力”则分述了文艺在价值引领、文化凝聚和精神推动诸方面应予发挥的最大能量和最大作用，而且精警凝练，掷地有声。这些方针原则与总体要求，以其密切的关联性和彼此的互动性，立足于文艺本身又超越文艺范畴，显示出对于文艺事业高瞻远瞩的深刻认识，以及对于文艺规律秉要执本的有力把握。

二

在整个的文艺工作中，重心在哪里，什么是根本，是一个至关重要的问题。习近平总书记在文艺工作座谈会的讲话中就明确地指出“推动文艺繁荣发展，最根本的是要创作生产无愧于我们这个伟大民族、伟大时代的优秀作品”，“文艺工作者应该牢记，创作是自己的的中心任务，作品是自己的立身之本”。《意见》对于习近平文艺座谈会讲话的这一基本精神，从多个方面予以了分解和细化，提出的要求也更为全面和细致。

在“坚持以人民为中心的创作导向”的问题里，《意见》提出了“为人民抒写、为人民抒情”，“深入生活、扎根人民”，“面向基层、服务群众”，“激发人民创造活力、繁荣群众文艺”，“建立经得起人民检验的评价标准”等五个方面的意见。五个方面的要求，由上到下，从内到外，涉及到文艺创作和文艺活动的情怀与立场，状态与面向等重要的现实问题。这些具体而微的规约与要求，因为秉承了提高与普及相结合的方针，坚持了社会效益与经济效益相兼顾的原则，使得人们看取文艺的眼光自然向下了，文艺工作的重心显著下移了，从内在的观念，到具体的措施，都有力地保证了“以人民为中心”的目标原则，成为始终不渝的创作导向，构成文艺工作的基本常态。

坚持“以人民为中心”的创作导向，旨在创作无愧于时代和人民的优秀作品。在这一方面，《意见》提出了“把创作优秀作品作为中心环节”，“把创新精神贯穿创作生产全过程”，“高度重视和切实加强文艺理论和评论工作”，“大力发展网络文艺”，“加强文艺阵地建设”，“推动优秀作品走出去”等六个方面的切实措施。这里，不仅包括了创作与作品，创作与创新，创作与理论批评等传统的话题，而且包含了网络文艺、文艺传播，对外输出等新兴的课题。可以说，这种广阔的视野与全面的观照，针对着变动不居的文化现状，也切合着日新月异的文艺实际。事实上，现在的文艺从业者，包含了不同观念、不同代际的爱好者；现在的文艺受众，也包含了不同层次、不同趣味的人们，只有把文艺工作的各个环节都抓起来，让文艺领域的各个版块都活起来，做到不同的写作追求在相互借力中共同进取、不同的审美需求的相互联动中彼此启迪，才能使整体的文艺事业有序而健康地发展，做到更广的辐射，发生更大的影响，真正做到从创作到生产，从传播到服务的全系统的“以人民为中心”。

三

创作是精神劳动，作品是精神成果。因此，葆有一定的精神含量，宣示一定的精神倾向，就是创作与作品的题中应有之义。《意见》遵循习近平总书记文艺工作座谈会讲话的精神，从“聚焦中国梦的时代主题”，“培养和弘扬社会主义核心价值观”，“唱响爱国主义主旋律”，“传承和弘扬中华民族优秀传统文化”四个方面，简明扼要地阐述了“让中国精神成为社会主义文艺的灵魂”的重要问题。“中国梦”，“核心价值观”，“爱国主义”，“优秀传统文化”，四个关键词，相互系连，彼此映照，以点带面地构成了中国精神的标志性符号，也像矗立在文艺前进航程上的鲜明路标，使得变动不居又活跃不羁的社会主义文艺，行有依归，魂有定所。

在一些具体问题的解说中，《意见》也充满辨证的思维、新颖的见解，读来精警启人，清新引人。如讲到中国梦的表现内容时说：“既讲好国家民族宏大叙事，又讲好百姓身边的日常故事，用生动的艺术形象和叙事体现中国梦的丰富内涵，见人、见事、见精神。”讲到“唱响社会主义主旋律”的意义时，特别提到：“引导人民树立和坚持正确的历史观、民族观、国家观、文化观，不断增强中国特色社会主义道路自信、理论自信、制度自信。”这里的“四观”“三信”，以高度概括、要言不烦的关键词，既囊括了极为丰盈的思想内容与精神内涵，又概要表述了文艺应予释发的精神能量，应该发挥的社会功能。

因为文艺是铸造灵魂的工程，文艺家负有崇高的社会责任与神圣的历史使命，文艺工作者自身的思想修养和道德建设，就显得十分必要和重要。因此，在“建设德艺双馨的文艺队伍”的问题里，《意见》就“加强思想道德建设”特别提出：“文艺工作者要成为党的文艺方针政策的拥护者、践行者，成为时代风气的先行者、先倡者”，“牢记文化担当和社会责任，不断提高学养、涵养、修养”。只有做到了这一切，才有可能成为名副其实的“灵魂工程师”。这些意见和建言，既是党对文艺工作者的勉励与希望，也是文艺工作自身性质的要求与需要。

四

进入新世纪以来，文艺在自身的发展演进和外力的强烈推动之下，不断发生着深刻而巨大的变化。跟过去相比，文艺在整体走向丰繁多样的同时，也使自身的构成更为混血与混杂，并以自身的持续分化与不断泛化，呈现出前所未有的新形态与新生态，这种新形态与新生态的主要特征，便是当下的文学日益凝聚着新力量，混合着新关系，含带着新元素。如以网络文学为龙头强劲崛起的“新型文艺类型”，“新的文艺形态”，在其自身的发展与繁衍中，也给整体的文艺领域带来强劲的冲击与巨大的挑战。因此，如何认识新的文艺现象，引领新的文艺形态，就成为新世纪以来当代文学最为重要也最为严峻的时代课题。

对于文艺领域的这种新现象与新变化，习近平在文艺座谈会讲话中有着清醒的认知与细切的观察，有两处特别讲到对新的文艺形态要加以关注，强调“要适应形势发展，抓好网络文艺创作生产，加强正面引导力度”。《意见》在不同的部分里，都涉及到有关网络文艺和新的文艺形态的问题。如在“坚持以人民为中心的创作导向”里，提到“青少年文艺群体”，“网络文艺社群”；在“创作无愧于时代的优秀作品”里，谈到“推动文艺与新技术、新业态、新模式、新媒体的有机结合”；在“大力发展网络文艺”的专节，不仅提出“重在建设和发展，管理、引导并重”的方针，而且提出“促进传统文艺与网络文艺创新性融合，鼓励作家艺术家积极利用网络创作传播优秀作品”的要求。尤其是在“建设德艺双馨的文艺队伍”里，特别提出“要扩大工作覆盖面，延伸联系手臂，完善工作机制，创新组织方式”，“做好新的文艺组织和文艺群体工作”，使其在繁荣和发展社会主义文艺中发挥积极作用。对于新的现象、新的形态的高度关注与切实引领，有助于新的文艺形态健康地生长与成长，也有利于整体的文艺和谐地繁荣与发展。

这些直面现状、切中腠理的看法和要求，在当下不仅是极其重要的，而且是极为迫切的。因为无论是从文艺自身的发展演进上看，还是从党领导文艺的历史实践上看，面对在观念上、手段上都与传统文学明显不同的网络文艺及其新兴文艺形态，我们还缺乏有效的应对方法，也缺少应有的处理经验。在这一方面，我们委实需要研究新的现象，破解新的难题，探索新的方法，学习新的智慧，开展新的实践，总结新的经验。这是时代赋予我们的现实的任务，也是我们应予承担的历史的责任。

总体来看，《意见》对于文艺问题的认识与把握，对于文艺工作的安排与部署，既具有深刻的理论性、深湛的思想性，又具有务实的实践性、切实的操作性，堪为党在新世纪这一新的历史阶段指导文艺事业的工作纲领与行动指南。相信这一《意见》的学习与宣传、贯彻与落实，必将进而把习近平文艺座谈会讲话的精神发扬光大和落到实处，从而以正确的导向指引，强大的精神推动，多样的政策引领，系统的制度保障，极大而持续地推进和促动中国文艺实现新世纪特有的时代辉煌，书写中国社会主义文艺光辉灿烂的新的篇章。

（原载2015年12月21日《文艺报》）

雷加百年诞辰纪念座谈会在京举行

深入生活、扎根人民是一代代优秀的中国作家执著坚守的信念,凭着这条颠扑不破的真理,他们发现了埋藏在生活中的丰富矿藏,寻找到了蕴含在人民中的伟大力量。作家雷加就是其中的优秀代表之一,早在上世纪三四十年代,他在题为“与生活同在”的文章里这样表达了自己的文学信念:“我摆脱不了那些生活中感人的事件,常常是不知不觉地做了它们的光荣和俘虏。”他还多次说过,一个作家应该有生活,以后要继续积累和补充生活,才能够写下去。正是这种“与生活同在”的文学信念,促使他在70余载文学创作生涯中笔耕不辍,写下长篇小说《潜力》三部曲、散文特写集《五月的鲜花》《南来雁》《延安世纪行》等与时代同行的优秀作品。

1月28日,雷加百年诞辰纪念座谈会在中国现代文学馆举行。中国作协主席铁凝出席座谈会并讲话。中国作协党组书记钱小芊主持座谈会。中国作协副主席陈建功、李敬泽及各界专家学者、雷加亲朋故友80余人与会。

出生于辽宁的雷加,一生与祖国和人民的命运紧密相连。铁凝在讲话中回忆了雷加的一生和他的文学创作生涯。铁凝谈道,雷加和同时代的那批作家一起承担起时代和人民的重托,成为中国革命、建设和改革开放波澜壮阔的历史进程的参与者、见证者和记录者,为读者留下了一份珍贵而丰富的文学遗产。他毕生都深深眷恋着故乡的河流,鸭绿江的“清澈和深邃”一直牵动着作家的记忆和乡愁。然而，在雷加的心中还流淌着另一条大河，那就是生活，正是"与生活同在"的执着信念让他在祖国大地上奔走着、战斗着、创作着。雷加曾说过，"生活对创作很重要"，"文学创作应该创造美，必须创造美，要给社会增加美，否则，文学作品就失去了存在的价值"。这些话普通而平实，却蕴含着深刻的道理，随着时间的流逝而历久弥新。

铁凝还谈道，雷加的文学生涯是与民族、国家的命运紧密相连的，从创作伊始他就显示了既是作家又是战士的风姿。作为东北作家群中的一员，雷加和那一代年轻的东北作家们一样，在九一八事变后承受着国破家亡、流离失散的命运，他写下的许多作品表达了对故土家园的深沉的爱和鼓舞人民打击侵略者的强烈愿望。1942 年，他深入陕北农村，写出了《"女儿坟"最后一代》《揽羊人》等一组反映陕北巨变的作品。上世纪 50 年代，他创作了长篇小说《潜力》三部曲，成为新中国成立初期描写工业战线生活的代表性作品。这些都是他一步一个脚印"丈量"出来的，体现着一个行动的革命者坚贞不渝的信念，和一个作家为时代放歌、为人民立传的庄严的使命感。

视写作如生命，也是雷加值得后人敬重、学习之处。铁凝说，雷加把写作放在了人生最重要的位置，在长达 70 年的写作生涯中，无论是战争岁月，还是和平年代，无论是紧张的革命活动间隙，还是在困苦磨难之中，他一直笔耕不辍，靠的就是对文学无保留的热爱和人能够变得更好的信念。他以自己的实践有力地昭示了这样一个真理：始终把人民放在心中，不倦地书写人民的喜怒哀乐的作家，他们的作品才能够获得人民的喜爱，在人民心中获得长久不衰的生命力。

钱小芊在主持座谈会时说，雷加同志在几十年的创作生涯中写下了大量为人民大众喜闻乐见的作品，他的这些作品在中国现当代小说发展史上具有积极的开拓意义。他的一生和祖国的命运、人民的命运紧密相连，他把毕生的精力、心血都贡献给了社会主义建设和他所钟爱的文学事业。我们要学习他对党的无限忠诚，始终抱有坚定的理想和执着的信念，切实承担起党和人民赋予我们的责任。我们要学习他热爱祖国、热爱人民，始终把深入生活、扎根人民作为创作的根基，牢固树立以人民为中心的创作导向，创作出无愧于时代、无愧于人民的优秀作品。今天我们缅怀雷加同志这位在70多年的文学实践中始终坚守现实主义文学创作道路的老作家，总结他的创作经验，弘扬他的革命精神，一定会激励我们深入学习贯彻习近平总书记在文艺工作座谈会上的重要讲话精神，以更加饱满的热情深入生活、踏实创作，为繁荣发展我国社会主义文学事业作出新的更大的贡献。

陈建功、程惠民、邢培红、杨聪凤、马尚瑞、卢新华、邵济安等追忆了与雷加交往的点点滴滴，对这位老作家的人品和文品给予高度评价。他们之中，有的曾与雷加同在一个党支部共事多年，深为他当年的真诚坦率、热情谦和所打动，更深深惦念他的信仰、胸怀和阅历；有的是雷加好友的子女，他们眼见这位长辈经历了许多波折仍然坚强乐观，带着童真的欣喜去迎接时代的大潮，永远葆有阳光的本性；还有些是来自雷加故乡的亲朋故友。几十年过去，他们不远千里聚在一起，就是希望再次走近往事，近距离感受老作家独特的精神气质和人格力量，他对生活的态度总是积极的、乐观的、冷静的、辩证的，即使身处逆境也仍洁身自好、泰然自若。

雷加之女刘甘栗在座谈会上向中国作家协会和各位与会者表示衷心的谢意。她说，父亲一辈子都老老实实做人，勤勤恳恳做事，他怀着战士的情怀和文学的梦想，走过了自己丰富多彩的人生道路。他始终是个战士，又是一个真正的作家。他以自己的人生经历和文学生涯给后人留下了宝贵的精神财富。

纪念座谈会后，雷加亲属还向中国现代文学馆捐赠了雷加部分手稿。

（原载2015年1月30日《文艺报》）

文学界纪念杨宪益百年诞辰

位于北京小金丝胡同的外文局宿舍，是翻译家、外国文学研究专家、诗人杨宪益最后居住的地方。在这里，他与夫人戴乃迭度过了相濡以沫的时光，与登门拜访的朋友、学生谈天说地；也是在这里，他手不释卷，译著无数，甘做人类文化的使者，直到生命尽头。2月9日，杨宪益百年诞辰纪念座谈会在中国现代文学馆举行。中国作协主席铁凝出席会议并致辞。中国作协副主席李敬泽主持纪念座谈会。来自各地的近百位专家学者及杨宪益亲属与会。

杨宪益是我国著名翻译家，他自翻译之初就立志于通过翻译彰显中国文学伟大经典的世界性意义，并为此付出毕生精力。他与戴乃迭一起，将《离骚》《史记》《汉魏六朝诗文选》《长生殿》《聊斋志异》《红楼梦》等古典文学译成英语，同时翻译了《鲁迅选集》(四卷本)和《白毛女》《青春之歌》等现当代文学作品。此外，他还将《荷马史诗》《罗兰之歌》《萧伯纳戏剧选》等外文作品译成中文。其中，《红楼梦》英译三卷本，可以说是杨宪益翻译生涯的一座丰碑，这个译本直到现在仍是《红楼梦》最受信赖的英译全本。

铁凝在致辞中谈道，当我们在新的历史条件下回顾杨宪益先生的成就，不得不感叹先行者筚路蓝缕的孤寂和坚定，不得不感叹一个人竟有如此的力量和才华，跨越文化和语言的千山万水，将一个古老民族最为深长微妙的思绪和情感传达到遥远的异域。一个杰出的文学翻译家必是一个博雅的文化学者，必定对他出发和抵达的语言有着深湛、精确的理解力、感受力和运用能力。

翻译对于杨宪益来说，不仅是兴趣、职业，更是使命和理想。铁凝说，杨宪益一生翻译了一千多万字的中国古典文学和现当代文学作品，这些译作使世界各国特别是英语国家读者，有机会欣赏中国丰富多彩的文学。除此之外，他还将大量外国文学名著翻成中文，拓展了中国读者的视野，丰富了我们的语言，从不同层面不同程度促进了中国文学的发展进步。他的业绩、他的精神都启示我们，越是要走向世界，就越需要增强文化自觉和文化自信。在当今时代，我们要高扬中华文化的主体性，满怀自尊和自信地加入到世界文化对话中去，以精彩的中国故事和美好的中国精神充分体现中国文化的感召力、吸引力。

座谈会上，屠岸、叶廷芳、文洁若、谢飞、黄乔生、范玮丽等人先后发言，他们回顾了与杨宪益交往的旧事琐忆，尤其提出他的自由之精神、独立之思想堪为一代知识分子的典范。杨宪益以一颗赤子之心面对祖国和人民，葆有不灭的信念和理想，被称为"翻译了整个中国的人"，为中西方文化交流作出卓越贡献。杨宪益与戴乃迭的爱情如梦幻诗歌般美好，而在学术研究、文学翻译领域，他们又是珠联璧合的伙伴，他们的琴瑟合鸣已成为一个时代的文化传奇。纪念杨宪益百年诞辰，不止于回望他的生平和成就，更重要的是引起更多更深入的思考：今天我们应该怎样看待、发展翻译事业，后人又该如何纪念和传承老一辈学人留下来的优良传统和文化精神。

（原载 2015 年 2 月 11 日《文艺报》）

“深入生活、扎根人民”弘扬柳青精神研讨会在京召开

回顾中国当代文学史，作家柳青是一个绕不开的名字。新中国成立初期，他任陕西长安县县委副书记，主管农业互助合作工作。为了更深入地了解农村，1953 年他辞去陕西长安县县委副书记的职务，定居皇甫村，一住就是 14 年，踏踏实实地沉潜在生活和人民之中。他最重要的代表作《创业史》，不仅生动描绘了我国农业社会主义改造进程中风起云涌的时代风貌，展现了我国社会主义建设波澜壮阔的历史画卷，也蕴藏着作者长期农村生活的丰厚积累和对人民群众的深厚感情。可以说，柳青无愧于作家艺术家“深入生活、扎根人民”的典范。

为深入贯彻落实习近平总书记在文艺工作座谈会上的重要讲话精神，把“深入生活、扎根人民”主题实践活动引向深入，5 月 20 日，中国作家协会、中共陕西省委宣传部、光明日报社在京联合召开“深入生活、扎根人民”弘扬柳青精神研讨会。中国作协党组书记、副主席钱小芊，中共陕西省委常委、宣传部部长景俊海，《光明日报》总编辑何东平，中宣部文艺局局长汤恒出席研讨会并讲话。来自全国多地的 10 余位作家、评论家、学者在会上发言，对如何更好地弘扬柳青精神进行了深入研讨。研讨会由中国作协副主席李敬泽主持。

钱小芊在讲话中说，去年 10 月 15 日，习近平总书记亲自主持召开了文艺工作座谈会，在与作家艺术家的座谈中，总书记谈到了作家柳青扎根农村 14 年、体验农民生活、进行文学创作的事迹，高度赞扬了柳青自觉地深入生活、扎根人民、倾听群众心

声、与人民同甘共苦的精神,鼓励广大作家艺术家到人民群众中去、到火热的生活中去,"虚心向人民学习、向生活学习,从人民的伟大实践和丰富多彩的生活中汲取营养,不断进行生活和艺术的积累,不断进行美的发现和美的创造"。习近平总书记对柳青精神的充分肯定和高度赞扬,为广大作家的创作树立了榜样,指明了方向。

钱小芊指出,柳青的一生,是满怀对国家民族的责任感投身火热生活和革命实践的一生,是与人民群众同呼吸共命运的一生。他一生都把文学事业作为人民的事业,描绘人民群众的生活场景,书写人民群众的伟大实践,讴歌人民群众的精神品质。我们学习和弘扬柳青精神,就是要学习和弘扬柳青对人民群众的文学情感、文学责任和文学坚守。去年以来,中国作协以多种形式开展了"深入生活、扎根人民"主题实践活动,就是要大力倡导和积极推动广大作家到改革开放最前沿、经济建设第一线、社会生活最基层去,深入观察生活、正确反映生活,从生活中汲取营养,坚持以人民为中心的创作导向,讴歌人民群众火热生活中向上向善的力量,讴歌我们国家正在经历的巨大历史变迁,讴歌我们民族正在经历的伟大复兴,从而担负起文学作为时代前进的号角、代表时代的风貌、引领时代的风气的作用。学习和弘扬柳青精神,对于我们正在广泛开展的"深入生活、扎根人民"活动具有非常重要的启示意义。相信柳青精神将不断激励更多的作家走与时代与人民相结合的文学创作道路,我国文学界将会涌现出更多有作为的作家,会创作出更多反映时代反映生活的优秀文学作品。

景俊海在讲话中说,柳青是我国当代文学史上具有广泛影响的代表性的作家。柳青的创作实践最重要的一点就是扎根生活,从人民群众的伟大实践中汲取营养。柳青的文学理想,就是坚持以人民为艺术描写的对象,在书写以人民为主体的文学作品中注重揭示社会发展的动向和历史前进的规律。优秀文艺作品的产生需要许多条件,但最根本、最重要的条件,就是创作主体必须心中有人民,脚下有生活,笔墨中充满真情实感,声韵中高扬时代精神。弘扬柳青精神，就是要按照习近平总书记的要求，深入生活、扎根人民，始终坚持以人民为中心的创作导向，创作出有筋骨、有道德、有温度的精品力作。

何东平在讲话中深情表达了对柳青曾经作为报业同仁的亲切和敬重之忱，表达了他大学时期读柳青作品的真实感受。他说，《创业史》中流淌的直面国情、现实主义的激情，使一代青年学子减少了浮躁，坚定了双脚站立在中国大地上的信心。《光明日报》是广大知识分子的精神家园，将会一如既往地宣传好党的文艺政策，刊发优秀的文学作品和文艺理论、评论文章，为文学艺术的不断发展和繁荣，为实现中华民族伟大复兴的中国梦，提供有力的舆论支持。

汤恒在讲话中说，中国作协、陕西省委宣传部、光明日报社共同举办弘扬柳青精神研讨会，是贯彻落实习近平总书记文艺工作座谈会重要讲话精神、推动“深入生活、扎根人民”主题实践活动深入开展的一项积极举措，很有意义。习近平总书记文艺工作座谈会上重要讲话发表以来，我们欣喜地看到，文艺界出现了一系列可喜的变化。大批作家艺术家主动深入基层，采风创作，精益求精打造精品，热情参与公益演出，努力追求德艺双馨，积极传播社会主义核心价值观。文艺创作坚持把社会效益放在首位，豪华之风得到遏制，主旋律更加响亮，正能量更加强劲，文艺队伍面貌焕然一新。柳青的创作实践给我们广大文艺工作者和文艺工作带来了非常深刻的启示，即对人民爱得真挚、爱得彻底、爱得持久，文学的天空才会更加纯洁、更加宁静、更加开阔；有温度的文学，一定是深深扎根在土地上，用理想主义的光芒烛照现实生活；反映现实的作品，离人民最近，最受人民欢迎。柳青所走过的文学道路，他所取得的创作成就，是留给我们的宝贵精神财富。它再一次昭示我们，文艺最深厚的根基存在于人民群众之中，只有真诚地爱人民、写人民、为人民写，才能创作出无愧于时代的优秀作品。

会上，贾平凹、阎纲、畅广元、雷达、刘醒龙、胡平、李星、白烨、梁鸿鹰、关仁山、张志忠、段建军、王春林、冯秋子等作家评论家，以及陕西省柳青文学研究会副会长董颖夫先后发言，分别从多个维度对柳青的创作道路和文学精神进行了探讨，对柳青的为人为文给予高度评价。大家一致认为，柳青对中国当代文学的贡献，就是他率先身体力行地深入生活、扎根人民，自觉地履行一个作家对人民和时代的责任。学习和弘扬柳青精神，应当成为广大作家共同的追求。此外，与会者还就《创业史》的继承与超越、文学创作与现实生活的关系、现实主义的深刻性与丰富性、当代文学中的新农民形象等问题进行了深入而广泛的交流。

出席研讨会的还有中国作协创作联络部主任彭学明、中共陕西省委宣传部副部长陈彦、陕西省作协党组书记蒋惠莉等。中宣部和研讨会主办单位有关方面代表、陕西省中青年作家代表等参加了研讨会。

（原载 2015 年 5 月 21 日《文艺报》）

首都文学界“纪念中国人民抗日战争暨世界反法西斯战争胜利70周年”座谈会举行

9月6日，中国作家协会隆重召开首都文学界“纪念中国人民抗日战争暨世界反法西斯战争胜利70周年”座谈会。中国作协主席铁凝出席座谈会并讲话。中国作协党组书记、副主席钱小芊主持座谈会。中国作协副主席吉狄马加、陈崎嵘、李敬泽、高洪波，书记处书记白庚胜、阎晶明，主席团委员王巨才、张胜友等出席。

纪念座谈会开始时，全体起立，奏唱国歌。雄壮的《义勇军进行曲》响彻会场，震撼人心。铁凝在讲话中首先向那些在血与火的岁月中以笔为枪的老战士、老作家们致以最崇高的敬意和最深切的祝福。她说，抗日战争的胜利昭示着中华民族对正义、和平与人民的庄严信念。9月3日，习近平总书记发表重要讲话，深刻揭示了这一伟大胜利的重大意义，表达了中华民族铭记历史、缅怀先烈、珍爱和平、开创未来的坚定决心。抗日战争是中华民族最危险的时刻，更是中华民族凤凰涅槃、浴火重生的时刻，正如习近平总书记指出的，“中华儿女不屈不挠、浴血奋战，彻底打败了日本军国主义侵略者，捍卫了中华民族五千多年发展的文明成果，捍卫了人类和平事业，铸就了战争史上的奇观、中华民族的壮举。”

在那段悲壮辉煌的历史岁月里，广大作家始终与人民同呼吸、共命运，中国的文学始终表达着民族的心声。铁凝指出，在民族危亡的关头，中国的广大作家和文艺工作者表现出空前的团结，他们满怀对祖国母亲的深情，满怀对独立与自由、和平与光明的向往，写下了难以计数的小说、诗歌、散文、歌词、特写、报告文学、戏剧，有力地鼓舞着中国人民的抗日斗志。抗战中的文学是人民的文学。在中国文学的历史上，文学从来没有像在抗战中那样，深入到街头、田间和战壕，深入到最广大民众的心头。在抗战最为艰苦的时期，毛泽东同志发表了《在延安文艺座谈会上的讲话》，在《讲话》精神鼓舞下，广大作家更加自觉地走向民众，深深地扎根在人民群众中间，与人民群众血肉相连、心心相印，他们由此获得文学创作的不竭源泉，也由此抵达了文学的高贵与不朽。

抗日战争的胜利是军事和政治的胜利，也是民族精神的胜利。铁凝谈道，抗战中的文学就是抗战精神的丰碑，它已成为我们民族记忆中永不熄灭的火炬，照亮着一代又一代中国人的心灵和道路。当我们在这里纪念70年前的伟大胜利时，每个人心中都会感到沉重的责任和使命，70年过去，抗战历史和抗战精神依然像山一样矗立在我们面前，抗战还远没有写完，抗战文学如同群山连绵，一直有更高的一座山在召唤着我们。抗日战争是伟大的中国故事，是壮丽的民族史诗，中国的作家负有神圣的责任，让这史诗不断生长，长久流传，让伟大的抗战精神成为中国精神的钙与铁，在一代又一代中国人的心中生生不息。习近平总书记在文艺工作座谈会上的重要讲话中指出："历史和现实都证明，中华民族有着强大的文化创造力，每到历史重大关头，文化都能感国运之变化、立时代之潮头、发时代之先声，为亿万人民、为伟大祖国鼓与呼。"现在，中华民族正站在新的历史起点上，抗日战争中的无数先烈梦寐以求、牺牲奉献的伟大理想正在我们的前方展开，中国广大作家必将继承和发扬抗战文学的光荣传统，与民族共命运，与人民同呼吸，以我们的笔记录这个伟大的时代，高举理想的旗帜，弘扬中国精神，在以习近平为总书记的党中央领导下，为实现中华民族伟大复兴中国梦而不懈奋斗！

钱小芊在主持讲话中指出，9月3日，习近平总书记在纪念中国人民抗日战争暨世界反法西斯战争胜利70周年大会上发表重要讲话。讲话站在人类文明、时代潮流和历史规律的高度，深刻总结了中国人民抗日战争的伟大历程，宣示了“铭记历史、缅怀先烈、珍爱和平、开创未来”的坚定决心，发人深省、催人奋进。我们要认真学习，深刻领会。

钱小芊谈道，学习贯彻习近平总书记重要讲话精神，弘扬抗战精神，要充分认识文学的地位作用，铭记我们所担负的社会责任和历史使命，紧紧围绕党和国家工作大局，努力发挥文学作品深刻的价值引领作用，促进中华文化的繁荣兴盛。要高举爱国主义旗帜，弘扬社会主义核心价值观，引导人们树立和坚持正确的历史观、民族观和国家观，增强做中国人的骨气和底气。要深入生活，扎根人民，始终坚持以人民为中心的创作导向，保持与人民群众的血肉联系，更好地担负起为人民立言、为时代放歌的历史责任。要努力创作出更多更好思想精深、艺术精湛、制作精良的文学精品，包括抗战文学精品，把最好的精神食粮奉献给人民。抗战胜利70年来，中国发生了翻天覆地的变化。站在新的历史起点上，我们要紧密团结在以习近平同志为总书记的党中央周围，以强烈的使命意识、责任意识和忧患意识，创作出更多有筋骨、有道德、有温度的优秀作品，弘扬抗战精神，凝聚中国力量，鼓舞和激励人民为实现“两个一百年”奋斗目标和中华民族伟大复兴的中国梦作出更大贡献！

作家、评论家代表邓友梅、柳建伟、孟繁华、大解、程雪莉、李云雷、张者、成善一等先后发言。徐非光即席演唱了《抗日儿童团歌》《孩子剧团团歌》。大家从不同角度回顾抗战历史，表达对革命先烈、文学前辈和死难者的怀念，肯定文学的社会价值和精神力量，表示要弘扬抗战精神，推动抗战文学创作。大家谈到，抗日战争是中华民族的伟大胜利，抗战精神是我们的宝贵财富，纪念抗战是为了珍爱和平，不忘使命。在新的历史时期，广大作家将继承、弘扬抗战精神，书写动人中国故事，谱写中国文学更加辉煌的新篇章。

在京中国作协主席团委员，抗战时期参加革命、开始创作的老干部、老作家，首都文学界的作家、评论家，中国作协机关各部门、各直属单位和北京作协负责同志参加座谈会。

（原载 2015 年 9 月 7 日《文艺报》）

中国作协举办全国省级作协负责人学习研修班

9月21日至9月24日,中国作协在北京举办全国省级作协负责人学习研修班。学习研修班主题是:深入学习贯彻习近平总书记在文艺工作座谈会和中央党的群团工作会议上的重要讲话精神,研究做好新形势下作协工作的改革创新问题。中宣部副部长景俊海,中国作协党组书记、副主席钱小芊在研修班讲话。中国作协主席铁凝,中国作协党组书记处吉狄马加、何建明、李敬泽、白庚胜、阎晶明出席了研修班活动。各省、自治区、直辖市作协,新疆建设兵团作协,延边作协等中国作协团体会员主要负责人参加了学习研修班。

景俊海在讲话中说,在习近平总书记文艺工作座谈会重要讲话精神的指引和鼓舞下,文艺战线呈现出一系列新变化新气象,优秀作品不断涌现,主旋律更加响亮,正能量更加强劲,文艺队伍面貌焕然一新,思想作风、人民情感和社会责任都明显加强,文艺发展进入机遇期、增速期、提质期。

景俊海对新形势下加强和改进文艺工作提出要求:一是要深入学习贯彻习近平总书记重要讲话精神,学习贯彻中央关于文艺工作的一系列重要部署,把好文学发展方向,加强对创作方向的引导,探索完善文艺作品评价标准。二是要聚力聚焦创作这个中心环节,把好重点题材、重点作品,为我们这个时代创作一批立得住、传得开、留得下的好作品,推动文艺从高原向高峰迈进。三是要加强文学阵地建设,为出精品提供可靠的渠道保障和营造良好的舆论氛围。加大对文学期刊的扶持力度,整合媒体资源,为传播优秀作品营造强大舆论,并加强网络文学阵地的引导和管理。四是要坚持以人才队伍为根本,完善作协工作体制机制,不断提高作协的服务能力和管理水平。要用全新的眼光和全新的政策方法,看待和团结新的文艺组织和新的文艺群体。要研究制定作家思想道德公约,加强行业自律。

钱小芊在讲话中说,党的十八大以来,以习近平同志为总书记的党中央十分重视文艺工作。习近平总书记在文艺工作座谈会和中央党的群团工作会议上的重要讲话,以及今年年初中央下发的《关于加强和改进党的群团工作的意见》和中央政治局最近审议通过的《关于繁荣发展社会主义文艺的意见》,对于做好新形势下的作协工作具有十分重要的指导意义,我们必须认真贯彻落实。

钱小芊指出,习近平总书记在中央党的群团工作会议上的重要讲话,从党和国家事业发展全局的高度,精辟阐述了做好新形势下党的群团工作的重大意义、方向目标和基本要求,提出了一系列新思想新观点新要求,具有很强的战略性、思想性、指导性和针对性,是指导新形势下党的群团工作的纲领性文献,也是党的群团工作改革创新的动员令,为作协工作与时俱进、创新发展指明了前进方向、提供了根本遵循。我们要认真学习习近平总书记的重要讲话精神,自觉把思想和行动统一到讲话精神上来。一是要深刻理解和把握讲话指出的党的群团工作在党和国家事业大局中的重要地位与作用,切实增强做好作协工作的责任感使命感;二是要深刻理解和把握讲话指出的群团工作面临的突出矛盾和问题,切实增强加强和改进作协工作、推进改革创新的危机感紧迫感;三是要深刻理解和把握讲话关于加强和改进党的群团工作的一系列部署要求,切实增强走中国特色社会主义群团发展道路的坚定性自觉性。

钱小芊就深入学习贯彻习近平总书记在文艺工作座谈会和中央党的群团工作会议重要讲话精神,围绕把广大作家紧紧团结在党的周围来改革创新作协工作,进一步重视和加强基层基础工作,进一步加强作协干部队伍建设,重视并切实做好媒体工作、信息工作和网络工作，以及加强学习，不断提高做好作协工作的水平和能力等，提出了具体意见。

学习研修班上，吉狄马加、何建明、李敬泽等同志分别就坚持以人民为中心的创作导向、文学报刊社网建设和发展、引导文艺思潮作了讲座，国家行政学院常务副院长马建堂作了关于经济形势的报告，新华社研究员钱文荣作了关于国际形势与中美关系的报告，文学评论家雷达作了文学讲座。

在研修讨论中，大家认为，举办省级作协负责人学习研修班很有必要，参加学习研修活动很有收获。大家围绕学习贯彻习近平总书记系列讲话精神，联系作家协会的工作实际，交流了学习体会。大家表示，要进一步深入学习习近平总书记重要讲话精神，不断提高认识、明确任务、理清思路、开拓创新。要结合各地各单位实际，找准工作着力点，以扎实有效的工作推进作协工作改革创新，开创作协工作新局面。要抓住难得的发展机遇，牢记肩负的职责使命，更广泛更紧密地把广大作家团结在党的周围，引导广大作家和文学工作者坚持以人民为中心的创作导向，弘扬社会主义核心价值观，深入生活、扎根人民，潜心创作出更多无愧于伟大民族、伟大时代的精品力作。

（原载 2015 年 9 月 25 日《文艺报》）

严文井百年诞辰纪念座谈会在京举行

在中国儿童文学史中，严文井是一个具有重要意义的名字，《小溪流的歌》《“下次开船”港》《南风的话》……这些作品陪伴着一代代孩子成长，在他们稚嫩的心田里播种爱和真诚的种子。在他看来，为儿童写作是一项严肃的工作。一个儿童文学作家要做的，就是抓住时代的特点、孩子的特点，根据新生活带来的新主题，写出新的童话来。

10 月 19 日，中国作协在中国现代文学馆举行严文井百年诞辰纪念座谈会。中国作协主席铁凝出席座谈会并致辞。中国作协党组书记、副主席钱小芊主持座谈会。中国作协副主席陈建功、高洪波、李敬泽、张抗抗等出席座谈会。

严文井曾任中国作协党组副书记、《人民文学》主编、作家出版社社长、人民文学出版社社长等职务。铁凝回顾了严文井参加革命、投身创作，与祖国人民荣辱与共的人生和创作生涯。她说，严文井是一位文学大家，其创作成果斐然，广受读者喜爱。他的创作有着丰富的学识素养做基奠，更有对时代脉搏的准确把握为深厚根底。从创作之初，他就敏锐地觉察到为儿童写作的必要性和紧迫性。他以“中国的未来在要求我们加倍工作”的责任感和工作热情，关注新中国少年儿童的心灵成长。上世纪七八十年代，他以更加饱满的热情投入写作，创作了一批反映新时代风貌的童话和寓言。《严文井童话寓言集》是中国儿童文学的一个重要收获。

铁凝对严文井的儿童文学创作给予高度评价。她说，严文井总是从时代的高度、大局的要求来构思作品，他特别注重培养孩子们高尚的品格。他注重内容与形式的和谐统一，重视语言的优美和意境的创造。严文井不仅创作童话，还写了许多创作心得与理论。他为中国的儿童文学创作与理论的发展提供了宝贵的经验，并影响着新中国一代代读者的人格成长。在从事文学组织工作和编辑、出版工作期间，他努力贯彻党的文学出版方针，对出版社机构的设置、规划的制定、编辑队伍的建设都起到了重大作用。他注重团结老作家创作，发现和鼓励青年作家，不怀狭隘门户之见及偏见，同时对作品质量坚持严格把关。严文井先生是以身作则、坚持原则的好领导，也是大家的良师益友。

铁凝谈道，习近平总书记说，好的文艺作品就应该像蓝天上的阳光、春季里的清风一样，能够启迪思想、温润心灵、陶冶人生。严文井的一些作品已经达到这样的效果。在新的历史条件下，中国文学如何体现中国精神，弘扬社会主义价值观？中国文学面对市场的诱惑，如何坚持把社会价值放在首位，力戒浮躁，精益求精？面对时代的巨大变革，中国作家如何深入生活、扎根人民？这些都是摆在每一位文学工作者面前的课题，需要我们深入思考并切实作出回答。

屠岸、金波、阎纲、杨匡满、聂震宁、王涛、周明、覃琨、管士光等满含深情地讲述了与先生交往共事的点滴往事。他们谈道，严文井的为人为文都值得称道，他的童话永远都没讲完。他的儿童文学创作执著于表现人性，既是诗意的又是哲理性的，对陶冶孩子的情操、启迪智慧和心灵产生了重要影响。他的精神是文学的精神、专业的精神，他文学家的气质也影响了很多人。今天，严文井已经离开我们 10 年了，但人们却常常记得他的妙语和哲思，记得他为儿童文学和我国文学发展作出的贡献。

王蒙、谢永旺、文洁若、吴泰昌、邵燕祥、徐城北、樊发稼、崔道怡、叶稚珊、李辉、陈国华、谷斯涌、何志云、陈虹等参加纪念座谈会。

（原载 2015 年 10 月 19 日《文艺报》）

刘云山：不断巩固文艺繁荣发展的良好局面

新华网北京10月20日电　繁荣发展社会主义文艺推进会20日在京召开。中共中央政治局常委、中央书记处书记刘云山出席会议并讲话，强调要深入贯彻习近平总书记在文艺工作座谈会上的重要讲话精神，贯彻党中央关于繁荣发展社会主义文艺的意见，提高思想认识，强化文化担当，深化落实措施，巩固文艺繁荣发展的良好局面。

会上，浙江省委、北京市委宣传部负责同志和作家艺术家代表发言。大家认为，在习近平总书记重要讲话精神鼓舞下，文艺工作者创作热情高涨，文艺领域呈现许多新气象。现在文艺工作面临极好机遇，风劲扬帆正当时，要乘势而上、积极作为，弘扬主旋律，传播正能量，以更多优秀作品为文艺繁荣发展贡献力量。

刘云山指出，推进文艺繁荣发展，要强化以人民为中心的创作导向，切实解决群众立场和群众感情问题，完善保障长期深入生活的具体经济政策，把深入生活作为文艺工作者业务考核的重要依据，建立常下基层、常在基层的长效机制。要把社会主义核心价值观生动体现在文艺创作之中，以正确历史观反映和表现历史，以正确英雄观描写和塑造英雄，激发团结奋进的精神力量。要深入实施中华文化传承工程，加强总体规划，加大政策扶持，抓好重点项目的实施，推出一批彰显中华文化精神的优秀成果，更好构筑中华民族共有精神家园。

刘云山指出，促进文艺繁荣发展，归根结底靠精品来支撑。

要深化中国梦主题文艺创作活动，实施好当代文学艺术创作工程，加强重大现实题材的立项规划和资源支持，打造体现时代特色、代表国家水准的扛鼎之作。要继续深化改革，解决制约文艺发展的体制机制问题，更好配置创作资源，激发创作动力。要把社会效益放在首位，加大社会效益评估考核权重，细化衡量社会效益的措施办法，使重视社会效益、社会责任成为文化单位的自觉行动。

刘云山强调，各级党委要加强对文艺工作的领导，认真贯彻党的文艺方针政策，把握好文艺工作方向导向，规范评奖工作，推动开展积极健康的文艺批评。要加强宣传文化单位党的建设和领导班子建设，加强文艺队伍和文艺阵地建设，创造有利于文艺繁荣发展的良好环境。

刘奇葆在总结讲话中指出，推进文艺繁荣发展，要把思想和行动统一到习近平总书记重要讲话精神上来。要聚焦中国梦主题，推动现实题材和爱国主义题材创作。把作品质量放在第一位，聚力聚焦打造精品。引导文艺工作者有修为、有作为、有担当，做德艺双馨的践行者。完善体制机制和文艺扶持政策，做好文艺评论评奖工作，形成全社会重视文艺和支持文艺的浓厚氛围。

刘延东出席会议。

（原载 2015 年 10 月 20 日“新华网”）

中国作协八届八次主席团扩大会议强调深入学习贯彻习近平总书记重要讲话精神开创文学事业繁荣发展新局面

中国作家协会第八届主席团第八次扩大会议于 2015 年 10 月 23 日在北京召开。中国作协主席铁凝主持会议。中国作协党组书记、副主席钱小芊代表书记处作工作报告。中宣部副部长景俊海出席会议并讲话。

会议深入学习贯彻习近平总书记在文艺工作座谈会上的重要讲话精神,认真学习中共中央《关于繁荣发展社会主义文艺的意见》,对中国作协今年以来的工作进行了总结,对深入学习贯彻习近平总书记在文艺工作座谈会上的重要讲话精神、学习贯彻《关于繁荣发展社会主义文艺的意见》作出部署。

景俊海在讲话中指出,最近一个时期文艺工作大事好事不断,文艺工作机遇前所未有,空间无比广阔,环境更加有利。要紧紧围绕深入学习贯彻习近平总书记在文艺工作座谈会上的重要讲话精神这一主线,夯实作协工作的思想根基;要努力推动出精品出人才,为攀登文艺高峰奠定坚实基础;要切实抓好文学评论、评奖,发挥杠杆作用,为文学繁荣发展营造良好环境。

钱小芊在工作报告中指出,一年来,在习近平总书记重要讲话精神激励和指引下,文学界出现了许多可喜的新变化,广大作家和文学工作者对坚持走中国特色社会主义文学道路更有信心,坚持以人民为中心的创作导向更加坚定,“深入生活、扎根人民”正在成为风气,为时代放歌、为人民立言,努力创作无愧于时代的优秀作品的责任感、使命感进一步树立,弘扬社会主义核心价值观的信念不断增强，文学事业呈现出繁荣发展的新气象。

钱小芊强调，深入学习贯彻习近平总书记在文艺工作座谈会上的重要讲话精神，是我们当前最重要的政治任务，也是做好作协工作、繁荣文学事业的最重要保证。要着力抓好讲话精神的深入学习贯彻，着力加强和改进文学工作，着力推动出精品出人才。要组织多种形式的学习研讨，加强宣传阐释，帮助广大作家和文学工作者了解掌握讲话的基本内容、精神实质和提出的新思想、新观点、新要求。要把学习贯彻讲话精神同贯彻落实《意见》结合起来，不断把学习贯彻讲话精神引向深入。

大家在讨论中认为，习近平总书记在文艺工作座谈会上的重要讲话，为新的时代条件下做好文艺工作划定了基本遵循、标注了价值航向。在讲话精神指引下，我国文艺事业呈现崭新的发展气象。《关于繁荣发展社会主义文艺的意见》确立了具有战略性、针对性、可操作性的顶层设计，对繁荣发展我国社会主义文艺作出了重大战略部署，必将推动我国文学事业在新起点上实现新跨越。大家对深入学习贯彻讲话精神，改进作协工作提出了意见和建议。

铁凝在总结讲话中指出，去年习近平总书记亲自主持召开文艺工作座谈会，文艺成为全社会关注的热点，重视和支持文艺发展的氛围日益浓厚，我国作家由此深刻体认到自己所肩负的责任和使命，强烈感受到来自党中央和全国人民期待的目光，促使我们更加审慎地对待手中的笔。希望我们所创作的每一部能够称得上文学的有意义的作品，有能力表现一个民族最富活力的呼吸，有能力传达一个时代最生动、最本质的情绪，有能力呈现充满魅力的文化创造。她指出，制定并发布《关于繁荣发展社会主义文艺的意见》，充分反映了以习近平同志为总书记的党中央对文艺工作的重视、关心和支持。希望广大作家深入学习贯彻习近平总书记重要讲话精神、学习贯彻《关于繁荣发展社会主义文艺的意见》，以更加饱满的热情投身文学事业，努力创作出更多无愧于民族、无愧于时代的精品力作，为繁荣发展社会主义文学事业、建设中华民族共有精神家园作出更大贡献。

会议审议通过八届八次主席团扩大会议决议。陈崎嵘同志由于已超过任职年龄，不再担任书记处书记职务。会议对陈崎嵘同志为我国文学事业和作协工作所作出的贡献，给予高度评价并表示衷心感谢。

会议同意成立中国作协网络文学委员会，加强对网络文学的研究，更好地团结联系广大网络作家，促进网络文学健康发展。

中国作协主席团成员出席会议。中国作协各单位、各部门负责人列席会议。

（原载 2015 年 10 月 23 日《文艺报》）

中国文学博鳌论坛在海南举行

10 日，由中国作家协会主办的中国文学博鳌论坛在海南省博鳌镇开幕。

本次论坛的主题是“世界视野中的中国文学与中国精神”，60 余位作家和评论家将围绕 4 个议题交流研讨，分别是：在新的历史条件下，中国文学如何立足本土，认识中国和表达中国；在全球化背景下，在世界文学格局中，中国文学如何保持自己的主体性，增强文化自觉与文化自信；文学创作如何弘扬中华美学精神，如何回应和激活传统资源；文学在民族精神和文化认同的建设中有何作用，中国文学如何在实现中华民族伟大复兴中国梦的进程中发挥精神引领和精神支撑作用。

中国作协主席铁凝表示：“无论是作家，还是批评家和学者，甚至包括每个读者，都必须思考，中国文学和中国精神之于世界究竟意味着什么，这关系到中国文学在新的历史条件下如何塑造自己，也关系到世界如何看待中国文学，关系到中国的文学家们如何为丰富人类的精神生活作出贡献。”60 余位作家和评论家参加了论坛。

12 日，为期 3 天的中国文学博鳌论坛落下帷幕，论坛主题是“世界视野中的中国文学与中国精神”。中国巨大的社会变革创造了丰富的中国经验，也给中国文学提供了取之不竭的矿藏。在新的历史条件下，中国文学如何面向世界，认识中国和表达中国，成为论坛的重要议题。在 60 余位一线作家和评论家的对话过程中，“我们对如何生动有力地向世界表达中国经验、阐明中国人的梦想获得更清晰的认识、更辽阔的想象。”中国作协主席铁凝说。

文学高原矿藏丰厚，却鲜有佳作高峰

世界与中国是一对彼此说明的概念。对于世界的认识，某种程度上决定了我们对于中国的历史、现实和未来的理解；对于中国的界定，也决定了我们对于世界的想象。中国作家协会副主席李敬泽说，中国已成为世界经济政治秩序中的重要力量，“中国如何认识自己，进而如何重新界定中国文学在世界文学格局中的位置，是时代向文学提出的新任务”。

近年来，如何提升中国文学在世界文坛的地位，增强文化自信，成为热点议题。“因为获得像诺贝尔文学奖这样的国际性文学大奖，让读者们更加期待，在如此丰富的现实经验面前，没有理由不产生内容扎实、思想深刻、人物形象栩栩如生的伟大作品。”广西作协主席东西说。而中国文学在世界文坛的位置，其实是一个复杂的、标准并不统一且仍在不断变化的问题，既不应因为获得国际性文学大奖而过分乐观，也不应一味妄自菲薄。“我们不能指望伟大的作品从天而降，它需要众多作家共同完成，从不同角度丰富它，慢慢形成高原，最终形成高峰。”东西说。

作家和评论家不能只是飞翔于精神世界，铁凝说：“越是面向世界，就越要自觉扎根中国。一个作家，为自己的土地和人民写作，就是为人类写作。”

激活文化传统，与新时代融合相生

参加论坛的60余人，作家和评论家数量几乎是“对半开”，双方“围炉夜话”，坦诚相见，一方面增强了理论批评的现场性、有效性，另一方面也开阔了作家的视野、激发其创作灵感。

作为一名生活在基层的写作者，青年作家张楚说自己极少思考形而上的问题，最重要的创作源泉就是身边的人和事。

“像这一代作家的写作姿态有着保守和自足趋向，我们似乎怯于直抵现实的勇气和自信，这使得作品的同质性和模糊性日益明显。”张楚并不讳言年轻一代所面临的共性问题。

面对纷繁复杂的世界视野、具体生动的中国经验，作家和批评家应直面经验本身，在具体性和特殊性上有所发现，这是对这个时代文学创造力、理论创造力的一个重大考验。湖北大学文学院院长刘川鄂认为，有些作家常会受到“文学是现实的‘搬运工’‘复印机’”的诟病，这是因为当代作家还缺乏像鲁迅、巴金等老一辈现代作家那样的人文关怀，仅凭生活经验和写作冲动进行创作，对当下的观察和表现就难以深刻。

诗人欧阳江河认为，怎么写和怎么活是两个交织在一起的问题，活得多深，写得就多深。悠久的历史、变幻的世界、丰富的现实纵横交织，作家写作环境和历史现实处境的复杂程度都前所未有，而新文学发展不足百年，用仍在生长中的语言和文学来书写中国经验，对当代作家是一个巨大的挑战。

究竟什么是中国经验？福建省社科院院长南帆认为：“中国经验指当今中国的现实巨变以及产生的各种精神反应。”天津师范大学文学院副教授张莉补充说：“即使谈当下的中国经验，也必然包含历史和过去。”

因此，文学认识和表达中国经验，立足当下现实是一方面，延续并激活中华民族一脉相承的精神特质与脉络，仍是不变的主题。中山大学中文系教授谢有顺表示，中国文学自近代以来一直有一种焦虑，担心失去讲述自己经验和生活的逻辑和能力。而事实上，中国文学是有自己独特的逻辑和讲述方式的，这从古代诗词中的时空表达、中国文学和绘画对山水的崇拜等，都可以窥见。“我们的语言已由文言文变成白话文，这使文学在逻辑上跟传统发生一定程度的断裂。因此从传统资源中重新找回、接续这种传统，再与新的时代条件融合相生，是时代向文学家们提出的重要课题。”谢有顺说。

困难一直都在，未来也值得期待。“伟大作品的出现仍需时间的历练，但中国当代有不少有潜力的作家，一定会有佳作出现。”上海作家协会副主席孙甘露说。站在新的起点上，中国如何向世界贡献出代表中华民族精神的当代文学，是一项光荣而艰巨的任务，中国作家协会党组书记钱小芊在论坛结束时总结说，“文学首先要立足中国，才能面向世界”。

（整合自2015年11月11日、13日《人民日报》）

第十二次国民阅读调查显示 人均每天读微信超40分钟

昨天,中国新闻出版研究院公布第十二次全国国民阅读调查结果,微信阅读被首次纳入调查。结果显示,我国成年人手机阅读群体的微信阅读使用频率为每天两次,人均每天微信阅读时长超过40分钟。

第十二次全国国民阅读调查从2014年9月至11月开展样本城市抽样工作,2014年12月至2015年1月在全国范围内开展入户问卷调查执行工作,2015年2月和3月开展问卷复核、数据录入和数据处理工作。调查覆盖了我国29个省、自治区、直辖市。本次调查的有效样本量也比往年增加一倍,为49802个。

超六成成人手机阅读微信

根据调查结果,有超过六成的成年人通过手机进行过微信阅读。

从微信阅读时长来看,微信阅读接触群体人均每天微信阅读时长为40.98分钟。此外,微信阅读城乡差别不大,男女差别也很接近。

该调查还显示,聊天、查看朋友圈中的朋友状态是微信阅读接触者的主要选择,选择比例高达80%。而与阅读有关的活动也是很多微信阅读接触者的主要选择，看新闻、阅读朋友圈中分享文章、阅读公众订阅号发布文章的选择比例分别为72.9%、67.1%和20.9%。

此外，微信的一些实用功能，同样获得了部分微信阅读接触者的青睐，有27.2%的人选择扫描二维码，有19.6%的人选择QQ邮箱，有19.0%的人选择“摇一摇、查看附近的人”，还有15.3%的人选择微信支付，在公众号上进行的如订票、打车、订餐等实用型操作的选择比例也达到7.0%。

社交化阅读成新趋势

面对首次出炉的微信阅读调查结果，有关专家认为，微信作为典型阅读形态的出现，意味着社交化阅读已成为全新的阅读趋势。

清华大学“新媒体指数”（http://www.gsdata.cn）研究团队经过长期跟踪发现，微信内容以快精短为特点，并呈现了短视频、纯干货、附带背景音乐等不拘一格、多元化呈现方式的格局。整体而言，浅阅读、轻阅读、泛阅读依旧是主体。“微信公众号中，70%均为趣味性公众号，而其中，15%为文化类。”相关负责人说。

中国新闻出版研究院出版研究所所长徐升国则注意到，“微信阅读中，专题化阅读有了相当提升，出现了一些具有系统性、连贯性、完整性的内容。”他介绍，在一些有着传统杂志色彩的公众号上，甚至还有几万字的研究分析报告。另据“新媒体指数”团队这位负责人介绍，现在运营得比较好的公众号，无不都是有特色的，要么观点独到，要么解析深入，行文或犀利或幽默，以热点为切入点。

“世界图书馆界曾经有过这样的理想，让世界上的每一个角落都有书看，但这个理想即便到了21世纪也没有得到完全实现。”北京大学信息管理系教授王余光说，现实情况是，手机普及率甚至比书籍更高，因此，依托手机阅读、微信阅读实现这样的理想，看起来更容易。“在图书馆普及率依旧非常低的前提下，这类阅读对图书馆的缺失，有了一定的补充。”

过度依赖微信使人懒惰

“从我个人情感角度来讲，我觉得微信对我们的时间干扰得太多。”王余光尽管这样说，但也不得不承认，微信占据了年轻学生大量的时间，他们往往对微信过于依赖。

“微信阅读是碎片化、跳跃式的，而且不少都不准确，甚至是错误的。”中国新闻出版研究院院长魏玉山因此认为，从目前来看，完全依赖微信阅读获取知识绝对不可能。“新媒体指数”的研究也证实，微信现在的内容比较杂乱，还有伪科学的、造谣的、抄袭的，该研究团队负责人说，“长此以往，会增大原创及科普成本，使得微信公众号原创内容生产减少，微信内容库价值被瓜分，甚至贬值。”

而王余光认为，儿童阅读、学术阅读和经典阅读还是应该坚持纸质书。“微信主要功能是娱乐、浏览，我主张儿童阅读不要从微信阅读开始，对于孩子来说，微信阅读容易分散其注意力，不能养成孩子良好的阅读习惯。”此外，学术性著作和经典性著作，也应该坚持纸本阅读，“只有纸质书阅读才能让你不受干扰，一面看，一面思考”。他认为，碎片化的东西会使思维更肤浅，变得更懒惰，不愿意进行更深入的思考，尤其对搞专业研究的人来说是个很坏的习惯。

事实上，关于微信阅读的研究目前还极为缺乏。“应该更多研究人们的阅读心理学，在载体改变的情况下，会发生怎样的变化。还有，我们应该研究，如何引导在微信环境下，进行一些有益的阅读。”王余光如此说道。

（原载 2015 年 4 月 21 日《北京日报》）

文学类书籍借阅量占半壁江山

——上海市公共图书馆2014年度阅读报告出炉

大数据时代，一系列阅读指数与群体性偏好，能从海量信息中窥见一二。昨天，上海市公共图书馆2014年度阅读报告出炉，文学类图书以占总借阅量52%的比例，高居外借图书榜首。同时，社会热点对阅读的拉动趋势十分明显，比如讲述作家萧红故事的电影《黄金时代》在去年10月上映后，萧红所著《呼兰河传》的月外借量上升了近50%。

报告同时显示，有越来越多的人开始使用公共阅读资源。去年全年，上海市中心图书馆，以及255家公共分馆的通借通还量达5851万册次，同比增长超30%。上图普通外借室藏书36万册，被外借的图书近35万册，流通率超95%，一半以上的读者年外借量达14册。

悬疑和幻想类小说领跑借阅类别

文学类图书一直是借阅大热门，占外借图书的半数之多。去年，沪上读者需求集中在中国文学与欧洲文学。其中，悬疑、幻想类长篇小说不断为更多读者所借阅，阿加莎·克里斯蒂、东野圭吾等"悬疑作家"也成为借阅热门。有意思的是，不少网络小说也以实体版的形式进入图书馆，借着在网络空间积累的人气，唐家三少、南派三叔、我吃西红柿等网络文学"大神"，也位居作家借阅榜前列。

不同年龄层的阅读兴趣迥异。青年读者借阅量较大的是经济类图书，老年读者则对经典读物、人物传记类图书最感兴趣。哪些书籍“老少咸宜”？报告揭晓的答案是文学、历史地理旅游和医药卫生，这三大类图书受到各年龄层的欢迎。其中，养生类可谓“老少通吃”——青年人以母婴类图书为主，中年人开始关注食疗等主题，老年人外借较多的则是一些特定疾病的针对性科普图书。

比起2013年底的192万上海图书馆持证读者，截至2014年底这一人数涨至310万，其中一大关键原因就是，去年沪上百万名中小学生的电子学生证新增借阅功能。少儿读者中，高中生阅读哲学、军事、经济、历史地理、工业技术等分类图书比例远超初中生、小学生；小学生在不同学科上涉猎更广，百科全书型图书借阅量较大。

社会热点拉动借阅效应显著

社会时事热点对相应主题板块的阅读热情，呈现出明显的激发效应。有多家媒体称，2014年是航空史上的“黑暗年”，而航天类图书关注度也比往年明显提高。而股市行情一路看涨时，金融理财类图书与期刊的借阅量随即升温。

影视作品传播对于原著阅读的强势驱动，已成近年来市民阅读新趋势。正在热映的电影《万物生长》，评价褒贬不一，但显然已勾起不少人对电影原著作者冯唐的关注，除了同名原著《万物生长》，他的《十八岁给我一个姑娘》《北京，北京》等多部小说的借阅量和点击量都明显上升。同样，根据严歌苓小说《陆犯焉识》改编的电影《归来》5月中旬上映，5月下旬《陆犯焉识》一书外借量增速惊人。引进大片《霍比特人3》则掀起《霍比特人》奇幻系列的阅读热潮。高晓松在“爱奇艺”上的互联网脱口秀节目《晓松奇谈》点击率节节高，引发了高晓松《鱼羊野史》《如丧》等书籍的借阅热度。

（原载2015年4月22日《文汇报》）

刘慈欣凭借《三体》获得雨果奖
“科幻让琐碎的生活有了超越”

23日下午1点多，山西阳泉郊外，一场瓢泼大雨泥泞了道路，科幻作家刘慈欣在颠簸的车里接到了重庆出版社工作人员的电话：《三体》获得科幻文坛大奖雨果奖，这是亚洲作家首次获此殊荣！

刘慈欣理解电话那头工作人员的兴奋。在世界科幻界，由世界科幻协会颁发的雨果奖和美国科幻奇幻作家协会设立的星云奖，被公认为最具权威和影响力的两项世界性科幻大奖。英文版《三体》去年在美国出版后，先后获得星云奖、雨果奖、轨迹奖、坎贝尔奖、普罗米修斯奖5个国际幻想文学奖项提名。

“雨果奖是科幻界的一座灯塔，我从没想到自己会得到这个奖。”《三体》的译者刘宇昆代表刘慈欣参加了本届世界科幻小说大会并上台领奖，在现场宣读了刘慈欣的获奖感言。

外界已然沸腾，刘慈欣的名字成为当天的热词，而身处风暴中心的主人公却挺平静。因为出门在外通讯不便，他还没有与亲友细细分享获奖的消息。接到记者的电话，他的谈吐依旧不紧不慢，当然也高兴，但更多是淡然。相比获奖，他更喜欢谈科幻作品的意义、人类的未来。

“对未来的好奇和想象、对宇宙的敬畏之心，是每个人都有的本原心理。只不过有些人的好奇被漫长的生活磨掉了，而我一直保留了下来。”虽然已50多岁，刘慈欣的好奇心不曾消减，“我读四五年级时就开始看科幻小说，那时候最喜欢的科幻作家是儒勒·凡尔纳，印象最深的作品是《地心游记》和《海底两万里》，繁体竖排的书，阅读起来很艰难，但不能阻挡我对科幻文学的向往与喜欢。到了改革开放之后，西方大量的科幻文学进入中国，我便进入了一段疯狂阅读期。”在刘慈欣的记忆里，那些快乐的科幻文学阅读时光，让自己琐碎无聊的生活有了超越的意义，“我也是从上学到上班，过着为生计奔忙的日子，没有谁赋予我特殊的能力。可在生活之外，我会关注地球之外的事情，关注科学最前沿的发展。”

“人类的未来有无数种可能，科幻文学的任务便是把作家所想象到的可能性都排列出来，选择具有文学性、美感和想象力的素材写成小说，到底哪一种能实现，谁都无法精确预言。”刘慈欣直言，自己的“三体宇宙”是糟糕和黑暗的世界，因为这种写法对作家来说更有矛盾冲突，能更好搭建情节和故事平台。而在他的心灵深处，深藏着一个天堂一般的未来世界。“我更期待的未来世界不是死水一滩的乌托邦，而是人类永远有开拓的空间，永远有挑战和提升自我可能性的空间。”

除了在小说中突破人类的极限，拥抱未知世界，刘慈欣也渴望看到人类在航天领域更多的进步。“太空探索的意义，不能只从实用主义的观点来衡量，它将带来新的发现和文明。”

刘慈欣介绍，现在每天早晨他会进行10公里的晨跑，这已经变成了他的一种强迫症。“新的创作计划，心里已有很多选项，具体还不确定，不过题材肯定会与《三体》有所区别。”刘慈欣说。

（原载2015年8月24日《人民日报》）

大资本进军网络文学，图谋全方位知识产权运营

近日公布的“下半年最值得期待的电视剧”榜单上，近九成作品的剧本来自网络小说。这证明，随着一大批网络文学作品改编为影视，开发为游戏，网络文学的影响力日益增强，而全产业链的出现，使得网络文学超出原有范畴，成为资本运营的新战场。

经过十多年的发展，网络文学的发展格局在2014年发生了重大变化。北京大学中文系副教授邵燕君认为，网络文学的内容积累已经可以成为娱乐产业链中的理想孵化器了。

从2013年末百度收购纵横中文网，到2015年1月底盛大文学与腾讯文学正式合并为阅文集团，从盛大文学的一家独大，到盛大、百度、腾讯的三足鼎立，再到百度与阅文二龙争霸，网络文学江湖风云多变，任何“埋头读网文”的人都能感觉到资本在行动。

已经拥有粉丝群和消费话题的网络文学，衍生出游戏和影视产品，被概括为泛娱乐化战略。在影视、文学、游戏等内容行业中，文学堪称内容中的内容，但它的生产成本最为低廉，也比其他两者有更大的拓展空间。资本进入的根本原因，在于网络文学前景无限的附加值。于是，网络文学摇身一变，成为最受瞩目的大众娱乐产业链基石，而网络大资本介入，使得网络文学别开生面。

北京大学中文系副教授邵燕君从媒介革命的角度分析了网络文学“中国风景独好”的原因。在欧美日韩等流行文艺极为

发达的社会，网络时代真正来临之前，与各种媒介匹配的流行文艺生产机制（如纸质类型小说生产机制、影视剧生产机制、动画漫画生产机制）都相当成熟发达。当网络时代彻底降临，这些机制仍然在运转，满足着受众的大部分需求，它们向网络媒介过渡需要一个转化期，创作者、经营者和受众也会有相当大程度的延续性。网络作为一个新的媒介空间，自然也会挑选最适合它的艺术形式发展。文学作为最具有纸媒性质的文艺样式，除了少数先锋写作和“同人”写作外，更多地留在畅销书机制内。

他说，多年来，欧美畅销书一直是好莱坞电影、英剧、美剧以及电子游戏的内容基地。对畅销书作者来说，留在纸质出版领域更容易保护版权利益。必须看到，最重要的还不是图书版权，而是 2014 年中国网络文学界炒得最火热的概念——知识产权，也就是将一部具备知识产权的作品进行多平台、全方位的改编如 ACG（日本动画、动画和游戏），加上影视作品等。

中国网络文学的发展情形恰恰相反。作为一个现代化后发国家和社会主义国家，建立在市场机制上的畅销书机制和影视生产机制起步晚，且一直发展不够充分，ACG 更是近几年才刚刚起步。一旦网络的“自由空间”从天而降，人才资源最丰富、门槛最低的网络文学自然成为首选。

网络文学不但吃下了类型小说这块原本属于“纸质文学”盘子里的最大的一块蛋糕，并且得到了海外影视和 ACG 文化的反哺，网络文学中大量的重要作者和铁杆粉丝，正是多年来英美日韩剧和 ACG 文化哺育的拥趸。如此的天时地利人和，造就了网络文学十几年“自由”发展的黄金时期，获得独步于世的爆炸性发展是正常的，“好景不长”也是正常的。随着媒介革命的深入和中国全球化经济进程的深入，资本自然会流向最赚钱的地方。这就是 2014 年网文界的“资本行动”。

这一轮网文界的“资本行动”有两个特点。

首先是大资本。资本大举进军网文界是从 2004 年开始的，而无论是那一年收购起点中文网的盛大集团，还是 2008 年收购纵横中文网的完美世界，相对于此番行动的腾讯、百度，甚至阿里巴巴来说，都是规模和实力有限的游戏公司。这一次则是由真正的互联网巨头裂土分疆。

第二，这些大资本真正瞄准的不是网文和网站，而是网文的知识产权运营和网站的“泛娱乐化”经营战略。这意味着网文将直接对接影视、ACG 和周边文化创意产业，还意味着此后将有来自互联网行业之外更大规模的资本注入——比如万达集团投资过亿打造《斗破苍穹》电影。这就使得网络文学的知识产权价值超越了互联网的范围，融入更加广阔的大众娱乐市场。

“大资本进军的方向固然是媒介革命大势所趋，然而作为事实接受仍让人不免唏嘘。”邵燕君认为，作为一种新媒介文学，网络文学尚未在传统媒介主导的文学秩序内获得真正认可，便又将在新媒介文化格局中处于弱势——换句话说，随着媒介革命的深化，网络文学在今天文化整体格局的位置有点像传统纸质文学了。媒介革命的快速进程迫使双方尚未决战就坐在了同一条船上——重要的已不是“谁居主流”，而是尽快合二者之力，打造出一种在新媒体时代真正有生命力的“主流文学”，承担印刷文明的传承职责，建设“主流价值观”，在保持自身旺盛造血功能的基础上，为其他更“受宠”的文艺形式提供孵化器的功能。

（原载 2015 年 4 月 30 日《中华读书报》）

文学界以多种形式纪念抗战胜利70周年

本报综合消息　连日来，文学界以一系列形式多样、内容丰富的活动，纪念中国人民抗日战争暨世界反法西斯战争胜利70周年。

8月25日，徐锦庚长篇报告文学《台儿庄涅槃》研讨会暨新书发布会在京举行。中国作协副主席何建明、《中国作家》主编王山、人民日报出版社副总编辑杜飞进等与会研讨。《台儿庄涅槃》首发于《中国作家》纪实版2015年第8期，单行本由人民日报出版社出版。该书以中国抗战史上的名城——山东省枣庄市台儿庄古城重建为线索，回顾了1938年闻名中外的台儿庄大捷，重现了中国军队在抗日战场上取得的那场胜利，同时描述了这座古城浴火重生的历程。何建明说，这部作品呈现了国共两党对台儿庄战役的部署和战略，对战争的回忆、叙述，更是为了观照今天，为读者提供反思和启迪。与会者谈道，选择台儿庄这一题材是有难度的，过去许多作家以各种体裁书写过这座古城和那段历史。《台儿庄涅槃》正面、系统的集中书写具有自身的价值，该书通过两家人的命运变迁有效勾连起了历史和现实，也把台儿庄的历史和两岸关系联系在一起。作为一部抗战题材的报告文学作品，《台儿庄涅槃》并不囿于战争场景本身，而是挖掘出战争与历史、政治、文化、经济以及人性的思辨，把宏大历史和局部历史结合起来，把历史线索和具体细节结合起来，展现出宏大的视野与向度。

9月9日，由中共山东省委宣传部和山东省作协举办的“纪念中国人民抗日战争暨世界反法西斯战争胜利70周年文学征文”评选揭晓，共评出获奖作品132部(篇)。其中一等奖12部(篇)、二等奖23部(篇)、三等奖39部(篇)、优秀奖58部(篇)。活动自今年2月启动至7月底结束，共收到征文作品1058件。其中，刘强、解永敏的《盘踞》、常芳的《第五战区》获长篇小说一等奖；张锐强的《卖鬼子》、张鸿福的《锡王》获中篇小说一等奖；刘照如的《蓝头巾》、张世勤的《那个夜晚》获短篇小说一等奖；弓车的《今天，我必须跑得比子弹还要快》、东涯的《我曾见过的最悲哀的事》获诗歌一等奖；宋长征的《物的革命主义光芒》、阿占的《半抽屉勋章》获散文一等奖；谢维衡的《草民的抗战》、高金业的《北方之鹰》获纪实文学一等奖。本次征文获奖作品题材广泛，主题鲜明，感情饱满，富于创新，具有较强的思想性、艺术性。获奖作品从不同角度丰富了抗日战争的文学书写，生动展示了这场艰苦卓越的伟大战争。

9月2日至5日，由广东省作协、南雄市人民政府共同主办的“深入生活、扎根人民——全国百名作家走进中央苏区南雄”采访活动在南雄市举行。中国作协副主席谭谈，中国作协诗歌委员会副主任叶延滨，广东省作协党组书记吴伟鹏、党组副书记孙丽生、专职副主席杨克、文学院院长熊育群等100余位作家参加。南雄市有着丰富的红色文化资源，无论是土地革命战争时期，还是抗日战争、解放战争时期，南雄人民都作出了极大的贡献。特别是在抗日战争时期，广州沦陷，中共广东省委于1939年冬迁到南雄城郊的瑶坑村，在这里领导全省地下党和广大群众进行抗日救亡斗争。采风团作家用脚丈量红色热土，用心发现人文历史，用笔记录红色与现实故事，从今昔对比中感受到当地的巨大变化和与时俱进的时代风貌。活动将汇集百名作家采访创作的作品，编辑出版一套红色文化丛书，包括诗集、散文集、短篇小说集和两部相关题材的长篇小说。

为共同追思在抗日战争中浴血奋战的革命英烈，9月6日，由中国科学院文联主办的“梦想，从这里起飞——纪念中国人民抗日战争暨世界反法西斯战争胜利70周年诗歌朗诵演唱会”在京举行。科学家与艺术家齐聚一堂，以精彩的节目表达了科技工作者铭记历史、珍爱和平、科学强国的坚定信念。此次诗歌朗诵演唱会分为两个篇章，朗诵的全部作品均由中科院的科技工作者自己创作。在《科学星空》篇章中，殷之光、卢奇、温玉娟、张松松等艺术家分别激情演绎了反映钱学森、钱三强、邓稼先、郭永怀等科学家感人事迹的诗歌，展现了老一辈科学家为我国科技事业发展呕心沥血、无私奉献的崇高精神。在《梦想起飞》篇章中，朱琳、杜宁林、郑健康等艺术家分别朗诵了老中青科技工作者创作的《科学中国梦》《梦想》《为中国喝彩》等诗作，抒发了新时期广大科技人献身科学、继往开来、敢于担当的壮志豪情。中科院合唱团、国家科学图书馆还带来了小合唱《微山湖上》、器乐合奏《游击队歌》等节目，受到观众欢迎。

贵州文学界"纪念中国人民抗日战争暨世界反法西斯战争胜利70周年"座谈会日前在贵阳召开，50余位老中青作家代表与会座谈。贵州省文联主席顾久在讲话中说，纪念抗战胜利70周年就是缅怀在那场正义战争中英勇牺牲的烈士们，记住历史，不忘中国人民抗击日寇侵略的大无畏精神。希望贵州的作家们深入到那场战争的细处，去发现、了解、挖掘在抗战中涌现出的贵州精神以及贵州人、贵州事，以小见大，创作出更具贵州特点、贵州风范的文学作品。与会者表示，要认真学习抗战精神，增强历史正义感，传承发扬伟大的抗日情怀，用坚持和发展中国特色社会主义的新成就告慰先烈。

日前，辽宁省作协纪念中国人民抗日战争胜利70周年征文活动落幕。活动历时5个月，征集作品近500篇，最终有8篇小说、8篇散文、10组(首)诗歌、5篇纪实文学共31篇作品获奖。安勇的小说《尊严》、孙广文的散文《城市上空的鹰》、魏德广的诗歌《中国地》等榜上有名。此次征文活动激发了广大作家和文学爱好者的创作热情，他们纷纷以鲜活的文字回忆东北抗战往事、抒写家国情怀。这些征文作品将使人们更加铭记东北人民抗战的光辉历史，缅怀先烈精神。

日前，陕西金融作协积极组织开展纪念抗战胜利70周年系列活动。协会在全体会员中发出《关于开展纪念抗战胜利系列活动的倡议书》,同时组织了专题征文、采访抗战老兵老作家、搜集整理抗战资料、举办抗战座谈会、深入延安进行采风等多项活动,并充分利用博客、微博、微信和《陕西金融文学》杂志等平台进行宣传,取得了很好的效果和反响。

《抗战家书:我们先辈的抗战记忆》日前由中国人民大学出版社出版。该书收录了左权、吉鸿昌、张自忠、戴安澜、蔡炳炎、谢晋元等抗战先辈近100封家书及其背后的故事,图文并茂,鲜活生动地展现了中国人民长达14年的抗战心灵史。其中既有热血男儿从沙场写给亲人的绝笔,也有严父慈母对子女的叮咛;既有兄弟之间的同心同德,亦有恋人之间的款款深情;既有战场的硝烟炮火,也有乱世的颠沛流离。抗战将领视死如归,但他们也有与普通人一样的爱、恨、情、仇,他们的坚硬与他们的柔软一样打动人心。

(原载2015年9月11日《文艺报》)

#《新时期中国少数民族文学作品选集》成果发布会在京召开

9月19日，由中国作家协会主办，中国作家协会创作联络部与中国作家协会少数民族文学委员会承办的“《新时期中国少数民族文学作品选集》成果发布会”在中国现代文学馆举行。中国作协党组成员、副主席、书记处书记吉狄马加，中国作协少数民族文学委员会主任丹增发表讲话。中国作协创联部副主任冯秋子受中国作协党组成员、书记处书记白庚胜委托，作有关工作通报。国家民委、社科院、作家出版社等相关单位的代表出席会议并发言。在京各民族卷主编、编委，鲁迅文学院少数民族文学创作培训班的学员等百余人参加发布会。

《新时期中国少数民族文学作品选》是中国作协少数民族文学发展工程出版扶持专项成果之一，由中国作协党组领导，中国作协创联部具体组织，18个省区的作家协会协办，500余位各民族作家、专家、学者参与编选，中国作家出版社精心制作，历时三年完成，较完整呈现了新时期中国少数民族文学面貌。该丛书以民族立卷，500万人口以上民族各1卷2册，不足500万人口的民族各1卷1册、人口较少民族合卷1册，总计55卷60册。丛书共收录2218位作者的4279篇作品，其中小说792篇，散文1413篇，诗歌2010首，报告文学63篇，影视剧本1篇，长篇作品仅列目录。

《新时期中国少数民族文学作品选》所收录的作品，是从1976年第4季度至2011年12月在我国大陆地区公开发表的少数民族优秀汉语文原创作品和少数民族语文原创翻译作品。这是我国第一套以民族立卷、全面展示55个少数民族新时期文学创作发展情况的丛书，以体现国家统一、民族平等为宗旨，第一次以国家工程的形式，组成了一幅完整的中华民族文学版图，实现了中华各民族文学的大团圆。丛书为增进民族团结、促进各民族之间的相互了解、心灵沟通提供了文学的桥梁和纽带，为普及、研究民族文学提供了重要的读本和资料。丛书中所反映的各民族历史、宗教、风俗、文化为社会提供了一个观察、了解、认识少数民族的文学窗口，使广大读者可以更加深入地感受各民族的悠久历史、文化传承，看到各民族充满活力、真实自然的现实生活。这套丛书将我国新时期中国少数民族地区的发展历程、社会形态、内心世界以文学的方式展现给全世界。

对于许多民族而言，《新时期中国少数民族文学作品选》具有里程碑意义。如独龙族卷编委李金明、拉祜族卷主编李梦薇在谈到各自民族文学卷本时都说，感谢党、感谢改革开放伟大时代让他们实现了出版各自作家群文学作品选集零的突破。阿昌族卷主编孙宝廷说："这是一部至今为止、全方位展现阿昌族作家创作风貌、以文学形式充分展现阿昌族内心隐秘的不可多得的文学读本，填补了阿昌族现当代文学历史的空白，大大提升了阿昌族文学的影响力和知名度。"怒族卷后记则写道："这是我们怒族历史上第一次以群体的面貌，在国家级的层面和场合与全国甚至全世界各民族读者进行书面的精神交流。"门巴族、珞巴族亦首次以民族立卷将本民族的文学作品结集出版，高山族卷更是第一部收录海峡两岸高山族作家的作品集。许多民族卷的主编表示，这套丛书的编选给了他们总结、展示、梳理本民族近年来文学发展状况的机会，许多新作者、新作品进入编选视野，为本民族文学发展注入了新的活力。

这套丛书的出版同样受到海外出版社的关注。韩国智慧屋出版社和惠江出版社等出版机构都分别提出将它完整地译成韩文在韩国出版发行的愿望。首尔图书馆和韩国各大学图书馆、公立图书馆也表达了收藏的意愿。民族出版社编辑千日一直积极推动这套丛书在韩国的发行，他认为作为单一民族国家，韩国民众对中国少数民族的文化乃至文学充满兴趣。这套丛书的选编出版及对韩翻译出版发行,有助于展现中国少数民族的生活、文化,增进两国之间的理解和交流。

为贯彻落实党的十八大精神、进一步繁荣发展我国少数民族文学事业,中国作协于2013年开始实施为期五年的“中国少数民族文学发展工程”,在中宣部、财政部的大力支持下,就少数民族文学人才培养、扶持重点作品创作、扶持优秀母语作品翻译、扶持优秀作品出版、扶持理论批评建设等方面给予政策支持和经费投入,使作为社会主义文学事业的重要组成部分的少数民族文学事业于近年来继续取得长足发展,并在促进民族团结、维护国家统一、促进文化强国建设和推动社会主义文化大发展大繁荣事业中发挥了重要作用。

至今,中国少数民族文学发展工程中汉译民专项已精选并翻译出版蒙、藏、维、哈、朝五种民族文字《中国当代文学作品选粹》50卷,现仍在翻译编辑25卷;民译汉专项已精选翻译出版《中国当代少数民族文学翻译作品选》20卷,目前仍在选编翻译10卷。它们在以母语创作为主的少数民族地区产生了强烈反响。新疆文联、作协主席阿扎提·苏里坦评价说,它不仅为母语作家们提供了优秀的教材,给母语读者带来丰盛的文学营养,还将少数民族的历史文化、生活习俗和真实的善良与智慧展现给了全国读者。这样的双向交流与沟通非常必要,意义重大。为了扩大这项工程的影响,中国作家协会积极开展向新疆、西藏、内蒙少数民族地区赠送少数民族文学发展工程成果活动,受到各地群众的热烈欢迎和称赞,称它是少数民族文学“戍边行动”“民族文化援边工程”。这项工程还引起周边国家的关注,哈萨克斯坦、蒙古国、韩国等国的出版机构都认为,这套丛书所选的作品充分展现了中国少数民族文学现阶段的最高创作、翻译、编选、出版水平,从而纷纷表达了引进出版的意向。

作为这项工程中的少数民族文学理论扶持专项,中国作协还连续三年举办少数民族文学论坛,邀请有关专家、学者、作家、评论家200人,分别就中国少数民族文学创作批评及其与影视文学、丝路文学之间的关系进行专门性探讨，已出版理论作品集多部。此外，少数民族重点作品扶持专项共扶持作品 278 部；鲁迅文学院举办 19 期少数民族文学创作培训班，共有来自 48 个民族的 830 位学员参加培训；对外翻译项目共扶持翻译 50 位作者的 54 部作品，涉及 15 种语言。

（原载 2015 年 9 月 21 日《文艺报》）

《中国文艺评论》杂志创刊
中国文艺评论网开通

中国文艺评论家协会第一届理事会第二次会议10月16日在北京召开。中国文联副主席夏潮出席会议并讲话。夏潮说，中国文艺评论家协会的工作要牢牢把握文艺评论事业发展的重大机遇，坚持文艺评论的正确导向，坚守文艺评论的基本立场和美学追求；建立经得起人民检验的评价标准，铸造文艺评论的优秀品格；壮大文艺评论人才队伍，加强阵地建设，努力开创文艺评论新风貌。

会上中国文艺评论家协会副主席兼秘书长庞井君报告了理事会过去一年的主要工作，并对下一年的工作提出建议。庞井君表示，未来的中国文艺评论家协会工作，一是要进一步加强组织建设，发挥协会在全国文艺评论工作中的枢纽作用；二是要进一步加强学术研究，提升协会对于加强改进文艺工作及文艺评论工作的智库功能；三是进一步加强平台建设，提高协会在文艺评论领域的引领作用；四是进一步加强协会秘书处建设，巩固协会工作的品牌效应。

会议举行了《中国文艺评论》杂志创刊首发式、中国文艺评论网开通仪式。《中国文艺评论》是中国文联主管，中国文联文艺评论中心、中国文艺评论家协会主办的学术月刊；中国文艺评论网是全国性、专业性文艺评论网站。杂志和网站倡导运用历史的、人民的、艺术的、美学的观点开展文艺评论，倡导说真话、讲道理，注重导向性、专业性和学术性，致力于追踪和研究当代中国文艺创作和文艺理论评论发展前沿问题，突出当下性和针对性，努力开拓文艺理论新天地，开创文艺评论新风。

当日，还举行了首届中国文艺评论年会。年会以“文艺理论与当代文艺繁荣发展”为主题。会上，北京大学教授张世英、中央美术学院教授邵大箴发表主旨演讲。来自全国各地的文艺评论家分别从不同艺术门类的专业视角，围绕传统文化的现代转化、互联网时代的文艺评论等作了主题发言。

（原载 2015 年 10 月 21 日“中国作家网”）

那些远去的文学名著

——当前中学生文学名著阅读情况调查

唐锡光

提倡“文学生活”研究，就是提倡文学研究关注“民生”——普通民众生活中的文学消费情况。为此，山东大学文学院联手校内外专家，于 2012 年成立了“当代中国文学生活研究中心”，并承担了国家社科基金重大项目《当前社会“文学生活”调查研究》，温儒敏教授担任首席专家。这里发布的是该项目研究成果的一部分。

研究当今社会的文学生活状况，中学生无疑是一个不能忽视的群体。一方面，他们是包括文学生活在内的各类精神生活经验的系统接续者，另一方面他们又是未来社会的主体，当然也是文学生活和文学消费的主体，他们的喜好和价值抉择将直接影响到未来的文学生活样态。为此，当我们规划文学生活的田野调查体系的时候，专门设置了一个课题，对当前中学生文学名著阅读情况进行了调查。

本次调查除了性别年龄等质化项目之外，共设置了 5 个问题，包括：影响选择阅读名著的原因是什么？获得文学名著的途径有哪些？阅读名著受到哪些影响？阅读名著的动力是什么？阅读过的名著总数有多少？文学名著最打动你的是什么？

带着这些问题，我们的教师和学生分为四个小组，分赴广州、上海、济南、青岛、淄博、潍坊等地，发放并回收有效问卷 2207 张。在问卷调查的基础上，我们又在济南对一些调查对象进行了个别访问,以便获得一些个体性的深刻认识。

本次调查的受访者以高中学生为主,其中女生占比为54%,男生为45.7%,基本上与中学男女生比例一致。从学校类别上也覆盖了从省级重点到县市普通中学等不同的类型。其中,县级重点中学和普通中学的受访者占比为67.7%,其余为省、市级重点中学。

在进行本次调查的同时,我们课题组同时进行了大学生文学生活状况的调研。两个调查的结果相互比对,我们发现了很多有趣的结果。

结论一:文学名著正在远去

从调查结果看,大约有80.1%的中学生每周至少花一个小时用于文学名著的阅读,其中更有48%的受访者达到或者超过三个小时。而在我们对大学生类似调查中,每周阅读一次以上的人员比例则是65.9%。两相比较,中学生对文学的热情似乎超过了大学生,花在文学阅读上面的时间也要比大学生更多。

但是与如此之高的阅读时间同时呈现的是极其低下的阅读效率。调查结果显示,69.5%的中学生阅读过的文学名著数量在20部以下,另外还有20%的学生的阅读数量在20部到50部之间。这与关于阅读时间的调查结果明显不相符。是我们的调查结果有误?还是被调查者不够诚实?

山东省实验中学高一的一位同学给了我们这样的答案:我们是花了大量时间阅读文学作品,但是大家更喜欢读的是韩寒、郭敬明以及最新的网络文学作品。当然文学名著也读,一是和课本相关的,担心考试会考到,二是担心别人读过了,自己没读,聊天的时候没有面子。

我们另一个针对大学生的调查为这种说法提供了旁证:大学生最熟悉的剧作家是王实甫、关汉卿、汤显祖——恰恰是中学课本里出现的三位作家。显然,在中学生的文学阅读中,与应试相关的功利性阅读占了相当的比例。

无论是在中学还是大学，参与文学阅读的人数以及花在文学阅读上的时间都随着年级的升高而逐步递减，这是两个调查中得出的同样结论。大学生在大一的时候加入文学社团、参与各种文学活动的比例相对比较高，约为 55%，此后逐年递减，到了大四，参与人数只剩下了可怜的个位数。中学情况大体相似。我们推测，这与中学高年级学生面临考试的压力、大学生面临择业考研的压力直接相关。在那位受访的实验中学学生看来，阅读文学名著，是一件无用、无趣、无意义的事情。她认为，名著中故事发生的时间、地点以及人物因时移世异而远离当下的生活，阅读时候很难产生共鸣。而且阅读时候总要想到哪些可能会考到，又有哪些不会考试，因此变得格外无趣。近几年，许多中学为了应对中考和高考中可能出现的对于学生名著阅读情况的考察，发明了一条“终南捷径”——编写名著缩写本。这让名著阅读对于中学生而言变得更加无趣。在被问及文学名著“最打动你的原因”时，1171 人选择了“有益的人生启迪”，1035 人选择了“故事情节”。两个选择占据了该问题的前两位。我们很难想象一大堆干巴巴的故事梗概能够剩下多少情节的生动性，也很难想象其中能够保留多少“人生启迪”并最终对中学生的人格成长发挥积极有效的作用。

在调查中，关于阅读文学名著的影响这一选项，60% 以上的受访者选择了“对社会人生的理解更加深刻”，但在我们接触的几位受访者看来，阅读网络文学作品对于对社会人生的理解似乎更有帮助。这种对于当下性和切近性的关切同样在对大学生的调查结果中反映出来。在被调查者中，59% 的受访者对新闻动态和人物访谈及深度报道等新闻性内容感兴趣，而对文学性内容感兴趣的只有 27%。当然，那位中学生的看法肯定有偏颇之处。但是我们也必须注意到，选择在文学名著阅读中“获得了身心愉悦”的受访者只有 848 人，不到受访总数的一半。这说明大部分受访者在名著阅读中没有获得阅读应有的快感，个中原因不能不令我们深思。除了应试教育和功利化阅读所带来的阅读的异化，除了文本陈旧所带来的疏离和陌生，是否还有更为深刻的要素存在并发挥着作用?

结论二:文学阅读,引导是关键

调查中有这样一个问题:影响您选择名著阅读的主要因素有哪些?我们设定了五个选项:父母推荐、老师和同学影响、图书馆推介、个人选择、媒体影响。调查结果,居前三位的是个人选择、老师和同学推荐、媒体影响。

考虑到个人选择中实际上已经包含有各种外在影响发挥着显性或者隐性的作用,我们可以认为,在中学生的名著阅读行为上,教师、同学、媒体和家长所构成的外部环境对中学生的阅读选择发挥着至关重要的作用。

由于长期生活在中学校园这一特殊的相对封闭的环境中,中学生接触的人群相对固定——老师、同学、家长,每天的生活内容相对固定——上课、看书学习、课外活动。因此,对其校园生活拥有最大干预权限的教师对学生的阅读选择有着决定性的影响。调查中许多选择"很少阅读文学名著"这一选项的中学生在被问及原因的时候,回答都是"老师没让读",或者说,老师就让我们自己看,既不讲解,也不讨论,更不考核,所以就干脆不浪费那个时间了。在调查中我们也发现,如果哪所中学的语文老师本人热爱阅读名著并对学生积极引导,那么这所中学学生阅读名著、参与文学活动的积极性就明显增高。

同学之间文学阅读的"场效应"也十分突出。在山东省实验中学调查时我们发现,阅读名著超过50部的学生往往处于同一班级,如果一个宿舍有一位阅读名著很多的同学,那么这个宿舍的名著阅读率就会明显高于其他宿舍。许多受访的学生也向我们介绍,很多时候就是因为同学好友推荐了某本书,或者同学之间因为某本书形成了讨论甚至争论,于是为了不让自己成为局外人,大家都去看同一本书。

对于中学生的文学名著阅读行为,媒介和家长的作用同样不可忽视。当某部文学名著改编的影视作品热播时,相应地原著也往往成为阅读的热点。许多学生在调查时承认，他们对《红楼梦》《三国演义》产生阅读的冲动都是在观看电视剧之后。许多学生在媒体报道莫言获得诺贝尔奖之前，对其人及其作品都一无所知。只是在看了大量的媒体报道之后才动了看看作品的心思。山东大学的文学生活馆每期都可以看到许多中学生，他们当中的大部分人都是家长看到媒体报道后向孩子推荐，更有许多家长陪着孩子来听讲座、参加活动。

应当说，文学生活馆是一个具有深远意义的伟大尝试，它调动高水平的学术资源为社会服务，通过高水平的引导唤起公众对名著的兴趣，深化公众对文学名著的理解，进而提升全民阅读的水平，引导公众阅读的选择，意义十分深远。调查中有一位中学生告诉调查人员，自己当年读《红楼梦》的时候，十分讨厌那些诗词、菜谱、摆设等等细节，感觉又啰唆又没有意义。后来看了《大家讲坛》，才知道其中有那么多掌故、那么多的说法和讲究。所以决定重读“红楼”，感觉和初读的时候完全不一样。

结论三：文学名著阅读，大有可为

如果设定 2014 年 7 月到 2015 年 7 月为时间节点，用百度指数查询“读书”“名著”两个关键词，我们就可以发现很多有趣的现象。

一年中，“读书”一词搜索指数和媒体指数最高的时间是 4 月 20 日前后，这正好与 4 月 23 日为世界读书日相一致。但是在此之后则又会出现明显的单边下跌，下跌幅度甚至超过了日常搜索水平。从这里我们可以看出，世界读书日的政府倡导和各种宣传活动虽然短期效果明显，但并没有形成持续性的影响。

与此同时，我们也发现，几乎每个周末或者节假日，“读书”“名著”两个词的搜索值都处于当周的波峰，这表明对国人而言，阅读，尤其是名著阅读依然是公众周末生活的重要议程。应当说，这是一个令人鼓舞的消息。

即便在名著阅读呈现衰退迹象的校园，名著阅读的正面价值也从未受到怀疑。

在我们对2207名中学生进行的文学名著阅读情况调查中，1397人认为通过阅读，自己对社会人生的理解更加深刻，964人感觉自己的人生态度更加积极向上，848人认为自己获得了身心愉悦。只有110人选择了“没有影响”，107人选择了“人生态度更加悲观”（本选项允许多选）。在我们对大学生文学生活状况的调查中，80.7%的受访者对文学社团持积极评价的态度，更有74%的受访者认为参与文学社团等文学生活对自己未来的职业生涯和生活会有积极的影响。

这些统计数字表明，无论是中学生还是大学生，对文学名著给自己带来的影响都持积极正面的评价。因此，我们完全可以将他们在调查中所表现的批评和抱怨理解为对当前文学生活状态的某种不满。对此，一方面，我们要积极整合高水平的专业的学术资源，为公众日益提升的阅读水平和阅读需求服务；另一方面，我们也要积极打造开放的、高水平的文学生活平台，通过经常性的、高水平的互动积极介入公众文学生活议程，培养消费兴趣，形成消费习惯，提升消费水平。

与此同时，我们还应当积极做好文学研究的学术资源社会化转化工作，在做好经典解读的同时，积极主动地不断向公众推介新的、更好的文学作品。白居易有云：“文章合为时而著，歌词合为时而作”，我们应当让当代的读者有更多的机会接触和了解更多的当代优秀文学作品。

（原载2015年11月13日《中华读书报》）

“IP”混战，硝烟何时散？

近日上映的《鬼吹灯之寻龙诀》，前3日票房逼近6亿元，再次刷新华语3D影片票房纪录。在众多网络小说中，《鬼吹灯》系列被誉为“IP之王”，但其版权归属的混乱，却引发不少纠纷。而前不久，阿里影业副总裁徐远翔“不再请专业编剧”、以“杀人游戏”逐轮淘汰的方式研发“超级IP”的提法，也是一石激起千层浪：几位著名编剧宣布不再与阿里影业合作，众多新老编剧在社交媒体上争相转发了一篇名为“阿里影业，走好，不送”的文章，以示支持。而事件愈演愈烈，直至几位著名编剧与徐远翔发言的支持者在社交媒体上展开公开骂战……

那么，什么是“IP”，为何围绕“IP”的争夺日益白热化？

“IP”改编抢了原创剧本的奶酪？

近几年，影视行业“大热”，行业众多统计数据也不断被刷新：截至12月3日，2015年全国城市影院票房便已突破400亿元大关；而早在2003年，中国电视剧就拿下了生产数量世界第一、播出数量世界第一、观众数量世界第一的三项世界冠军。面对如此巨大的市场，面对越来越多元和高标准的观赏需求，影视生产“创作力”不足的问题显得尤为迫在眉睫。“阿里影业，走好，不送”的事件背后，是否仅仅是“IP”与原创之争？

“IP”（Intellectual property）原意为“知识产权”，作为一个国际广泛使用的法律概念，它不只是一种经济权利的依据。“IP”所包含的更重要内涵，是对人的心智、对智力的创造的一种保护和尊重，是人的精神权利。

但在如今的中国影视行业语境中，谈论“IP”，更看重的是其是否带有粉丝群、是否具有一定社会影响，是否已经形成品牌价值。现今不仅热门网络小说被抢购一空，凡是拥有既定受众的动漫、游戏、话剧、广播节目，甚至经典流行歌曲都被影视公司竞相买走影视改编权。“买不买”的主要依据，在于它是否在较多观众心目中“耳熟能详”。这也是为什么《新华字典》能够成为一个“IP”的原因。相较之下，尚未面世的原创剧本、原创故事，不可能有任何“群众基础”。

“抢‘IP’囤‘IP’，纯粹是出于企业经营思路，它不是创作思路。”北京电影学院副教授杜庆春分析，资本进入影视业之后，首先要获得筹码，那么什么是可以做估值、有升值空间的筹码？明星是筹码，著名的创作人是筹码，有品牌价值的图书、漫画、游戏这一类“IP”当然也会被当成筹码。签下作家、大牌编剧和购买版权之间，并没有高下之分。只是在资本迅速涌入、流动性强的背景下，存在着非理性，一些“IP”的价值被过分高估了。

中国传媒大学影视学院副院长蒲剑认为：“购买‘IP’的行为本身，就会成为一个大的新闻和社会话题，吸引公众眼球，令你的项目备受瞩目。而一部电影动辄投资几千万元上亿元，从投资者角度看，更青睐于拥有粉丝基础的‘IP’，也是为了降低投资风险，这本无可厚非。”

而另一个不容忽视的现实是，影视产业扩张太快，大量的电影、电视剧制作完成后并没有进入观众的视野。“粗略估计，电影、电视剧每年进入产业流程的有近5000个剧本，谁来写？现有职业编剧肯定远远不够。一年之中观众能看到的电影、电视剧只占总产量的十分之一。产业泡沫化严重，把创作资源都分散掉了。产量高、品质差已是业内共识。在惊人的产量之下，创作资源严重不足，必然导致市场非理性地购买版权。实际上，这是人才的发展跟不上产业发展的问题，不是谁挤压谁。”著名编剧刘洪宾说。

年轻编剧刘迟虽明显感觉到几乎每个项目都在谈“IP”，但她并不认为"IP"热会挤压原创作品的涌现。"'IP'开发有时间差,现在开发的'IP'都是几年前的。网络文学平台用十多年的时间积攒了一些好作品,但这些库存很快会被消耗完。过去的东西挖完了,未来还是得依靠新的创作。"

"'IP'概念盛行之前,《西游记》被改编了多少次?张艺谋的很多作品都由小说改编。改编剧本和原创剧本从来都不是一对矛盾。"刘洪宾说,这不是一个有地位的编剧和导演能垄断的行业,创作新人如雨后春笋,他们都应该有机会释放才华,网络也是一种选拔人才的有效渠道。

"在影视市场的物竞天择之后,'IP'终究会从现阶段的非理性与狂热,走向理性与规范。"杜庆春认为,"'IP'只是构建了影视产品的安全性,它不会压抑原创的精神,而是将原创精神建立在更广泛的形式上:小说、漫画、戏剧……无不是创造力的载体。"

手里有"IP",未来便可期?

理性观察影视产业,也并非到了"IP"淹没一切的地步。许多公司一方面购买畅销书版权,另一方面也在发展原创项目。类似《捉妖记》《战狼》《我的少女时代》这样的原创作品也会出现并取得佳绩。

爱奇艺自制剧开发中心总经理戴莹表示,"IP"只是降低投资风险的一种手段,但"IP"不是剧本。"我们买了大量'IP',最关键的一点还是如何转换成剧本。目前有的'IP'价格已经报到一两千万元,在制作成本中占比失衡,反而会加大投资风险。相反,一个好的原创内容加上优秀的团队制作、有效的平台运作,反而会成为一个高价值产品。"

"现在'IP'越来越贵,你买了之后,究竟它转化成票房的含金量是多少?这是不可预测的。"某影视公司项目监制赵先生认为,仅寄希望于购买到一个"IP"就能得到影视市场的高回馈,基本是不可能的。因为目前还没有任何一个数据能说明,

“IP”粉丝变成影视观众的转化率是多少。“最艰难的,是如何打破‘IP’原有的载体束缚,重建一个适合拍摄的‘好看’剧本。”

“‘IP’容易形成话题,但非理性的宣传和完全依赖炒作的产品,一定会受到市场的反弹。”杜庆春认为,即使采购了非常昂贵的畅销书,也得有平静、扎实的心态去处理它,买下版权并不意味一定能开发顺利。“IP”只提供了基础素材,而对这些素材、故事雏形进行深加工,使之符合影视产品特有的媒介特质,依然仰赖于编剧思维的介入。“有了‘IP’,也绕不过创作问题,创作理念、创作经验、创作技术是一个复杂的沉淀过程。这是手艺,在专业领域是高下立见的,我相信任何影视公司、制片人都无法否认技术传统、否认更深的人文思考对于文化创意产业的重要性。”

资本与创作,谁说了算?

有一个问题已纠缠影视圈多年:电影、电视剧是作品,还是产品?在创作人眼中它是付出了心血的作品,但在资本眼里,它是产品,是要投入商业市场进行销售并赢取利润的产品。

编剧刘洪宾介绍,资本对创作的干预从来都存在,这是资本的趋利性决定的。好莱坞的电影创作,同样围绕着资本意志转。我们的问题在于,中国影视产业尚未形成一套符合创作规律的工业化生产模式。

以美剧的生产模式为例,边写、边拍、边播的“季播”模式背后是“编剧/制片人”中心制:一个由多名职业编剧组成的创作团队中,最有创作经验、地位最高的编剧带头人,会同时担任创作总监与制片人的角色,他既要完成剧本创作、把控剧本质量,也要负责项目推进的工作。季播剧一旦前一季收视不佳,剧集马上会被叫停,所以其领导核心必须是一个优秀的编剧,才能保证剧集质量。

中国也实行制片人中心制,但很多制片人缺乏文化产品创作经验,难以沟通和平衡资本与创作的关系。领导核心对于创作的陌生，导致编剧工作变得被动、缺少话语权，资方的意见无论对与错，编剧都必须想方设法地纳入和平衡。

编剧卡卡介绍："很多项目的领导者对创作方向不明确，非常善变，且容易被各种现象和声音左右。往往一个项目开始时'IP'的创意还不错，但越来越多的意见和想法累加上去，编剧被迫一稿一稿地'融入'，最后往往会改成一个价值观混乱、逻辑奇怪的四不像。"

中国传媒大学影视学院副院长蒲剑认为：既能与资本对话、又能与创作者对话的优秀制片人，或者叫"懂创作的职业经理人"——这种中间管理人才的缺乏，只是中国影视产业欠缺规范的一个方面。

从更大的产业格局来看，中国影视生产只是一种脆弱的繁荣。"为何脆弱？因为它完全依赖票房收入，衍生产品的开发跟不上，所以一部大投资的电影只要票房不行，就全砸了。"蒲剑分析，在好莱坞的电影工业体系中，其营收的百分之三十来自票房，百分之七十来源于衍生产品的开发和相关收入。"IP"只是基础资源，具有"种子功能"，利用"IP"的影响力，动漫、手游、话剧、玩具，甚至主题公园，可以衍生出一个丰富的全产业链。互联网公司既拥有雄厚资本，又拥有强势的传播平台，比起传统影视公司，互联网公司更有实力与能力进行全产业链的开发。

业内专家认为，作品包含在产品里，业态已然变化。如果最具有创造力的人能够主导创作、专注创作，同时资本能够少一些投机心态，多一些产业布局，使得"创作的归创作、资本的归资本"，相信中国影视从"行业"到"产业"的蝶变指日可待。

（原载 2015 年 12 月 23 日《光明日报》）

· 现状观察 ·

结合文学创作展开文学批评

钱小芊

去年10月15日,习近平总书记在文艺工作座谈会上发表了重要讲话,明确了新形势下文艺繁荣发展的方针原则、目标任务和时代要求,是指导我国文艺和文艺工作的强大思想武器与行动指南。习近平总书记在讲话中指出,文艺批评是文艺创作的一面镜子、一剂良药,是引导创作、多出精品、提升审美、引领风尚的重要力量,要高度重视和切实加强文艺评论工作。为了加强和改进文学评论工作,我们结合文学创作展开文学批评,从多方面作出努力,刚刚落下帷幕的中国文学博鳌论坛就是其中之一。

文学评论要介入文学现场

文学评论应在借鉴吸纳人类丰富经验的同时,更多地关注中国经验、中国传统、中国现实。在文学评论和文学创作中,要防止和克服“以洋为尊”“唯洋是从”的问题,因为这不是一种科学的态度。对外来文学、外来文化的借鉴,要采取研究梳理、批判扬弃的态度,既不盲目排外,也不盲目崇外,这样才能真正做到古为今用、洋为中用,辩证取舍、推陈出新,从而实现中华文化的创造性转化和创新性发展。

当前，我国文学创作生产活跃，内容形式丰富，风格手法多样，涌现了一大批群众喜爱的优秀作品，呈现出百花竞放、蓬勃发展的生动景象。与此同时，我们也应认识到，文学具有意识形态属性，在思想活跃、观念碰撞、文化交融的背景下，巩固思想文化阵地、维护国家文化安全的形势更加严峻，文学领域还存在着唯市场化的问题、粗制滥造的问题，文学评论也存在着“缺席”“缺位”的现象。文学创作与文学评论如何面对社会变革下的文学环境、业态、格局和传播方式的深刻变化，如何把握我国快速发展变化的社会生活，在世界视野下，如何从中国实际出发，增强文化自觉，尊重和把握文学创作发展特点与规律，艺术地呈现、书写和表达这一时代深层的民族精神，是需要我们静下心来深入思索和研究的课题。

文学评论在加强理论建构的同时，也要积极介入文学现场，充分发挥对文学创作的推动作用。文学评论包括文学批评和文学理论研究两个方面。在重视基础性文学理论研究的同时，应当高度重视文学批评。文学批评要的就是批评，不能都是表扬和吹捧，不能套用西方理论来剪裁中国人的审美，不能用商业标准取代艺术标准。文学批评应该“及物”“中的”，褒优贬劣、激浊扬清，评论家也要走出书斋，深入生活，面对中国当代变革中的新鲜经验，自觉以马克思主义文艺理论为指导，从中国文学发展实际出发，运用历史的、人民的、艺术的、美学的观点评判和鉴赏作品，在艺术质量和水平的评判上敢于实事求是，对各种不良文艺作品、现象、思潮敢于表明态度，在大是大非问题上敢于表明立场，说真话、讲道理，把好文艺批评的方向盘。

在世界视野下推进文学发展

对于如何在世界视野下推进中国文学发展、大力弘扬中国精神，批评家和作家提出了许多建设性的意见，对我们应有启发：

第一，改革开放以来，中国巨大的社会变革创造了丰富的中国经验，也带给中国文学取之不竭的创作矿藏。在新的历史条件下，中国文学应当立足本土，更好地认识中国和表达中国。生活是创作的源泉，当下中国正面临千年未遇之大变局，改革开放和社会主义现代化建设的伟大实践、经济的持续快速发展、社会的巨大进步、思想的空前活跃、文化的不断创新，都为文学创作提供了极为丰富的资源。中国这片土地上的发展变革、人们的生活状况、人们寻梦追梦的奋斗过程，理应成为并正在成为作家们关注和描写的主要对象。与此同时，这种形象化、艺术化的认识、反映和表达，必须建立在中国作家和评论家对中国国情的深入了解和深刻把握之上，无论是创作还是评论，都不能脱离中国的国情，都必须从中国的实际出发，这样的创作才能是有根之木、有源之水，这样的评论才能言之有物、言之有据、言之有理，这样的文学才能常葆生机与活力。

第二，在全球化背景下，在世界文学格局中，中国文学应当坚持自己的个性和品格，保持自己的主体性，不断增强文化自觉与文化自信。中华民族在漫长的历史进程中创造了五千多年绵延不断的文明。它既带给了我们骄傲与自豪，让我们充满自信，也是我们今天生存发展之根本。中华优秀传统文化是中华民族的精神命脉，也是我们在世界文化激荡中站稳脚跟的坚实根基。增强文化自觉与文化自信，是坚定道路自信、理论自信、制度自信的题中应有之义。在全球化进程不断加剧的今天，我们尤其要强调和重视本民族的文化之根、传统之基，自觉树立文学创作的本土意识，把中国文学的根深深扎进中华文化的丰沃土壤之中。

第三，中国作家的文学创作应当大力弘扬中华美学精神，积极回应和激活传统资源。改革开放以来，文学界在创新上汲取了不少外来的文化经验，许多作家的作品体现了外来文化经验创造性的转化。但不可否认的是，我们在不同程度上仍存在着忽略和忽视对中华传统美学精神、文化艺术资源的传承延续与发展的问题。大家知道，中华民族在长期实践中培育和形成了独特的崇仁爱、重民本、守诚信、讲辩证、尚和合、求大同等思想，以及自强不息、敬业乐群、扶正扬善、扶危济困、见义勇为、孝老爱亲等传统美德。这些思想理念和道德规范,不论过去还是现在,都具有永不褪色的价值。中华美学讲求托物言志、寓理于情,讲求言简意赅、凝练节制,讲求形神兼备、意境深远,强调知、情、意、行相统一。这些文化的“基因”与精神的“能量”,都需要我们作家、评论家去深入研究体会,并在新的历史条件下自觉地传承和弘扬。坚守中华文化立场、传续中华文化基因,展现中华审美风范,是中国当代文学创作者的一份神圣文化责任。

第四,文学在民族精神和文化认同的建设中具有旗帜性、支柱性、家园性、引领性,中国文学应当在实现中华民族伟大复兴中国梦的进程中切实发挥精神引领和价值支撑的作用。作为一个民族文化和文明核心组成部分的文学,理当自觉承担起引领民族精神向前发展的光荣使命,用文学的光芒照亮中华民族的精神世界。中国精神是中国文学的灵魂。文学作品如果抽去了内在的精气神,就会变成一堆文字的躯壳。只有躯壳而没有灵魂的文学,是不可能打动读者灵魂的。当代中国文学要在讲好国家民族的宏大故事、讲好百姓身边的日常故事上下功夫,要通过精彩的故事、鲜活的语言、丰满的形象,讴歌真善美,贬斥假恶丑,彰显信仰之美、崇高之美,使社会主义核心价值观能够通过艺术的表达而真正地引领风尚、滋养人心。

开创批评新平台

我们倡导围绕重大的文学主题,展开评论和创作的互动交流,说真话,讲道理,形成作家和评论家“围炉夜话”、促膝谈心、推心置腹、坦诚相见的良好气氛。一方面有力增强理论批评的现场性、有效性,另一方面开阔视野、激发灵感,推动文学发展顺应时代变化,不断开拓创新。

从这个角度出发,我们努力开创多种批评平台,以更好地研究新形势下如何团结作家,集聚文学评论力量,发挥文学评论对创作和阅读的引导作用,改善文学生态,推动文学繁荣发展。首届中国文学博鳌论坛开了个好头，我们将继续办好中国文学博鳌论坛，要以马克思主义文艺观和中国特色社会主义理论体系为指导，深入学习贯彻习近平总书记系列重要讲话精神，针对文学领域倾向性、趋势性、全局性的创作和理论批评问题展开深入研讨，提出对策建议，引导创作，引领思潮，影响和引导社会阅读鉴赏。

中国文学是中国文化的重要组成部分，在众多文艺门类中具有基础地位。站在新的历史起点上，中国如何向世界贡献出代表我们中华民族精神的当代文学，是摆在我们面前的一项光荣而艰巨的任务。我想，首先要立足中国，面向世界，在固本浚源的基础上，积极借鉴汲取世界优秀文化成果，有了这样的态度和胸怀，中国文学必将迎来更加美好的、辉煌的未来。

（原载 2015 年 11 月 17 日《人民日报》）

开放的中国文学

阎 晶 明

中国文学有着漫长的历史和璀璨的成就，即使描述中国古代、现代、当代文学历史的文学史著作也可谓数不胜数。中国当代文学是整个中国文学悠久历史的一部分，是传承着历史的重要一章。但中国当代文学自有其最突出的一面。在中国社会全面改革开放的背景下，中国新时期以来（即 1978 年以来）的文学同样表现为开放的姿态，是面向世界的文学，是与世界其他国家和地区文学交流、交融的文学，是世界文学的组成部分。这是中国文学史上最为开放的一个发展时期，重要的作家和重要的文学作品不同程度地产生着国际影响，并因这种开放性而表现出活跃、多样、繁荣的景象。

中国当代文学的开放，表现在以前所未有的热情了解世界文学的最新潮流。最近 30 年来，中国文学界对世界文学的翻译、出版，研究、介绍，一直处于热情不减的态势中。译介和出版世界文学，包括传统的经典文学作品，也包括世界各国出现的有影响、有代表性的最新文学作品及文学动态。在今天的中国，人们可以阅读到世界上所有产生过重要影响的作家作品的中译本，这种译介的热度已经形成了另外一个话题：与译介到中国的外国文学相比，中国文学对外译介相对滞后，存在不平衡现象。比如，拉美与中国在地理上相距遥远，但现代拉美文学在中国拥有大量读者，“文学爆炸”后的拉美文学及其重要作家作品，在中国不但拥有大量读者，而且也让很多中国作家从中受到创作上的启发，受到不同程度的影响，“魔幻现实主义”在中国文学界是一个频繁出现的名词，常常用来评价中国作家的创作。

中国当代文学的开放，表现在创作风格自由竞放，题材体裁丰富多样，国际影响日益扩大。在今天的中国，无论是哪一种体裁的文学，都有大量的创作者，作家们可以在主题上开掘，艺术上探索，创新和个性成为众多作家的创作追求。中国文学的国际影响力不断增强，文学对外交流日益频繁，中国作家同世界各国作家有广泛的交流机会。优秀的中国作家的作品，越来越多地被翻译为其他语种，介绍给世界各国读者。此次来访的几位中国作家铁凝、莫言、麦家、格非，都有多部作品翻译出版，产生了国际影响。莫言获得诺贝尔文学奖更是中国文学走向世界的一个重要标志。中国文学在与外国文学交流中翻译出版上的不平衡和差距正在一步步缩小。

中国当代文学的开放，体现为在文学生产、传播途径和手段不断发生变化的时代，同样表现出活跃的态势，作家队伍不断扩大。今天的中国，同世界其他地方一样，互联网、手机成为重要的交流平台，深刻地影响着人们的生活，也影响着文学的态势。在中国，网络并没有像人们开始时忧虑的那样，会导致文学创作的关注度减低、作家写作热情的减弱。人们在网络上写作并发布自己的作品，在手机上写作并阅读最新的各类文学作品。创作的空间更大了。网络文学正在成为中国文学重要的力量。文学创作的题材、体裁划分越来越细，其丰富度超出了很多人的想象。作家队伍的构成也发生了很大变化。新的文学群体如网络作家、自由撰稿人不断涌现，青年作家的成长得到多方面的鼓励。

中国文学的开放，得到中国政府的支持。政府每年都会增加投入，支持文学创作与文学评论的发展。中国作家协会通过文学评奖，组织作家了解社会生活，扶持重点文学作品，扶持少数民族、儿童文学创作，开展文学对外译介工程，成立网络文学机构，等等措施，保证文学繁荣发展的健康有序。

开放的中国文学与开放的中国社会同步发展。我们有理由相信，在未来的发展中，中国文学一定会在既坚持自身传统又面向世界、既关注中国社会又放眼世界、既向民族民间文学学习又向世界优秀文学借鉴的道路上，开创出更新的发展空间。

（原载2015年6月8日《人民政协报》）

出优秀作品是文艺工作的重中之重

张德祥

我们常常把文艺界比喻为百花园，期望百花齐放。百花齐放，是繁荣的象征，预示着硕果累累。开花是为了结果，只有结出硕果，才是结结实实的收获。对文艺而言，所谓结出硕果，就是创作出精品，创作出无愧于这个时代的经典作品，为中华民族的伟大复兴提供精神动力，为人类文明进步提供中华美学精神。自古至今的文艺史，就是由一部部、一曲曲、一幅幅流传下来的经典作品串联起来的。文艺史上，有些时段平庸无章，乏善可陈，就是因为没有好作品。因此，创作出优秀作品，是一个时代文艺的证明。

习近平总书记在文艺工作座谈会上的讲话指出，“衡量一个时代的文艺成就最终要看作品。推动文艺繁荣发展，最根本的是要创作生产出无愧于我们这个伟大民族、伟大时代的优秀作品。没有优秀作品，其他事情搞得再热闹、再花哨，那也只是表面文章，是不能真正深入人民精神世界的，是不能触及人的灵魂、引起人民思想共鸣的。文艺工作者应该牢记，创作是自己的中心任务，作品是自己的立身之本，要静下心来、精益求精搞创作，把最好的精神食粮奉献给人民”，“所以，我们必须把创作生产优秀作品作为文艺工作的中心环节”。这段话，讲得很清楚，说得很明白，用了“最终”“最根本”“应该牢记”“中心任务”“必须”“中心环节”等词语，可谓谆谆教导，殷殷期望。在讲话发表一周年之际，结合中央政治局审议通过的《关于繁荣发展社会主义文艺的意见》,我以为,讲话和意见道出了当前文艺工作的核心命题就是创作出优秀作品来,因为文艺是以作品为存在的,是以优秀作品为标志的,所以是“最根本”。

这就是说,文艺工作要尽可能围绕创作、围绕出优秀作品这个中心环节而努力,这是本。如果忘记、离开了这个本,甚至本末倒置,把工夫花在了创作之外的事情上,那只能是南辕北辙,会离这个目标越来越远。离开这个本而做的其他事情,搞得再热闹、再花哨,那也是表面文章。不幸的是,我们看到的表面文章太多。这个节、那个奖,这个会、那个会,这个展演、那个展演,这个采风、那个采风等等。形形色色的活动,名堂多,名目巧,够热闹、够花哨,甚至够喧嚣。文艺工作者忙得不亦乐乎,甚至疲于奔命,这场完了赶那场,一场接一场,总是在动态中奔忙。很显然,这是一种“热闹症”“浮躁症”。创作之外的这些事情越繁盛、越热闹、越花哨,越不利于创作,因为静不下心来。习近平总书记说,“要静下心来,精益求精搞创作”。

创作自有规律。首先要深入生活,熟知你反映的生活领域,以至于对你反映的生活有了深度的感情介入。深入生活,绝不是走马观花,更不是简单的采风,而是像柳青、赵树理等前辈那样,要生活在你描写的生活里,把身子扑下来,把根扎下去,才能吸收到生活里的营养。其次,要静下心来,对生活素材进行思想和感情的消化与提炼,甚至要和你塑造的人物在精神世界进行深刻的“搏斗”,这就是“不打不相识”,格物而致知。科学研究上没有捷径可走,艺术创作上同样没有捷径可走。走马观花的采风活动固然对创作有所帮助,但绝不能单纯把这种活动叫做深入生活。深入生活,就应当悄悄地来,悄悄地去,以生活的本色去生活。奇怪的是,现在把“深入生活”也搞成了一种热热闹闹的活动,一班人马,轰轰烈烈地来,忽忽悠悠地去,媒体跟进报道,作为政绩来宣传,只怕别人不知道文艺工作者在热热闹闹地“深入生活”。这是一种把文艺工作表面化、政绩化的做法,是一种形象工程,也就是习总书记说的“表面文章”。对真正的艺术创作,实无益处。

要把创作生产优秀作品作为文艺工作的中心环节，就要少做表面文章，多做务实求真的事情，要尊重艺术规律。文艺创作是寂寞的事业，是“独上高楼，望断天涯路”的精神追求，是“静夜思”，居安思危，先天下之忧而忧。让我们牢牢记住，能否创作出无愧于我们这个伟大民族、伟大时代的优秀作品，是衡量这个时代文艺成就的最终标志，这是目标，也是文艺工作的中心环节。

（原载 2015 年 10 月 21 日《文艺报》）

历史是真正的诗人和戏剧家

——“非虚构”写作热引发的思考

雷　达

时下，“非虚构”写作在我国逐渐成为一种现象和潮流。不少作家有意抛却文学的虚构性，从书斋中“出走”，走向都市企业、打工族群、民居民宅、田间地头，甚至厚厚的历史卷宗，以一种“田野调查”的方式记录现实生活中某一群体或个体的口述或记忆。例如阿来的《瞻对》和梁鸿的《中国在梁庄》，归入报告文学比较勉强，作为非虚构文本则比较切合。

“非虚构”是抵达真实的另一种方式。它与以“重大事件”为中心的新闻报道式写作和以“时代报告”重大题材为主的“报告文学”写作之间虽无明显的界限且存在一定的模糊性，但在题材的宽阔度上，在逼近真实的方式上，在主体的自由度上，在主体精神的渗透深度上，仍然显示了自己的某种价值指向。“非虚构”似乎更侧重个人记忆和主体感悟，更侧重于发现、见证、记录那些被时代洪流所遮蔽的暗流涌动。

欧美文学界，虚构与非虚构平分秋色

在中国，小说家的地位很显赫，文学的荣誉百分之七八十归于小说家，剩下的百分之二三十，才归于纪实作家或其他作者；而在欧美一些发达国家，尤其是美国，虚构与非虚构至少是平分秋色，甚至，非虚构作品占的份额还要大一些。这已成为近些年

来新的阅读风尚。

早在20世纪中叶，一些美国作家发表了一些非虚构作品，中国读者最为熟悉的当然是杜鲁门·卡波特的《冷血》和诺曼·梅勒的《刽子手之歌》，它们均拍成了电影。这两部作品都以杀人犯为主角，描述了杀人犯也非彻底“冷血”。作品皆取材于真实案例，但都进行了文学性扩写，采访的深度和所下的功夫之大，不亚于大部头的长篇小说。它们拥有新闻报道和法律陈词无法表达的复杂性、深刻性和丰厚性，在当时，甚至被人誉为“当代文学的巅峰”。

1973年，汤姆·沃尔夫编辑出版了著名的文学选集《新新闻》，收纳了不少杰出的非虚构作家的作品。于是，推波助澜，美国兴起了一个“新新闻主义”或“非虚构小说”的浪潮。这是否即非虚构的源头呢？

我想不是。我认为非虚构的开山者或鼻祖型人物应该是茨威格。正如《昨日的世界》的译者舒昌善所说，虽然茨威格在给友人信中说，“出于绝望，我正在写我一生的历史”，但《昨日的世界》并非是他的自传和生平，作品的副题是“一个欧洲人的回忆”，它又不同于一般的回忆录，茨威格既写他亲身经历的事件、人物，也写他目击的各种事件，在此基础上，写他对时代的感受，他对世界的看法，特别是写出了时代的氛围和人们的心态。他在1941年还写了《巴西：未来之国》。茨威格总体的风格是客观陈述，娓娓道来，突出个人感悟，他总是从历史、地理、文化等脉络入手，展现被遮蔽事象的真实和心灵的真实。目前，“非虚构”虽无公认的定义，似乎也不可能有，但茨威格这种既非自传，也非回忆录，重在目击、见证、揭示心灵的真实的写法，奠定了“非虚构”的某种本质特征。他在《人类群星闪耀时》的序中说，“历史是真正的诗人和戏剧家，任何一个作家都甭想去超过它”。

《寻路中国》是彼得·海勒斯目前在中国出版的三本非虚构作品中最好的一部（其余两部是《江城》《奇石》）。他也是让“非虚构”三个字在中国大陆得以普及化的作家之一。他在《我的老师麦克菲》中谈到有关"非虚构"的定义:这种体裁至今还没有一个令人满意的名称。一些人称之为"记述性非虚构作品""创意性非虚构作品""文学类非虚构作品"或"长篇新闻报道"。在彼得·海勒斯看来,"非虚构"以否定的句式下定义,本身就是个奇怪的词。但在普林斯顿大学开设"非虚构写作课"的教授约翰·麦克菲(也是彼得·海勒斯的老师)强调:名称并不重要;重要的是,几十年来——事实上,近一个世纪以来——这类作品在美国愈加受人重视。美国是个大国,读者众多,支撑起《纽约客》这样周发行量超过百万的杂志的,正是非虚构作品。

"如何讲述真实"越来越受到重视

"如何讲述真实"是非虚构的核心问题。如何一下子从各种毛糙的感受中一把拎出那最耀眼的细节,是考验作家的时刻。如何活生生地、毛茸茸地表达我们这个时代,是非虚构的重要命题。奈保尔曾谈到"作家视角"的问题。他讲述了"从看不见到看见"的过程,其实,就是"如何呈现真实"的另一种说法。"对一切都不视为想当然,每时每刻都看到、触摸到而且感觉到,以一种宗教的方式来赞美这个实体的世界",如此,作家便会"看到更多";否则,如果习焉不察,肤浅地看待世界,那么,世界依旧会被遮蔽着。

非虚构写作在某种意义上强调呈现细节的真实,显现出一种对常规的拒绝。作为一种文学的讲述或者小说的叙事,细节真实的意义不可低估,而非虚构写作的倡导者则相信眼见的比虚构的更真实,或可以说,叙事不足,经验补之。其潜在的含义就是现实比文学更真实,更具有戏剧性,这是非虚构作家试图接近更真实的现实的努力。当然,这里也隐含着一个理论能否自足的问题,比如眼见真的为实吗?"非虚构"之"非"在何种程度和意义上抵达了真实,这是需要思考的,诚如有人所言,非虚构写作"试图以体验的形式来接触一种新的生活,接触一个新的群体，所得的感受和认识，也难保不会失真。这种真实，终归是有限度的，非虚构之‘非’，很大程度上只是一种接近真实的努力与意愿”。这种提醒非常中肯。

在我国，“非虚构”写作引起人们关注，大约开始于2010年《人民文学》编辑部首倡的“行动者计划”及其开辟的“非虚构”专栏，当然，并不是说具有“非虚构”内在品质的作品这时候才出现。“非虚构”在中国新时期文学中早有表现，近年来，不少作家更有意抛却文学的虚构性，从书斋中“出走”，走向都市企业、打工族群、民居民宅、田间地头，甚至厚厚的历史卷宗，以一种“田野调查”的方式记录现实生活中某一群体或个体的口述或记忆。这种“走向民间”“以写作见证时代”的风气甚至形成了一股不小的“中国非虚构”写作潮。“非虚构”在当下中国，其介入现实的方式及其表现对象的特殊性，在于对被淹没的真相的重新发现，而不在于情节是否生动、想象力是否雄奇。作家试图用一种新的语汇、新的对话方式，或者一种新的体验方式完成一种文本的意义结构，该是一种曲径通幽的意义呈现。

批评家对“非虚构”之所以葆有热度，在于对这样一种命名、概念的非文学性的质疑，看到它与传统的文学观相距甚远。但是，面对“非虚构”，人们热议得更多的是一个概念的周延，而非一种思潮的力量。应该说，批评界对“非虚构”观念的当下意义还没有完全认识。概念引介的讨论更多会停留于一种文体内部的理论问题，而不是直面非虚构文学观念的冲击性。

事实上，“非虚构”倡导者和部分写作者对于这一概念本身包孕的内涵已有较为清醒的自觉。他们标举“见证者”“亲历者”“记录者”的身份，以免陷入与其他文类的纠缠，认为与传统文学纯粹“虚构”的区别在于，“非虚构”也是一种抵达真实的方式；与以“重大事件”为中心的新闻式的写作和以“时代报告”重大题材为主的“报告文学”写作之间的差异在于，“非虚构”以突出的个体眼光，发现、见证、记录那些被时代洪流所遮蔽的暗流涌动。在题材的宽阔度上，在逼近真实的方式上，在主体的自由度上，在主体精神的渗透深度上，“非虚构”显示了自己的价值指向。这样的自觉和争论在美国、法国、英国、匈牙利等国家已讨论过，不是新鲜话题。我们关于“非虚构”的讨论却“迟来”了半个多世纪。

渴求真实的诉求反映在文学上，便是当下中国文学非虚构写作勃兴的真实动因。在中国，“非虚构”三个字虽是舶来品，但大众对真实的渴望，由来已久，到了新世纪，五四新文学时期既已确立的作家与基层民众沟通与对话的方向将进一步得以实践。从这个意义上讲，“非虚构”从概念到观念，以事实接近真实，即使它是舶来的，也将经历有效的中国化过程。

（原载 2015 年 10 月 9 日《文汇报》）

如何讲述当代中国大故事

陈晓明

20世纪中国历史风云变幻，从传统走向现代、从半封建半殖民地走向社会主义，中国社会发生了巨大而深刻的变化。中国今天的成就是中国人民经过艰苦卓绝的奋斗而取得的。讲述今天中国的大故事，无疑也是文学艺术应担负的一项历史职责。然而，讲述这样的中国大故事并非易事。这不仅需要强大的艺术能力，更为重要的是，要在延续至今的文学传承变革中找到新的表现方式。

期盼讲述当代大故事

众所周知，中国进入现代以来，文学以其启蒙与救亡的担当，一直在讲述中国大故事，为中华民族的自觉、奋战与解放建构起一套艺术形象。我们坚持历史唯物主义的态度，信奉文学与时代的紧密关系；我们肯定"文革"后中国文学生动反映改革开放时代的成绩，也会客观地看到新时期文学在认知世界的丰富性和深刻把握人性方面的变化。当代人的生活向着更追求个体性满足的方面推进，这使文学也在表现个体生命存在的独特性和复杂性方面有更深刻的发掘。与之相适应，文学即使在反映历史和现实时，也必然会体现作家个人达到的认识水准。我们也不得不承认，在经历了新时期文学对世界文学的优秀经验兼收并蓄之后，中国当代文学一度（包括今天）更倾向于讲述具有个人视角的故事:不管称之为历史故事还是中国故事,都要有作家个人印记,若无作家个人讲述方式、个人语言风格、个人独特思考,作品在文学上产生影响力几无可能。

中国文学擅长讲述大故事。欧美现代主义以来的文学已经不再讲述大故事,但中国文学在讲述大故事,尤其在讲述历史的、家族的以及现实的大故事方面,依然保持强烈的愿望。这些讲述大故事的作品总是有着大的历史时间跨度,有着宽阔的社会和地域背景,有着剧烈的矛盾冲突,有着精神和肉体的搏斗,有着强大的悲剧感……所有这些,可以说是半个多世纪以来中国文学追求的文学观念和方法。在这方面,中国文学取得的令人瞩目的成就,无疑也是对现代以来世界文学的重大贡献。在这一意义上,《财主底儿女们》《创业史》《平凡的世界》《古船》《白鹿原》《尘埃落定》《受活》《笨花》《古炉》等等当作如是观。

今天我们呼唤中国文学讲述中国大故事,在很大程度上是期盼能讲述中国当代(当下)的大故事。在什么意义上能称之为"当代中国大故事"呢?我以为大体有以下几个方面可以作为参照:其一,能充分反映中国当代改革开放的历史进程,表现中国当代社会进程的深刻变化及其艰巨性和复杂性;其二,能塑造出有时代担当的走在时代前列的人物形象;其三,能表现出当今中国人丰富复杂的精神世界,写出真实饱满的人性人心;其四,能够在现实的境遇中看到未来的希望和光芒。

讲好当代大故事的五个方向

确实,我们从理论上和文学的理想性上设计这样的"当代中国大故事"并不困难,困难的是我们如何在现有文学经验的基础上写出具有艺术感染力的作品。很显然,经历过与世界现代文学的碰撞,也广泛吸取了世界文学的优秀经验之后,中国当代文学倾向于讲述"小故事",意即讲述关怀小人物命运、揭示人性弱点的作品。即使是讲述"大故事",也是倾向于历史叙事和反思性叙事。这也是中国现代启蒙以来的文学形成的传统,革命文学倾向于表现弱小者的生存现实,体现民众的觉醒意识,表达人道的悲悯情怀。上世纪五六十年代中国的红色经典,开始塑造英雄人物形象,典型的如《创业史》中的梁生宝、《艳阳天》中的萧长春。这一时期的文学是在激进的政治理念推动下去展开文学想象的,文学的观念性和理想性色彩十分浓厚,中国文学在这方面取得了成绩、积累了经验,也付出了代价。

这就是我们今天寻求讲述当代中国大故事要面对的历史前提和理论前提。抛开这些前提,表达理论主张和展开具体实践并不困难,但要在文学的标准下给予评判就要看到实际成效究竟如何。所有的理论主张都要实事求是,在历史给定的条件下去积极寻求新的可能性。讲述当代中国大故事,在今天不是一蹴而就的事情。我以为有几个方面是可以做出努力的:

其一,探求当代性。中国当代文学自上世纪90年代以来转向历史叙事,文学在很大程度上回避了现实。某种意义上,文学艺术遗忘了"当代性",有些虽然一直在表现当代,是否真正具有"当代性"则是值得怀疑的。尽管其中有"晚生代"对市场化现实作过直接表现,也有"分享艰难"的现实主义冲击波,有"反腐文学"的现实批判,还有"底层写作"的悲悯情怀,以及"美女写作"的前卫叙事,但整体上看,反映现实的作品未能达到历史叙事作品的自如、厚实和艺术性。中国当代社会正在发生深刻变化,不管是被表述为深化改革,或是三千年未有之大变局、中华民族复兴之路,无疑都蕴藏着巨大的历史创造能量。对当代性的认知恐怕需要有责任、有远见卓识、有艺术能力的作家艺术家去探寻,达成艺术形象丰富、复杂而饱满的表现。

其二,展现多样性。尽管我们理解中国大故事会倾向于"大"的形态,也可以做出诸项规范化的理论表述,但"中国大故事"具体到文学艺术则应该是丰富的,甚至是无限多样的。理论上来说,中国当代讲述的故事都属于"中国大故事"的一部分,即使是无限多样的小故事也必然可以组合成无限大的"中国大故事"。当然,既然作为一种理论愿望提出,强调"中国大故事"当然是要推崇某种"大故事",或者更为客观地说,是因为缺乏一种“大故事”，故而需要关注和强调。但“大故事”本身的丰富与多样也不应该忽略。

其三，寻求引领性。中国现代以来的文学，自批判现实主义之后，就是反映弱小群体（阶级）被压迫被蹂躏的生存状况的。冯雪峰早年在分析丁玲的创作时就提出，要有更有觉悟的能带领人民斗争的先进人物，胡风的文艺理论实际上也包含了这种思想。胡风和冯雪峰过早结束了自己的理论生命，但中国的现实主义文学理论一直试图在塑造“社会主义新人”方面有建树。也是因为极“左”文艺路线的影响，这种“新人”无限度往“高大全”方面发展，脱离了真实的生活根基。当代中国小说在反映小人物的命运方面有不俗的成绩，它无疑表现了文学应有的人道人文情怀。但今天中国文学与世界现代以来的文学一样，无法写出特别有力量的正面人物形象是否也是一个问题呢？好莱坞的电影在这方面倒是积累起丰富的经验，但其经验几成模式化，无法为当代中国所直接汲取。很显然，对于中国文学来说，需要更为艰苦的探索和辛勤的努力才可寻求一条独特有效的路径。

其四，善于以小见大。在上世纪80年代“后现代”观念兴起之后，当代外国文学中的“宏大叙事”已然鲜见，只有在中国文学中几乎是“独大”。90年代以后，中国文学还是宏大的历史叙事占据主流，倒不是说它的绝对数量和影响力，而是这种叙述方式和小说制式占据了主流地位。今天的小说制式已经转向“以小取胜”。但“以小见小”，还是“以小见大”？爱丽丝·门罗的作品写得确实“小”，但她能窥见最微妙复杂的女性心性，能回答当代尖锐的妇女问题；帕特里克·莫迪亚诺确实有意碎片化，但他能表现二战中人类特殊的命运。文学作品只能开掘出生活的某一侧面，文学作品说到底要能触及人的心灵——写出人性人心的丰富性和复杂性，才能写出这个时代的“大”，才能见出中国人精神世界的“大”。在触及心灵细小处来显现大千世界的投影、写出人性人心的变化层次、写出当代中国激荡的时代风云，其实是对小说艺术的极高要求。

其五，讲述追求创新性。文学艺术说到底是一项创新性的精神活动，文学艺术作品总是要提供陌生化感受。尊重艺术规律、尊重艺术的独创性始终是出好作品、出精品的先决条件。作家艺术家本人也必然是在对创新性的追求中才可能有艺术上的作为。否则，假大空的复制之作劳民伤财，贴上任何标签都没有实际意义。文学艺术发展到今天，有那么多的经典作品在先，作家要创新、要出好作品变得越来越难，这更需要艺术勇气、魄力和理想，需要锤炼的功夫，需要融合世界优秀艺术经验的胸怀和能力，这才可能以创新性的方式讲述故事，这样讲述出来的故事才是真正具有艺术感染力、真正具有世界面向的"当代中国大故事"。

这里之所以强调讲述当代中国大故事，是有感于文学如何更有力地表现中国正在深刻变化的现实，是期盼中国文学更有勇气和能力面向现实，为这个充满创造活力的当代中国留下一份伟大的形象记录。

（原载 2015 年 1 月 12 日《人民日报》）

草根诗歌是这个时代的痕迹

张 清 华

对于诗歌写作中的草根现象这样一个言不及义、易于引发歧义的话题区间，任何谈论都要小心翼翼。

首先是关于诗人的身份问题。在中国的诗歌传统中，诗历来分为两类，冯梦龙《序山歌》中说，“书契以来，代有歌谣，太史所陈，并称风雅”。风和雅，是诗歌的两个大类；自然写作者也就有两个身份——文人、人民。文人当然也是人民，但由于他们写作的专业性和个人性，就常被看做是一个单独的群体了。文人写作通常体现了写作的专业性与难度，也体现了个人的性格与襟怀、情感与意绪，风格通常是比较典雅或高级的。“人民”更多是指一般底层的或草根的民众，“沉默的大多数”的部分，既然是“沉默”的，自然是无须写作的。但人民有时候也会兴之所至地“写”一点，《诗经》中大部分的作品——至少是《国风》中的大部分，从风格和口吻上看，就是属于民歌的。民歌的作者当然是无名的草根族。冯梦龙说：“但有假诗文，无假山歌。”可见民歌的根本在于“真”。

民歌被压抑的状态其实是一直存在的，虽然我们口口声声说“贴近群众、贴近现实”，但人民一旦写作，就会感到惊诧，就会受不了。最近，草根诗歌引起了媒体和大众读者的热烈讨论，提出各种看似煞有介事的问题，其实都说明了大家对于人民写作的不习惯。从上世纪50年代到70年代，民歌其实也不存在，《红旗歌谣》是民歌吗？很多情况下是文人假代了人民的口吻去写作，人民最终还是沉默的。

余秀华的作品体现了一个底层的书写者的本色，当她写出“穿越大半个中国去睡你”的时候，大家就开始受不了，觉得要改成“穿越大半个中国去爱你”。意思当然是一样的，但却不是一首诗了。“睡你”是民歌的表达方法，“爱你”是文人的表达方法，而我们却非要把民歌的元素彻底抽掉，这当然是不符合“贴近群众、贴近生活”的。

其次是草根诗歌的伦理问题。这个问题讨论了10年了，我认为，这个问题有两个层面：一是作为“公共伦理”或者社会话题，底层写作应该值得我们热烈讨论，因为人民实在是太苦了——现在当然好得多了，十几年前，中国的矿难数字比全世界的总和还要多，类似“富士康的十五跳”那样的事情也才过去五六年，地方政府对这件事情至今有没有调查和交代，谁也不清楚。这种情况下，沉默的大多数还有办法沉默吗？他们等不得了，本来轻易不会写作的，但他们终于写作了。这种情况下，我认为文学已经算不得一回事了，比起社会公共伦理来，比起人民的生命、生存来，文学算什么？别计较人家写得怎么样，你写得好，能够给人民一个公平吗，能解决生存的问题吗？在那种情况下，作为一个有社会伦理关怀的写作者，就应该让所有的问题退居其次。

但是另一方面，写作就是文学问题。我们仍然会寻找那些底层写作中更感人的、写得更好的作品。郑小琼就是这样被发现和被重视的，余秀华和更多的写作者如今之所以被专业的批评家和诗人们关注，也是因为她写得比较好——将他们与一流的诗人相比较是没有必要的，但与一般的诗人比，与我们对于一个不错的写作者的期许比，余秀华等人写得还是不错的。他们的诗歌有质感、有痛感，有一些专业性。另外，从重要性上看，我甚至觉得，余秀华的诗歌比一个专业性更好的诗人的作品要重要得多，因为她更能够成为这个“时代的痕迹”。

关于草根诗歌中的美学问题则更复杂。在今天，草根诗歌首先表现出一个共性，即“泛反讽性”——这是我的一个命名。

泛反讽，首先是说反讽的广泛存在，这是一种普遍的原则，在今天的社会语境中、文学场中、传播情境中，郑重地抒情或者叙事常常是不合时宜的。一些文人诗歌写得太“紧”，太雅，所以不够有活力，因此很难在现在这样的时代中吸引读者。其次，泛反讽的意思是它“暗自存在”，或隐或显，并不那么明显，不易觉察，但仔细体味会感受到它的存在。余秀华的诗就是如此，我体会到了她作品中固有的悲怆、孤单，固有的坚韧，但是她用的是略带反讽的表达，淡淡地、故意轻松地、略显诙谐地表达。这种表达方式让读者在感受到的时候又觉得适度，可以接受。这是余秀华诗歌写作的一个秘密。

此外，网络世界有一套特殊的环境属性，比如隐身、面具、虚拟、狂欢，这样的世界给诗歌带来了一种新的表达风格，一种带有简明化、诙谐性、一次性、力度感的表达，如果不是，就会被淹没。这使得每一个诗歌写作者都不得不考虑语言表达的策略——耸人听闻胜过发人深省，引人入胜胜过居高临下。

还有身份的验证、见证的问题。“脑瘫诗人”成为一个媒体化的标签，但我很怀疑这种说法，有这样的脑瘫患者的智力吗？多少健康的人都是“脑残”，而余秀华却完全可以以一个普通和常态的诗人的角度去看她——她的诗歌表现出比较专业的素养。同时，我们也可以用生存的艰辛与痛苦去见证性地理解这些诗，为她也拥有那么好的爱情而感动、而百感交集。我们会因此多一份感动，这就是我所说的“上帝的诗学”，上帝如果读诗，他一定是知人论事的，一定是将诗歌与人一起来考量的，一定会给予更多的公正、更多的体恤，因为他是上帝。

（原载 2015 年 2 月 13 日《文艺报》）

新世纪诗歌的互联网传播特性

刘川鄂

20世纪90年代以来,精神文化产品更多地打上市场烙印,以故事为绝对要素的小说得风气之先。长篇小说热、影视改编热莫不与此相关。但总的来说,文学边缘化已成定局,诗歌更在边缘之边缘。新世纪以来,诗歌依然沉寂,但也出现了诸如"梨花体""打工诗人郑小琼""羊羔体""乌青体""啸天体"和"余秀华诗歌事件"等影响逸出文坛的重要事件。

诗坛的这些事件,有一个重要特点:发起在网络、主场在网络、波及纸媒,诗歌圈与读者双向互动。诗歌阵地转移到网络并不断扩张,诗人的创作欲望有更多释放通道,诗歌写作更加活跃,掀起"民间诗刊热"和"网络诗歌热"。其间虽有很多严肃的诗歌写作者和优秀诗作,但更被大众关注的是诗人行为或诗歌秀,而不是诗歌艺术本身。再好的诗歌如果没有"事件"因素,只会在小众中泛几朵浪花,而一旦诗歌变为诗歌事件,就会掀起巨波狂潮。新世纪诗歌的互联网传播特性越来越明显。

网络成为诗歌新阵地

2000年7月,《下半身》同人诗刊创刊,发起者用诗歌网站对"下半身"诗歌主张及诗歌作品大肆宣传。很快引起了诗界的关注与争议,且延伸到网民阶层。2003年3月,"垃圾派"诗歌网刊《北京评论》诞生,第二年开始在网络上形成声势。2006年9月中旬,女诗人赵丽华早年在纸媒发表的一些口语化诗歌被人放到了网上,众多网站转载,被网友讽刺性地命名为"梨花体"诗,并纷纷模仿尽显讥讽之意。有网站甚至推出仿制赵丽华诗歌的"作诗软件","软件诗歌"在几天时间里竟达几十万首。由对"梨花体"的"恶搞"发展到对于现代诗的整体性"恶搞",引起了文艺界及社会各界的强烈关注和激烈论争。

1980年出生的打工诗人郑小琼,2001年到东莞打工并写诗,有多篇诗歌发表于《诗刊》等报刊。2007年获"人民文学奖",入选"中国80后作家实力榜"。她引起的热议和赞赏也发生在网络。2010年10月19日,湖北诗人车延高的诗歌《向往温暖》获"鲁迅文学奖"优秀诗歌奖甫一公布,当夜一位名为"陈维建"的人便在其新浪微博中发表一则名为《"梨花体"后"羊羔体"?》的短文,"羊羔体"一词便不胫而走。"羊羔体""梨花体"都是被媒体和网友联手制造出来的"诗歌事件"。2012年3月,科普作家杨轶发表了一则微博:"这是诗?这真的是诗吗?奇诗共欣赏,疑义相与析。"并贴出了五首乌青的旧作,"乌青体"被正式命名。在这个"话语狂欢"的网络时代,一向高雅的诗坛冒出"梨花体""羊羔体""乌青体""啸天体"这样一些"大白话""大废话"诗歌,网友的调侃,当然也有游戏的成分,但也表现出对简单化、口水化诗歌的强烈不满。

上述以网民为参与主体、诗歌界也积极跟进的诗歌事件,大都属于与诗歌相关、以诗为主题的诗歌行为。便利、快捷、门槛低的网络是诗歌的主要平台,扩大了诗歌的影响,增加了诗人的知名度,弘扬了小部分优秀的诗作,但更败坏了诗歌的声誉。诗歌评论的阵地、阵营和评论方式也随之扩容,良莠不齐、雅俗有异。

网络赋予诗歌“选秀”特质

今年初大热至今高烧未退的“余秀华诗歌事件”，不能简单地理解为偶然事件。既有与这些事件相近的互联网传播特性，也有一些新质出现，是一场“仿综艺选秀事件”，体现了互联网更繁荣时代的更繁杂特征。

作为一个诗歌天才，余秀华身上烙有诸多符号：地域的、性别的、生理的、美学的、社会文化的。当下少有诗人能提供如此丰富的话题和审美性供大众消费和学界评判。余秀华的大红大紫，反衬了诗坛的落寞与大众的鼓噪。近些年来大众对诗坛的关注，明显带有与诗歌无关和泛文化相关的看客心态，余秀华诗歌事件也不例外，但除了被消费的命运外，确实提供了一系列堪称出色的诗歌文本，成为诗坛之幸。

除了与前述诗歌事件相近的互联网特性之外，余秀华事件过程还突出体现了电媒时代的综合性特征，不妨把它称为“仿综艺选秀事件”。跟综艺选秀节目“选手选角—线下参赛线上展播—获赞挨骂—炒作话题—进入演艺圈发行作品”的流程颇为相近，余秀华事件是“诗人选角—线上线下传播转载作品—获赞挨骂—产生话题—出版诗集等”。两类不同性质的事件，在大众互联网时代的共同背景下，运行轨道如出一辙。

余秀华成名前，获得过好几位老师的赏识，但传统纸媒诗歌刊物的《诗刊》编辑借公众号微信使其迅速被网民接纳。编辑和诗评家的慧眼让余秀华从诗坛的汪洋大海中浮出水面，打通了现实与网络的链接。借助他们的圈内能量，将余秀华作品采用“标题党”手法在网络推广，使其获得权威认证，进一步获得网民的强烈关注和转载，变成了著名的互联网传播事件，并带动线下作品的消费和事件传播，之后又反过头助推网络关注，形成了营销界所说的 O2O 闭环。

避免网络大众传播弊端

事件营销只是初步成功，要引导大众的持续消费，就需将事件消费扩展到人物消费和故事消费。互联网时代人物消费的热门标签为个性、草根、不完美、情感、天赋或特长等；而事件消费的热门标签则分为逆袭、好玩、催泪、速成、励志和传奇等。有了这些要素的完美搭配，大众的消费热情才能得以延绵。才能有“线上线下传播转载作品—获赞挨骂—产生话题—出版诗集等”的后续过程。余秀华的草根性无可置疑，有着触动万千网民敏感神经的身份标签——农民、残疾农妇，比一般草根更具吸睛力的身份标签，更能不经意地激起知识分子的垂悯与批判、公众的愤怒与同情。如同旭日阳刚、大衣哥这些农民标签的身份者轮番上场、顺利唱响春晚，余秀华以诗和诗之外的诸多多媒体时代消费元素走红诗坛。这些事实时刻提醒我们，农村叙事、农民叙事在中国这个广阔悠久的农业大国中，依然有着极大的消费空间。特别是跟公众想象有着巨大反差的农民角色，更能激起大众的消费热望。

余秀华的故事和作品在传播过程中，参与角色越来越多：刘年、沈睿、王法、臧棣、韩东、伊沙、沈浩波等增加了这个故事的内容变量，故事要素越来越全，越来越好看，充分满足了大众对于“仿综艺选秀事件”的完美想象，以至《月光落在左手上》四次加印，销量突破10万大关，成为20年来中国销量最高诗集。在当今时代，一个纯文学事件的影响力能到这个份上，几乎是极限了。

当然，真正为余秀华的书买单和认真阅读的人来自于严肃文学的阅读者和研究者，他们能够细心品悟余秀华作品的深刻价值，避免大众传播的消极影响。无可否认，生理的缺陷而且是事关思维和表达的大脑的残疾患者同时是一个诗人，使其诗在读者心中涨分增色；无可否认，“穿越大半个中国去睡你”这样惊艳的标题，与这个眼球经济一拍即合，使其知名度暴增;但更加无可否认的是,脑瘫患者、女诗人余秀华的诗大都是值得文坛关注、经得起时光打磨的好诗。大众传播虽然泥沙俱下,有不少的负面影响,但也正是他们使余秀华大放光彩,让我们有机会领受诗歌的璀璨。一方面,我们要掌握网络传播的特性,对优秀的作品进行有效宣传;另一方面,我们也要警惕网络大众传播的弊端,避免低俗、浮躁之风借着诗歌之名在网络上盛行。

(原载2015年7月6日《光明日报》)

被资本“收购”的城市文学

黄桂元

一

城市文学的再度被关注，与新世纪中国城市化的神奇进程有直接关系。“上帝创造了乡村，人类创造了城市。”18 世纪的英国诗人库伯如是说。而今，上帝“创造”的乡村正在大面积萎缩，取而代之的是城市水泥森林的大批量扩张和“复制”。时下世界各国政府都已设定了各自的“全球化”纲要，其重大标志之一就是不计代价的城市化，围绕这一宏大目标，各种竞争也在逐年加剧和升级，以至于天下大变，状若沧海桑田。近几年，全球范围内每星期就有 100 万人迁入城市，势若摧枯拉朽，且速率保持稳定。而中国的城乡变化尤其惊人，根据国家公布的城镇化率计算，2011 年城镇人口已经历史性地超过了农村人口。在城乡快速转型的社会历史语境中，一些专家产生了乐观的文学想象，认定既然城市化发展已是大势所趋，而当代作家又多生活在城市，顺理成章的便是，随着乡村文明不可逆转的衰落以至终结，新世纪中国城市文学必将成为一个巨大隐喻，而被寄予极大期待。问题恐怕不会这么简单。

就文学书写而言，长期以来，中国作家的写作资源多与乡村有关，他们有足够的经验书写乡村，却匮乏把握都市的文学能力，更没有绘制完整意义上的中国城市文学图志。上海或许是个特例。上世纪二三十年代，由于历史的原因，上海的殖民地色彩和商业气味堪称中国之最，时称“十里洋场”，在此城市背景下，上海曾有过以穆时英、施蛰存、刘呐鸥为代表的“新感觉派”，和以包天笑、周瘦鹃为代表的“鸳鸯蝴蝶派”的小说，以及1930年代的茅盾、1940年代的张爱玲等作家的一些作品，不同程度地反映了旧上海的世态百象。建国后，周而复陆续出版了多卷本《上海的早晨》，在状写城市生活方面虽有企图，也有些实绩，但注定不会形成太大气候，其重要原因，就是过去年代我们在政治上曾拒绝过“城市的现代性”，进而毫不手软地抵制资产阶级生活的“香风臭气”。上世纪五六十年代，文艺界一方面严肃批判萧也牧小说《我们夫妇之间》，一方面大力宣扬话剧《霓虹灯下的哨兵》、电影《千万不要忘记》的主题精神，都沿袭了这样一种意识形态思路，中国的城市文学难以正常发育的命运，几乎就是注定。新时期以来，北京的邓友梅、张洁、刘心武、赵大年、王朔，上海的王安忆、程乃珊、陈丹燕、王小鹰、金宇澄，天津的林希，苏州的陆文夫、范小青和广州的张欣、张梅等几代作家都曾身体力行，各显身手，不同程度地描摹出新旧北京、上海、天津、苏州、广州等城市中人的种种生存境遇，风物世情，并在读者中产生了一定影响，但由于现代性意味的稀薄，其笔下的城市叙事尽管各有声色，或许更适合称之为“地域风俗文化小说”。

二

其实，我们今天所津津乐道的中国城市文学，与过去大家所理解的城市文学不可同日而语，或者说，我们过去定义的城市文学在全球化背景下已经有了全新改变。正是看到了这种变化，一些新世纪中国城市文学倡扬者的方略也颇具创意，认为当下作家的主力阵容不仅集中在城市，而且身份也可划入中产阶级行列，随着城市中产阶级的迅猛崛起和不断壮大，中产阶级阶层对于文学也会产生自己的需求和诉求，这是一种双向的需求。应该说，这确实道出了城市文学的写作真相。

厉以宁曾在《新财经》发表文章，认为中产阶级一旦成为国家的中坚力量，随着国家经济的繁荣和个人的物质需求不断满足，人的欲望在更替中不仅会促进社会经济发展，还有助于追求个人精神生活品质。他谈到了源于托马斯·曼写的小说《布登勃洛克一家》“布登勃洛克定律”，小说讲述了第一代老布登勃洛克一辈子辛辛苦苦做小本经营，到了晚年终于成为当地一个富翁，到了第二代布登勃洛克，不满足于自己的社会地位仅仅是富商，通过奋斗最后被选为市长，而第三代小布登勃洛克虽生长于名门望族却没有坐享其成，而是通过自身不懈追求，圆了成为音乐家的梦，这个定律意在说明人的欲望是在不断更替的，一个人在满足了经济发展获得物质需求的同时，还会受到新的欲望的推动，而产生更高的精神需求。厉以宁借用这个故事，意在强调中产阶级不在推动经济发展、维持社会稳定和提升国家文化品位诸方面皆可起到积极作用。一些文艺学者大壮其声势，认准中产阶级的大规模扩容，不但有助于社会稳定和经济发展，还能使已被“边缘化”的中国文学柳暗花明，峰回路转。而在我看来，为拯救文学而将文学置于经济学的依附地位，并将文学繁荣的希望一味寄托于中产阶级的壮大，这样的文学想象固然美好，却属于一厢情愿。它缘于中国新自由主义经济学中有关中产阶级的理论支撑，而这样的理论支撑又是对西方新自由主义经济学理论版本的复制与克隆。

1951年，美国社会学家赖特·米尔斯在其《白领——美国的中产阶级》中第一次提出了作为中产阶级的白领阶级的概念，并详细研究了中产阶级的状况。全球化背景下的中国情况，似乎不宜与之一概而论。尽管在中国的一些经济指标已进入国际最先进行列，但生活方式、消费理念和价值观方面等软指标还很滞后。所谓“全球化”，曾被鲍曼定性为“消费者社会”，其最大的特征就是使社会成员快意安享于消费者角色，卢卡契也认为“消费文化”可以为社会提供异化现实生活中的人们一种自由和快乐的假象，中国城市中大量的经济“暴发户”还未摆脱“乡土”思维惯性，其“中产阶级趣味”只可能是变形的、扭曲的，指望其文学叙事塑造出有多大价值的“中产阶级灵魂”,既不合理,也不现实。退一步说,在社会转型与社会分层不断滋生着形形色色的利益主体和阶层群体的全球化消费主义背景下,哪怕中国作家的社会身份全都“中产”了,只要底层状态还是一个生存命运沉重的“沉默的大多数”,城市文学的人文价值立场就没有理由漠视和弃置。

三

当下中国的中产阶级确实有着某种适合于国情的特色,与其说是特殊性,不如说劣根性更加确切。在一些社会学者眼里,他们大体属于“灰色阶级”,他们往往既有对资本的依附性,又有对社会的功利性、冷漠、自私、缺乏社会价值的独立性和对普通民众的悲悯情怀。他们的理想境界还多停留在买几套房子、换几辆好车层面,为了实现物质“中产”,可以毫不迟疑地放弃精神“中产”。文学写作界,一些经济条件相当宽裕的著名作家,也像某些影视界大腕那样只为高额市场上镜,其写作目的和动力仅仅围绕着高版税、高获利转悠,而高版税、高获利正是维持其中产阶级身份的重要条件。中国中产阶级作家普遍存在“只赚钱不读书”的现象,因为读书耽误赚钱,性价比缺乏商业头脑。他们的文学书写以代言中产阶级需求,并彰显中产阶级审美趣味为本位,鲜有忧患苍生的人文理想。他们讲述的故事,也多是一些中产者的欲望化传奇,这个过程中,炫耀性消费是中产阶级最流行的生活方式和文化品位,似乎只有通过炫耀性消费,中产阶级才有可能找到自我身份的认同感和优越性,才能缓解因依附权力与资本而生成的压抑和焦虑。他们衣食住行的最大特色,就是借助名牌商品的符号价值来展示其优越的阶层地位,即放大名牌商品的符号意义、标榜品位和情调、过度关注细节,讴歌欲望以及“厌贫意识”(与穷人的所谓“仇富心态”正好构成二元对立的相互冲突的阶层意识),这种追求通过文学进入了公共视野,甚至还被某种文学批评提升为所谓“优雅”“高贵”的审美品位，并将“优雅”的趣味量身定做成中产阶级文学的主流美学范式。他们张扬的欲望主题和享乐主义理念，正在以特殊功能为消费主义的意识形态推波助澜，由于他们的物质追求与精神向度处于同一个平面，其身份、追求与他们的文化创造之间，就出现了一个令人忧虑的恶性循环，他们在语言打造的幸福幻觉中自娱、自乐、自慰。一部分的城市文学主体正在一步步被资本收购，而他们对自己的附庸地位和代言角色其乐融融。当下文坛，文学境界与作家主体之间的游离、断裂以至于脱钩，已非个案现象。这个城市化的时代属于资本、网络、高科技、品牌，只有部分作家特别是诗人，还在边缘处苦苦坚守自己的精神家园。更多的作家以“码字”为乐，以写手为荣，在务实逐利大潮中身手矫健，如鱼得水，与作家本应有的修为与境界渐行渐远，且义无反顾。在他们眼里，所谓精英意识太过古老、呆板，作品的物化价值是看得见摸得着的，所谓作品境界，就像是远在天边、虚无缥缈的海市蜃楼，“中看不中用”。作品以没有人文深度，没有终极追问为时尚，沦落成“空心的”文学，也就不足为奇，由中产阶级拯救城市文学的浪漫传说和魅化想象，也只能是一个神话。由此，面对新世纪城市文学写作，重提文学拒绝成为资本的奴仆、市场的附庸，而要深切关注人类的生存际遇和心灵秘史，并非没有必要，文学批评不应熟视无睹，麻木不仁。

还应看到，我们生活在一个不可逆的科技信息世界，大数据时代的互联网、自媒体正在改写我们预设的城市文学愿景。这个时代，我们面对的是如尼尔·波兹曼在《娱乐至死》中所说的，“这是一群喜欢看而不是想的受众”，纸笔岁月，作家面对的读者是隐性的，阅读期待也是模糊的，网络则把读者赤裸裸地具象化了，他们对写手的要求直接且迅速，可以决定小说的生与死，存与亡，网络写手只有沦为出售文字的工具和商品市场的傀儡才更有“钱”途，小说只有在流水线的产业化道路上滚雪球一样越做越大，才可能赚得盆满钵满。当一种现象变得异于常态的时候，历史就会打出一个大大的问号，需要人们认真面对，并对其利弊得失加以辨析。我们知道，网络文学的主力军集中在

"80后""90后"这两代人,他们一出道即被资本劫持,被市场绑架,流水线包装运作,一夜成名,迅速发迹,形成神话般的产业化规模,他们欣欣然于自己的赚钱机器的角色,还俨然摆出中产阶级和小资文学写作的"精英"造型,其中的佼佼者郭敬明、韩寒更是各有自己的高效率企业团队和庞大粉丝群,其风光无限的身价和影响已不是一个"中产"者可以界定的。他们赶上了资本、市场、传媒与文学共存于一个利益集团的新世纪,似乎不当一把弄潮儿简直就是对不住自己。

若把种种现象当作全球化语境下的一种本土参照,我们再去考察被人们寄予期待的中国"城市文学",一些问题就显得清晰些了。一段时期的中国城市文学走向与归宿,可以预见到的是,或变成畅行于泥沙俱下的大众通俗文化市场而金刚百变,或依附于资本魔力而异化为中产阶级奢侈生活方式的表征符号,或成为某种自娱自乐的小众艺术,而在我看来,成为前两者的可能性最大。

(原载2015年1月15日《文学报》)

儿童小说的早春天气

——近年部分作品之读与思

刘 绪 源

2013年初秋，我写过一篇《回到生活，回到文学，回到美》，对几年来的儿童小说作了一点评说，开篇即强调这不是严格意义的“综述”，只是“读作品记”，但求“即小见大”。现在这篇写于早春时节的文章，似可视为上一文的接续——从2013年至2014年末所读小说谈起，偶尔也牵涉2015年的作品，挂一漏万自所难免，重心则在对创作和艺术问题的思考。

“纯文学”归来

考察2013年和2014年的儿童文学出版，我以为，最大的亮点，就是“纯文学”的回归已成为一种自觉、一种共识。回想2006年至2007年的童书出版，伴随着商业上的成功的，是品种的极其单调和文学质量的明显下降，许多出版社都围着一两位畅销作家转，抓不到这些作家书稿的就抓几个仿写者，一时间书店里都是花花绿绿大同小异的书，读来令人丧气。这种商业童书铺天盖地的现象背后，有“金钱至上”的经营思想在力推。而现在，人们已越来越意识到，出版业不能光是赚钱，还须推出优质精神产品。到2013年，几乎所有专业少儿出版社都不再以大量推销商业童书为满足，转而竭力寻求儿童文学精品，希望能尽快推出几种高质量高品位的书。这一变化是显而易见的。

与此相应，儿童文学作家的纯文学创作积极性重又高涨起来。但即使如此，仍满足不了出版的需求，一些高质量图书的重复出版即与此有关。成人文学作家也受到儿童文学红火场景的吸引，有的则受到少儿出版界的持续邀约。2013 年，除已创作过多部少年小说的黄蓓佳又推出她的长篇新著《余宝的世界》外，明天出版社推出了王安忆的《放大的时间》、苏童的《自行车之歌》、迟子建的《会唱歌的火炉》和毕飞宇的《苏北少年“堂吉诃德”》，福建少儿社推出了赵丽宏的《童年河》，作家出版社推出了张炜的《半岛哈里哈气》。其中张炜的书此前已由河北少儿社出过一版；到 2014 年 2 月，张炜又在安徽少儿社出版了幻想小说《少年与海》。

以上这些名家中，黄蓓佳早已是严格意义上的儿童文学作家；王安忆、迟子建、苏童、毕飞宇的书属“作家忆童年”，还不是他们最为拿手的小说创作。赵丽宏和张炜新近加盟，奉献的都是儿童小说，这里试就他们的创作略说几句。

《童年河》是赵丽宏第一部长篇小说，也是真正的儿童文学。虽然此书也以作家自己的经历为素材，但绝非怀旧忆往的书。这是以彼时生活为题材，面向当下的新创作——只有看清这一点，我们才能对它作出准确判断。作品写的是乡下孩子进城的故事，这样的故事现在每天都在发生，过去旧社会老电影也有很多“乡下人到上海”的出洋相套路，但作者写来每一笔都出人意料，既有世俗的真实感，有过去年代的时代气息，又有经过精心提炼的小说的美。妈妈买来蜡笔给孩子画画，他就在房间的墙上画乡下景色，妈妈回来差点气昏倒。他爱闻汽油味，和邻居的孩子藏在即将发动的摩托车后，想狠狠闻个够，结果差点被尾气熏晕厥。城里有俗气的邻居，也有可爱的同学，他很快融入了这里的生活。他做过很多傻事、错事，甚至有不堪回忆的丑事，但也有他的得意和荣耀。他就在挫跌中成长起来。作品中充满独到的“人人笔下所无”的细节，从中可以发现一个秘密：为什么现在许多速成的儿童文学不耐看，看了前半就能猜出后半？因为很多作者都凭自己的聪明在编，他们找到一点生活素材就海阔天空发挥开了，作品里真实的素材其实很稀薄。这本新作调动了大量儿时记忆，作者在活的素材和深入心灵的记忆的指引下创作，他不需要那些似曾相识的故事套路的指引。作者将许多儿童文学作家稍作添油加醋即可写成一大套系列书的材料，用简朴传神的笔墨，浓缩成这本耐读的小长篇。这是它成功的奥秘，这也告诉我们纯文学的"真生命"究竟是什么。

张炜是一个写作经验丰富的作家。他的小说叙写的密度越来越高，这促成了他的"超长篇"《你在高原》的诞生。《半岛哈里哈气》写"文革"中的少年生活，很有生活气息；《少年与海》写少年们对海边几个神秘故事的追踪，勾画了幽深的童话境界。这两部书影响很大，后者还获得"五个一工程"奖。但我从儿童文学的眼光看，总觉得作者还没从既有的文学写作中脱略出来，作品描写的"密度"太大，铺展太开，进展则过慢，看了好多页，故事还没启动，人物老在说同一件事。这毕竟不是大长篇，面对的又是心急的小读者。《少年与海》同样有这个问题，虽然叙述氛围对儿童很有吸引力，但高密度铺写带来的反而是信息量的相对稀薄，因此就不明快，易疲劳。张炜过去的小说追求神秘感，这曾取得巨大成功（如长篇《古船》）；但在儿童文学中，《少年与海》却显得神秘太过，或者说，过于含蓄和模糊了。儿童文学不应一览无余，小读者也需要那种一时间很难把握的故事，但这里毕竟还有一个度。如果把梅里美的《伊尔的美神》那样的作品放到儿童文学里来，就其神秘程度说，我以为就是不合适的。《少年与海》也存在这一问题。但张炜得奖之后，仍虚心与儿童文学界接触，主动听取意见，这体现了一位纯文学作家的严肃和真诚。我相信他为孩子写的下一部作品，一定会是纯粹的儿童文学。

青春文学去复来

青春文学曾是儿童文学中文学性最强的部分。陈丹燕的《女中学生三部曲》、秦文君的《十六岁少女》、曹文轩的《草房子》、彭学军的《腰门》等，都是青春文学佳作。可见，此中能涵盖多么宽广的生活和多么丰富的文学内容。不知从几时起，青春文学成了少男少女恋爱或准恋爱故事的代名词，成了一种美艳的软性文学，题材单一，写法单调，煽情描写多，故事曲折而雷同。有一段时间，书店里堆满大同小异的“青春文学”和浅薄搞笑的“校园小说”，此中的商机早已是公开秘密。这时，除少数几位作家（如谢倩霓和她的获奖小说《喜欢不是罪》等）在此类题材中注入了较多的心理发掘和探讨，更多的作者和出版社关注点都只在作品的销路了。虽然有些作家自称创作的是青春文学，但我想强调：有两种不同的“青春文学”，一种是从生活出发，努力发掘青春的奥秘，因其真诚而感人，又因其真实让人读出苦涩的滋味，它们多不是轻巧甜腻之作，反倒因作者的尽心尽力而显得“笨拙”，陈丹燕的《女中学生之死》就是这样的作品；另一种是拿青春作原料，加点甜，加点酸，加以聪明的搅拌，怎么可心怎么催泪怎么来，太多的深度反倒有碍畅销，这样的作品太多了我就不举例了。

上述现象近年渐获改观。2013 年 4 月，晨光出版社推出了薛涛的长篇小说《小城池》，是这位成熟的作家迄今最为成功的作品，它也让我们欣喜地看到了真正的青春文学的去而复来。小说塑造了一个鬼怪精灵的女中学生，生活在一个离异重组的家庭，她在家里非常乖巧，其实处处在和继母斗法；在学校，则常和一位聪明的女教师斗气。表面看来她一切正常，其实在内心里，她保持着一种特别的自尊，谁也进不到她的心里。小说同时写了一位“钉子户”老大爷，顽强地抵抗着“强拆”的进击。老大爷守护的“小城池”和这位女孩内心的“小城池”，很偶然地走到了一起。后来，一次针对“钉子户”的行动造成事故，老大爷毫发无伤，小女孩却遭到了意外。这样的结尾令人深省：“钉子户”的小城池谁都看得到，女孩守护的这类小城池从来没人注意，后者才是当下更严重的危机。小说涉及了大量现实的民生和心理问题，却不属“问题小说”，它以丰富的生活场景和丰满的人物形象打动人，给人以强烈的审美体验。书中的女主角沙漏是一个可爱的、令人无限同情惋惜的、立得起来的人物。我们终于在青春文学名下又读到了沉甸甸的作品。

还想说说两位姓庞的年轻作家——庞婕蕾和庞鸿。

庞婕蕾创作多年，出了好几部青春小说，大都是被作为畅销书打造的。其实她的作品中有对少女内心的认真的发掘。这几年，在儿童文学界纯文学回归的潮流中，她也自觉强化了这种追求。出版于 2013 年的小长篇《微笑说再见》荣获第一届陈伯吹国际儿童文学奖，可说是一个很大的鼓励。小说写了两个命运相近的女孩，一个因父母极不负责，将她寄托给爷爷奶奶了事，她在老人身边尝尽孤独的滋味；她家有一间小屋出租，租房的是一位比她略大的来自澳门的女孩，两人成了知心朋友，可后来才知那也是个得不到父母之爱的孩子，澳门的故事是编出来的。作者写少女的孤独和失落十分真切，有扎实的生活积累；但小说的最后，两位母亲都发现了自己的问题，都忏悔并转变了，这就显出了几分牵强。作者担心没有一个美满的结局会让人不喜欢，而这正是通俗文学和纯文学的区别所在——纯文学须诚实表现人生，它不迎合，它以其真（这需要作者下笔带几分“刻薄”）突破读者的心防，并有战而胜之的信心。

庞鸿是“90 后”女孩，和现实中的少男少女更为接近。她的长篇《未来对我说》写小学即将毕业的江小鹤，酷爱演戏却不能成为主角，家庭和功课都给她无穷压力，在最烦恼的时候，一次次收到“未来的江小鹤”寄来的信，使她惊喜并开窍。她一直在找寄信人，直到毕业时才发现，老师，还有平时不太关心自己的妈妈，居然都是寄信者。她被周围的世界所感动，读者也被感动了。我曾撰文批评过作者第一本小说集《刘大凡和她的同学们》，担心她的编剧学业会影响小说创作的自然和生活化，从现在这部新作看她已克服了这一偏向，此书情节有戏剧性却能娓娓而写，不事夸张。作品文字简洁，人物的心理和对话很有表现力，笔下的校园生活充满青春气息。愿作者更快成长。

战争文学的重大突破

谈近年的儿童小说,不能不提李东华的《少年的荣耀》。有关这本书的好评已经不少了,我这里要强调的,是它在战争题材儿童文学上的突破——我以为这是根本性的突破。不妨看看在它之前的战争作品,这可从一个具体情节的雷同上找出根由:1942年,晋察冀地区的诗人方冰写出了歌词《歌唱二小放牛郎》,由作曲家劫夫谱曲,其中写了二小将敌人带进埋伏圈的事;3年以后,同在晋察冀的作家华山写出了《鸡毛信》,其中的放羊娃海娃给八路军送信,中途遇到日本兵,也把敌人带进了包围圈;又过3年,管桦开始创作小英雄雨来的故事,雨来也放羊,也把敌人带进包围圈。不光这三个作品,再往后看,到1959年11月,中国少儿社出版了女作家颜一烟的长篇《小马倌和"大皮靴"叔叔》,作品最后写小马倌遇到鬼子,假装愿意带路,在漫天大雪中把大队日本兵带入了深山绝路,他故意拖延时间,等大雪把来时的脚印覆盖后,只身从悬崖跳下,最后那些日本兵都困死在冰天雪地,而他又奇迹般生还。1964年5月,百花文艺出版社出版了任大星的长篇《野妹子》,其中也有把汉奸带进包围圈的情节。以上都是名著,有类似情节的作品此外还很多。我曾问任大星先生,为什么那么多作家不怕雷同?他的回答一语破的:"那是没办法。你叫孩子做什么?战争中的孩子只有这件事情可以做。"细想想确实如此,儿童本不应参加战争,要让他们参战,而且要建功立业,成为小英雄,他们能做什么?所以,带路几乎是唯一能以他们为主角的战争行为(或许还有第二种选择:送信)。这样的雷同,看起来是技术问题,往纵深思考就能发现,让孩子参战这本身有多么不合理。明明不合理却要大写特写,作家就被逼到一条狭窄的路上。这就是雷同的原因。

可是,战争还是无情地来临了,这时孩子们的真实生活是怎样的?文学又应如何表现这特殊时期的孩子?李东华作出了很好的回答。她以全新的观念描写战争与儿童,她写的不是"孩子的战争”，而是“战争中的孩子”，这看似词序的颠倒，其实是让文学回归生活的一次艰苦的、创造性的努力。小说写了抗战中山东乡间的几个孩子，展现了他们充满童趣的生活，也写了他们的苦难、惊恐、坚忍、仇恨和成长。这是真正的纯文学描写。事实证明，这种写法大大拓宽了战争题材的内涵而非相反，它的感染力也胜过了那些大同小异的战斗故事。当然，此书的情节和结构还有不够完整、严密的地方，作者可在今后再版时作大幅修订，以使其成为真正的传世之作。

探寻人生难言的奥秘

2014 年 7 月，少年儿童出版社推出舒辉波的四本小说：短篇集《十七岁，花要开》《小时候的爱情》，长篇《心里住着好大的孤单》和《飞越天使街》。这是值得祝贺的事。我读舒辉波的作品，几乎每一篇都会带来惊喜，并常常因感动而鼻子发酸。作者在文学跋涉途中从不懈怠和取巧，因而能在作品中时时留下自己的真生命。

短篇《小时候的爱情》写了两个幼儿园孩子的“结婚”协议，写了 5 岁男孩对小表姐的“爱情”，又写一群四年级小学生对一个像“妖精”一样漂亮的年轻女教师的爱慕，作者在结尾时说：“如果有一天，我也有了自己的孩子，他或她过来跟我说，我爱上了谁，我一定会笑着告诉他或她，不要惶恐，不要害怕，心中有爱，是多么美好！”——这是多么开明的家长，又是多么开明的情致。但这种思想和情感不可能凭空而来，只能是亲历人生磨难的产物。在另一则《十七岁，花要开》中，就写了两个高中生在繁忙的学业中悄悄产生的真情，受到了老师的干预、压制和羞辱，女生在忍无可忍之下奋起反抗并付出了代价。他的小说常常从不同的角度接触同一命题，看得出他在严肃地、不懈地探寻人生难言的奥秘。这些作品都真实感人，虽然也关涉少男少女情感纠葛，但读者绝不会将它们与那种俗艳雷同的“青春文学”混为一谈。

长篇《心里住着好大的孤单》也很不一般。它写了一个农民工孩子的四个不同阶段,因每一阶段的背景都不一样,所以不妨看作四则写得很结实的短篇。第一则写他与另一农民工的小女孩在城里的传奇遭遇,他那时才5岁;第二则写他回到乡下,在一个和尚庙里生活了一段时间,故事表面更传奇,其实充满现实感;第三则写他到城里看父母,自己卖报挣钱,竟还救了一个决心当众自杀的农民工,这似乎更偶然更离奇了,但读下来就会知道,它非常现实,并因其真实而催人泪下;第四则,是孩子长大,成了高中生,回到城里就读,他像很多同龄的孩子一样嫌自己父母丢人了,他进入了尴尬、痛苦的"分裂时期",这个看似比前三则平淡的故事,读来却更感人。从这里,我们可以看出作者的才华:他能将传奇的故事写得平淡自然,也能将平淡故事写得跌宕起伏回肠荡气。这奥妙在哪里?说来也简单,就在于真——真实而真诚。同样,他的那些写青春少年的短篇,题材和情节多有接近的地方,但读来也没有一丝雷同,这原因也简单,还在于真——他不是在人为编造故事。雷同大都是人为编造(编造者往往以为自己很聪明很别致)的结果。只是作者长篇的结构布局,还不如短篇那么精粹圆熟,时有人工的痕迹,故还须好好磨炼。

"质感"及其他

这几年,成长最快的小说作者,是小河丁丁。在2014年5月公布的第三届"周庄杯"短篇小说大赛中,他的《爱喝糊粮酒的倔老头》获特等奖。这是一篇非同凡响的小说,近年所读的短篇中我以为还没有可与匹敌者,将它放入汪曾祺的集子里也一定不会逊色。作品一开始津津乐道地铺陈酿酒程序,曾引起一些评论的诟病,我则以为这是非常出彩的笔墨。因这些过程写得极内行,细微而有趣,又加上了童年的眼光和心情,读来绝不枯燥。高晓声的《李顺大造屋》《漏斗户主》和汪曾祺的《羊舍一夕》等,都曾有这种一五一十、如数家珍的铺陈,都取得了特佳的艺术效果。转入故事后,作者更是自信从容,不疾不徐描画民俗民风,几乎无一闲笔,处处引人入胜。人物更具传奇色彩,不仅神秘的倔老头写得好,母亲以及着笔不多的父亲,也同样“倔”,同样精彩。最后,父母没有接受老头临终的转赠,那珍贵的玉葫芦竟跟着遗体而去,可能被埋,也可能被火化了——这里既有对传统道德的颂扬,却也包含了批判,一切都在不言中,作者只以形象说话。这样一来,阐释空间反倒无限扩大了,这是形象大于思想,是极高明的文学手法。2014 年 8 月,少年儿童出版社推出了他的“传奇小说集”《我本来可以大侠》;2015 年 1 月,江苏少儿社又出版了他的另一本短篇集《松鼠拜年》。这位低调勤奋的作家迎来了创作的高峰期。

小河丁丁的笔墨充满“质感”。常听人谈论作家的语感,语感既指语言能力,更指语言表现力。但对文学创作而言,语感的核心也是质感。所谓质感,就是写人像人,状物像物,一笔写到位,语中有质,不尚虚浮。这里的关键还是生活,即维特根斯坦所强调的“语用”。有时一篇作品华美生动,十分好读,但读后的感觉就是浮软,没有质感,为什么?我在反复分析后得出结论:这样的作品中,作者编得出来的部分,必然超出了编不出来的部分。也就是说,作品中(或语言中)的质感,是生活的赐予,它是由再聪明的作者也编不出来的那部分内容支撑的。此即质感的由来

由此想到另一位作家李秋沅。她的长篇小说《木棉·流年》荣获第九届全国优秀儿童文学奖,我在欢喜之余,总觉有一丝不满,仔细想想,也就是质感尚有不足。2014 年 7 月,她的又一本长篇《木棉·离歌》由中国少儿出版社推出,我读后发现,新作远胜旧作。前者写的是鼓浪屿上的抗战故事,笔墨优美,情感饱满,作者也工于剪裁,善于藏拙,但“编不出来”的那部分,终究还是嫌少。后者用孩子的眼光,写家乡鼓浪屿所见人事,一开始,小主角在墙砖上到处写“主人薇薇”(这细节就属“编不出”的);后来渐渐长大,看到了很多亲人、好人的离去,生活充满了变化,这更让她觉得人生的可贵;长大的她又想到儿时所写

的“主人薇薇”,不禁泪眼婆娑……作品让人明白“人生如寄”的真意,这里有作者的真情,却也是小读者能够心会的深度。后者更多地调动了作家独到的生活,这就充实了质感。

在2014年第2期《儿童文学》上,有许敏球短篇小说《红房子》,我以为也是一篇充满质感的佳作。作品的故事非常简单,写父亲被意外事故夺去生命,两个孩子担心妈妈会扔下他们,但母亲极其坚强,不仅带着他们生活,还将父亲没有造成的房子造下去。作品中也有高晓声用过的那种一五一十的铺陈,这种质直的描写,很原始,很老实,仿佛初学者的流水账,其实却是高明的写法(真正的高明常会返璞归真,与幼稚者近似)。小说干瘦有力,形同一则寓言,但就是感人,读得人热泪盈眶。我以为,这是生活在支撑;换一个没有生活的作者,哪怕是大作家,编出来的恐怕就是一个空壳。作品当然要丰富,但有时,简单就是美,因为这是化繁为简,简单中有浓缩于无形的核,此内核,即质。

这里不能不提的一位作家,是黑鹤。2014年,他出版了《叼狼》《血驹》等多部小说。他熟悉动物,坚持实地观察,要让笔下的细节合乎动物行为学规范。《叼狼》写他自己大伯的故事,所有内容几乎都有所本;写《血驹》时,则对蒙古马作了近4年的调查,搜集了大量素材。他的动物小说充满质感,就不是奇怪的事了。他早期作品中那种材料累积过密、故事不够顺畅的毛病,现已荡然无存。他的近作酣畅淋漓,气象宏大,故事则跌宕起伏,扣人心弦。有人称《血驹》为去年儿童文学中最厚重感人之作,看来是有道理的。黑鹤已走向了成熟期。成熟值得庆幸,但也需要警醒。他作品的故事结构逐步形成了相近的模式,读者看多了以后,对其新作或会起似曾相识的预感(这预感在进入阅读后又很快淡化,可见作品魅力之大)。但加拿大作家西顿的动物小说量更大,却从未有结构相似之虞。可见,成熟后的黑鹤,仍会有新的、同样艰巨的路要走。

最后说几句幻想小说。汤汤的“土豆系列”是值得关注的,江苏少儿社2014年9月出版了她的《美人树》,同年第4期《儿童文学》发表了她的《水妖喀喀莎》,这都是上佳的作品,此外还有不少长中短篇，都属同一系列。在许多童书作家以小说或散文形式动用自己童年库存时，汤汤采用的是童话或幻想小说的形式，其内核仍是她的亲历和体验。从中即可明白，哪怕是写幻想，亦须有“质”在焉。

还有一位值得推荐的年轻作家，是顾抒。她善于将一些通俗文学材料转移到纯文学来，使作品既可读又有深意，2013 年发表的短篇《楼上的姜莉莉》就有鬼故事的外壳而又充满人生意味。2014 年第 2 期《儿童文学》上的《树叶糕团铺》，是一篇极佳的幻想作品，既有实生活的质感，又有空灵的想象，而想象中纳入了独到的哲思，这在中国作者中很少见，让我想起了米切尔·恩德。2015 年第 1 期《儿童文学》上又有一篇《森林里的森森和林林》，那种空寂感质实而独到，很有渗入内心的力度，这让我想到另一位很特别的作家于尔克·舒比格。希望顾抒继续学习借鉴中外大师，恣意发挥自己的想象，走出一条宽广的路来。

（原载 2015 年 2 月 13 日《文艺报》）

网络文学的综合治理与时代使命

夏　烈

网络文学的第一层时代使命就是做好通俗性、大众性、网络性。其次，中国网络文学发展是民间创造力、文艺生命力自由生发，破除传统文学观念“大一统”以及部分傲慢、偏见、孱弱、无根之弊的自发之路。未来，网络文学的最终使命是消灭网络文学这个概念，让它留在文学历史当中，这意味着网络文学走向了成熟和新的稳定。

网络文学也许到了一个需要综合治理的节点，这个节点在2014年的预兆不可谓少。1月，浙江省成立全国首家网络作家协会，7月，上海市网络作协成立，与其说标志着“网络文学主流化”，不如说首先意味着主流“化”网络文学。4月到11月，“净网2014”行动突出“涤荡污泥浊水，还网络清朗空间”，对网络负能量给予了严肃惩治，这与此前此后的一系列互联网整治事件共同回应了2013年“8·19”讲话精神。7月，“全国网络文学理论研讨会”有规模地集聚了全国网络文学代表研究者和各大文学网站的负责人70余位，研讨网络文学发展的现状和问题。10月，习近平总书记在文艺工作座谈会上的讲话，涵盖远大于网络文学的当下所有文艺样式，直面文艺界的时代病。作为“一时代之文学”的时髦货，“有数量缺质量”“抄袭模仿、千篇一律”“机械化生产、快餐式消费”“在市场经济大潮中迷失方向”等问题同样存在于浩如烟海、品流复杂的网络文学中，足以引起热爱网络文学、对网络文学怀抱希望的创作者和研究者们的警惕与细思。

总的来讲,目前网络文学的主题仍然是成长和发展,其主流价值也是在满足人民群众(网民受众)的精神文化需求,并竭尽所能地在主流价值观和市场之间找到一种更为优化的平衡。但毫无疑问,2014 年开始的一系列网络文学生态场的变化正影响中国网络文学的力量由过去的"受众和资本"的两强,变为"受众·资本·文学知识精英·国家意识形态"4 种基本力量的合力矩阵,这种格局的出现是趋势性的、中长期的,是一种"新常态",标志着网络文学综合治理已然加快了步伐、提升了意义层级;当然也意味着网络文学现在以及未来都已不是一群单纯的业余作者们的吟风弄月、异想天开,而是随着它的影响力增长、读者人群庞大、社会效应和经济效应辐射力牵连甚广,成为了一块连接着中国当下各个方面、各种权力意志以及各种表达、各种写作可能性的非边缘性文化场域。

资本的提示和"网络文学 IP 元年"

有趣的是,这一年资本在网络文学领域丝毫没有懈怠,依旧表现出国家将文化创意产业提升为国民支柱性产业战略下的商业作为。

一方面,作为网络文学平台的各大巨擘的格局不断遭遇改写。如果说 2014 年上半年依旧流行的是三足鼎立的"起点·创世·纵横"或者"一起创"(17K、起点、创世)的话,那么,靠近年底,随着"百度文学"11 月 27 日成立和"腾讯文学"12 月 8 日召开腾讯产业峰会,国内网络文学疆域完成了从"三强鼎立"到"两霸争雄"的格局位移。过去多年处于"一超多强"的"一超"(盛大文学)在整个资本市场的夹击和本身资方战略布局的转型下轰然解构,归入腾讯的版图。这种资本运作的特点再次说明,网络文学目前的主流就是市场化文学,不研究、不了解、不尊重市场规律和游戏规则而谈对网络文学的研究、治理,都不免隔靴搔痒、不在点上。

另一方面,2014 年下游产业链资本的上溯直接导致了网络文学今年的最热词是"IP"或者说"IP 价值"。也许没有这一年的普及,我们连"IP"究竟是什么都搞不清楚,IP(Intellectual Property 的缩写),直译为知识产权,指无形的财产权,或称智力成果权。当一个核心智力成果向下游产业链衍生的时候,会诞生无数的产业新价值,作家们最常见的就是小说版权被购买影视改编权,而网络作家同时还有可能被购买其作品与作品中人物形象的动漫、游戏、衍生品、海外传播等产权;作家可以靠一部或多部作品较快形成庞大的产业利润,如 J. K · 罗琳和《哈利 · 波特》、唐家三少和《斗罗大陆》、天蚕土豆和《斗破苍穹》、流潋紫和《后宫 · 甄嬛传》……2014 年,《盗墓笔记》《鬼吹灯》《何以笙箫默》《华胥引》《琅琊榜》《云中歌》等网络类型小说都纷纷在影视市场开机,同样的情况也发生在动漫、游戏等业界。所以,把 2014 年称为"网络文学 IP 元年"并不夸张。

在此背景下,值得深思这样几个问题:首先,资本尤其是下游产业链资本的内容诉求大量生成,进一步加剧了网络文学和网络作家的市场化程度,文学与经济的天然规律在繁荣文娱产业的同时,也催生了我们这个时代关于写作与金钱的欲望神话,作家主体可能在此异化、忽略和遗忘"一部好的作品应该是把社会效益放在首位,同时也应该是社会效益和经济效益相统一的作品","优秀的文艺作品,最好是既能在思想上、艺术上取得成功,又能在市场上受到欢迎"这样的辩证关系和创作伦理,对文艺创作的价值及其时代使命的认识和判断,或许是考验网络文学"大神"们的一次重要"试炼"。

其次,由于资本的逐利性,热闹的"IP 元年"带来的还有可能是一种涸泽而渔的 IP 浪费、IP 资源粗放型开发。理想资本不应该是对青春期的中国网络文学资源和环境施加浪费、污染的掘墓人,也不应该是粗制滥造、重复拷贝、妄想自我利益独大的"土豪",而应该是一群富有生态意识和长远眼光的文化儒商。网络文学的超级"IP"得来不易,需要养护和精耕,需要与之相关的产业链上的各类专业人才通力合作,这是考验我们网络文学产业智慧的另一重要“试炼”。

理想资本与综合治理

在我看来，理想资本实际上是中国网络文学下一步发展暨综合治理工程中最需要有所认识并加以培养、挑选、鼓励的核心要素。市场化文学不仅要用文学的标准去导引，更要用市场的手段去导引，文学的、审美的、价值观的注入同样可以借助市场的手段深化其说服力。目前很多在外场的批评，固然有其超越性、学理性，但内场才是切身与肉搏、交互与融合、热爱与创造的终极路径，这过程富有酣畅的生命力，也亟需高明的整合力。网络文学是一方极富中国特色的、具有可塑空间与期待值的热土，它考验人们的恰恰不是单一化的解读和工作思维，而是复合型的、交叉性的思维，需要具备跨界的、创意的，与时代政治、经济、科技、文化相伴相行的本领和勇气。

内场的方式现在看来有两条路：一是“进网写”，比如金宇澄在弄堂网里写《繁花》，北京大学实验网络文学创意写作课程的学生在文学网站里“开更”；二是“进网投（投资）”，代表着“理想资本”背景的国有、民营出版机构、文学网站、影视集团、动漫游戏公司、策划人、版权经纪人等应深度掌握网络文学资源，形成生态性的网文“育人”机制，精细化、专业化中国网络文学的 IP 运营模式。后一条路目前因认识不足、专业度低，至今是产业结构上的短板。把市场化的文学仅仅交给文学去办是不妥的也是不够的，市场一面的经验还需补位、做好、做强，最终能够让我们的大众文化产品立得住、走得出，承担起国家意志和民族文化的传播功能。

网络文学的时代使命

网络文学目前的市场化并不是一条谬误的道路。问题在于介入力量的不平衡和背后变却的人心。我们选择文学，是因为文学考量灵魂，表现造物的奥秘，呈现人间的苦难和欢喜，温润我们的心智。选择文学是选择一个务虚的位置，是尊重我们内心伟大而神秘的召唤，观察生活、观察人性、观察生死之间甚至之外，是文学创作和研究最大的价值与乐趣。享受过这种价值与乐趣的人群，对于市场化是能看清、看透、看宽的，理应明白我们在这世间的位置、操守，处理好自己的进退分寸。网络文学作家是否能领悟和自证这一点，决定了他的作品能走多远。我们的文学评价体系要在这个意义上寻找作家、作品，看得到网络作家、作品之间的差异和闪光点。

由此回到网络文学自身，我以为，它的第一层时代使命就是做好通俗性、大众性、网络性，坚持它的大众文艺立场，而不是邯郸学步，失其故行。目前的网络文学主流是通俗的类型小说，弥补了过去文学观念、文学评价体系中对通俗文学的压抑，使我们续接了更古老久远的文脉，也使我们的文艺创作在另一维度上更接“地气”。

其次，中国网络文学16年发展路径是一条民间创造力、文艺生命力自由生发，破除传统文学观念“大一统”以及部分傲慢、偏见、孱弱、无根之弊的自发之路。要把它纳入文学创作本身的破旧立新或者被压抑的“旧”托网还魂的文学运动律令里去看待，也就是说，它的另一个时代使命就是创作和阅读的多样化诉求，以及对稳定的文学场的合理扰乱与重构。

在这个意义上，我们要善待网络文学的奇思妙想乃至怪力乱神。网络中最典型的玄幻修真类小说中的主人公往往表现出那种如饥似渴、狂乱快意的热血情怀、修炼模式，其实正是网络文学现阶段不择良莠、泥沙俱下的海绵般无尽吸取一切的状态写照。各种粗粝的“爽度”都在证明它不是一个已完成的“自我”，而是一个全凭天赋、神志懵懂的少年的高速发育期。恰如“一根藤上七朵花”，每个金刚葫芦娃都有神通，但得看是被善良的人养育，还是被蛇蝎二精掠夺。

未来，网络文学的最终使命是消灭网络文学这个概念，让它留在文学历史当中，这意味着网络文学走向了成熟和新的稳定。

"土返其宅，水归其壑"，本来就没有什么网络文学、纸质文学、丝帛文学、甲骨文学之分，只有"文学"是永恒的命名。大众的类型文学是比较靠谱的名字，他们理应在文学创作的谱系中拥有自己久长的位置和荣誉。而当一切创作的发表、阅读、评价都以网络及新媒体的方式展开时，再提网络文学已经没有了新鲜和革命的意义。

（原载2015年3月20日《文艺报》）

网络文学接续古典“文脉”

马　季

随着国学热的兴起，网络文学作家在中国传统文化的海洋里寻找着属于自己的宝藏，逐渐与中国古典文学建立了特殊关系，从《后宫·甄嬛传》《悟空传》《英雄志》《诛仙》等网络文学作品中都可以看到中国古典文学的影响。

网络文学的文化基因

世纪之交的中国文化现场出现了三股大的文化潮流：一是“国学热”。在经济持续发展、国力不断增强的同时，人们的精神需求相应而生，社会大众了解传统历史和文化的热情被重新点燃。以央视《百家讲坛》为代表的“国学热”节目风靡全国，阎崇年讲述大清历史，刘心武解读“红楼”，易中天品味“三国”，于丹漫谈《论语》，王立群解说《史记》等，令万众瞩目。二是关注现实的影视作品受到大众追捧。以方方、池莉、刘震云、刘恒等为代表的一批作家被冠以“新写实小说”的作品在文坛崛起，随即与影视联姻并取得巨大成功。三是网络游戏悄然诞生。以《热血传奇》为代表的“大型多人在线角色扮演游戏”在广大青少年中产生迅速而持久的影响。上述三者以“国学热”覆盖面最广、影响力最大，但如果从大众消费文化的角度来看，后者才是最大的赢家，它经过10多年发展，时至今日仍然处于上升趋势。网络文学正是在这样的文化背景下诞生和成长起来的。

网络文学年轻的作者们刚刚走出校门，甚至仍然在读，他们涉世未深，缺乏社会阅历，几乎未接受过写作训练，对文学的理解和认知亦处在懵懂阶段。然而，他们热情好学，对新生事物充满好奇，熟悉网络虚拟环境；他们思想活跃，在线编写故事毫无心理羁绊。他们占据的时空优势和读者优势是传统作家所缺乏的，读者喜欢是他们写作的动力和唯一目的。由于作者读者是同代人，人生经历与感受容易产生共鸣，网络文学的读写现场迅速形成并日渐扩大，新的文化标识和偶像“忽如一夜春风来”。“国学热”和“在线游戏”成为网络文学两个重要的文化基因或许是一种偶然，但其导致一代人文化消费范式的形成实是一种必然。

网络作家与中国古典文学的联系首先是在审美上的高度认同，其次是在形式、内容上的直接借鉴和翻写、延伸，再次是打破时空限制赋予历史以现代想象。在男性向写作和女性向写作中，这一关系又显示出不同的特点，男性向写作多取其意蕴，女性向写作则取其形态。

审美上的高度认同

中国进入现代化社会之后，一股崇尚古典之美的文化潮流逐渐兴起，弹古筝、学古琴、练书法已成为人们的日常生活。这一点在网络文学，特别是古代言情小说和架空历史小说中得到了集中和形象的体现，并且形成了巨大的传播力。

流潋紫的古代言情小说《后宫 · 甄嬛传》中的人物设置与情节铺陈，都有几分《红楼梦》的影子，甚至有人列出了人物对照表。这部网络小说的创作受《红楼梦》的影响是不言而喻的，尤其文中颇见文采的古典诗词等，可以看出作者的文化心态。另一位具有影响力的网络作家匪我思存在讲述《寂寞空庭春欲晚》的创作过程时说：“有大量的史实资料做参考，细节处基本与史实保持一致，比如太监与御医的名字，皇帝得病的时间，祈雨以及地震的时间，包括保定行围的时间都是按史实来的。参考的史料主要是《康熙皇帝的一家》及《清史稿》等。”因为小说描述了纳兰性德家族的故事，这位出色的清代词人一夜间在网络上获得了巨大人气。网络作家天下尘埃的《浣紫袂》以古代官妓故事为原型，发出了“我要用自己的生命，为天下官妓谋一个将来”的呐喊。由此，现代女性的美学观、价值观通过古代叙事与古代文明形成了完整的链条。

以民族文化心理为依据，与古典文学在审美上取得高度认同，在客观上为网络文学提供了一条通向大众阅读的便捷之路。梦入神机的《佛本是道》汲取了《封神演义》《西游记》等中国古典神话体系的价值理念，开拓了佛道同源，皆通向天地，所谓“大道三千，皆可证道”之理。萧鼎的《诛仙》以道家文化“天地不仁，以万物为刍狗”为源头，用仙界照拂人间，探求“何为正道”的旷世天理。辰东的《神墓》、猫腻的《择天记》、阿菩的《山海经密码》、烟雨江南的《尘缘》、徐公子胜治的天地人神鬼灵七部曲等一系列网络文学作品，都有着中国古典文学的美学根系。

形式与内容上的借鉴和创新

网络文学极少有效仿现代文学之作，取法古人的却比比皆是。中国古代流传至今的文学经典往往都曾流行于民间大众当中，书场、茶舍是其生根发芽的场所。网络文学通过网络辽阔的虚拟空间，实现了与大众的心灵契合与对接，在这一点上网络文学与古典文学的存续有相通之处。

当年明月的《明朝那些事儿》夹叙夹议，对历史人物心理活动的大胆推测，其借古论今的演绎技法继承了古代话本小说的叙事传统。南派三叔的《盗墓笔记》、孙晓的《英雄志》、打眼的《黄金瞳》等，无不承袭古人智慧，而又具有现代视野。树下野狐的《云海仙踪》则直接脱胎于《白蛇传》。

而网络架空历史小说同样由此获取大量拥趸，尽管它的叙事构架更为庞大、故事情节更加复杂、表现手法有所变异，但核心依然是对历史文化的有效传承。月关的《回到明朝当王爷》

并不因表述的天马行空而削弱了对历史的思考,作者在书中夹杂着冷静客观的历史分析,又在复杂而真实的历史背景下加以诡异离奇的编排,这种在写作中体现出的个人化经验的传达,对重新架构历史具有探索和实践的意义。酒徒的《家园》胸襟开阔,思考民族国家以及皇权和人民的关系。阿越的《新宋》、张小花的《史上第一混乱》、孑与2的《唐砖》等作品,在处理历史和现实的关系上也都有自己鲜明的特色。

有必要提出的是,网络文学对中国古典文学的继承与发扬,到目前为止仍然是零散而浅显的,表象化的成分居多,真正吸取精髓、发扬光大如《悟空传》《英雄志》式的作品只是凤毛麟角。但进步往往是由点滴积累所致,在庞大而混杂的资源库里,网络文学如何"取材有道",在中国古典"文脉"断裂和变异的历史长河中望星追月忧近思远,创造新的文化奇迹,实现东方文化的复兴和繁荣,需要时间更需要勇气。这个看起来十分浩大的工程,或许正是网络作家的使命所然,也是他们生存发展的历史机遇。

(原载2015年6月23日《人民日报·海外版》)

中国现当代文学理论批评的科学性和民族性

王先霈　杨　柳

文学理论批评的科学性和民族性问题是在中国学术从古典向现代转变的过程中发生的，100多年来经历了若干阶段，每个阶段讨论的实际内容、指向的实际目标是不一样的。

19世纪末20世纪初，最初是由王国维、梁启超等人为代表的第一代现代文学理论批评家，将文学理论批评的科学化问题放在了比较突出的地位。在他们看来，长期以来，偏重感悟、印象描述的中国古典文学批评，带有比较大的主体个性色彩，缺乏严密统一的逻辑性。除像《文心雕龙》这样极少数的著作之外，大部分古代文学评论者没有试图去建立一个完整的批评理论体系，也没有确立一整套自觉的、互相关联的术语群或概念群。鸦片战争以后，随着西方理论思想的大量涌入，中国文学现代性因素开始萌芽、发展，人们发现古典文学批评模式已经不再适应文学发展的现实，由此开始逐渐建立强调逻辑性和体系性的中国现代文学理论批评。

我国现代文学批评的发展，先是向西欧，后是向苏联寻找借鉴。马克思主义传入之后，中国文学评论的面貌发生了根本的变化，经过20世纪20年代至30年代的开创，40年代至50年代的系统建设，逐步形成较稳定的观念，有了一套成体系的学科概念，也形成了带着这个时期痕迹的评论风格。到了六七十年代，文学批评作为政治斗争的工具的性质被突现出来，它的审美性质、学科独立性则被忽视。指导思想的失误使文学批评走了许多弯路，狭隘的政治功利主义严重干预了文学艺术评论的正常发展。正因如此，20 世纪 70 年代后半期以来，文学理论批评的科学性问题又被提到显要的位置。这时强调文学批评的科学性，更多的是为了对抗简单狭隘意识形态干扰，强调其学科独立性。文学批评以其在拨乱反正中的巨大作用赢得了信誉，它自己也迅速恢复生机。20 世纪 80 年代文学理论批评取得重大突破，有其重要的历史意义，现在我们回过头来看那时的批评文章，还能发现许多很有价值的东西。

改革开放以来，中国文学理论批评学科取得了长足的进步，在获得诸多成就的同时，也产生了一些不良的倾向。改革开放之初的文学批评，比如有关“伤痕文学”的论争，抛开双方观点的局限性不谈，至少当时论争双方都是秉持着自身的文学观念和文学标准来评论文学作品的，态度是严肃认真的。但近 20 年来，特别是 20 世纪 90 年代提出“文化产业”之后，文学批评逐渐远离了纯粹的文学理想、观念和标准，文学创作者和批评者个人的、小群体的功利追求对文学批评的客观性造成了很大的损伤。地方行政部门在创造政绩动力驱使下，以公权力介入文学批评界，将创作者和评论者之间的利益关系更加复杂化，这就势必威胁到整个文学批评界的公信力。

今天我们重提文学理论批评的科学性，强调的就是在商业化大背景下文学批评的客观性问题。作为文学批评工作者，本着科学的、实事求是的态度，以严密的逻辑推理和真诚的心灵体验去评论文学作品，做出无愧于心的价值评价，本是最基本的学术道德和职业操守。重建文艺评论的公信力、重新确立文艺评论中相对稳定的价值评判标准，最基本的还是要重视文艺评论的客观性。可以看出，在不同的阶段，我们提出文学理论批评的科学性问题，针对的重点有所转移，具有不同层面的意义，但是它们的共同点在于，要求一个自足的、具有自身学科独立性的、有自身理论架构体系的这样一个文学理论批评。

除了在宏观的文学价值观上呼唤客观性、纯粹性，在具体的研究方法上，重提文学批评的科学性问题也有其意义。欧洲文艺复兴时期，有些文艺理论家和文艺评论家同时跻身自然科学的前沿，后来，分工细密了，两者的联系也未中断。西方近现代也有不少哲学家、美学家、批评家热心追踪自然科学的最新进展。但这种情况在中国很罕见，中国人文学科的学者、教授大多不会涉入自然科学领域，这其中有文化和历史的根源。在西方，社会科学向自然科学吸收营养是早就存在的做法，随着自然科学取得一系列极其重大的成就，这种做法就越来越成为一种自觉。近几十年来，随着一系列重大科学发现和新的科学理论的提出，原有的思维模式被突破，知识整体化和综合化的趋势日益加强。对同一课题，跨学科和多学科的研究日益成为必要，而学科思维习性的偏执则会成为取得创造性成果的障碍。自然科学家和社会科学家乃至人文学科的学者相互涉足对方的领域，在研究思想、研究方法上相互借鉴和启发，日益成为夺取重大成果过程中不可缺少的环节。文学批评借鉴自然科学的思维方式，我认为目前中国批评界至少要做到这两点：一是重要概念的明晰、确定和统一。学科内重要概念内涵不统一，直接阻碍讨论和交流。有的评论者写文章，前后概念不一致、不明确，甚至相互矛盾，或者同一概念放在不同学者那里理解有天壤之别，比如“张力”这个术语，在学界使用情况就比较混乱，类似的情况亟待改善。二是推理的过程要合理、严密，不能随意跳跃、不能偷换概念。在这方面，中国清代朴学有很多值得我们借鉴的地方，戴震、段玉裁、王引之等人在训诂学、考据学方面提出的一些经典原则，比如“不以孤证立说”“不匿反证”等，都是具有很强的科学精神的。

可以发现，现代文艺学科的大多数概念虽来自西方，但中国古代学术界并非没有科学的因子。同样的，我们重提文学理论批评的科学性，也不应将西方的科学标准绝对化。借鉴自然科学和借鉴外国文学理论只是一种手段，目的是要创造我们自己的科学的文学理论批评。社会科学需要同自然科学协调,跟上自然科学的最新发展,但它一般不能把自然科学的成果现成地用到自己的领域。人类社会和自然界是两个系统,各有自己的特殊规律。文学作品的创作者、接受者和描写对象都是社会的人,文学作品反映人的生活、体现人的思想和情感,文学现象同自然现象有极大的不同。同其他社会科学相比,文学评论、文学研究同自然科学的差别更大。这是因为,文学创作和欣赏中有主体发挥想象、发挥自由创造的广阔天地,最忌刻板、最忌公式化和千篇一律,在文学评论中借鉴自然科学的研究方法是有益的,而生硬地照搬自然科学的方法则是行不通的。历史学家余英时提出过一个观点,认为中国现代史学上,以王国维、陈寅恪为代表的第一代学者成就最高,之后的第二代学者虽然长时间留洋,受到了系统正规的现代西方教育,但是成就并不如第一代。其原因就在于西方观念、标准并不是放之四海而皆准的,用西方理论研究中国现实并不一定行得通。这就给我们提出了另一个问题:中国文学理论批评的民族性问题。民族这一术语有几种歧义,其实,说文学理论批评的本土性更合适。

作家和读者的审美心理都具有历史性,他们的审美愉悦要受制于所受的审美教育、所处的文化艺术环境。因此,审美心理是有民族性的。文学批评一方面必然反映作为民族成员的批评家审美心理的民族性,另一方面它要对本民族的作家和读者发挥广泛影响,必然有意识地追求民族特色。文学毕竟不同于自然科学,各个不同民族、国家的文学理论应该是有差异的。中国现代文学的民族性问题有两个大背景:一是鸦片战争后,中国在“救亡图存”的大背景下,要摆脱屈辱的地位,屹立于世界民族之林,知识分子也在文学理论领域有了发出自己声音的要求;二是在马克思主义影响下,毛泽东等提出“民族形式”命题,主要是在反思五四以来的新文学的同时,建立具有中国特色的马克思主义文学理论批评。

当前,我们提出文学批评的民族化、正确处理科学性与民族性之间关系的问题,主要有两个层面的原因。一是近年来学界对西方普遍主义的一种几乎是本能的抗拒。100年来，自然科学的飞速发展持续、深入地改变着世界。相对论、量子物理理论颠覆了人类的传统世界观，而信息技术、数字化技术的发展则彻底改变了人们的生活方式。但同时，科学技术所代表的现代化也对人本身产生了巨大的负面影响，对科学技术的盲目崇拜导致人被科技异化、支配，丧失了主体性。科技发展无论怎样深刻地改变我们的生活，归根结底，人类最可贵的还是我们的人性和自我。近年来，东西方学者正在共同反省西方普遍主义、科技崇拜的局限性和负面影响。在文学理论界，有段时间关于中国文学批评“失语症”的焦虑就来源于对西方普遍主义的反拨。但是，这种出于单纯民族意识要与西方一较高下而产生的对民族性的呼唤，我认为还是属于比较浅层次的动因。

我们之所以要追求文学理论批评的民族性，最根本的还是在于中国确实存在很多实际的问题，用西方的理论无法解决。20世纪80年代末至90年代，法兰克福学派理论在中国理论界盛行，被长时间关注、讨论和应用。究其原因，在于当时大众文化在中国突然成汹涌澎湃之势，通俗文学的兴盛给纯文学带来了强烈的冲击。这种现象用中国以往的理论是无法解释的，法兰克福学派正好适应了当时的理论需求。但是，法兰克福学派主要是对凭借现代科学技术大规模复制、传播文化产品的“文化工业”的批判，其对象和中国当时大众文化、文化产业的情况大大不同，因此它不但无法解释许多中国特有的现象和问题，还造成了许多误解和误读。理论热潮退去，通过反思，许多学者到了20世纪90年代后期及新世纪，对自己当时的理论做了很大的修正。同样的情况也发生在女性主义进入中国后。西方女性主义的产生与女权运动联系紧密，很多都是从本土社会运动发展而来，因而形成了众多流派，例如存在主义女性主义、马克思主义女性主义、黑人女性主义等。但中国此类研究的理论文章很难体现中国的实际情形。实际上，中国女性的生存状况，从知识女性到农村留守妇女，都是具有很多迥异于西方的特点的。我们无法直接套用西方理论来解决自身问题，因此没有产生有分量的成果。

上面的两个例子说明，当前讨论文学批评的民族性，就是在谈一个本土性。中国很多社会问题、经验和需要解决的症结是别的国家所没有的，针对这样的问题研究而发展出的理论，自然具有本土性和原创性，也会为其他国家所关注，也会对世界文学理论有所贡献。因此，我认为要建设民族化的中国文学理论批评，最核心的还不是去化用、借鉴传统概念、术语和理论，而是要提出能够解决中国当代文学艺术生产和接受中间突出的、特有的问题的理论，面对中国当下的实际问题，讨论实际方法。比如围绕农民工群体、网民群体产生的中国农民工文学、网络文学等，都属于中国特有的文学、文化现象，针对类似的文学作品和文化现象做实事求是的批评研究，或许就能将科学性与民族性很好地结合在一起，建立和发展我们自己的文学理论。

（原载 2015 年 6 月 29 日《文艺报》）

文学、民族形象与对话

南　帆

从记者的新闻报道到教授的学术论文，人们时常接触到类似的话题：中国文学如何走向世界？正如许多人察觉的那样，反复的追问背后存在某种焦虑。这是一种普遍的想象：中国文学似乎一直徘徊于自己的国度而无法进入世界。另一些人认为，这是多余的焦虑——这个话题本身就是伪问题。世界并不是哪一家人经营的俱乐部，必须凭票入场。我们始终都在世界之中。中国文学从来没有脱离世界。

我基本赞同后面这种观点。世界文化没有人为的边界，任何一个民族的文学无不跻身其中，不同的民族文学之间时常存在各种程度的对话。因此，"世界文学"并非一个静止的、固定的抽象概念，也并未拥有一个固定的组成人员名单。这个概念的背后众声喧哗，外延不断扩大。然而在另一方面，人们必须承认的是，各个民族在众声喧哗的文学对话之中扮演的角色并不相同。某些民族音量洪大，不断地抛出令人瞩目的主题，犹如一些活跃的发言者吸引了众多的倾听者；另一些民族相对消极，它们仅仅安于一隅，人们很少读到这些民族为世界文学贡献的经典作品。

一个民族的文学通常是民族形象的组成部分。许多时候，文学甚至比历史著作、工业化程度或者国民生产总值更易于让人认识一个民族。人们可以迅速地从这个民族的文学经典了解他们的想象力、价值观念、理解世界的路径以及批判精神。人们的心目中,法兰西民族难道不是和雨果、巴尔扎克、福楼拜、萨特这些著名作家的名字联系在一起的吗?俄罗斯民族难道不是和普希金、陀思妥耶夫斯基、托尔斯泰一起贮存于记忆之中吗?某些时候,一个作家、一部作品就足以使一个民族声名卓著,例如西班牙的塞万提斯与他的《堂吉诃德》。这个意义上,文学走向世界并非一个没有内容的问题,很大程度上,这即是一个民族形象的自我展示。恰恰因为民族文学与民族形象不可区分,因此,一个民族的各方面构成很大程度上同时决定了民族文学发出的音量。一个民族的政治、经济、文化、科技乃至文化传播体系、文化传播能力无不直接或间接地投射到民族文学之中,影响它们在世界范围所获得的接受。当然,时至如今,人们没有理由天真地将各民族的文学对话想象成气氛祥和的平等交流。对话可能遭遇各种语境。善意的彼此关注之外,人们还可能发现偏见、居高临下的傲慢、闭塞和不解、价值观念的交锋,如此等等。这些语境存在具体的内容,例如某种观念支配了文学评奖机构,主宰批评家的作品判断或者影响学院教授的文学史写作。形成各种语境的原因可能远远超出文学乃至文化的范畴,可能涉及各种文明体系的形成历史,涉及殖民地或者萨义德所形容的东方主义,涉及经济状况、物质生活的悬殊差距或者传媒特征,如此等等。因此,民族文学的对话之中不乏浮夸的赞许或者由于无知而产生的贬低,不乏激烈的争辩甚至恶意的中伤。尽管如此,这些状况肯定不是关闭对话的理由。只有更为深入的对话才是纠正偏见和傲慢的希望。作为正在崛起的国家,中国文学走向世界不是依赖某种文化投机,或者以卑躬屈膝的文化状态取悦于人,而应当以深刻和独特征服受众;另一方面,对话常常是双方的相互塑造,民族文学乃至民族形象必须在对话之中汲取文化养料,不断地重新确立自我形象。

不言而喻,大部分中国作家使用汉语写作。对于世界各地的许多人说来,汉语是难以掌握的语种。然而,作为语言大师,中国作家的责任之一是展现汉语的魅力。汉语的叙事、修辞具有哪些特征？也许，人们可以考虑一个文学史遗留的问题：汉语的表意方式是否特别适合抒情？很长一段时间，抒情文学构成了中国文学的正统。汉语没有时态，也不像英语那么注重空间关系，因此，诗歌之中各种意象的组合更为自由，各种意象之间模糊不定的关系破除了“执着”的解读方式而形成了空灵的意境。例如，“枯藤老树昏鸦，小桥流水人家，古道西风瘦马，夕阳西下，断肠人在天涯”，这种小诗内部的时间与空间关系不拘一格。据说这种表意方式曾经某种程度地启示了西方的意象诗。另外，汉语方块字的整饬似乎也特别适于押韵，甚至产生了对联这种独一无二的文学形式。

“象形”是汉字的六书之一。某些时候，汉语的阅读比拼音文字更易于产生形象感。索绪尔的结构主义语言学曾经对西方的文学理论产生了重大的影响，甚至可以认为，解构主义反对结构主义的同时仍然相当程度地遵循了后者的理论逻辑。结构主义语言学的一个著名观点即是，“能指”与“所指”之间的关系是任意的，water之所以指称河床或者瓶子里的流动液体完全因为约定俗成。然而，汉语的“象形”原则无疑打破了这个观点。如果索绪尔或者德里达熟悉汉语，他们的理论会不会更为深刻一些？我相信，作家、文学批评家或者语言学家更为全面的研究还会获得许多类似的发现。如果世界各地的作家将不懂汉语视为一个遗憾，这就是中国文学的成功。必须承认，世界各地的相当多的作家对于中国古典文学的了解程度超过了现当代文学。相对地说，中国古典文学具有一个整体的形象。我指的不是长袍马褂、辫子或者“会功夫”这种表象，而是中国古典文学显现的优雅、节制乃至静穆的美学风格。例如，歌德就曾经在他的谈话录之中论及这一点。事实上，人们可以从这种风格之中察觉中国古代文人追求的某些人生观念，譬如，讷于言而敏于行的文化形象、中庸哲学的稳重含蓄、寄情于江湖的散淡、天人合一的自然，等等。然而，进入晚清社会，中国古典文学的整体形象开始瓦解，现代文学以及当代文学以另一种迥然相异的形象崛起。尽管中国的现代文学与当代文学力图从多个方面与各民族文学对话，但是，恰恰由于内容庞杂，它们的整体形象反而不如中国古典文学清晰。我愿意认同一些同行20世纪80年代提出的一种观点：20世纪文学可以视为一个整体，虽然这个整体内部存在几个明显的阶段。五四新文化运动通常被视为20世纪文学的发轫。八不主义、白话文、新诗、现代小说、现代戏剧和杂文，当然还有之前的一系列文学翻译，这些文化事件带来的剧烈震荡拉开了现代文学的序幕。这时，中国文学与世界上各民族文学之间出现了前所未有的互动。中国古典文学遭到了猛烈的抨击，那些五四新文学的骨干分子扮演了“盗火者”的角色，他们大胆地引入西方文学的主题和表现形式。换言之，这个阶段的民族文学对话之中，中国文学更多地作为倾听者、接受者。五四新文学是否破坏了中国古典文学的文化基因？这个问题带来的争论迄今还在延续。我个人愿意再度对五四新文学的主将表示敬意。我的心目中，这一批作家的文学选择缘于他们的历史判断，他们的“盗火”冲动来自民族历史深部追求现代性的冲动。帝国列强虎视眈眈，我们所栖身的民族积贫积弱，文学以及文学所依存的文化整体必须负起相当一部分责任。这一些作家将文学的改造视为改造民族素质的工程之一。我多次描述过鲁迅等新文学主将复杂的文化策略：他们援引西方文化资源反抗西方文化殖民，与传统文化决裂的目的是认同民族国家。这种文化策略背后的孤注一掷包含了他们的愤懑、焦虑和理性思考。这就是他们当时的历史判断。对于如今的现状说来，这种判断可能已经失效，但是，人们没有理由因为如今的现状否认他们的历史贡献。值得思考的毋宁是另一个问题：没有他们当年的勇猛冲击，如今的现状可能吗？20世纪50年代至70年代，中国文学与世界各民族文学的交流急剧缩减。50年代后期中国与苏联出现了严重分歧之后，苏联文学也陆续退出了人们的视野，中国文学大体处于独白状态。形成这种状态的原因很多，两种观念产生了较大的作用：第一，无产阶级革命文学是最为先进的文学，因此，各民族文学的对话和交流显然多余；第二，作为资产阶级意识形态，西方文学包含各种毒素，批判和拒绝之外别无他途。80 年代之后,人们的认识出现了极大的变化。国家开始秉持改革开放的战略,文学一马当先地充当了解放的先锋。与五四时期的文学存在某种相似,西方文学的各种潮流在很短的时间里一拥而入,再度产生巨大的震荡。除了传统的现实主义,现代主义与后现代主义几乎同时抵达,粉墨登场。随后,拉美的魔幻现实主义接踵而来,包括像昆德拉这样的东欧作家也引起了许多作家的莫大兴趣。对于中国文学说来,80 年代如同一个盛大的聚会。各种主题、表现形式纷至沓来,实验和探索此起彼伏。总之,空前的活跃构成了 80 年代中国文学的重要特征。由于思想解放带来的踊跃气氛,80 年代的文学活跃是一种必然。然而,30 年左右的时间过去了,这种活跃正在逐渐转化为更加深沉的思考,大部分作家不再满足于模仿西方文学。广泛的吸收和开阔眼界之后,作家更多地考虑的是另一些具有根本意义的问题:哪些是当今文学必须关注的中国经验?如何以中国的美学风格表述中国经验?如何展现中国作家的创新精神?这些问题显现了中国文学的自主精神,也构成了中国文学向世界展示的独一无二的面貌。这里所说的中国经验,远非秦时明月汉时关,中国经验更多地指当今中国的现实巨变以及产生的各种精神反应。当今中国现实具有哪些特点?历史正在发生巨大的转型,改革进入深水区,诸如此类的表述比比皆是。作家至少可以意识到,没有哪一种现成的理论可以完整地解释当今的中国现实。一个多世纪的时间,从大规模的革命到市场经济的崛起,这些巨大的历史事件包含了无数生动的故事。文学的笔触必须深入到每一个人的日常言行和内心深处。这时作家可以发现,多少人的人生目标发生了巨大的调整,多少人在夜深人静的时刻反省自己上半辈子的所作所为,一代新人的文化性格出现了哪些前所未有的因素,他们的人生规划和社会历史想象正在发生何种变化,等等。

这将赠予作家许许多多的灵感。事实上,这个转折远未彻底完成,还有许多问题需要文学共同参与探索和解读。换一句话说,作家的任务远远不只是单纯的再现,作品的思想含量将成为一个重要的艺术品质。对于许多才能杰出的作家来说,这是出大作品的时代。作家不仅要意识到中国经验的意义,同时还应当树立写出大作品的雄心壮志。什么是中国的美学风格?当然,平平仄仄的诗词格律或者章回体小说已经远远不够用了。当今,我们的艺术资源不仅拥有数千年中国古典文学的传统,同时还包含了五四新文学运动以来的一系列新型的文学经典。当然还要指出的是,西方文学以及拉美文学愈来愈多地渗入中国文学,影响作家的想象方式和表达方式。中国文学没有理由拒绝各个民族优秀的文学财富,重要的是使之成为中国文学内在的组成部分,这将显示一个民族文化的活力和弹性。即使在五四新文学运动之前,我们也可以在中国古典文学之中找到成功的案例,例如魏晋时期佛经的翻译。翻译的梵文多方面地改造了汉语,甚至对于格律诗的形成产生了巨大的推进。如何利用这些艺术资源造就中国的美学风格?在我看来,所有的艺术资源必须接受一个标准的考验:能否有助于显现独特的中国经验。从宏大的历史景象、社会关系的急剧调整到个人内心的幽深,中国经验存在各种复杂的层面,可以向各种不同的艺术形式体系敞开。所谓的中国美学风格不存在一个固定的、"本质"的范本可供模仿,最为深刻地展示中国经验的艺术形式将最为充分地表现中国的美学风格。当然,这个节点也是向作家强调创新精神的时刻。如果说,经济与科技的创新重新塑造了世界,那么,文学肯定是最为重视创新精神的文化门类之一。当然,创新必须依赖于相应的历史条件。可以看到,当今支持创新的历史条件业已成熟。中国经验正在向作家的想象提供一个巨大的空间,面临的各种迫切问题不知不觉地启动了作家的思想,同时,各个类型的艺术形式体系积累前所未有地丰富。对于作家说来,这是一个难得的机遇。这时,问题的焦点逐渐转向了作家:是否接受挑战?如何接受挑战?作家必须有勇气面对这种追问。只有当创新精神成为明显特征时,一个民族的文学才能真正抵达世界的前沿。对于中国文学说来,那时才有可能转换话题的方向——那时的话题可能是:世界如何走向中国文学?

(原载 2015 年 12 月 2 日《文艺报》)

扎根于传统文化厚土的当代文学

樊　星

从民族传统文化中寻找、发现新文化运动的根系，一直就是五四以来许多经典作家的重要立场。鲁迅就以《魏晋风度及文章与药及酒之关系》表明了他与魏晋风度的精神联系；胡适以《白话文学史》揭示了“一切新文学的来源都在民间”的定律；周作人也以《中国新文学的源流》证明了新文学运动与古代“言志派”传统的精神承传……这条“寻根”的思想史线索，到了1980年代，继续结出了丰硕成果：从李凖、汪曾祺、贾平凹在1970年代末、1980年代初不约而同“回到传统文化”的创作到1985年“寻根文学”的异军突起，都体现出文学从传统文化中汲取智慧与灵感的文化品格。大略看去，这股思潮从两方面展开。

儒道佛：民族文化之精神

中国的传统文化精神，主要由儒、道、佛三家汇合而成。什么是儒家精神？那就是积极进取的精神。所谓“修身、齐家、治国、平天下”，“达则兼济天下”的远大抱负，以及“富贵不能淫，贫贱不能移，威武不能屈”的崇高人格。历史上许多志士仁人就是在这样的精神激励下谱写出人生的壮丽篇章的。

李凖的《黄河东流去》意在“重新估量一下我们这个民族赖以生存和延续的生命力量……是什么精神支持着我们这个伟大民族的延续和发展？……最基层的广大劳动人民，他们身上的道德、品质、伦理、爱情、智慧和创造力，是如此光辉灿烂。这是五千年文化的结晶，这是我们古老祖国的生命活力，这是我们民族赖以生存和发展的精神支柱”。汪曾祺的《大淖记事》《岁寒三友》《鉴赏家》描写民风的淳朴、友情的深厚、仁义的伟大。贾平凹的《天狗》也成功塑造了一个朴实、勤劳、以德报怨的普通农民的形象，显示了儒家精神在普通人心中的根深蒂固。郑义的《老井》则通过一个几代人坚忍不拔、打井、找水的感人故事，讴歌了克己奉公的民族魂。陈忠实的《白鹿原》在描绘关中平原半个世纪的历史风云的同时，更写出了作家对儒家文化的深刻反思。一方面，白嘉轩在动荡的世事中一直坚守“耕读传家”的传统，挺直了腰杆做人，并且以儒家的精神教育儿子，以仁义之情对待长工，显示了儒家精神的坚不可摧；另一方面，作家又通过他的儿子潜心读书，却抵挡不了性的诱惑和阴险的算计，写出了儒家文化的脆弱与危机；通过他在惩治“伤风败俗”行为时的严酷和与鹿家斗争中的心计与手腕，写出了儒家文化的严峻与残酷，也显示了作家对儒家文化负面因素的反思与批判。但即便是这样，作家仍然通过让土匪黑娃在尽情宣泄了罪恶能量以后浪子回头的情节，进一步显示了“中国古代先圣先贤们的镂骨铭心的哲理，一层一层自外至里陶冶着这个桀骜不驯的土匪坯子”的神奇力量。因此，《白鹿原》就层层深入地、多方面写出了儒家文化的复杂性，因此也就超越了一般的讴歌与批判，而开启了发现、审视儒家文化的丰富性与复杂性，进而思考如何不断扬弃儒家文化中那些僵化的成分，弘扬那些永恒的人文精神的历史课题。还有那些优秀的历史小说（如唐浩明的《曾国藩》《杨度》《张之洞》、刘斯奋的《白门柳》等）也都写出了传统士大夫身体力行儒家道德的高远境界与深刻矛盾。

由此看去，当代作家写儒家文化在历史与现实中的根深蒂固、源远流长，是写出了新的文学气象的：既写出了儒家文化的深厚与强大，也常常引人深思儒家文化的复杂性及其面临的挑战。

再看道家精神在当代的延伸。道家精神就是热爱自由、淡泊名利、独善其身、“独与天地精神相往来”的气度，也是以不变应万变、以柔克刚的精神。宗璞的《三生石》记录了“文革”中受迫害的知识分子就是以庄子的“坐忘”思想聊以自慰的往事，耐人寻味。贾平凹自号“静虚村主”，曾在早期的“商州世界”中赞美了商州山民“以自然为本，里外如一”的朴素人生，也在新世纪的《高兴》中生动刻画了底层人的洒脱生存状态。阿城的《棋王》《孩子王》回忆了知识青年在“文革”中“以柔克刚”，以朴素、淡泊的情怀远离政治狂热的动人事迹。李杭育也在“寻根”思潮中认同了“老庄的深邃”，以“葛川江系列小说”表达了自己对吴越文化“原始、古朴的风韵”的向往之情。韩少功也曾经谈到：道家、禅宗的宇宙观及其“处理世界的思想方法，给我以很大的智慧。它不是知识，西方从来是重知识……东方从来是重智慧……关键看你怎么用它”。这些作家从不同角度写出了道家境界的柔中有韧、超然物外，还有道家智慧的玄远与深邃。在现代化进程激活的浮躁之世，这些认同道家理想的作品，足以发人深省。

最后来看佛家精神的当代回声。佛家讲“四大皆空”，与道家的淡泊精神颇有相通之处。佛家还讲“普度众生”，则具有相当积极的意义。晚清的许多革命家（例如康有为、梁启超、谭嗣同、章太炎等等）信佛，就是因为认同佛家“普度众生”的博大胸怀和看破功名的精神。由此看来，佛家绝不仅仅是烧香拜佛，佛家有佛家的智慧，佛家有佛家的豪情。

汪曾祺的《受戒》生动描写了乡村和尚的世俗生活情态，别开生面。范小青的《瑞云》写苏州人的“佛性”，也清新可喜：吃素好婆因为信佛而战胜了寂寞与恐惧，又因为信佛而行善，救助了残疾小女瑞云。瑞云在佛家精神的熏陶下健康成长，善良待人，她身上自然散发出的“佛性”竟然能够化解邻里矛盾，堪称超凡脱俗。贾平凹的《烟》则通过一个颇为魔幻的“三世轮回”的故事表达了对佛家“古赖耶识”学说（即世界万物的本原永恒）的认同。佛家相信灵魂不灭，贾平凹则通过一个灵魂不灭的故事表达了自己对于人生的信念：既然世界永恒，精神不灭，就不必悲观绝望。这样一来，作家就赋予一个看似魔幻的故事以某种积极的意义。在虚无主义流行的年代，这样的感悟难能可贵。

由此可见，传统文化精神就活在我们的文化中，也活在我们的现实生活中。传统文化赋予我们的当代文学以鲜明、独特的民族品格，这是西方的文学所没有的精神特色。

地域文化：民族文化之生命

人们常常说越是民族的，越是世界的。我想，是不是还可以补充一句：越是地域的，越是民族的。中国幅员辽阔，有着丰富多彩的地域文化。不仅一个省有一个省的文化特色，一个城市有一个城市的文化个性，甚至，同一个省内、不同的地区，乃至一座城市之内，都有非常丰富的文化风景。例如北京，在老舍、刘心武笔下，多平民形象；到邓友梅、叶广芩那里，没落旗人、贵族的形象就居多了；而到了王朔那儿，则是顽主的热闹天地了。再看上海，周而复、王安忆、王小鹰笔下的上海，风味也各不相同。

"一方水土养一方人"，这说法道出了民风的绚丽多彩，也昭示了人性与地气的神奇与微妙。"无湘不成军""无徽不成商"说的是省份文化的各有千秋，而"无绍不成衙""无宁不成市"，就说的是城市文化的风气不同。还有"无陂不成镇"，则说的是小镇特色的鲜明。许多作家都在描绘本土的风土民情方面下功夫，共同成就了当代地域文学的壮观气象。汪曾祺的"高邮故事"，贾平凹的"商州系列"，张承志的"草原故事"，王蒙的"在伊犁系列"，红柯的"新疆往事"，马原、扎西达娃、马丽华、阿来、安妮宝贝、何马的"西藏传奇"，韩少功、田耳的"湘西故事"，莫言的"高密东北乡"，李锐的"吕梁山印象"，迟子建的"大兴安岭故事"，苏童的"枫杨树故乡"，张炜的"芦青河系列"，苗长水的"沂蒙山故事"，周大新的"南阳小盆地系列"，阎连科的"耙耧山系列"，张石山的"仇犹遗风录系列"，刘醒龙的"大别山传奇"，陈应松的"神农架系列"，李传锋、叶梅的"恩施故事"，再加上刘心武的《钟鼓楼》、邓友梅的《烟壶》、陈建功的《找乐》那样的"京味小说"，冯骥才的《三寸金莲》、林希的《相士无非子》那样充满天津趣味的"津味小说"，叶兆言的《夜泊秦淮》系列那样写老南京故事的"宁味小说"，陆文夫的《美食家》、范小青的《裤裆巷风流记》、朱文颖的《水姻缘》那样写苏州市井文化的"苏味小说"，王安忆的《长恨歌》、毕飞宇的《上海往事》、程乃珊的《金融家》、金宇澄的《繁花》那样写上海故事的"海派小说"，贾平凹的《废都》《白夜》那样写西安故事的"西京传奇"，池莉的《冷也好热也好活着就好》《生活秀》、何祚欢的《养命的儿子》那样讲述武汉市民故事的"汉味小说"，还有阎连科讲述开封故事的《东京九流人物志》系列，王雄描绘襄阳故事的"汉水文化系列"(《阴阳碑》《传世古》《金匮银楼》)……可谓五光十色、洋洋大观。可以说，当代作家在浓墨重彩描绘神州大地上"一方水土养一方人"的文化风景时，也就写出了中国故事的千姿百态、万种风情，写出了浓浓的乡情、热闹的市井味，还写出了普通中国人苦中作乐、传承文化、创造奇迹的种种活法，以及对于命运、民风、迷信、悲剧的一系列沉重思考。中国文学史上，似乎还不曾有过这么一个时代，有如此众多的作家痴迷于描绘本乡本土的风土民情、文化传统。这一切，发生在中国巨变、许多传统的遗迹正在迅速消失的背景下，可谓意义深长。文学一向负有记录野史、描绘民风、传递文化火种的责任。古人所谓"诗可以观"，杜甫的诗有"诗史"之誉，曹雪芹的《红楼梦》有清代的"百科全书"之称，都可以作证。陈寅恪研究历史，讲"从诗看史""诗史互证"，说的也是这个意思。

新的时代产生了新的文化景观、新的民俗风情，新一代的作家应该写出新的地域文化篇章来。

(原载 2015 年 1 月 7 日《文艺报》)

文艺批评的变化与困局

孟繁华

中国当代文学批评的国际化语境已经形成，这为中国当代文学的经典化提供了重要参照，“中国经验”只有被思想和价值照亮，才会焕发出“世界文学”的光彩。

莫言获得2012年诺贝尔文学奖，在中国是一个文学大事件。这个事件一方面表明中国文学被国际社会认同，同时也表明中国当代文学研究和批评的国际语境形成。

30多年来，当代文学创作的外部资源已经发生变化，打破了与苏俄文学单向交流的局面之后，我们与国际文学界的广泛交流，丰富了我们对文学的理解；过去由我们自己评价自己文学的时代业已结束，国际社会对中国文学的评价、国际文学奖项的获得，已经成为中国当代文学研究、批评和经典化的一部分；中国文学在世界文学整体格局中正在重新塑形，因此也日益获得了国际社会的尊重。过去那种悲怆的挫败感终于成为历史——中国文学开启了新的历史。

上世纪80年代以降，中国作家的导师大多是欧美作家，在交往过程中，只有中国作家不断向欧美作家致敬，而欧美作家对中国作家关注甚少。俄罗斯汉学家叶果夫说，2012年10月以前，除了一些研究当代中国文学的汉学家，谁也不认识这位著名的作家（莫言）。莫言获诺奖后，俄罗斯人对他作品的兴趣陡然变大，他的第一部俄译长篇小说《酒国》就在这个时候面世。莫言像一颗闪亮的星星冲进了俄罗斯文学苍穹，各种各样的反响几乎爆棚。一位俄罗斯博主对《酒国》做出了如下评价:“毫不夸张地说,这部小说是文学的一个新现象,之前没有类似的。也许这部小说是非常中国化的,但俄罗斯读者不认识中国当代文学作品,没有可与之相比较的。《酒国》这部小说需要长期认真的阅读与深思熟虑的读者。”这些毫不吝啬的赞誉,都发生在莫言获奖之后。因此,莫言获诺奖确实是中国文学的历史性事件,中国文学的地位从此得以改变,在文学领域,我们终于可以和西方强势国家平等地交流对话。

莫言获奖不仅极大地提升了中国文学在世界文学总体格局中的地位,同时也告知我们:中国当代文学批评的国际化语境业已形成。不仅中国学者和批评家在研究、书写中国当代文学,国际上其他国家的汉学家也在研究和书写中国当代文学,更重要的是,这一因素为中国当代文学的经典化提供了重要参照。这个语境的形成,除了文学的通约性以外,与冷战结束后新的国际环境大有关系。冷战结束后,中国文学悄然进入了世界的“文学联合国”。这个未被命名的“文学联合国”,不仅相互沟通和交流文学信息、相互了解和借鉴文学观念和艺术方法,还要共同处理国际文学事务。这个“文学共同体”的形成,是一个不断相互认同也不断相互磨合的过程。比如文学弱势地区对文学本土性的强调和文学强势地区对文学普遍价值坚守的承诺,其中有相通的地方,因为本土性不构成对人类普遍价值的对立和挑战,但在强调文学本土性的表述里,显然潜隐着某种没有言说的意识形态诉求。在“文学联合国”共同掌控和管理文学事务的时代,任何一种“单边要求”或对地缘的特殊强调,都是难以成立的。这是文学面临的全新的国际语境决定的。这种文学的国际语境,就是我们今天现实的文学大环境。这个环境告知我们的是:当下中国文学处于我们正在经历的变化之中。

中国文学的形象在世界文学格局中发生了巨大变化。毋庸置疑,这一改变并不始于莫言。表面看来,新闻报道里的莫言俨然是来自中国的文化英雄,他开始被世人瞩目和传颂,一个新的莫言在这样的景况中诞生。这背后隐含了太多的文化密码。有研究者发现，从上世纪 80 年代起，中国文学一直在西方汉学家的视野中，也正是这一过程的积累，使莫言在 2012 年获得成功。或者说，如果没有几十年同西方文学界的交流，没有文学基本观念的沟通和共识，这个结果不可能出现。

近些年来，“中国经验”的话题被一再提起，似乎“中国经验”是中国文学走向世界的神秘武器，是中国文学引以为傲的全部资本。其实，这一观念与“越是民族的就越是世界的”的观念一脉相承。经验固然重要，但是如果经验不被思想或价值激活，也只是一堆毫无生机、等待书写的材料而已。事实是，“中国经验”必须被人类基本价值观念照亮才会焕发出“世界文学”的光彩。在这个意义上可以说，思想、观念是文学的魂灵，有了这个魂灵，文学才会飞翔。因此应该说，莫言的成功是中国本土经验的成功。

民族文化复兴的要义之一，是为整个世界和人类历史提供值得普遍记取的经验。21 世纪的中国文学，从现实条件、现实成就到现实追求，都面临着一个世界性和整体性的问题。这也是中国当代文学创作和批评的具体的现实的历史处境。

（原载 2015 年 4 月 3 日《人民日报》）

当代文学“经典化”：文艺批评的一个重要面向

吴义勤

什么是经典？就人类文学史而言，“经典”既是一个约定俗成的概念，指人类历史上那些杰出、伟大、震撼人心的文学作品，又是一个无法精确检测和证明的修辞性概念，因为在不同的人看来，所谓“杰出”“伟大”“震撼人心”等等词汇也各有含义。应该说，经典既有客观性、绝对性的一面，也有主观性、相对性的一面，经典的标准不是僵化、固定的，政治、思想、文化、历史、艺术、美学等等因素都可能在某种特殊的历史条件下成为命名经典的原因或标准。但我们看到，当今人们面对当代文学经典问题时，有意消解的就是它的主观性和相对性，从而形成了以经典的名义反经典的现象，并给中国当代文学评价造成了极大困惑与困难。

在此，我们看到一个非常有趣的悖论：当谈论经典作家和文学大师时，我们总是仰视而崇拜，对他们的局限要么视而不见要么宽容原谅；当我们谈论身边作家和身边作品时，我们总是专注于其弱点和局限，反而对优点视而不见。问题还不在于这种姿态本身的厚此薄彼与伦理偏见，而是其背后所蕴含的“当代虚无主义”。这种“虚无主义”的最大后果就是对当代作家作品“经典化”的阻滞，对当代文学经典化历程的拖延。一方面，我们视当下作家作品为“无物”，拒绝对其进行“经典化”的工作；另一方面，又以早就完全“经典化”了的大师和经典来作为贬低当下泥沙俱下的文学现实的依据。这种不在同一层面上的比较,只能使文学评价的不公正以及各种偏激的怪论愈演愈烈。

其实,说中国当代文学如何不堪或如何优秀都没有说服力,关键是要进行“经典化”的工作。对当代文学的“经典化”不是对过往经典、大师的否定,也不是给当代文学唱赞歌,而是要建立一个既立足文学史又与时俱进并与当代文学发展同步的认识评价体系和筛选体系。当然,“经典化”问题是个非常复杂的问题,不能仅凭热情和冲动一蹴而就,但我们至少应该完成认识论上的转变并真正启动这样一个“过程”。

中国当代文学究竟有没有经典?中国当代作家中有没有大师?很多人认为,经典是过去时,与当代无关,因为当代作品没有经过时间的考验,当代人与当代作家作品之间也没有必要的审视距离。这种错觉直接导致了在经典问题上的厚古薄今。现在媒体上流行一些观点,认为中国当代文学“经典化”是一个实实在在的“伪命题”。其实,对于文学,每个人有不同的判断和理解很正常,但笔者认为,上述观点存在对经典和“经典化”的双重误解,因而具有严重的误导性和危害性。

首先,就经典而言,否定中国当代文学和对当代文学的虚无主义态度,单从学理层面看,就已陷入三大误区:

第一个误区,是对经典神圣化和神秘化的误区。很多人认为文学经典就是一个乌托邦化的、十全十美的、所有人都喜欢的东西。这其实是为了阻隔当代文学和经典这个词发生关系。应该明确,人类文学史上似乎也并不存在这样的经典。对每个时代来说,经典并不是高不可攀的神圣神秘的存在,而是那些比较优秀、能被比较多的人喜爱的作品而已。从这个意义上说,当今中国文坛谈论经典时的乌托邦姿态,不过是遮蔽和否定当代文学的一种不自觉的方式。

第二个误区,是经典会自动呈现的误区。有人说,是金子总会发光的。但文学经典的产生有其特殊性,它不是一个“标签”,一定是通过阅读才会产生意义和价值,也只有在阅读的意义上才能实现价值。经典的价值本身也不是固定不变的,不同的时代、面对不同的读者会呈现出完全不同的价值，这也是所谓文学永恒性的来源。所以说，经典不会自动呈现，一定要在读者的阅读或者阐释、评价中才会呈现其价值。

第三个误区，是经典命名权的误区。很多人把经典的命名视为一种特殊权力。这有两个层次的问题：一是现代人还是后代人具有命名权；二是权威还是普通人具有命名权。说一个时代的作品是经典，是当代人还是后代人说了算？某种意义上，时间确会消除文学的很多污染，让我们更清楚地看清真相，但时间也会使文学的现场感和鲜活性受到磨损与侵蚀。此外，如果把一切交给时间，还有个前提，就是对后代的读者有足够的信任，相信他们能完成对我们这个时代文学的经典化使命。但幻想后人用考古的方式对我们这个时代的文学进行经典命名，并不现实。一部被后代命名为经典的作品，在它所处的时代也一定会是被认可为经典的作品，而在当代默默无闻的作品很难会被后代“考古”挖掘为经典。此外，在经典命名的问题上，还有个当代作家究竟为谁写作的问题。当代作家是为同代人还是后代人写作？幻想同代人不阅读、不接受的作品后代人会接受，这本身就是非常乌托邦的。更何况，当代作家所表现的经验以及对世界的认识，当代人更能理解并产生共鸣。从这个角度说，当代人对一个时代经典的命名显然比后代人更重要。第二个层面，就是普通人、普通读者和权威的关系。在这个问题上，我们要追求文学经典评价的民主化。对一个时代文学的判断应该是各种文学声音都应该能够有效地发出。当所有的作品都被阅读过、所有的声音都能发出来的情况下，各种声音碰撞、妥协、对话，会形成对这个时代文学比较客观、科学的判断。作为文学研究者或文学出版者，参与当代文学的进程，参与当代文学经典的筛选、淘洗和确立过程，更是一种义不容辞的责任和使命。说到底，经典是主观的，经典的确立是一个持续不断的“过程”。经典的价值是逐步呈现的，对于一部经典作品来说，它的当代认可、当代评价是不可或缺的，否则，就无法从浩如烟海的文本世界中突围出来，就可能永久地被埋没。

其次，就“经典化”而言，前述观点同样存在着严重的学理缺陷，体现了对“经典化”本身的误解。“经典化”不是简单地呈现一种结果或对一个时代的文学作品排座次，而是要进入一个发现文学价值、感受文学价值、呈现文学价值的过程。所谓“经典化”的“化”，实际上就是文学价值影响人的精神生活的过程，就是通过文学阅读发现和呈现文学价值的过程。可以说，文学“经典化”过程，既是一个历史化的过程，又是一个当代化的过程。文学的“经典化”时时刻刻都在进行着，它需要当代人的积极参与和实践。从这个意义上说，当代文学的“经典化”当然是一个真命题而非伪命题。

（原载2015年2月12日《光明日报》）

茅盾文学奖作品能成为经典吗?

贺 绍 俊

第九届茅盾文学奖评选日前已开始征集作品。茅盾文学奖是当代文学的一项重要的、具有相当权威性的文学奖项,至今已经走过30多年,评出了8届共30余部作品,其中的一些作品如《平凡的世界》《白鹿原》等历经几十年仍经久不衰。有人会问,这些获奖作品都能算是当代文学的经典之作吗?当然不能以获得茅盾文学奖为标准来确定经典,但这个问题促使我们来思考:茅盾文学奖与经典化有什么关系?

坚持现实主义的评奖宗旨

文学经典不是由某个部门以某种标准评选出来的,文学经典是经过时间的淘洗,经受了社会和读者等各个方面的考验,自然形成的。这个淘洗和考验的过程就是一个经典化的过程。当代文学作品与古典文学的区别之一,就在于当代文学还没有完成经典化。经典化是一个复杂的文化行为,应该把作家的创作、批评家的批评,以及整个社会的文学生产和文学消费,都看成是经典化过程中的必不可少的元素。文学评奖制度显然也是一个重要元素,它会以自己的方式影响文学作品的经典化。

茅盾文学奖在最初设立时就确立了坚持现实主义精神的评奖宗旨,尽管对于现实主义的理解和认识在不断深化,但该奖坚持现实主义精神的宗旨基本没变。首届茅盾文学奖是1982年评选出来的。这是新时期文学刚刚起步的时期,对于经历过“文革”的高压政治磨砺的文学来说,仿佛是从寒冬刚刚转向春天,一切还处在万物复苏的阶段。当时有一个政治词语:拨乱反正。文学也借助“拨乱反正”,给文学的话语权确立新的执掌者。首届茅盾文学奖既是“拨乱反正”的产物,也是“拨乱反正”的成果,而后人们对于首届茅盾文学奖的阐释,也基本上没有超越“拨乱反正”的认识水平。新时期文学通过“拨乱反正”逐渐建构起一种“拨乱反正”的宏大叙事,首届茅盾文学奖所奖励的作品都是“拨乱反正”的宏大叙事的作品。因此可以说,首届茅盾文学奖实践了“拨乱反正”的政治策略。这是当时的文学的必然选择。对于首届茅盾文学奖的评价,比较共同的意见是,它体现了向传统现实主义的回归。事实上,从首届茅盾文学奖起,就基本确立了现实主义在茅盾文学奖中的主导地位。

上世纪80年代是一个文学观念异常活跃的年代。当时正是西方现代派风行的时候,西方现代派一下子就冲决了我们过去修筑起来的现实主义大堤。回顾这段历史,有很多问题是值得反思的。过去我们是独尊现实主义,并且将现实主义意识形态化,从而导致了现实主义越来越远离现实主义的本来面目,变成一种僵化的现实主义、概念化的现实主义。读者阅读以这种方式写出来的小说,也感到了厌倦,因为他们从中读不到新的东西。这是80年代总的文学环境。在这种文学环境下,突破现实主义框框的写作,既受到作家的欢迎,也受到读者的欢迎。当时茅盾文学奖强调坚持现实主义精神,给人的感觉就是缺乏进取精神、不敢突破。但如果不是茅盾文学奖对现实主义文学的偏爱,也许就会将《平凡的世界》这样的优秀的现实主义文学作品遗漏掉。路遥是新时期成长起来的年轻作家,他对当时的文学环境应该有所感知,但他并不被新奇的文学观念所煽惑,而是能够在文学观上保持淡定和坚守,这同样也很不容易。因为创作实践中的现实主义出了问题,并不能说明现实主义本身就必须抛弃了,现实主义还有没有生命力,这同样需要作家通过自己的实践来证明。路遥就宁愿做这样一名作家。这正是路遥的可贵之处。路遥在文学上崇拜的对象是同为陕西作家的柳青，他不仅认同柳青的创作方式，更认同柳青对待农村和农民的立场和态度。他构思《平凡的世界》时，他也希望自己能像柳青那样，去写一部反映农村现实的史诗性的作品。路遥坚守了自己的文学立场和文学理想，他也通过自己的奋斗，证明了传统现实主义仍然具有生命力。但是，在当时的“西风劲吹”的大潮下，《平凡的世界》出版后并没有受到好评。茅盾文学奖此刻却能坚持自己的宗旨，肯定了《平凡的世界》的现实主义文学品格。显然，茅盾文学奖对于《平凡的世界》的经典化起到了提速的作用。

茅奖将优秀当代作品带上经典化快速车道

现实主义在长篇小说创作中又是充满变异性和开放性的，始终处于动态发展的状态之中。相对而言，茅盾文学奖对于现实主义的理解远远滞后于创作现实的发展，在审美选择上趋向于保守和稳重，不能及时地接受现实主义在长篇小说创作中的新质，因而将一些对于深化和发展现实主义有所贡献的优秀作品排斥在茅盾文学奖之外。比如韩少功的《马桥词典》。韩少功的《马桥词典》出版于 1996 年，那个阶段的当代小说在欲望化写作和市场化的社会转型的双重推动下，沉湎于形而下的写实狂欢中。韩少功却关注语言，探询语言背后的形而上意义，作品融合了作家在历史、地理、语言学、人类文化学、民俗学等方面的知识与涵养，处处展示出作者对哲学、社会学、历史学的沉思，更体现了深刻的哲理性。如同一些学者所指出的，“它真正的独创性，是运用民间方言颠覆了人们的日常语言，从而揭示出一个在日常生活中不被人们意识到的民间世界。”《马桥词典》的出版，就像在形而下的黑暗中透出了一线阳光。据我了解，当时有一些评委力推《马桥词典》，甚至到了下一届，还有评委重提这部作品，认为应该以补救遗珠之憾的方式将其入选。尽管最终《马桥词典》与茅盾文学奖无缘，但这并不意味着《马桥词典》的经典化过程就已经终结。说到底，茅盾文学奖是经典化的重要因素,但又不是唯一元素。

也许可以这样说,茅盾文学奖将不少优秀的当代作品带上了经典化的快速车道,如《白鹿原》《尘埃落定》《秦腔》《蛙》《长恨歌》《无字》等等,但这些作品最终能不能成为真正的经典作品,首先还在于作品本身的质量是不是过硬,也在于经典化过程中的其他复杂因素。我希望茅盾文学奖能够不断地完善评奖制度,从而能够评选出那些真正具有经典潜质的作品,让这个经典化的快速车道发挥出更大的作用。

(原载 2015 年 5 月 12 日《人民日报·海外版》)

文艺理论应介入文艺实践

刘　琼

文艺理论作为一门学科，建设的压力和目标永无止境。我们今天对于文艺理论学科建设和发展的讨论，体现了一种思想文化再度活跃的苗头，回顾历史，会发现任何一次文艺理论发展的高潮期，似乎都建立在思想和文化高度活跃的基础上，同时折射了正在变化中的当下中国文艺实践对于理论缺位的严重不满。

对于文艺理论缺位的不满，集中表现为对于文艺批评的不满。因此，我要先说说自己对于文艺理论和文艺评论的关系的理解。

什么是“文艺理论”，各种教材包括百科搜索都有详细恰切的解释，总之，从功能的层面，通俗地说，文艺理论是文艺实践的总结、炼化和领航。文艺理论和文艺评论研究的对象不一样，文艺评论以具体的实践为对象进行品鉴和判断，文艺理论是以文艺创作的实践经验为对象进行总结和炼化，具体的文艺实践林林总总、变化多样，文艺理论则将其总结并炼化成一般性和共通性的规律。文艺理论对文艺的性质、功能、发生规律的研究，是建立在对丰富多样的文艺实践的认识基础之上。可见，如果说，文艺评论是一对个别或一对少，文艺理论则是一对多。一对多的重要性和必要性不言而喻。

文艺理论的起点当然是理性逻辑，文艺评论起点应该是直觉感受力。正如李泽厚在《该中国哲学登场了》中说“评论首先要有感觉。没有感觉，拉上一些概念和理论套将下去，那是不行的”，信以为然。如此说来，文艺理论和文艺评论风马牛不相干？截然分开？不仅不应截然分开，而且是如胶似漆。当整个文艺作为一门学科发展和积累到今天，就普遍性而言，从发生时间上，文艺创作在前，文艺评论随后，文艺理论或在创作之前或与评论同时或在创作和评论之后，在实践的每一个时间层面都随时会出现。文艺理论为文艺评论领航，文艺理论先于文艺实践并指导实践，这是良好的状态，表现为文艺理论的充分自觉。不良好的状态，当然就是文艺理论的缺席和失语。

文艺评论需要文艺理论在场，文艺理论如何在场？对于职业或者专业的文艺评论，良好的感受力虽然是第一位，但精准的表达和有效阐释，一定来源于文艺理论的长期滋养。文艺理论对于文艺评论，比方法论更重要的是，理论是一种素养，它培养鉴别力和判断力，它让批评者对于具体对象的认知高出现象和浮表。作为素养的文艺理论一经掌握，会与评论主体既有的经验、感受和理解相结合，而不是挂在脖子上的项链和挎在手里的LV包。也就是说，文艺理论建构的是文艺观，它的功能是指导文艺实践。每一次专业评论的完成，文艺理论理论上应该伴随其左右。而每一次高明的评论的完成，理论都会隐身其后。我个人认为，一个大理论家，一定是个大评论家，比如茅盾，比如王朝闻，比如李泽厚。王朝闻作为一个以美术理论研究为主业的美学家，却在艺术实践中把美学理论和诸多艺术评论打通。我最喜欢看王朝闻的戏剧评论，很短，一针能见血，生动，深刻，读完有启发。李泽厚在《中国现代思想史论》中谈20世纪文艺，谈苏曼殊的现代性，谈冰心的宇宙观，简简单单，明明白白。今天为什么大家对文艺评论不满足、不满意？当然是看到文艺评论的力量不够，深度和高度不够，缺乏规律性的认识、本质化的把握，呼吁理论的介入。评论是用理来论，没有理，论之不详、不足、不实、不强。

话也要说回来，李泽厚能把思想史论这类理论文章写得摇曳多姿，一个原因就是他对创作实践的熟稔。因此，在此要强烈呼吁文艺理论对于文艺实践的介入。我们今天倡导文艺理论创新也好，倡导学习和借鉴西方理论也好，出发点是提升和改造认识，从而指导实践，而不是为理论而理论，更不是讲文艺理论研究"职业化"和"本本化"。学院派文章这些年受到质疑，主要原因在于对理论的本本和教条使用，对于实践的隔膜。假如一个研究文艺美学的学者，对当下的创作实践都不熟悉，他的美学理论显然是可疑的，不足征信。理论不能脱离实践、不能生造，理论也不可孤芳自赏，理论应来自实践并被实践不断检验。

还有一个问题，我们今天对文艺理论的不满足，是因为文艺理论本身不够多、不够新吗？还是有别的原因？

一是的确需要创新理论。21 世纪以来人类社会进入了新的历史阶段，中国社会尤其明显，既有与世界其他国家同步发展的共性，也有卓然不群的个性。这些变化直接表现为经济形态、社会形态，最终会以各种方式表现为文化的形态，并通过文艺记录下人类的这段历史变迁。文艺实践形势和形式发生巨大变化，有针对性的文艺理论似乎没有及时地有效地介入，这的确延宕和损伤了文艺实践。比如，网络作为一种媒介，对于各种文艺形式产生深刻影响，文艺创作和文艺接受产生了新的变化，诞生了一些新的文艺传播形式和创作形式，比如网络文学、网络剧、微电影等，这些是不是新兴文艺形式？如果是，它们的本体研究理论有没有建立？再比如，在充分市场经济的大背景下，对于文艺与资本、与市场的复杂关系，简单粗暴的推崇或批评其实都无济于事，理性的理论研究跟上了吗？此外，这些年文艺生态的一个明显变化是大众文艺的"显学化"，如电视剧、电影，对于这些已经广泛深刻影响人们精神内在的大众文艺形式，其本体理论研究做得如何？当然，文艺理论不创新，没有出路，但是，创新不能只是量的增加，而忽视对于"新"的把握，对于"新"的把握也不能只是猎奇，而忽视对于逻辑的表达，对于视域的合法开拓。

二是的确需要打捞经典文艺理论。说打捞，是因为今天我们对于经典文艺理论比较轻慢，对于经典理论的当代阐释做得不够。读一百本书，不如读一本经典，这是阅读的经验，也是理论学习的经验。从文艺学最初发生于始，中西文艺理论书籍可谓汗牛充栋，但是，真正能够始终进入学习的教程、有透彻的影响者，从数量上来看是有限的，这些就是经典。不是人类的创造力不够，而是文艺理论的基本问题研究先哲们都已经涉猎，文艺研究的基本框架理论已经建立，比如欧洲古希腊时期，比如中国魏晋南北朝时期。这么说，不是代表后学者无为，而是在框架理论的基础上，针对变化了的历史条件，针对诞生的新的现象和问题，不断地补充、修正、丰富。尽管每一个新的问题的提出、新的理论的产生，都是认识的一次突围，但框架理论也即经典理论始终存在，它们是认识突围的基础。问题是，在今天的高等院校教学实践和文艺创作评论实践中，对于经典理论的学习和掌握，热情似乎并不够。文艺理论的创新肯定不是在沙滩上建城堡，它要面对共时性的现实实践，它还要面对历时性的经典传统。加强对经典的学习，可能是文艺理论学科建设的要务之一。

三是的确需要整个人文学科的联动。也就是说，文艺理论研究要"逸出"文艺，才能有空间和力量。文艺是关于人的美学，关于人的美学的理论建设，势必是一个系统性学问，需要哲学、历史学、社会学、人类学、经济学等诸多学科的共同支持。难以想象，在整个人文学科发展薄弱和研究冷淡之际，文艺理论研究能一枝独秀。而人文学科的建设和发展又非简单之事，需要在制度建设和方向把握上有主张，需要整个社会重视和提倡人本主义、人文思想。这些都不是朝夕之功，需要时间。这么说，不是推卸文艺理论单独建设的责任，而是希望大家要有信心，还要有耐心。

（原载2015年5月8日《文艺报》）

呼唤理论与批评的"深度"

——贺《中国文学批评》问世

高建平

文学需要批评，在历史上，批评与创作相互推动，共同书写了文学的历史。中国的文学批评自改革开放以来，丰富而多样，对文学的繁荣起着重要的作用。那么，这本《中国文学批评》杂志要做一点什么？想在中国文学批评的事业中，注入一种什么样的力量？这当然是办这份杂志的人们所思考的。据我观察，批评事业固然繁荣，但批评多种多样，有一种批评还是缺失。

纵观当下的批评，最为普遍，最引人注目的，有三种：

第一是推介性批评。出版社出了一本书，要请有影响的批评家们说说话。于是开一个会，有时作家不来，有时作家也参加。作家不来，出版社的人在，说的话可批评，可赞扬。但这些话在一种语境中生成：告诉读者这本书值得买，值得读。作家来了。作家与批评家本来就是朋友，或者，来了就是朋友。这是一场朋友会，朋友间也要批评，但这样的场合，不是来交锋的。用通俗的话说，大家都是来捧场的，场合对所说的话有要求，要说场面上的话。于是，出现了推介性批评的"场"的规定性。当然，这种批评很重要。每年出几千本长篇小说，更多的中短篇小说、诗歌、散文，那么多的书，读者无所适从，需要有权威的人帮助他们选择。当书多到反正也看不完时，需要有人告诉读者，哪一本更重要，先看哪一本，今年的书看哪几本就够了。如果批评家有了这个地位，他们就很了不起了。他们用自己的影响力造就作品的影响力，形成影响力的传递。

第二种是扶植性批评。各级作家艺术家的组织，常常做这样的事，组织大腕批评家们对青年、女性、少数民族、残疾人等人群的作家作品进行研讨。或者，他们为某种想要鼓励的类型的作品开一个会，请人说说话。这种做法很好，表明导向，被讨论的作家艺术家也会充满感激，也许，这还会对他们今后的创作产生深远的影响。作家需要扶植，作品需要培育，创作导向需要调整。对于批评家来说，参加这种活动也很好。他们是请来的老师，被放到一个指导者的位置上。

第三种是一些酷评。作家怕酷评，评得头皮发麻，心里发堵。但是，这种批评还是有人喜欢的。喜欢这种批评的，首先是媒体人。人在街上走，街上一切正常，于是对什么都没有印象。如果街上有人吵闹或打架，就有人围观。酷评就是这种意在引发围观的批评。评得酣畅淋漓，说最极端的话，求一个痛快。最好有人与他们配对，针锋相对，有唱有和。这样一来，报纸杂志就好卖了。这是一种求围观的媒体现象。批评家跳到戏台上，聚光灯下，摄像头前，寻求表演性，把注意力吸引去。这时媒体人就偷着乐，多印报纸杂志，悄悄地数钞票。

除了这三种批评以外，我们是否还要另一种批评？这种批评是客观的，直言的，有好说好，有不好就说不好的批评。这种批评更是有理论分析、与理论接轨的批评。

如果说，要用一个词来概括这份杂志的特点的话，也许，我可以说，是“深度”。它包括理论的“深度”和批评的“深度”。

改造批评，要从改造理论做起。近年来，文学理论出现了许多的问题：

第一种是使文学理论抽象化。文学是人学，这个定义本来是指活生生的、有个性的，有喜怒哀乐、爱恨情仇的人。一些研究者却将它抽象化，用心理学、生理学、人类学、社会学等各种学科来研究人。这些研究者的对象，是作为类的人，研究的是“人们”或“某一类的人”，与文学所要研究的人之间，还隔一层。这之间需要一个对接，如果对接得不好，就会出现以“人们”代替

"人",从"人"出发,结果却目中无"人"的现象。

第二是走出文学而走向泛文化研究。文学理论研究的扩容是必要的,跨界也是允许的。但是,从事社会文化现象的研究,例如,对青年亚文化研究,对一些社会现象研究,都需要。文化研究在中国的兴起,有其现实原因。一些青年学者痛感学科间画地为牢现象严重,要打破学科界限,建立公共文化平台。但是,研究的深入,还有待于学科的回归。跨界的现象,有利于启发思考,但是,每一个学科都有自己的研究对象,以及相对固定的疆域。当一个人可以研究一切时,他就失去了自己的专业、自己的家园,研究一切却不研究文学本身。这是研究中的一种无家可归现象。

第三是研究理论的人,只是在制造关于理论的理论。一些理论文章常常这样写,西方某思想家说了什么,他再说了什么,他还说了什么,最后,他又说了什么。文章到此结束。其实,写这样的文章也不容易。所研究的著作本来就不好懂;用自认为有"理趣"的语言复述出来,也很不容易;还需要进行一些综合,将原作者在不同地方所说的话拼合在一起,形成一种叙述风格上的一致性。这些研究者有这样一种追求:像体育运动一样,理论阅读是一种思维能力的训练,理论文章是这种能力的展示。作者在晦涩的文字阅读中磨炼智力,从而用繁复的句子展现这种磨炼的成果,并发表这样的文章显示一种孤傲的趣味。至于这种智力训练与所思维内容的关系,就不在他们关注的范围之内了。

走出理论的困境,避免这三种理论倾向,有一个途径,这就是理论与批评的结合。理论的深度,就是深入分析文学活动的现实。理论要研究作家、文本、阅读和批评的现实,这样的理论,才是关于文学的理论,是用得上的理论。这并不是说,理论可以直接从创作和批评实践中生长起来,而是说,从事理论研究的人,要面向这些实践,使理论具有现实对应性,在现实的激发下发展。

与此同时,要有深度的批评。批评要有好说好,有不好就说不好。但是，不能到此为止。到此为止的，仍是一种感受性批评。批评要结合理论，从作品中总结出理论的意义，用理论阐发作品的意义。说到这里，我想起王国维的《红楼梦评论》。在一百多年前，他将理论与作品结合在一起，互相发明，阐发出深刻的道理。我们今天也许不赞成他的哲学，也许不赞成他对作品的解读，但这种理论与作品结合的尝试，在方法论上，仍值得我们借鉴。

当然，这份杂志下一步怎么走，就像为一个孩子规划前途一样，总会有理想实现的一面，也有事与愿违的一面。杂志的编辑者们既要想好怎么走，也要允许走一步看一步，在文学界的注视下，在读者的批评声中，通过作者与编者的共同努力，不断修正，奋力前行。

（原载 2015 年 7 月 20 日《光明日报》）

文化消费主义语境下的文学价值之思

陈 众 议

一

消费主义无疑是当今世界的"主旋律",时尚的瞬息万变、信息的五花八门大都瞄准了人们的腰包、刺激潜在的消费欲望。这是资本逻辑和技术理性合谋的结果。我们或可从中梳理出几个并不新鲜,却常说常新的话题:一是何谓文化消费主义;二是谁主世界潮流;三是消费意识缘何成为大众意识,作家、理论家如何在写作或思辨中实现或抵抗所谓的现代性或后现代性。换言之,它至少牵涉到三个问题:第一,何谓现代性或后现代性?第二,谁是大多数?第三,谁主世界潮流?

关于第一个问题,西方过来人早有议论,他们对现代性或现代意识的疑窦和反思出现于19世纪,甚至更早,而焦点或靶子正是消费主义。到了20世纪,两次世界大战使生灵涂炭、满目疮痍,现代主义虽然走进了观念和技巧的死胡同,但其所表现的异化和危机却具有片面的深刻性(袁可嘉语)。而后现代主义则多少反其道而行之,娱乐至上、消解意义,虽然使文艺顺应了自由市场的游戏规则,但模糊了后发达或发展中国家的意识形态的相对独立性。根据马尔库塞(《单向度人》)的说法,真正的艺术是拒绝的艺术、抗议的艺术,即对现存事物的拒绝和抗议。换言之,艺术即超越:艺术之所以成为艺术,或艺术之所以有存在的价值,是因为它提供了另一个世界,即可能的世界;另一种向度,即诗性的向度。前者在庸常中追寻或发现意义并使之成为“陌生化”的精神世界,后者在人文关怀和终极思考中展示反庸俗、反功利的深层次的精神追求。同时,他认为大众文化瓦解了传统意义上的无产阶级,并使之单向度地陷入了消费主义的陷阱。但是,后来的文化批评家费斯克(《理解大众文化》)却认为,大众(通俗)文化即日常生活文化(也即所谓的“生活审美化”“审美生活化”),其消费过程则是依靠文化经济自主性对资产阶级意识形态霸权进行抵抗的过程。他们从不同的角度肯定了“严肃文化”和“通俗文化”、精英主义和消费主义的存在价值。显然,现实助费斯克战胜了马尔库塞。这也是后现代主义战胜现代主义的一个显证。而后现代主义指向一切意义和宏大叙事的解构为所谓娱乐至上的大众消费文化的蔓延提供了理论基础。于是,绝对的相对性取代了相对的绝对性。

关于第二个和第三个问题,王小波曾一语中的,谓“沉默的大多数”。如果拿金字塔作比附,那么人类的大多数毫无疑问地便是被压在底层的那个庞大的基数。他们大都还在为生存权挣扎,何谈话语权?! 而今,虽然互联网和微博微信为众生提供了言说的机会,但它又何尝不是淹没在资本这个汪洋大海、被资本玩弄的小小泡沫。而“在安静的书屋里孕育翻天覆地思想”(海涅语)的西方文人从卢梭到尼采到斯宾格勒到奥尔特加·伊·加塞特到卡夫卡到弗莱到加西亚·马尔克斯到波兹曼等等(这个名单几可无限延续),对现代化的意见也不尽相同,尽管总体上是保守的、否定的取法。

至于谁主世界潮流,文学界也许还不大关心,因为长久以来我们被一些伪命题欺骗了,即“民族的就是世界的”“越是民族的就越是世界的”云云。然而,世界是谁?它常常不是全人类的总和。往大处说,世界常常是少数大国、强国;往小处说,世界文学也常常是大国、强国的文学。这在几乎所有世界文学史写作中都或多或少有所体现。因此,世界等于民族这个反向结果一直存在,而非“民族的就是世界的”。只不过它从来没有像今天这样表现得清晰明了和毋庸置疑。盖因在跨国资本的全球化进程中,利益决定一切。换句话说,资本之外,一切皆无。而全球资本的主要支配者所追求的利润、所奉行的逻辑、所遵从的价值、所代表的强国和它们针对弱国或发展中国家的去民族化、去本土化意识形态,显然与各民族的传统文化不可调和地构成了一对矛盾。

总之,资本逻辑与技术理性合谋,并与名利制导的大众媒体及人性弱点殊途同归、相得益彰,正推动世界一步步走向跨国资本主义这个必然王国,甚至自我毁灭。于是,历史必然与民族情感的较量愈来愈公开化、白日化。这本身构成了更大的悖论,更大的二律背反,就像早年马克思在批判资本主义这个历史必然时所阐述的那样。如今,文化消费主义之流浩荡,而且其进程是强制性的,不以人的意志为转移。不宁唯是,强势文化对弱势文化的压迫性、颠覆性和取代性来势汹汹,却本质上难以避免。这一切古来如此,在可以预见的未来仍将如此,就连形式都所易甚微。这在"全球化"时代更是显而易见。而所谓的"全球化",说穿了是全球跨国资本主义化。我们当何去何从?我们的文学和文学批评当何去何从?这本来就是个难以回避的现实问题。马克思曾经的做法是逆时代潮流而动、明知不可为而为之。也许这才是真正的君子之道,也是文学经典之道。然而,我国文坛却提前进入了"全球化""娱乐至死"的狂欢,或轻浮或狂躁,致使伪命题及去心化现象比比皆是;文学语言简单化(却美其名曰"生活化")、卡通化(却美其名曰"图文化")、杂交化(却美其名曰"国际化")、低俗化(却美其名曰"大众化")等等,以及工具化、娱乐化等去审美化、去传统化趋势在网络文化的裹挟下势不可挡。

当然,我并不否定"全球化"或跨国资本主义化是人类社会发展的必然一环,即资本在完成地区垄断和国家垄断之后实现的国际垄断。它的出现不可避免,而且本质上难以阻挡。从某种意义上说,我国不仅是"全球化"的得益者,而且是其积极的推动者。

然而,马克思正是在对资本的认知上预言了"全世界无产者联合起来”:不分国别、不论民族,为了剥夺的剥夺,向着资本和资本家开战,进而实现人类大同——社会主义。但前提是疯狂的资本逻辑和技术理性让世界有那么一天(用甘地的话说,“世界足够养活全人类,却无法满足少数人的贪婪”);前提是我们必须否认“存在即合理”的命题,并且像马克思那样批判资本主义。这确乎是一种明知不可为而为之,但若不为,则意味着任由跨国资本及其“现代化”毁灭家园、毁灭世界。

二

那么,文学何为?这个问题并不容易回答。这一方面源于文学的复杂,另一方面却是因为文学从“无用”到“有用”再到“无用”循环往复,恰好经历了不少轮回。

首先,在我们古人那里,文史不分家,因此文的涵盖面极广。其次,即使狭义的文学,它至少也是文与学的叠加。它“可以兴,可以观,可以群,可以怨”;是模拟,是反映,是表现,是再现;“熏、浸、刺、提”,“陶、熔、诱、掖”,无所不能,无所不包。但它终究是“无用之用”,不能吃,不能穿,就像庄周眼里老汉门前的那棵歪脖子树。此外,文学又是说不尽的,“一百个读者就有一百个哈姆雷特”。为了将复杂的问题简单化,我不妨套用一句业内老话,谓文学是创作和批评构成的双桅船,抑或创作与批评犹如鸟之两翼、人之两腿。举个例子,如果没有批评和广义的研究,《诗经》既不会产生,也难以流传。从孔子编《诗》到《毛诗正义》到今天多如牛毛的“诗学”,中华民族走过了几可称之为最高层次的心路历程。再举个例子,没有众多评点者、注疏者、赓续者、传抄者及“维新派”、王国维、蔡元培、胡适等人的钩沉、研究与推崇,《红楼梦》没准早埋入历史的尘埃或跌入永远的忘川了;反之,封建道统的“诲淫诲盗”之说也不失为是一种批评。它们与《诗经》《红楼梦》等共同构成了中华文明的精神天空。但光阴荏苒,时移世易,以消遣为取向的大众消费文化迅速崛起。精神的天空忽然飘满了色彩斑斓的肥皂泡。以现代美国为例，其文化本质上服从于跨国资本主义政治，其背后则是资产者（资本支配者）的经济利益。这一政治发扬了资本主义“自由”“平等”“博爱”精神，并逐渐形成了两大新基点，一是现代化，二是大众消费文化。二者相辅相成。不消说，除了上述三精神，资本主义制度建立在四大“合理性”上：一是自由经济的“合理性”，它以每个人发挥主观能动性为前提，从而可以最大程度地提高生产效率，进而调动和利用有效资源以发展生产力、创造物质文明、满足人的需求；二是民主政治的“合理性”，它确保社会公平与公正，并在此基础上赋予民众自我选择、自我实现的权利；三是伦理道德的“合理性”，它维护人的尊严、人的本质诉求；四是多元文化的“合理性”，它以开放的姿态兼容并包，从而保证了人们的创造力和多元的精神诉求。当然，这些相对空洞的政治经济和文化道德理念必须依附于看得见摸得着的实际。于是，现代化成了资本主义的首要追求和现实承诺。它一方面以刺激需求推动了生产力的发展，另一方面又以结伴而生的大众消费欲求反过来刺激生产力的进一步发展。这一循环从现代化初级阶段以满足实际需求为导向的生产和消费方式，逐步发展至如今以制造和刺激消费、激活和培养欲望为目的的消费和生产方式。因此，现代化和大众消费文化二而一，一而二相辅相成，相得益彰。上世纪50年代中后期艾森豪威尔政府发起的所谓“民众资本主义”便是这“二化”的高度体现。

总之，现代化伴随着资本主义的产生而产生、发展而发展，它见证了奈斯比特、托夫勒们所说的“第二次浪潮”，却并没有就此歇脚，而是以新的面目走向了所谓的“后现代”或“后工业时代”，导致文学及狭义文化与商业的界限彻底模糊。用文化批评家费斯克（《理解大众文化》）的话说，大众（通俗）文化即日常生活文化，其消费过程则是依靠文化经济自主性对意识形态霸权进行抵抗的过程。

然而，曾几何时，文学（创作）及广义的文学研究作为人类文明的重要组成部分，是人类进步不可或缺的标志。孔子固然实在，却为我们编纂或修订了吃不得、穿不了的五经和《春秋》，可谓功莫大焉。同样,马克思主义的经典作家向来重视文学,尤其是经典作家在反映和揭示社会本质方面的作用。马克思在分析英国社会时就曾指出,英国现实主义作家"向世界揭示的政治和社会真理,比一切职业政客和道德家加在一起所揭示的还要多"。恩格斯也说,他从巴尔扎克那里学到的东西,要比从"当时所有职业的历史学家、经济学家和统计学家那里学到的全部东西还要多"。列宁则干脆地称托尔斯泰是俄国革命的一面镜子。这并不是说只有文学才能揭示真理,而是说伟大作家所描绘的生活、所表现的情感、所刻画的人物往往不同于一般抽象的概括、数据的统计。文学更加具体、更加逼真,因而也更加感人、更加传神。其潜移默化、润物无声的载道与传道功能自不待言。站在世纪的高度和民族立场上重新审视文学,梳理其经典,展开研究和研究之研究,将不仅有助于我们把握世界文明的律动和了解不同民族的个性,而且有利于深化中外文化交流,从而为我们借鉴和吸收优秀文明成果、为中国文学及文化的发展提供有益的"他山之石"。同样,立足现实、面向未来,需要伟大的传统,否则我们将失去地气、丧失底气,成为文化侏儒。这就是所谓的"洋为中用""古为今用"。

换言之,洞识和研究人心不能停留在切身体验和抽象理念上,何况时运交移,更何况人不能事事躬亲、处处躬亲。"观乎天文以察时变,观乎人文以化成天下";文学作为人文精神的重要基础和介质,既是人类文明的重要见证,同时也是一时一地人心、民心的最深刻,也最具体的体现,而外国文学则是建立在各民族无数外国作家基础上的不同时代、不同民族的认识观、价值观和审美观的形象反映。

再换言之,文学为我们接近和了解世界提供了鲜活的历史画面与现实情境。因此,走进经典永远是了解此时此地、彼时彼地人心民心的最佳途径。这就是说,文学创作及其研究指向各民族变化着的活的灵魂,而其中的经典(包括其经典化或非经典化过程)恰恰是这些变化着的活的灵魂的集中体现。

三

“观乎天文以察时变，观乎人文以化成天下”。这是《易经》对文化的界定。在西方，从词源学的角度看，文化一词同样主指培育、崇尚，即“Culto”。诚然，外国文学理论“大破”之后远未大立。尽管它们正在或已然“转向”，但这种“转向”所导致的依然是发散性的多元。于是，“甲方唱罢乙登场”变成共时性狂欢。这在可以想见的未来也将是一种常态，而且具有鲜明的“国际化”倾向。它符合跨国资本主义的发展态势。同时我们也应看到，多数外国学者，包括西方学者一直孜孜矻矻地执着于民族经典。他们并非不了解形形色色的当代文论，却大都采取有用取之、无用弃之的新老实用主义态度。然而，我国同行中仍有不少热衷于“后理论”的，甚至将歌德式的世界主义和马克思主义的国际主义混为一谈，从而模糊了空想与科学的界限。

正所谓“他山之石，可以攻玉”，外国文学及文论的译介和研究本该为我国的文学创作和批评理论、研究范式提供可资借鉴的有益养分，而不是来者不拒，甚至引发肠胃功能紊乱的盲目吞噬。且不说大多数西方学者一直孜孜于经典研究，一些曾经的后文学、后理论“新贵”也早已转向。譬如文学伦理学的崛起、分析实证主义的回潮、生态批评与后人道主义的合流、认知美学的发展等等，都是这种转向的佐证。

世界主义由来已久，且从来内涵模糊、外延不清。它几乎可以追溯到遥远的先秦和古希腊时代。孔子曰：“大道之行也，天下为公。选贤与能，讲信修睦。故人不独亲其亲，不独子其子。使老有所终，壮有所用，幼有所长，矜寡孤独废疾者皆有所养。男有分，女有归。货恶其弃于地也，不必藏于己。力恶其不出于身也，不必为己。是故谋闭而不兴，盗窃乱贼而不作，故外户而不闭，是谓大同。”（《礼记·礼运篇》）同理，柏拉图在《理想国》中有过类似的怀想，他将理想国描绘得美轮美奂，并将国民划分为三个等级，即哲学家等级、勇士等级和大众等级；至于诗人缘何必须被逐，则是另一个话题。在他看来，大众受欲望驱使、按欲望行事，他们是体力劳动者，即工匠、商人和农民。勇士作为二等公民靠勇气生活，是国家的卫士（军人）。作为最高等级的哲学家（爱智者）则用智慧治理国家；一旦曰智者掌握权力，那么动乱就无处栖身，天下也就太平了。这是文人的一厢情愿，美虽美矣，然非现实，及至两千多年以后的当今世界一仍其旧。

如果将世界主义这个模糊而又宏大的概念缩小至可喻的范畴，那么首先它与源远流长的理想主义一脉相承；其次它业已在跨国资本主义时代演化为残酷的现实：去民族化的“国际化”趋势；再次它的消费主义取向违背了文学经典的伟大传统。

马克思恩格斯对“世界文学”的认知是建立在对资本从地区垄断到国家垄断再到国际垄断的批判性基础之上的，也就是说，他们认为它是资产阶级以自己的方式建立世界（包括物质和精神形态）的必然结果；同时，由于国际市场的建立，“民族的片面性和局限性日益成为不可能，于是由许多种民族的和地方的文学形成了一种世界的文学”，这也是事实。但它们是一个问题的两面，前提是资本对民族性的消解；而且在这个“世界文学”格局中，各民族和地方文学的地位并不平等。所谓的“世界文学”本质上不外乎欧美文学或极少数为欧美所认可的亚非拉作家作品。而我们，甚至不清楚周边国家文坛都有些什么，何谈“世界文学”？当然，世界文学作为一个实际的存在是另一回事，老挝有文学，柬埔寨有文学，缅甸也有文学，但世界市场和时流风尚有所偏侧，古来如此。

如今，在全球化时代，“世界文学”被许多学者视为人类情感“共舞”和精神“狂欢”的必然结果，不少人对此持审慎态度，甚至提醒共存和交流的背后正出现前所未有的文化单一性。持后一种观点的多为西方马克思主义者，其中包括詹姆逊、伊格尔顿、佛克马，以及一些比较文学研究家和东方文学翻译家如阿普特、韦努蒂等。

与此同时，世界文学市场已然形成，资本对文学的主导地位也早已露出端倪。村上春树、阿特伍德、波拉尼奥、赛阿维达以及丹·布朗等(这个名单亦可无限延续)东西方作家的国际化、“全球化”取向和市场份额有目共睹。因此,村上战胜大江、阿特伍德战胜门罗、郭敬明战胜莫言在市场的天平上毫无悬念。

四

一如民族与世界的关系,民族文学不一定就是“世界文学”的组成部分。反过来说,所谓的“世界文学”恰恰是建立在消解民族文学,尤其是发展中国家民族文学传统基础上的。譬如当前“世界文学”的“国际化”或“全球化”倾向,概而括之,便大抵与以下因素有关:一是绝对的相对主义盛行;二是文化消费主义和文学国际市场的形成;三是文学创作机制、创作理念的改变,即“畅销书”背后不仅有文化工业和市场等强大的推手,也有理想主义脱离实际的面壁虚构,等等。这显然与《世界文学》杂志的宗旨背道而驰。

先说第三点(前两点或可不言自明):

例证之一:阿特伍德相对于门罗的“经典化写作”。前者创作于1969年的长篇处女作《可以吃的女人》讲述了一个凄美的故事:姑娘玛丽安有了未婚夫,正等着结婚呢。她本该高兴,却上班下班,过着寻常的生活。她喜欢她的生活,喜欢她的工作,但对未来的婚姻生活却充满了狐疑。于是,表面顺利、自然而然的日子悄悄发生变化,玛丽安发现自己并不喜欢就这么结婚、生子、一天天老去……这种内心的不安破坏了她的心境,并对她的消化系统产生了影响。随着婚期的临近,玛丽安发现她愈来愈厌食,简直无法正常进食了。最后,她做了一个真人般大小的蛋糕,让它参加婚礼,自己却逃之夭夭了。阿特伍德是一个很会用“女性”素材、“女性”话语夺人眼球的女作家。换言之,她是拿自己的性别做卖点的“女权主义”作家。此外,她的畅销与其说是在建构加拿大的“传统”,毋宁说是在消解之,而其有效方法无疑是拥抱国际元素。

例证之二:村上春树相对于大江健三郎。《挪威的森林》自

1987年问世以来，在日本国内即创下了近千万册的销售纪录。这部被村上春树本人及其东西方粉丝奉为经典的作品，2010年被搬上了银幕。小说很简单，可以说简单得不能再简单了，因为它只是个普通得不能再普通的“三角恋爱”：男主人公渡边在多情善感、沉默寡言的直子与阳光而不乏野性、活泼而充满幻想的绿子这两位性格迥异的女性之间所经历的迷茫摇摆和颓废无助。后来，直子自杀，这表面上似乎与男主人公无关，因为早在后者爱上绿子之前她已然躲进了偏远的精神病院。最后，男主人公在直子的病友玲子的鼓励下开始新的生活。

再譬如拉丁美洲的阿连德和波拉尼奥，阿拉伯世界的赛阿维达，等等。欧美作家中这样的“国际化”写家更是不胜枚举。

以上作家作品无论技巧还是内容都具有鲜明的“国际化”倾向，故而也十分有利于全球传播。抽去其人物姓名、事发地点，那么他们和它们完全可以是世界上的任何个人、任何地方。这些作品甚至连时间都相当模糊，盖因其来源不再是现实，即传统意义上的生活，而是各种文本。此外，不是巧合的巧合是，以上三个作家的代表作均有“科幻小说”的影子和众多畅销元素。

总之，跨国资本汹涌，全球化势不可挡，盖因文明的演进犹如时尚，虽系人为，却非无本之木、无源之水，它甚至是强制性的。换言之，强势文化对其他文化及其传统明显具有强迫性、颠覆性与取代性。千万不要自欺欺人地以为全球化只关涉经济。上层建筑、意识形态能与经济基础相割裂吗？事实上，跨国资本正急剧地使发展中国家的民族自主性、凝聚力由外而内、由内而外地面临威胁，而所谓的世界潮流（及其流行声色）正在使许多传统乃至语言化为乌有。但是，跨国资本主义（国际化、全球化）的历史必然与发展中国家的文化传统及情感诉求构成了矛盾。无论是自易还是被易，相对薄弱的经济基础和相应的、不相应的上层建筑决定了发展中国家介入国际化、全球化狂欢所必须付出的高昂代价。中东和拉美便是其中的两个个案。前者不必说，后者自上世纪80年代（经济危机之后）引入新自由主义以来，很快失去了平衡。拿墨西哥为例，这个20世纪40至80

年代初高速发展的欢乐、好客的国家顿时倾斜并面临坍塌。社会矛盾严重激化，欲望空前膨胀，贩毒、爆炸、暗杀等恐怖事件层出不穷。而且，这不仅止于墨西哥这样的发展中国家，发达国家同样面临源自跨国资本（如商品流动及劳动力市场和投资移民等）引发的现实矛盾、伦理危机和精神错位。世界在空前的二律背反中不知所措。地球村变成了地雷村！伊格尔顿们或许正是基于忧患意识或理想主义，希望文学在这个“后信仰时代”承担起拯救灵魂的责任。他们的努力能成功吗？但是，努力本身即希望之所在。况且，纵观人类文学经典，又有哪一部不是反时流的呢？

（原载 2015 年 7 月 24 日《文艺报》）

文艺需要争鸣

李云雷

新世纪以来，中国文艺的一个重要特征是相互之间的讨论、争鸣、商榷越来越少了。1990年代有“人文精神大讨论”，1980年代有关于“现代派”“先锋文学”“寻根文学”等等的各种论争，再向前追溯，20世纪中国的“新文学”，正是在对传统文学、通俗文学的批评中构建起来的，可以说文艺论争贯穿了20世纪中国的文艺史。

文艺论争的产生有两个前提：一是对文艺的现实及其发展有不同的观点，二是持不同观点的人，认为有争辩的必要。1990年代以来，大众文化与消费主义文化在中国迅猛发展，在整体文化格局中，文艺的思想性与艺术性受到削弱，文艺更多地不再被视为一种精神或艺术上的事业，而只是一种游戏或消遣的方式，在整个社会领域中，文艺的严肃性与重要性也大为弱化；另一方面，伴随着我国“学院化”体制的建立，文学研究更多地被纳入学科建设之中，注重学术化与理论化，对于当前文艺的关注越来越少，即使有不同的观点，也大都隐藏在学术化的表面之下，很少有直接的交流与交锋，或者各自据守在某个学术角落，“躲进小楼成一统”。

文艺争鸣的弱化，为当代中国文艺的发展带来了不良的影响。其一是先锋性的消失，从五四到上世纪80年代，中国的“新文学”不仅在新文化中处于核心位置，而且在整个社会领域有着广泛的影响，其重要原因就在于“新文学”的先锋性，即围绕新文学发展所产生的各种论争,不仅涉及到现代中国最核心的精神与社会问题,而且往往领先于其他领域率先提出,因而能产生很大的影响,而 1990 年代以后,相对于社会学、经济学、思想史等领域,文学所关心与讨论的问题往往是滞后的,这不能不引起我们的深思;其二是思想性的弱化,围绕文艺产生的争鸣,既与文艺相关,也与其他社会领域相关,讨论的过程也是认识不断深化的过程,只有在相互的质疑与批评中,才能使不同的观点在彼此刺激、切磋中得到深化,而争鸣的弱化则削弱了思想认识更进一步的可能性;其三是美学观念的陈旧化,文艺争鸣弱化产生的一个问题,是上个时代的主流意识与美学规范往往会成为新时代的美学无意识,这些观念因为很少受到批评与质疑,构成了很多人的美学观念及其前提,但时移世易,上一个时代的美学观念未必适应新时代文艺的发展,“流水不腐,户枢不蠹”,只有在不断的批评与争鸣中,我们的文艺才能突破陈旧的美学观念,重建思想性与先锋性,在当代中国发挥更大的作用。

鲁迅先生说,“凡有一人的主张,得了赞和,是促其前进的,得了反对,是促其奋斗的,独有叫喊于生人中,而生人并无反应,既非赞同,也无反对,如置身毫无边际的荒原,无可措手的了,这是怎样的悲哀呵,我于是以我所感到者为寂寞。”

在新世纪新时代,中国当代文艺的发展面临着重大机遇,也面临着诸多问题,热心中国文艺的人只有勇敢地表达出自己的观点,只有与不同的观点进行平等、民主而又相互尊重的讨论,“百花齐放,百家争鸣”,才能为当代文艺的发展提供不同的可能性,才能让中国文艺充满生机与活力,才能真正迎来文艺的春天。

(原载 2015 年 12 月 7 日《文艺报》)

儿童文学“系列化”的是与非

李 朝 全

所谓文学作品“系列化”，就是作家创作出版一个系列作品，这些作品之间存在着鲜明的或内在的关联性，或者以一个或几个人物作为贯穿系列作品的主角或线索，或系列作品围绕一个集中的主题展开。文学作品“系列化”不单纯是一个创作现象，更是一个出版现象。

儿童文学系列化现象比较明显，但系列化不是儿童文学专有的现象。在影视文学方面，长篇电视连续剧为了吸引观众眼球、获取利润最大化，像抻面条一样越抻越长。这种状况并不鲜见。在长篇小说领域，特别是网络小说领域，更是如此。一部长篇小说成功了，接着编撰出版其续集，二卷、三卷、四卷……似乎可以无限地接龙下去。网络小说更新、连载半年乃至数年，篇幅数百万乃至上千万字，亦不足为奇。而长篇小说系列化可以造就某种类型化创作，譬如悬疑小说、盗墓小说、穿越小说……有些作家便以擅写某种类型小说而作为自己的名号、牌子或标签。

作品系列化不是中国儿童文学特有的现象。外国儿童文学中也有许多成功的例子。一些国际上畅销的作品，如英国女作家 J. K. 罗琳创作的魔幻小说“哈利·波特系列”共有 7 集，奥地利作家托马斯·布热齐纳创作的“冒险小虎队”系列有 6 套 83 册之多，德国作家乌尔苏娜·韦尔芙尔的“彩乌鸦”系列有 20 本……这些作品都已被译介引进到中国，在市场上非常畅销，客观上刺激了中国儿童文学作家创作推出本土的系列化作品。儿童文学系列化也不是近年来才有的现象。早在20世纪80年代，郑渊洁的“皮皮鲁和鲁西西”童话即横空出世，深受小读者喜爱，大概可算是中国当代最早的系列化儿童文学作品。

系列化可能是作家成名、成功的一条捷径。它可以被用作尚未成功的作家自我经营和出版社包装炒作、市场推广的一种策略。借助一个成系列作品的集束式推出，一位作家及其作品更容易受到经销商、媒体及读者的关注。如果再配以全方位立体式的宣传推广，如又与影视、游戏、玩具等捆绑推出，像《喜羊羊与灰太狼》《光头强》《植物大战僵尸》等，其市场的成功是可以预期的。作者名利双收，出版社赚钱，何乐而不为？20世纪40年代，无名氏撰写出版殉情小说《北极风情画》《塔里的女人》，轰动一时，从通俗文学入手，迅速蹿红，博取名声。这是现代作家成名的一条终南捷径。如今的系列化策略大致如此。

系列化是塑造作家个人品牌的重要手段。系列化作品实质上就是一部多卷本甚至是长篇连续剧式的作品。这些作品通过不断强化主角及其故事等而为人熟知。其主角往往深受少儿读者认同、欢迎与喜爱，乃至由该主角和该作品衍生出来的系列文化产品，如连环画、漫画书、动漫、影视、游戏、玩具等，也都大受小读者们的拥趸。作家通过系列作品成功的推介和营销，在创立童书自有品牌的同时，也为自己树立了一张张名片式的招牌。譬如，我们提到郑渊洁就会想到皮皮鲁和鲁西西，提到杨红樱，就会想到她的“淘气包马小跳系列”；反之亦然，我们提到儿童文学系列作品或者人物，就会想到作者。如提到《男生贾里》《女生贾梅》就会想到秦文君。这些优秀的作品已然成为作家的代表作和著名品牌。

系列化是作家和出版社在利益最大化前提下的共谋。系列化出版，可以为作家赚得更丰厚的版税，赢得更广的声誉，也可为出版社用较少的单位图书平均投入，获取更为可观的利润。单本出版的作品投入的人力、物力、财力平均值更高，市场风险更大。因此，作为企业经营主体的出版社在选择童书时，更愿意选择名家作品，更愿意选择系列作品。这可谓是周瑜打黄盖，两厢情愿,“两全其美”,作家和出版社两大欢喜。

值得注意的是,系列化可能是把双刃剑。系列化需要作家具备把握宏大架构、大体量长篇作品的艺术能力,需要作家一以贯之的质量追求及把控。如果作者把握大体量作品的艺术能力不足,“系列化”便存在着沦为流水线作业、自我复制和简单重复的风险。已故作家贾大山说过:“人也有字号,不能倒了字号。”他认为,好文章都有一个构思、打磨的过程,写文学作品就像工厂生产产品,生产出坏产品会砸了自己的牌子。对于作家这个文学作品生产者而言,坚持自己的艺术理想、艺术品位和追求十分必要。如果一味为迎合市场、博得市场红利而系列化,那么,这些肤浅、浮躁的作品势必会侵害消费者——少儿读者的权益,最终也必然伤害到作家自身利益以及出版社的声誉。因此,优秀的作家和出版社,绝不会苟且满足于纯粹为了获取市场效益而出版作品系列,而是放眼长远,讲究作品的思想及艺术品位,精益求精,将真正的精品佳作奉献给读者。

系列化只是揭开了童书市场问题之一角。新世纪以来,外国童书无节制低门槛地被引进、“抢滩”中国,中国与外国童书版权贸易逆差严重;本土儿童文学原创力不足,跟风模仿之作过多,如出现众多的“淘气包”作品;自我复制,低水平重复生产,难以超越前辈作家的创作,如所谓的“当代童话到郑渊洁为止”的说法,批评的正是童话创作整体水平不高,进步甚微;一些儿童文学“少儿不宜”,如描写暴恐、血腥、情色等违法内容或情节;少数出版社利欲熏心、唯利是图,放弃出版底线与人文立场及操守;等等。这些都是儿童文学创作出版中客观存在着的亟须直面与解决的问题。

对系列化作品的引导要讲究策略,并且需要各方共同发力。首先是管住源头。文艺作品不能做市场的奴隶,作家不能唯市场的风向标是瞻,不能自甘沦落为赚钱机器和文化商人。一个优秀作家,真正能立得住的是自己的作品。系列化本身并无对错,重要的是作家要坚定地秉持一贯的艺术理想和信念,坚持创作质量,不苟且,不放任,耐住寂寞,力创精品。作为一名为少儿写作的作家，更要明确自己肩负的特殊责任与使命：不要满足于“娱人”，更要“育人”、寓教于乐。要用高尚的作品，思想性、艺术性精湛的作品去陶冶小读者，锻塑其人格与品质。其次是严抓“出口”。出版社亦应明确自身的社会责任和担当，不让粗制滥造、低劣产品出笼。三是把好关口。新闻出版文化宣传部门要加强监督检查，综合运用市场、政策等手段，主动引导出版社的出版行为，从而积极影响作家的创作取向。

（原载2015年7月13日《光明日报》）

我为什么要研究网络文学？①

邵 燕 君

作为一个身在“精英阵营”的“学院派”研究者，我为什么要研究网络文学？这是我进入网络文学研究领域以来不断被问、也不断自问的问题。

其实，这个问题很简单。我是搞当代文学研究的，研究当下的文学和文学现象本来就是我的专业本分。所以，真正的问题是，网络文学算是当代文学吗？即使算，那么是当代文学中有价值的部分吗？本书中的所有论文都在回答这个问题。不过，我当时决定进入这个研究领域时，并没有这么肯定的判断，甚至不是出于一种理性的判断，而是凭着本能的“直觉”。用一句现在网文圈很流行的话说，是“回到初心”。

但凡谈到“回到初心”，往往意味着原来的路走不下去了。五年前，我“回到初心”，也是因为原来的研究道路走不下去了。至于为什么走不下去了，要从我对“当代文学”这一概念的理解谈起。

在我看来，“当代文学”最根本的属性是它的“当代性”。优秀的当代文学需要传达出当下人们最核心的焦虑和精神指向，负载这个时代最丰富饱满的信息和元气，并且找到一种最恰当的文学形式。这个“当下性”其实就是“时代性”。从这个意义

---

① 本文为作者邵燕君为其著作《网络时代的文学引渡》所撰写的自序。《网络时代的文学引渡》，广西师范大学出版社 2015 年 12 月版。

上讲,所有的文学都曾经是"当代文学"。所谓经典的"超越性"是穿透了那个时代,而不是逃离了那个时代。还是那句老话,不熟知一个时代的气息如何勾画一个时代的灵魂?如果说,文学是一个社会的梦幻空间。那么,文学批评者的工作就有点像释梦师。我们要在作者有意识的书写背后,读出一个时代的集体无意识;在貌似肤浅的流行背后,读出人们深层的怕与爱;通过文学潮流的兴衰把握时代精神的走向。这是当代文学研究最迷人的地方,也是最吸引我的地方。当代文学研究还有一个迷人的地方是它的介入性。我们的解读和判断能多少影响到作家的写作、读者的阅读,乃至文学史的选择。多奢侈啊!通过一种专业性的工作,你不但可以更有效地认识你所身处的世界,并且还有可能,哪怕是那么一点点,改变你将要身处的世界。

正是抱着这样的"初心",我在留校工作的第一年就和几个师弟、师妹们(当时他们正在读研)成立了"北大评刊"论坛,并且以论坛为核心开设了选修课。那是2004年,那时网络文学已经渡过了萌芽期,开始蓬勃发展起来,但其燎原之势远远没有烧到主流文坛。主流文坛依然是文学期刊一统天下。我们选择了十种最有代表性的文学期刊,逐期阅读,逐篇点评,在网站上发表评论。评刊的工作坚持了六年,影响越来越大,当时文坛上几乎无人不知北大有这么个论坛,有一群人在傻傻地读文学期刊。然而,这个工作越做下去我的内心越是惶恐。因为,对期刊文学了解越深我的失望也越深,这些号称支撑中国主流文坛的作品,离现实生活太远,离我心目中的当代文学距离太远。更让人悲观的是,造成这种局面的根本原因不在作家而在体制,那个曾经让文学产生轰动效应的文学期刊和专业—业余作家体制,由于市场化转型的失败、片面追求"纯文学"理念等多重原因,已经出现了严重的功能障碍乃至坏死,所谓的"文学圈"甚至不是一个遗世独立的象牙塔,而只是一个自说自话的小圈子。大量的读者和业余作者流失,特别是年轻人大量流失,伴随圈子化的是老龄化和边缘化。这样的土壤怎么能产生真正的当代文学?而能产生当代文学的土壤又在哪里?我在失望中一步步陷入绝望。这是我的“绝望时刻”。

于是，我把目光转向了网络文学。那是2010年前后。这时的网络文学经过十余年的飞速发展已经非常强大，读者接近两亿，作者号称百万。盛大文学已经成立了网络文学的“航空母舰”，发出“谁更能代表主流文学”的挑战。按照业内人的估计，此时网络文学与期刊文学的实力对比，大概是作者百倍之，读者千倍之。不仅如此，网络文学在十年的发展中已经形成一套独立的生产—分享—评论体系，形成多姿多彩的粉丝部落文化，这一切都对运转了60年的主流文学体制和延续了近百年的“新文学”传统发出挑战。然而，对这一切，无论是主流文坛还是主流学术界，都几乎是漠然的。傲慢与偏见让我们视而不见。所以，当我停办当时已成为品牌的“北大评刊”论坛，转向网络文学研究时，很多人惊讶，不解，甚至认为是一种背叛。我也说不清我为什么要研究网络文学，让我跳下去的不是希望而是绝望。如果说有什么希望，就是我相信文学不会死，如果它已经不在我熟悉的地方了，一定在什么我不知道的某个地方生长。

第一次在北大开网络文学的研究课程确实是一场学术冒险。因为，对于我们要研究的对象，所有选课的学生都比我这个老师懂得多。他们懂，但是他们不敢说。在他们的阅读经验里，读网络小说一直是一件不务正业的事。特别是上了中文系，在经典的威压下，更是上不得台面。我对学生们说，让我们先把所有的金科玉律都放在一边，回到一个朴素读者的本心（那时，还不流行说“初心”）。我们说，“北大是常维新的、改进的运动的先锋”。我们不必刻意维新，但要敢于相信自己的判断。当年胡适等“白话文”运动的倡导者就是把引车卖浆者流读的白话小说列为正典，1980年代也是北大中文系的学生们一边读卡夫卡一边读金庸，老师们是在学生们的引领下才开始研究金庸小说的，之后才有金庸的经典化。我们要用我们的胆识和学识来守护本心，对于那些曾经陪伴过你、温暖过你、激励过你的作品，要心存感激。如果你觉得它们有价值，就要去捍卫这价值。不管有多少权威称它们是垃圾，你都要敢于质疑，这些权威背后的

"天经地义"是从哪里来的,"从来如此,便对吗?"

在我的鼓励和怂恿下,学生们拿出了他们深藏的最爱。他们给我带来了很多惊喜。老实说,这5年来不是我在给他们开课,是他们在给我开课,至少是我们在共同学习。作为老师不是不惭愧的,学生们安慰我说,老师,我们的课堂才是真正web3.0时代的,用户自己生产内容!他们让我真正理解了一个词:有爱——这是包括网络文学在内的所有粉丝文化的核心概念。和他们在一起,我从来没有怀疑过自己的选择,因为我相信,爱在哪里,文学就在哪里。

进入网络阅读后,我也有了我自己的最爱(我是猫腻的粉丝,详见访谈),并且与儿子分享了。他当时正上小学。在他成长过程中,金庸和猫腻是我们讨论最多的话题。借助那些故事和人物,我们聊做人,聊处世,聊底线,聊情怀,聊什么叫兄弟,聊什么是真爱。每当有人问我网络小说有没有正能量时,我就会说我儿子就是看网络小说长大的。这样的经历使我敢说,对于网络文学研究,我也是一定程度上的(虽然还很浅)"学者粉丝"了。就像"博士"(或称"窄士")是今天进入专业学术研究的敲门砖一样,在未来的流行文化研究中,"粉丝"也是基本的入场资格。

在研究和探索的过程中,也有很多迷惑。最重要的迷惑有两个。首先,虽然我们一直强调要入场研究,要创建一套独立的网络文学评价体系和批评话语,但我们如何摆脱经典文学体系内的雅俗秩序?网络文学就是通俗文学的网络延续吗?第二,我们鼓励以"学者粉丝"的身份进行研究,但在研究过程中如何确定自己的知识分子立场,我们要告别精英情怀吗?这两个迷惑直到我读到麦克卢汉的媒介理论的时候才有豁然开朗之感。

被誉为"先知"的麦克卢汉半个世纪前就提出了具有"哥白尼式革命"意义的媒介理论。它提醒我们跳出哺育我们长大的印刷文明的局限,从人类文明整体发展的"大局观"审视人与媒介的关系。从媒介革命的角度出发,网络文学真正颠覆的不是雅俗秩序,而是构造雅俗秩序的印刷文明自身。未来作为一个概念存在的其实是“纸质文学”而不是网络文学，因为网络是电子文明的主导媒介，今天以印刷形式存在的各种文学都将进入网络移民。从这个意义上网络文学的重心在“网络”而非“文学”——并非“文学”不重要，而是我们今天能想到的和想象不到的“文学性”，都要从“网络性”中重新生长出来。所谓“内容一经媒介必然发生变化”，这正是麦克卢汉那句著名警句“媒介即信息”的核心要义。

麦克卢汉理论给我的更重要的启示是，他认为，在媒介变革之际，先知先觉的知识分子有一个重要使命，就是在新媒介打击彻底降临之前，引渡旧媒介的文明成果。麦克卢汉的媒介理论常使人误解他在欢呼印刷文明的崩解。恰恰相反，他一再警戒媒介变革可能带来的文明中断。如16世纪古登堡印刷技术兴起时，当时注重口头传统的经院哲学家没有自觉应对印刷文明的挑战，很快被扫出历史舞台，随之而来的印刷术的爆炸和扩张，令很多文化领域限于贫乏。在媒介革命来临之际，要使人类文明得到良性继承，需要深通旧媒介“语法”的文化精英们以艺术家的警觉去了解新媒介的“语法”，从而获得引渡文明的能力。

麦克卢汉的启示让我看到了自己工作的真正使命，这是我的“顿悟时刻”。我们研究网络文学不是为了割裂文学传统，恰恰是为了延续文学传统，而我们的入场式研究可以是一种引导式的介入。当然，在网络时代任何精英的引导都必须是自下而上式的而不是自上而下式的。我们必须从“象牙塔”进入“控制塔”，按照网络文学场域自身的逻辑去影响网络文学的发展。只有这样，精英批评的“引导”才是真正有效的。

2014年在网络文学发展史上是十分重要的一年。这一年里，声势浩大的“净网”行动和同样声势浩大的“资本”行动，让网络文学这个某种意义上的“化外之地”成为了布尔迪厄所说的“文学场”——在这里，至少有三种力量在博弈——政治力量、经济力量、网络文学“自主力量”。然而，精英批评的力量却是缺席的。为了更好地发出声音，2015年5月14日，我们正式成立了“北京大学网络文学研究论坛”，创办《北京大学网络文学研究论坛报》，在由学生们运营的微信公众号“媒后台”（meihoutaipku，2014 年 10 月 23 日始运营）推出。全报分为三个板块：《男频周报》《女频周报》《原创周报》。在创刊词中，我写道：“没错，我们是学院派。在这个政治、资本、网文三方博弈的‘文学场’里，我们要坚守学院派立场，坚定不移地站在网文原生力量一边，站在粉丝部落文化一边，在媒介的千年之变中引渡文学传统。校园是个好地方，或许书生意气，却可认真犯错。让我们尽情挥霍学院的纯粹和青春的率真，原则问题有立场，笔端深处有情怀。”……

（选自 2015 年 12 月 24 日“媒后台”）

·研讨举要·

增强马克思主义文艺批评的有效性

——“马克思主义文学批评的理论与实践”学术研讨会综述

近日,中国社会科学院第二届马克思主义文艺理论论坛暨“马克思主义文学批评的理论与实践”学术研讨会在山东威海召开。此次论坛由中国社会科学院马克思主义理论学科建设与理论研究工程领导小组主办,中国社会科学院文学研究所与山东大学(威海)文化传播学院联合承办。中国社会科学院院长王伟光和来自全国各地马克思主义文艺理论家及文学批评家50余人与会。

发出中国自己的声音

此次论坛上,中国文学研究与批评界所面临的种种问题与挑战,都引发了与会专家的讨论。大家一致认为,习近平“运用历史的、人民的、艺术的、美学的观点”来评判和鉴赏作品,“把人民作为文艺审美的鉴赏家和评判者”等思想,都是针对当前我国文艺现状提出来的,具有很强的时代性、针对性和现实性,是今天从事评论工作的理论指南。

张江在“西方文论的有效性问题讨论”主题发言中指出,要在马克思主义理论指导下开展文艺理论和批评工作,要正确认识当代西方文论的“强制阐释”特征及其在我国文艺实践中的有效性问题。我们必须对当代西方文论抱有清醒认识,必须反对“强制阐释”。中国学界对西方文论缺乏总体性与批判性的系统阐述，但批判不是否定，而是为了更好地将其借鉴到中国文学实践中来。改革开放以来，中国引进大量当代西方文学理论，这在一定程度上对当代中国文学理论发展产生了积极推动作用。不过西方文论毕竟建基于西方文学经验之上，具体到每个民族的文学实践，则无法完全复制或套用。然而，当前中国文学理论和文学批评界，仍有不少人在自觉或不自觉地用西方文论“强制阐释”中国文学实践和经验，这种做法极有可能是颠覆性的。我们必须改变这种现象，要在文学研究、文学批评的理论和实践中发出中国自己的声音。

马克思主义理论中国化的过程，也是中国革命与社会主义建设走向成功和成熟的过程，我们要汲取成功的经验。对待当代西方文论，我们要形成自觉的反思和判断。对中国的问题，要善于从实际情况出发，探求切实可行的解决办法。我们不能用西方文论来“强制阐释”中国文学实践，这主要体现在有效性问题上。与之相应，中国文学理论要实现“话语重建”，也恰恰需要增强自身对中国文学实践阐释的有效性。20世纪中国化马克思主义文论曾深刻影响我国文学创作与文学批评，然而自上世纪80年代以来其影响力逐渐下降。泓峻认为造成这一现象最重要原因是，中国当代马克思主义文论家不敢或不善于进行话语权竞争，从而在一些重要文学现场处于缺席或集体失语状态。他说：“我们需要重新树立当代中国文学的理论自信，这与中国化马克思主义文论话语领导权的重建密切相关。”熊元义认为对文学批评的批评或元批评对当下的文学批评具有重要的意义，它不仅有助于文学批评的提高和完善，而且有助于文学批评家的文学批评自觉和文学批评的有序发展。

实现中国文艺理论当代化

为什么文艺不再有热点问题？为什么文学逐渐被边缘化？

为什么我们的文艺理论还在鹦鹉学舌或拾人牙慧？百年来，中国文艺理论不断在古典与西方之间摇摆，从未获得自信、自立和自强。“套用”即非法，因此我们必须重新审视西方当代文论，努力实现西方文艺理论的中国化。对西方文论我们始终需要保持清醒的认识，必须敢于发出自己的声音，敢于和各种“主义”对话。

汪正龙从思想史角度考察马克思与福柯的关系，他认为福柯权力微观物理学等思想对当代中国马克思主义文艺理论有重要价值。以雷蒙·威廉斯、伊格尔顿等人为代表的文化研究学派对英国(后)马克思主义文论的诞生和发展作出了积极贡献，而这对我国马克思主义文艺理论有借鉴意义。卢卡契、阿多诺、本雅明、马尔库塞，列斐伏尔、德·塞托和齐泽克，均在一定程度上强调文艺和审美的“解放”功用，不过其理论中的悲观主义和精英主义立场也日渐产生负面效应，这是我们亟须注意的。在日常生活中，文艺与意识形态紧密相关，其“倾向性”将使主体和真理产生多向度转换，因此需要重新检视。虽然按后现代主义逻辑，日常生活的解放潜能已与主体一并消亡，但福柯、德勒兹、詹姆逊等人却给当代文艺理论注入了活力和新鲜血液。其主体与真理、多元和差异、话语政治、文学形式主义等论述，不仅丰富了当代西方文论，而且对建设有中国特色的马克思主义文论有较高启发价值和借鉴意义。

面对现实、关注当下，这是马克思主义文艺理论本土化的显著标志之一；而面向世界、展望未来，则是中国马克思主义文艺理论保持活力和自信的必然路径。傅其林表示，中国马克思主义文论是马克思主义本土化的产物，已成为中国文学经验的有机部分，但我们仍需运用西方文艺理论中有益部分来提升中国马克思主义文论的阐释力。当代中国马克思主义文艺理论任重道远，但其目标远大、前途光明。我们必须从中国经验出发，提高马克思主义文艺批评的有效性，敢于对话西方文论；不要习惯于听别人怎么讲，而要勇于发出自己的声音。

从经典中汲取理论创新的力量

与会专家一致认为，回归历史性、现实性和人民性，回归马克思主义经典、重新发现马克思主义，探究马克思主义文论的未来性，将引领当代中国文艺理论建设走向深入和完善。

经典马克思主义强调历史与现实相结合、主观与客观相结合，因而当代中国文艺理论首先需要回归历史、保持当下性。谭好哲表示，以历史唯物主义观点方法建构与剖析文艺和历史生活之间的深层关联，是马克思主义文艺批评的传统特色。他认为，“文艺创作失去本应承载的历史之重，是当代文坛缺少伟大作品的重要原因。历史观点的回归是必要的、也是必须的，这是中国当代文艺批评成就其大的关键所在。”范玉刚则认为，我们需要从“文化现实的建构”视角阐释马克思主义文学批评的现实品格。马克思主义文学批评既要弘扬文学理想，也要扎根深厚的变动不居的文化现实，最终在政治与市场之间形成开放包容、有逻辑自洽的与文化现实有效互动的新范式。而在丁国旗看来，正确认识由客观性、倾向性与多维性组成的“文学批评三性”，将有助于扭转人们对文学批评的模糊认识和诸多误解，促进文学批评健康发展。

会议在探讨“中国经验”之外，重点对马、恩、列、毛等马克思主义经典作家作品展开研讨。张永清从文本出发阐释1844年8月以前的青年恩格斯批评理论。他认为青年恩格斯批评理论是马克思主义不可或缺的重要组成部分，我们必须加以重视并将其运用到具体的文学实践中。刘方喜研究员则进一步认为，发现或找到马克思著作中被忽视的范畴加以阐释并非真正创新，真正的“创新”应是“回到经典马克思”，并持续关注由实践而来的中国文艺理论的发展。与会学者认为，作为党的文艺指针，毛泽东的《在延安文艺座谈会上的讲话》一直对我国文艺工作起到指导作用。讲话强调了文艺的政治功用，强调了文艺的普及与提高的问题。虽然它是特殊时期的政策性产物，但我们仍需加以审视,从多角度来理解其内涵。讲话从"中国化"的视角体现了马克思主义文化领导权的实现问题,这对今天的文艺理论仍具指导意义。

(原载 2015 年 7 月 22 日"中国作家网")

理论家寻找中国言说方式的立脚点

——“‘强制阐释论’理论研讨会”简述

长春连日的大雨丝毫没有阻挡学术的热情。7 月 24—26 日，来自我国当代西方文论研究界、中国古代文论研究界及现当代文学批评界这三个不同学术领域的近 40 位学者汇聚一堂，参加由《文艺争鸣》杂志社主办的“‘强制阐释论’理论研讨会”，围绕“强制阐释论”这个一年多来文论界热议的命题进行深入讨论。

“强制阐释论”是一个审视西方文论史的全新视角，它概括和提炼了当代西方文论的基本特征和重大缺陷。中国社会科学院副院长张江教授 2014 年提出的这个概念挟风裹雨而来，搅动了我国文论界的一池春水。在此次研讨会上，张江进一步阐释了他对“强制阐释论”的思考，并提出了建设中国特色社会主义文学理论话语体系的构想。

提出文学理论的“母题”

“强制阐释”是指，背离文本话语，消解文学指征，以前在立场和模式，对文本和文学作出符合论者主观意图和结论的阐释。场外征用、主观预设、非逻辑证明、混乱的认识路径是其四条基本特征。张江指出，“强制阐释论”是基于阐释学视角对当代西方文论缺陷作出的判断。

当代西方文论的种种弊端实际上早已在西方学界内部引起质疑。华东师范大学中国语言文学系教授罗岗举例说，艾伦·

布鲁姆的《走向封闭的美国精神》批判美国大学只讲理论，不顾经典；特里·伊格尔顿的《理论之后》宣告20世纪60年代以来自我生产的理论无法有效解释文本。

但在辽宁大学文学院教授高楠看来，西方学者发现这些问题只是理论现象，未能凝聚为理论“母题”。高楠认为，作为反思当代西方文论的一个批判性理论，“强制阐释论”的理论意义远大于其文本意义，它提出了相关问题群，在文学理论的文学化、理论的领域性、文学理论的民族性等理论要点指引下凝聚成为理论“母题”。

“文学理论不是从文本本身出发，而是从理论到理论。”北京师范大学文学院教授赵勇说他很早就注意到了当代西方文论的这个危机，但没有想到上升到很高的角度真正严肃地反思这一问题，而“强制阐释论”以高屋建瓴的方式把当代西方文论的种种问题说到了根子上。

中国社会科学院研究生院教授张政文在当代阐释学的发展谱系中对“强制阐释论”进行了分析。他认为，“强制阐释论”具有总体性，它是当代中国学术界对西方当代文论和阐释学深刻的辨识和有力的批判。

激活当前文学理论批评研究

“强制阐释论”提出以来，虽然不同学者对其认识不尽相同，但一个值得注意的现象是，“强制阐释论”已然进入到文论界不同领域学者的研究视野，有关讨论被引向更广阔的天地。“它在话语和观念方面，有效激活了我们当前的文学理论批评方面的研究。”中国社会科学院外国文学研究所研究员党圣元说。

党圣元认为，“强制阐释论”为反思中国古代文论研究中的阐释方法提供了非常好的问题域。20世纪以来，中国古代文论研究中强制阐释表现得十分突出，最主要的就是以西解中、以西律中，这在相当程度上改写了中国古代文论的一些概念、现象及其内涵。

“如果说一千个读者心中有一千个哈姆雷特的话，还有一个你选择哪个哈姆雷特的问题。”中国社会科学院文学研究所研究员高建平对阐释的多元性进行了辨析。他说，阐释有不同的取向，允许读者对文本理解存在差异，但批评的伦理在于对文本同情的理解，而不是任意曲解。

“文学批评界现状是毫无批评伦理的约束。”沈阳师范大学中国文化与文学研究所教授贺绍俊说，一个重要表现就是在文学批评中无视文本、践踏文本。而“强制阐释论”带来的一个重要启示是，从文本出发应该是批评伦理的重要规则。

“强制阐释论”不仅在国内引发诸多反响，还得到了国际学界的回应。美国、法国、德国等多国学者撰文加入讨论，俄罗斯文学界召开国际会议专题研讨“强制阐释论”。清华大学人文学院教授王宁强调了“强制阐释论”提出的国际化意义，它改变了我们与西方文论界互动的模式，“不是跟着西方理论家说、不是译介他们的理论，而是与其展开对话”。

实现中国文论的“弯道超越”

改变我国当代西方文论研究界、中国古代文论研究界及现当代文学批评界相互割裂的局面，将各方面研究的优势组合起来，站在中国立场、中国实践、中国经验、中国文本的基础上，实现我们自己的“弯道超越”，构建中国特色社会主义文学理论话语体系，正是张江提出“强制阐释论”的愿望所在。

“很多年，我们各说各话，很难坐到一起就比较高的、比较大的理论展开对话。很多年，我们遗忘了一些高的、大的问题。”北京大学中国语言文学系教授陈晓明感慨地说，“强制阐释论”举起了一面旗帜，理论的队伍又聚集在一起。

“‘强制阐释论’好不好不要紧，如果还有别的什么论，我愿意和你一起，我们中国学者一起努力，向世界发出声音，找到中国言说方式的立脚点。”张江对具有中国特色、中国风格、中国气派的文学理论的真诚呼唤，深深打动了与会的每一位学者。

赵勇认为，站在重构中国话语体系的高度，会发现一些以前未曾意识到的问题。“我们应该把西方文学理论资源化，而不是教条化，甚至信条化。”澳门大学中国语言文学系教授朱寿桐表示，应将西方文学理论与中国古代文学理论和现代文学理论的资源融汇到当代汉语学术理论、汉语学术风范的建构中去。

“重构中国式叙事已经变成中国作家的实践，但批评界还处于相对失语的状况。”北京师范大学文学院教授张清华说，强调中国身份、本土自觉，是一条出路，也是一个必要的前进方向。

正如王宁所言，“中国已经摆脱了在全球化中的被动地位，开始引领全球化潮流，为什么我们的文学理论不能走向前沿呢？”

此次研讨会由吉林省文学艺术界联合会《文艺争鸣》杂志社主办。吉林省文学艺术界联合会党组书记、主席尹爱群，吉林省文学艺术界联合会副主席、《文艺争鸣》杂志社社长张呈祥等出席会议。

（原载 2015 年 3 月 1 日“求是理论网”）

2015闽派文艺理论家批评家高峰论坛暨“闽派诗歌”研讨会在京举行

福建自古以来就有悠久的文论传统，文论名家辈出。尤其是上世纪80年代开始，一大批闽籍与在闽批评家、理论家陆续发出声音，形成了中国当代文坛的“闽派批评”。随着科技发展日新月异、传播手段层出不穷，各种新媒体不断涌现，并与传统媒体实现融合互通。在这样一个全媒体时代，包括“闽派批评”在内的文艺批评同样面临着机遇和挑战。

10月9日，2015闽派文艺理论家批评家高峰论坛暨“闽派诗歌”研讨会在北京中国现代文学馆举行。此次论坛由福建省文联、中国作协创研部、文艺报社、《文学评论》编辑部、北京大学中国诗歌研究院联合主办，福建省文学院、福建省作协、海峡文艺网承办。来自北京、福建等全国多地的近百位专家学者齐聚一堂，对“全媒体时代的文艺与批评”进行深入研讨，并就“闽籍学者文丛”和“闽派诗歌”展开讨论。中国作协副主席李敬泽、福建省文联主席张帆、中国文联书记处书记郭运德、北京大学中国诗歌研究院院长谢冕、《文学评论》主编陆建德出席论坛并致辞。中国文艺评论家协会主席仲呈祥、中国作协书记处书记阎晶明、中国文联书记处书记陈建文、福建省文联党组书记张作兴等有关方面领导，中国文联理论研究室主任庞井君、《文艺报》总编辑梁鸿鹰，张炯、张胜友等闽籍和在闽工作的文艺理论家、批评家、诗人，部分在京专家学者等与会研讨。

李敬泽谈道，闽派文学批评自上世纪80年代以来就一直是中国文学理论和文学批评的高地，并对中国的文化理论和批评产生重大的影响。今天,全媒体时代文艺复杂的形态对我们提出了巨大的挑战。希望闽派文艺理论家批评家高峰论坛能真正成为我国新的文学观念和理论思维的一个发动机,不断产生创造性的成果。

仲呈祥表示,闽派文艺批评在中国当代新时期文艺批评中具有举足轻重的作用。研究全媒体时代文艺批评的地位和作用,就是要力图继承闽派文艺批评优秀的、有价值的历史传统。希望全国更多地方都能学习福建的经验,以更大的文化自觉和文化自信,从自身的历史传统和文化积淀出发,不断完善和改进文艺批评。

郭运德认为,文艺评论要找到适应新媒体时代生存的出路,就需要转变固有观念,加速推进传统媒体与新兴媒体的融合,尽快实现从全媒体的旁观者到参与者的角色转变。

与会者谈道,闽派批评虽具有地方身份标识,却不是局限于一个地域的理论家、批评家群体。巨大的包容性、丰富性、创造性,优美的诗意和纵横捭阖的大气象,对中外文艺理论全面系统的吸收借鉴,理论与批评的有机融合,鲜明的乡土身份意识……所有这些都是闽派批评独具的特征。自上世纪 80 年代以来,闽派批评在文艺批评方法革新、后现代兴起以及文化研究的转型等关键性历史节点均扮演着理论先锋的角色。早在 90 年代,其中不少人便开始关注呼之欲出的各种新兴媒体对当代文学产生的影响,体现了闽派批评的前瞻意识。面对当今飞速发展的全媒体时代,广大文艺理论家、评论家应积极适应网络传播的新趋势、新特点,创新文艺评论手段,培养壮大网络评论队伍,塑造健康的网络语境,以不断改善文艺批评的生态,推动文艺批评科学化发展。

除主题论坛外,今年的论坛还特别设置了两个专题研讨环节,使其内容更加丰富。

长期以来,“闽派批评”对当代文学思潮的演进作出了突出贡献,并出现了批评家“四代同堂”的繁荣局面。日前,福建人民出版社推出了“闽籍学者文丛”(第一辑)。该丛书由张炯、吴子林主编，分辑梳理总结了多年来涌现出的主要文艺理论家、批评家的代表性成果。与会者在研讨这套丛书时表示，“闽派批评”的价值不仅在于思潮本身，还在于其价值担当精神。在当下这样一个多种观念并存的时代，重温“闽派批评”的历史，思考其如何承接以往的优秀传统、继续在本土资源与全国视野之间保持张力，对推动中国文化的进一步繁荣和发展无疑具有积极意义。

福建诗歌创作独树一帜，曾出现了杜运燮、蔡其矫、舒婷等“朦胧诗”代表性诗人，近年来不少闽籍诗人亦在当代诗坛广受瞩目。与会者从不同角度探讨了“闽派诗歌”的历史传承和风格特色，认为闽派诗歌引人关注与闽派批评对本土诗歌创作的介入和推动不无关系。闽派批评虽不应囿于一地之见，但同样需要加大对本土文艺创作的关注。此次论坛增设“闽派诗歌”研讨会，也是对此予以呼应。

2014 年，闽派文艺理论家批评家高峰论坛在福州举行，实现了“闽派批评”近 30 年来的首次大团聚。今年高峰论坛移师京城，并邀请了超过半数的非闽籍学者、作家和诗人参与，体现了论坛的开放性姿态。主办方表示，今后该论坛将建成一项常态机制，为广大专家学者交流文艺理论批评前沿问题提供契机，保持“闽派批评”的时代敏锐性。

（原载 10 月 12 日“中国作家网”）

先锋文学:在回顾中反思与审视

2015年,先锋文学迎来了它的“而立之年”。30年前,中国当代文学出现转折。自1985年至上世纪90年代中期,从“新潮小说”“先锋小说”再到“新写实小说”,先锋文学在变化的时代语境下,同样经历了一个变化与“转向”的发展过程。在“新时期文学”的背景下,先锋文学重新彰显了文学本身的价值以及个人本位的意义,同时为后世留下了精神遗产。

11月28日,由北京师范大学国际写作中心、北京师范大学文学院、《文学评论》杂志社共同主办的“通向世界性与现代性之路——纪念先锋文学30年国际论坛”在北京举行。中国作协副主席李敬泽、北京师范大学校长董奇等出席论坛并致辞。作家苏童、格非、欧阳江河、余华、林白、李洱、东西、艾伟,批评家吴亮、陈晓明、陆建德、陈众议、程光炜、王干、张清华、张柠、谢有顺、张闳、何言宏、李云雷等与会,共同回忆30年前的文学发展,并就先锋文学精神价值及其对当下文学发展的意义等问题展开了深入讨论。

“他们是历史岩层中的化石”

时隔30年,如今,先锋文学出现与恣意生长的情况已经不复存在。在当下,曾经的先锋文学作家也纷纷“转型”,这也让30年前那场文学变革成了文学史中的一个事件、一块“化石”。

李敬泽谈道,先锋文学的一个重要主题是时间和历史。而今天我们恰恰看到先锋文学自身也成为文学史的重要章节。而且，它正被放在时间秩序中进行评估和研究。这当然是一件庄严和严肃的事情，但是，这件事同时充满了反讽。今天这个场面同时可以写成一篇具有先锋精神的嘲讽和欢乐的小说，它可以让严肃和刻板的事物重新面对它的极限，让喧嚣的话语袒露出沉默。

先锋文学的探索和发展，除了作家们的冲锋陷阵，批评家的阐释也非常重要。上世纪八九十年代，以吴亮、陈晓明为代表的批评家，客观上助推了先锋文学。论坛上，吴亮从个人经历出发，谈到上世纪50年代前后出生的一批人，在成长中没有经历过“决裂”。在面对文学时，他们更愿意谈结构、谈语感、谈叙述，而不想谈政治、谈时代。先锋文学的意义在于它的探索精神，它虽然有瑕疵，但就这个意义而言，所有的瑕疵都是可以原谅的。他说：“先锋文学的秘密就是，每个参与其中的人，都有一个自己的秘密。”

30年过去了，先锋文学与先锋文学作家都在时间面前经历了种种改变。张柠说，今天我们“缅怀”他们，他们成了历史岩层中的化石。对于年轻一代而言，先锋文学就像一个古生物的化石，散发出一种灵光，在历史的褶皱中闪闪发光，诱惑着许多年轻人返回去注视它们。它们的形态很奇怪，既像兄弟又像父亲，所以给年轻一代留下的是一群“恶童”的形象。它们充满了善良的恶意，并将这种特征转化为符号的编织，供人们敬仰。它们表面给人一种不稳重、不成熟的印象，但是它们的不妥协、不屈服，给了年轻一代精神成长强有力的支持。

不仅仅是形式的探索

重新认识与评估先锋文学的意义，是当天论坛上专家们集中讨论的话题之一。陈晓明认为，先锋文学的出现并不只是对西方现代主义的套用，而是基于中国文学本身变革的需求。先锋文学的出现，突破了20世纪单极化的、有限的现实主义。先锋不仅是历史事件，更是一种精神，这是中国当代文学始终要葆有的创新意识，“对形式的探索依然是中国文学最缺乏的，依然是先锋文学未尽的使命”。

与大部分批评家对先锋文学的肯定不同，郜元宝认为，先锋文学对中国当代文学的发展既非罪人，也难称功臣。他认为，先锋文学热衷形式变革而不热衷于思想革命，它用形式上的创新掩盖了内容上相对的沉默。他提醒应该警惕中国文学发展中间歇性的“死亡”。在中国文学的发展中，每隔一段时间，文学就迅速洗牌、推倒重来，这样的断裂对文学的发展有所伤害，应该建构起一个完整的、流传有序的文学传统。

然而，张闳恰恰认为，先锋文学最重要的意义就是“断裂”。他说，先锋文学的出现不是形式探索，而是表达的需要。先锋在上世纪末是一场“运动”，是整个那一代人创造出的全新的文化，不仅是在文学领域中，在音乐、美术、电影、戏剧、建筑等领域都全面更新，是上世纪末的“新文化运动”。先锋文学是这一代人的自我启蒙，没有精神领袖。他们抛弃上一代人的精神遗产，拒绝继承，为文学确立了新的标准和规则。

“真正的先锋一如既往”

如今，先锋文学的热潮已过，而它留给后世的文学遗产却是极其丰富的。正如李敬泽所说，现在中国文学处理丰富和复杂的中国经验时，30 年前的先锋文学没有终结，它依然是一个重要的精神和艺术资源，有待于认真地梳理和反思。“在 30 年后，我们可能依然需要那样的精神，依然需要勇敢地面对认识和表达的巨大难度，依然需要面对艰险的挑战，对时间和自我做出新的言说”。

苏童回忆自己当年的写作时说，一个作家在写作中的所谓先锋状态其实是血气方刚，或者是破坏欲、颠覆欲，甚至仅仅是对自己喜欢的一位作家的致敬态度，这种写作态度是年轻的、不自觉的。“我们那个姿态从某种意义上来说是一种‘裸奔’。大幕拉开，我们突然发现剧本没写，这出戏怎么唱下去？虽然这么多年过去，人越来越出名，作品越来越多，我们还是要考虑一个问题，穿不穿衣服？如果要穿，怎么穿、穿多少？这几十年来的创作，我们一直在尝试要不要穿衣服，穿得凉爽还是厚实，穿棉的还是麻的。”

张莉、杨庆祥等批评家更关注的是先锋文学对当下文学发展和新一代作家的影响。张莉说，先锋文学建构了上世纪 80 年代以来成长起来的青年读者的文学趣味，尤其是“70 后”作家的文学趣味甚至语感。“纯文学”与先锋派紧密相关，它更看中语言、叙述方式，讲究语法和句法，致力于语言的探索，致力于摆脱政治话语而回到文学本身。

在一天的讨论中，作家、批评家在回顾与反思中重新评说了先锋文学在今天的新价值。不可否认的是，先锋作家具有解构的、反叛的精神，他们的作品书写了现代人的孤独、焦虑、彷徨和内心的无意义。对人、对历史、对意义的解构，是先锋文学写作中一笔重要财富。从这个角度来说，先锋文学的探索在今天依然有着重要意义，这种意义不仅是艺术手法和文学史意义上的，更重要的是一种永恒的质疑与探索精神——正如吴亮多年前那篇文章中所写，“真正的先锋一如既往”。

（原载 2015 年 12 月 7 日《文艺报》）

文学的工业化将杀死文学

文艺与商业的关系，自20世纪以来，一直是个困扰着文艺也刺激着文艺发展的难题。当代资本主义的运作方式，资本深刻地嵌入到文艺生产的方方面面。尤其是对中国这样后发现代化国家来说，资本不仅是嵌入，而且，在网络文学等新媒体领域，资本甚至扮演着主要的角色。

因而，如何认知新媒体时代文艺生产中的资本，如何分析资本在文艺生产中利与弊，如何体现文学的主体性，这些，都是当前的文艺生产给我们的文艺研究提出的新问题。

近日，中国社会科学院文学研究所当代文学研究室举办"新媒体时代文艺生产中的资本力量"学术研讨会，邀请学者与媒体代表共同探讨，以下为会议摘要。

白烨：文学的阅读趣味在与资本化合谋

2008年7月盛大文学有限公司正式成立，作为盛大网络旗下主要企业之一，和盛大游戏有限公司、盛大在线有限公司一起，走上集团化发展轨道。因此，我在2009年中国文情报告的总前言里面有这么几句概括：传统在坚守，类型在崛起，资本在发力，格局在变异。

我们对资本有一个认识过程，过去总认为它有特定的意识形态，保持一种警惕，或置疑。这些年我们不断认识它，我觉得要把资本跟几个概念分开，它跟钱、货币、资金、经费都不是一回事。资本跟什么有关系？跟工业化、市场、剩余价值有关。从这些年的整个情况来看,资本在生产和运营中的作用越来越明显,除了网络文学公司本身的发展,还有一些大型商业网站、门户网站进入网络文学,迅速形成了工业化的生产目标,在工业化的背后跟资本有关。目前研究网络文学的两个层面,一个是文学(或美学),还有一个应该是资本。

受众对文学的阅读趣味跟资本化合谋,也是值得关注的现象。比如现在文学欣赏、影视欣赏中的游戏化趣味,是和游戏产业的合谋,这使得市场不断做大。

陈福民:中国现代文学始于稿费制度

从文学的传承来看,古典文学的诗词写作者不必面对现实的生产关系,文学的美学价值、精神价值被视为绝对价值,这种观念一直遗传下来。但今天有所不同的是,我们还需要处理文学与资本和经济的关系,这是文学现代性的意义之一。复旦大学栾梅健教授认为现代文学史是从作家有稿费时开始的。我们通常说现代文学始于五四新文化运动,白话文推倒了文言文,这是从意识形态、语言形态、精神形态描述的,而栾梅健给了一个新的角度。过去的写作者,比如韩愈、李白不会考虑现实的经济关系。

中国现代文学已经发生了100年,稿费制度在深刻地影响写作者,一个写作者选取什么样的姿态,处理什么样的生活题材,甚至因为读者需求而改变他的小说结构,比如一个主人公死了,这个戏演不下去了,读者特别喜欢,强烈要求这个人物再复活,因为与读者间的经济关系,作者不得不把这个人物写活或者写续集。我们都认为这是一个文学的变化,其实它跟背后的资本有千丝万缕的联系,这个因素在现代文学史上一直到我们当代文学史上是被遮蔽的。

杨庆祥：现在的网络文学正是五四精神所反对的

阿德诺有句话："我不反对文学的大众化，我反对的是文学的工业化。"

推荐《21世纪资本论》这本书，理由就是中国的知识分子对资本的反复批判远远不够，甚至没有最起码的简单意识。因为我们把太多的精力放在虚幻的国家意识形态的批判上，然后由此抒发对资本特别多的自由主义的想象。在整个的人文领域，社会学、经济学、法学可能走出了90年代的意识形态，而人文学界在近十年后知后觉，基本上没有走出来。

我们没有意识到现代资本一个很本质化的特点是不仅仅生产商品和消费，他是在生产观念和意识形态。我们总是对资本特别乐观，希望它可以开辟更多的空间和自由，现在看来不是这样的。网络文学我们对他也寄予厚望，觉得它可以创作出不同于国家文学的东西，其实没有，而是变成了另外一个层面的国家文学。当然这个可能会引起争议，但是我觉得可以讨论。

目前的资本对于我们文化的影响，其实是多方面的，比如对文化形态的影响，具体到每一个作品，比如微电影是一个形态，它非常短。而网络小说，通常四五百万字，电视剧我听说编20集是不要的，要编就80—100集，因为需要让观众可以不停看下去。我们经常讲文学和意识有合适的形式来表达，但现在这个合适的形式不需要了，要不就是短到瞬间即逝，要不就是像英剧或者美剧一拍就几季，每个电影都会在最后留下一个尾巴，准备拍下一部，当然最后拍得越来越差，比如007，最后这一部生产模式最工业化，资本化最成功，但是他提供的精神产品是最糟糕的。还有一个特别重要的问题，是资本化对写作者内在的影响，比如对格非、苏童、余华这一批号称要拒绝资本化的作家，或者对80后的非网络作家，在美学上会产生什么样的影响？

我觉得写作依然以精神性为中心，我不认为目前网络文学有海量作品、大量读者，就能代表传统文学的式微，或者代表有一个新文学体裁的出现,这还需要时间考量。任何时代看二人转的人都比看《红楼梦》的人多。西丹尼尔·贝尔写《资本主义文化矛盾》(1976)时资本主义的工业已经非常发达,但是他在书中特别强调,他在文化上依然是一个保守主义者,他认为最好的文化还是那些少数的阅读,而不是说有一万个订户、十万个粉丝,你这个作品就代表了一个时代的审美高度。

网络文学和大众文学是有区别的,五四时候所倡导的大众文学恰巧是要反对我们现在的网络文学,五四的大众文学有再造文化的诉求,但是我们现在的网络文学回避这个维度,仅仅谈阅读的快感、消费、抚慰、治愈、爽……

现在是一个比较重要的节点,资本的力量越大,反弹力也就越大,我相信一定会有更有意识的、更独立的思考在这个基础之上建立起来,创造出一种新的文学,或者新的想象的方式。

马季:网络文学存活率仅 1/5000

网络文学这个问题像个多棱镜,在不同的场合之下,话语方式不一样,甚至得出来的答案还有相互矛盾冲突的地方。但大家有一个共识,就是如今文学的方式肯定是不一样的,资本和文学的关系已经摆在面前了。

在所有的互联网文艺形式中,与网络游戏、音乐相比,实际上网络文学的资本规模是最小的,但是它的社会影响却最大。它在互联网领域以小搏大,而且已经成功地确定了地位。现在的文学 IP 基本上是产业链条的发端,没有它的话,产业链条是不成立的。

IP 导致资本重视商业,不重视文学规律,因此在文学网站里面文学专门人才的地位很低,不及技术人员的地位,商业管理人才地位最高,收入也是这样。面对这个现象,我们反过来又想,没有资本介入,肯定不会对网络文学有这么大的推动,目前平均每天有 1.7 亿个汉字的更新量,每年有 600 亿的汉字的更新量。这样的大浪淘沙,5000 个人经过淘汰,可能会有 1 个人留下来。

王姝蕲：网络文学是没有塔尖的金字塔

网络小说大浪淘沙，会有五千分之一的好作品留下来，但这些好作品之中能否产生伟大的作品，不容乐观。

如猫腻所说，“VIP订阅制度是网络文学立身之本和根基，是这个行业能够生存并发展到今天的最根本原因。”但我们也应注意到这套商业体制下生产出来的网络文学，会变成一个没有塔尖的金字塔，底部庞大泥沙俱下，腰部有极具商业价值的爽文，但是塔尖能代表这个时代精神高度、审美高度的作品严重缺失。

前VIP时代，网络小说的选拔是精英导向与大众导向并重，起点中文网成立之初，罗立创建的天、地、人榜，以及争议榜，由编辑评选，更看重品质，天榜的评选标准是“优秀且伟大”。所以很多人气不高、但境界高的小说仍然有机会挤进天榜，成为大神。

进入VIP时代以后，阅读榜完全由用户主导，如杨早所说，“通过正版订阅、月票、催更、打赏、加更票等一系列商业化设定，读者获得了前所未有的权利，而作者俨然变成了文字的计件工人。”作者必须照顾用户体验，读者要爽要快，一个新入行的作者，仅完成每日3000字的保底更新量很难突围，也有网站明令要求日更不低于6000字。有写作经验的人都知道，每日6000字的高压之下怎么可能出精品？文学很多时候是需要慢的，莫言、苏童、余华等作家如果进入VIP订阅体制，在日更字数这第一关就要被淘汰。

很容易想到一个对策，每天精心写1000字，写上一年存足30万字，然后每天6000字往外发，既保证更新速度也保证品质。但是网络小说被推荐的前提是与网站签约，对于没有议价权的新人，大多数网站的签约合同要求作者将著作权、改编权全部转让给网站，期限是永久。一个视作品如孩子的作者，在面对这份合约时会犹豫，这样的合约会把真正有文学理想的人逼退，退回到传统文学的生产体制中去，即便文学期刊式微、图书出版萎缩，读者少、收入少，但作品总归还属于作者自己。

也许我们说，上帝的归上帝，撒旦的归撒旦，资本市场的文艺作品满足商业需求即可，精神价值的使命交给传统文学。但问题又来了，以文字为载体的文学之所以成为文艺的主导形式，最早是由于印刷时代技术限制，在网络时代初期是由于带宽限制，文字比其他多感官参与的文艺形式更易传播。随着技术发展，新的载体将促进视频、感官虚拟游戏等发展，而越高级越复杂的文艺形式越需要依赖资本投入，如果资本市场一直驱赶文化精神，我们将“娱乐至死”。

李云雷：资本主导文化生产始于90年代

在上世纪40年代至70年代之间，文学以大众化为中心，从创作倾向到出版发行各个方面，形成了一整套大众化倾向的艺术体系，另外当时书的价格很低，发行网络覆盖到工厂和很偏僻的乡村，也符合大众化的特点。到了80年代强调的是精英化，精英化的产生无论是因为体制过度也好，还是矛盾冲突也好，总之在80年代形成了真空阶段，在80年代以前和以后都不会有这样的一个时期如此注重艺术家独立的艺术探索。因为在80年代以前，我们更加注重大众化的文艺，而90年代以后随着资本生产力量的兴起，文艺创作是资本化的。所以我觉得如果概括这三个不同的阶段，50—70年代是大众化的文艺生产。80年代是精英化文化生产，90年代就是以资本为中心的文化生产。我们现在面对资本化的力量越来越大的生产的时候，我们应该好好地研究一下，精英化和大众化时期历史经验面对当下现实问题的一些力量。

（原载2015年12月17日“腾讯文化”）

新世纪文学：新的经验与前沿问题

文学在21世纪的种种境遇引发了人们的广泛关注。“十五年来的新世纪文学”研讨与报告活动近日在长春举行。中国作协副主席李敬泽，中共吉林省委常委、宣传部部长高福平出席活动并致辞。

此次活动给人印象最深的就是不少作家和评论家都用了“前所未有”这个词，其中的含义既有呈现的新形态，也有产生的新问题，既有带来的新思考，也有生发出的新的可能性。

作家周大新对作家在新世纪的状况有喜有忧。喜的方面包括能读到更多的优秀外国文学作品，使中国作家的视野更加开阔，参照系变大，思考问题的疆域不断拓展；网络的迅速发展和普及，吸引了大量写作者，每个作家可以根据自己的本领选择更多的比试场地，创作的自由度也变得更大。忧的则是市场之手撕去了原来罩在作家身上的华丽外衣，把创作变成了一种饿不着也富不起的普通脑力劳动，如果单纯去追求经济利益，有可能影响到对艺术品质的追求。

作家东西坦言，作为一个写作者，有时感到很恐慌，主要原因是社会现实变化很大，有时比小说更有传奇性甚至荒诞性，作家精心讲一个故事却不一定比现实中发生的事更能吸引人。这让人产生了危机感，当然也恰恰包含着使自己产生突破的新的可能性。他说，文学需要坚持梦想。只是现在“叫好”和“叫座”细分后，读者也在分化，“通吃”的写作可能会越来越难。

雷达谈道，本世纪以来，我们的文化语境发生了非常大的变化。一是高科技、全球化改变了人们的时空观；二是网络非常盛行,这不仅是一种工具的改变,也是思维方式和生活方式的改变,从而改变着人们的写作方式和阅读方式;三是图像非常流行,把一切符号变为可视的东西,遍布各个角落,也极大地冲击了文学。

白烨把文学在21世纪面临的新挑战归结为写作的分化、传播的变化、阅读的俗化和批评的弱化。他说,现在的阅读总体上是向俗的方向走,文学作品尤其是流布于网络的类型小说开始突出娱乐性元素、游戏性功能,使注重消遣和娱乐的文化消费有了可供选择的丰富对象,供需两个方面形成互动关系,构成一定的利益链条。而电子阅读严格意义上是浏览,是一种快阅读、轻阅读、浅阅读和碎片阅读,只是浅层次地获取信息和情感愉悦,而达不到精神陶冶和审美层次上的深入。这已经成为青少年读者阅读的一个基本方式,值得我们关注。

吴俊讲了自己对当下文学特征的认识,包括文学生产力的空前释放,导致文学生产关系、生产方式、传播与评价系统性的改变;文学市场机制的全面形成;具有消费属性的文学取得了合法性的地位;网络技术改变和重塑了文学的生态与价值观;文学写作的分流与泛化;中国文学的世界地位得到彰显和确立。他特别举例说,“80后”既是纸媒时代诞生的最后一批作家,也是互联网写作时代诞生的第一代作家,依托于全面的市场机制,文学的生产方式由此不同。他同时也提到了一些应引起重视的问题,比如文学的价值观、文学写作的边界以及新媒体技术达到饱和以后文学发展可能出现的障碍等,都需要认真反思。

陈福民认为,文学写作与资本的关系在现代社会一直都是存在的,它切实活在我们生活当中。进入21世纪以后,这个以前曾被遮蔽的问题变得非常清晰而尖锐,有时还具有支配性。此外,我们还必须面对美学趣味的变化。

汪政思考的重心落在了文学生态的修复和再生上。在他看来,如果从一个较长的时段来考察文学的格局,就会发现它既有相对稳定的一面,也有流动、纷杂、消长的一面,多种力量在不同时期的地位、存在方式实际上是不一样的。21世纪各种文学力量共生，但地位并不一样，呈现为复杂的互相交融的多元化格局。形成这样一种文学格局的因素有很多，首先是市场因素，还有包括网络以及移动终端在内的技术因素等。多样化、多层次、多选择的文学生态正在重建和修复，需要进一步探讨的东西还很多，比如纯文学能否在独立与自由的方面形成自身的品格，承载道统，引领社会精神的重建；民间文学能否恢复本来的源头地位，突显草根立场，创造出原生态的文学符号；依赖技术而建立起来的网络文学、泛文学和微文学能否增加艺术含量，并且使这样一种无处不在、无时不在的写作形态真正有利于社会建设等。

正如作家、评论家们所说，新世纪文学走过的15年，不只是一种时间的延伸、年头的累积，它在体量的增长、关系的变动、形态的变化、结构的变异等方面，给文学研究提供了取之不竭、解说不尽的空间。面对这样的资源，我们需要做的是立足新世纪，研讨新阶段，书写新历史。也就是说，以充分的学术自信、自觉采取当代性的立场，多路径、多层面、多跨度地推进研究，以期为今后的文学发展提供借鉴。

本次活动由中国作协创作研究部、中国当代文学研究会和吉林省作协共同主办。参加活动的还有何向阳、张未民、杨长虹、赵玫、邵丽、宗仁发、王干、栾梅健、霍俊明、刘大先等。

（原载2015年12月18日“中国作家网”）

历史场域、局内人与共识

——2015 中国多民族文学论坛侧记

刘 大 先

由《民族文学研究》编辑部与贵州民族大学合办的“2015·中国多民族文学论坛”日前在贵阳和榕江召开。会议收到来自全国各地高校与科研机构的论文130余篇,共有90余名学者到会参与讨论。会议议题原先设计为5个部分,分别是“重返80年代”“多民族文学理论建构”“多民族文学教育研究”“多民族文学比较研究”和“西南多民族文学研究”。从与会者的反馈来看,更多集中于学术史回顾与反思的“重返80年代”议题和多民族文学个案研究,尤其是以贵州为中心的西南民族口头与作家文学讨论。

由最初不过几位核心人员的苦心经营,到十几年来繁衍壮大,固然让人欣慰于多民族文学研究事业日益引起更多学界同仁的关注,也显示了由于认知差异带来的观念碰撞和挑战。因此,有必要结合发表论文和现场研讨,对这个松散的“学术共同体”做一些反思,进而展望其愿景。

80年代的经验与教训

20世纪80年代是严格意义上的少数民族文学研究的真正肇端,“这是一个过渡的年代;这是一个彷徨的年代;这是一个摇摆的年代;这是一个矛盾的年代;这是一个方向不明上下求索的年代；这是一个走一步退两步、改革举步维艰的年代；这是一个充斥着激情、幻想、怀疑、狂热、偏激，甚至歇斯底里的年代；这是一个旧事物旧思想旧观念在挣扎在死亡、新事物新思想新观念在萌芽在生长的年代……”（王学典语）我们甚至可以说，时至今日的多民族文学创作和批评还受惠于80年代的精神成果——它是在新启蒙和多元化的浪潮中诞生的孩子。如果眼光再放远一点，我们会发现80年代和五四时代的联系性和相似性。正是新文化运动开启了从民族与民间的底层重新发掘文化动力的冲动，及至当下多民族文学依然在这条路上前行。

何圣伦谈道，面对五四启蒙主义思想的影响，少数民族作家通过作品勇敢地发出自己的声音。但民族身份的多重性决定了他们文化人格的复杂性，在对中国传统文化的批判中包含了他们对本族传统人格的批判，在对人的现代价值的追求中包含了他们对自己民族精神的再造。上世纪80年代中国的文学民族性讨论，则是基于西方现代文学思潮以及人类学、民族学等学术话语冲击的背景。正如傅钱余所总结的，当时的讨论主要聚焦三个方面：民族性的内涵、文学民族性的形成以及少数民族文学的民族性问题。民族性的内涵方面借鉴别林斯基的理论归结到民族精神；文学民族性的形成更强调作家对民俗、民族文化传统的汲取和借用；民族身份即民族文学之划分标准的观点成为之后约定俗成的观点。

应该说，80年代的“民族性”话语有其合理性，但也存在着问题。杨彬认为，1980年代少数民族小说具有超越性发展，其超越性表现在对少数民族意识的自觉追求，将少数民族小说从学习汉族文学、靠近汉族文学的框架中提升到追求少数民族的独立品格的状态中，把作为背景的少数民族风俗风情变成叙述的主体，将描写从表层描写转到具有文化底蕴的深层挖掘，从罗列民俗风情到将其审美化。虽然这种超越，在1980年代还不普遍，但是它对当代少数民族文学的意义是非凡的，它直接开启了1990年代少数民族文学张扬民族意识和宗教意识、认同和传承民族文化、表达少数民族族群体验等少数民族小说的独立品德。

这种主体性的追求，使得少数民族汉语小说具有独一无二的品格和价值。但“民族性”诉求也有其缺陷，樊义红以上世纪80年代中期以来的少数民族小说为中心考察其对民族性的表现进入的三大误区，分别为：对少数民族的生活进行了“提纯”式的书写；刻意地淡化甚至回避本民族的民族性；用文学的文化表现遮蔽了文学的审美性。这给少数民族小说创作造成了一定的危害。他认为为纠正这些错误的创作倾向，必须贯彻两大原则：回到生活和回到文学。

其实回到生活和回到文学，也就是要在内容与形式上回到历史场域的问题，吴雪丽以1980年代中期西藏“新小说”的兴起为切入点，发现文学中的西藏书写和当代文坛中的思潮更迭、文学创新、文化认同等构成了复杂的对话，并以马原、扎西达娃、阿来的“西藏书写”为通道，进入1980年代以来的历史现场与知识场域，考察作家的自我意识、写作伦理、身份认同与文学生产、期待视野、社会想象、文化想象之间的复杂关系，探讨了“文学西藏”与当代文学史、当代文坛之间的影响与建构。这种影响与建构还在持续，值得注意的是刘永春提到的“解殖民”与“返殖民”两种话语。这是1980年代中国文学思潮的重要主题，两者的对抗贯穿了整个历史时期，并为文学的发展提供了巨大的动力。1980年代的大多数文学现象、思潮、流派都是在这两种话语互相竞争的文化框架中产生、发展和消失的。深入分析两者的互动机制是重新进行“80年代言说”的重要途径。

没有人是局外人

认识到“民族性”的流动性和变异性，对于考察新世纪以来的当下多民族文学现场尤为重要。李翠芳谈道，在多元文化格局中，跨文化的多重身份使少数民族作家必然遭遇到文化定位和话语姿态等问题。新时期少数民族作家自身不同文化经历赋予了他们双重的情感倾向和文化视角，他们实现对不同文化的多重超越，但同时也带来了身份认同方面的尴尬和困惑。双重甚至多重的文化身份使他们的心灵归属具有不确定性，以至于他们对本民族的书写权利令人质疑，甚至他们的文化态度也显得片面和可疑。因而，少数民族文学创作尤其需要开放和理性的文化视野。

但情况往往不容乐观，因为“民族性”往往导致“族裔民族主义”思潮或有意识或无意识的萌动，这就容易导致罗岗所说的没有有效区分少数民族文学的普遍性与特殊性的情况。许峰发现，少数民族文学的民族主义表达往往陷入片面强化族群差异性的“剑走偏锋”模式，如此，少数民族文学要真正“走出去”，以企求获得外界的文化认同便困难重重。要真正改变作家民族性表达的焦虑，关键是要真正实现民族的文化自觉。只有文化自觉，将民族性的表达放置于中国多民族国家社会历史发展进程与全球化背景下多种社会文化思潮传播交往的联系中进行考察分析，才能消除民族作家自我表征的焦虑。少数民族文学研究导向上的厚古薄今是个很大的问题。集中在独有的民风民俗和宗教原典上做文章，给读者的感觉往往是当代少数民族文学的创作和研究与现代性所关注的现实世界是隔膜的。我们的创作，现在亟需的是，把一个个人的故事讲成一个民族的故事，把一个民族的故事讲成一个国家的故事。只有如此，当代少数民族文学才能走出去。牛学智同样聚焦于少数民族文学创作的褊狭问题。它们具体表现在，首先急于转移认同危机的迫切心情，因此文化认同似乎被仪式化了。另一突出的写作现象和批评现象就是对“文化现代性”价值期许的淡化和对狭隘文化传统主义的青睐。现代理论把批评的触角伸向现实社会结构内层，并决不把文学仅当作个人事件的一种思想表达行为。以此观之，它的对立面即以极端个人主义为原点，以物质丰裕、成功为整个幸福叙事的价值观，和把文学的写作旨归仅仅规定为对自我经历和内心体验为表达对象的文学观，便只能是借用“传统文化”的名，实则十足市侩主义、流行主义。反映到文学中，极端者是封建礼教的复燃；次一级是宣扬人的动物性和物质性，成为“拜物教”中人；或者，至少是对于自我的无限自恋自大，对于他人却变成一个无处不在的道德审判者。一句话，狭隘的文化传统主义及其文学，究其根本并不是真的热爱传统文化，而是觉得传统文化安全，进而消费传统文化罢了。因而，目前的少数民族文学批评话语急需一些必要的整合，评价尺度也急需做一些必要的调整。希望研究自身能够调整观照距离，整合知识资源，输出有效的价值观。

观察者都普遍注意到，新世纪少数民族文学写作和阅读呈现出更为鲜明的个人化和社会化的倾向。如同欧阳可惺所说的，这种鲜明的个人化和社会化倾向与上世纪80年代的民族主体性意识的表达又有着明显的区别。现代性意义下的中国少数民族文学具有强烈的民族主体性特征，这种特征一方面表现为民族文学与时代政治的同构——民族文学在一个时代里包含了某个民族主体政治性的激情和独立的历史思考，并以特定的文学形式呈现这种民族主体多路径价值取向的思考，这时社会历史的政治性是内在于民族文学的审美自主性的。但是，在全球化背景下，少数民族文学的极端个人主义写作，其中表达的民族主体意识需要辨析，它的传播路径和空间都已经发生巨大变化，裹挟了更为复杂的因素。从文学引发的社会关注度看，21世纪的少数民族文学更容易成为产生文学事件的焦点。少数民族文学如何打开文学性圈子的局限，在多学科理论知识交叉背景的介入下把文学研究融入当代中国社会文化的建构进程中去，是一个值得深思的话题。这有可能会给我们的少数民族文学研究带来新的问题意识和话语活力。

上述所讨论的问题是饱含现实关切的问题，即我们如何在中国多民族文学中寻找到作为中国人的认同，既摆脱一体化的统摄与压抑，又突破自我封闭的文化圈套。在这个碎片化的消费社会中，没有人能躲进个人或者狭隘共同体的小楼之中，没有人是这个大转型时代的局外人，中国多民族文学论坛正是在这种"和而不同"的前提下，以一种协同、互补、对话的方式，力图打破少数民族文学与古代文学、现当代文学、文艺理论、比较文学、民俗学、神话学等原本就不应该过分细分的学科壁垒，推进学术观念的转型，寻找一种被个人主义撕裂和遗忘的“集体性”。希望藉此对我们时代的知识结构、思想状况与精神面貌的塑造产生一定的推进作用。

艰难的共识

新世纪以来少数民族文学学科史中，“多民族文学”无疑是个重要关键词，从少数民族文学到多民族文学，命名的变换带来的不仅是词汇前缀的变更，更导致了学科的范式转移和观念更新。诚如汪荣所梳理的，“多民族文学”是“内部的构造”的历史想象性和文学想象力的体现。在“内部的构造”中，各民族以文学为媒介建构国族想象。“多民族文学”的命名，意味着建构了一个新的坐标系，改变了既有的研究格局，也开启了“重写文学史”的契机。“多民族文学”是少数民族文学走向中国文学的整体视野的标志。同时，它还用“共同体感觉”取代了“单边叙事”，从而再现了有机联结的民众世界。中国文化与文学的内部多样性既是“多民族文学”产生的原因，又是其发展的最大动力。

多民族文学包含了族群、地域、宗教、语言、文化、习俗各方面的差异，具体的个案研究充分地显示了这一点。比如在贵州，仡佬族第一代作家的出场并不是太早，但成就不凡。杜国景探讨其中原因，既关乎仡佬族在长期的历史发展中与从外地迁入贵州的各民族的交流、融合，也有后来民族政策的影响。在他们之中，体现着一种超越了民族性与地域性的当代精神追求。在这一过程中，又并没有失去仡佬族文化自身的某些特质。朱静则以王华、肖勤的创作为例，对仡佬族女作家文学的呈现形态及其出现的意义和价值进行了深入探析。而放眼西北，张向东以新时期“西部文学”为例，从语言的接触和相互影响看中国文学的多民族性。西部语言地理的多语系、多语族、多方言交汇融合特性，使得西部文学的语言构成异常丰富与驳杂，形成了西部文学独特的“语言大观园”景致。西部各少数民族语言的独特性，塑造了西部文学的民族性、地方性品格。

这种内在的多样性固然有着历史自然形成的文化遗产,更多则是在多民族国家文化事业中的建构。陈祖君认为,《人民文学》杂志在建构“人民文学”的过程中给予少数民族文学以相当的重视,在少数民族文学传播空间的生成和演变方面发挥重要作用,形成跨越各个民族的跨文化传播空间。以《人民文学》为引领,中国形成传播少数民族文学的期刊群,形成传播少数民族文学的公共领域。1980 年代以后,《人民文学》的引领作用让渡给了《民族文学》。罗宗宇、刘华苗的发言则集中在 1981 年至 2010 年的 30 年中《民族文学》为当代藏族文学的发展所作出的贡献。《民族文学》在大量刊发藏族文学作品和大力培养藏族作家、推动藏族文学评论和藏族文学译介等方面发挥了重要作用。

有着这样的差异性与多样性,内部的相互理解与沟通就尤为重要,文化翻译就是关键的途径。阿荣讨论了翻译领域中的异化与归化问题,认为两者是互相依存的统一体,特别是在文学作品的翻译中,应考虑读者的接受问题,根据不同情况采取不同的翻译策略。她以蒙古族作家阿云嘎的长篇母语小说《满巴扎仓》及其汉译本为例,探讨译者对文化差异的处理策略以及读者的接受情况。向外部的文化输出中,少数民族文学的“走出去”,也具有多重战略意义和价值。魏清光讨论了少数民族文学“走出去”的机遇、现状、问题及对策。少数民族文学“走出去”的成效并不理想,主要问题是缺乏系统性规划。他认为推动少数民族文学“走出去”,应加强选题规划、路径规划,进行国际化市场运作,明确翻译策略,重视少数民族译者培养,实施多语种战略。

这又回到了盘桓不去的“多元”与“一体”的问题,但问题不再是“政治一体、文化多元”这样的二分,也不再是没有底线的新自由主义式价值多元,而是谋求一种艰难的学术与思想“共识”。这是一种“知识共同体”,它必然的诉求是在现象之上的抽象。文学研究主要分为两大类,一类是以“事实认知”为主要目的的研究，另一类是以“价值评价与导向”为主要目的的研究。两者的关系是相互依托。刘俐俐提出，在目前的多民族文学研究中，关于“事实认知”的研究占绝对主流。但是只有知道怎样的文学有价值，才能够更好选择相应的作品进行“事实认知”方面的研究。这种提醒非常重要，多民族文学的研究从来不是“纯文学”或者“纯学术”问题，也不仅仅是某种“遗产”，同时也是行为和实践。

唯有葆有这样的共识，论坛的短暂相会，才能做到“聚是一团火，散作满天星”，为少数民族文学研究的真正复兴作出应有的贡献。

（原载2015年11月6日《文艺报》）

说说杨绛的刚强

李　冰

久仰杨绛先生大名，如果我不是调到中国作家协会工作，恐怕无缘结识杨绛先生。杨绛先生喜好清静，不便多打扰，但每年春节前是一定要去拜年的。拜年与铁凝同去，因为不少人想去看望杨绛先生都被老人婉谢了，而杨绛先生特别喜欢铁凝，对铁凝提出的拜访几乎是有求必允。我们去拜年，老人都迎在门口，冬天风冷也不免礼，而告辞时老人又起身送到门口，并与铁凝拥抱。

杨绛先生是大才女，曾随夫婿钱锺书赴英、法留学，回国后在清华大学等学府任外语教授。杨绛先生著作等身，大家熟知的有散文《干校六记》和《我们仨》、小说《洗澡》、剧本《称心如意》和《弄真成假》，有译著《堂吉诃德》《小癞子》《吉尔·布拉斯》《斐多》等等，另有不少颇具创见的文学研究论文。杨绛先生学识渊博，文字清秀灵动，是我极敬佩的那种。

杨绛先生的住宅是一栋老式的红楼。若在几十年前，这楼的质量算是相当好的，主要分配给领导干部和各界名人，可现在无论是建筑材料还是房间格局都显得“落伍”了。杨绛先生的室内好像从来就没有像现在流行的那样大动干戈地装修过，仍保持着“老模老样”“原汁原味”。墙是白灰粉刷的，地是水泥抹平的。家具很简单，客厅里没有太多的陈设，最显眼的是墙上挂的七言条联，上联“二分流水三分竹”，下联“九日春阴一日晴”，是清代吴大澂的篆书。吴大澂的篆书很有名，小篆与金文融为一体，古拙洗练，工整精绝。壁有名联，室内顿生高雅之气。另一个显眼的是，书柜上摆着钱锺书先生的照片。看着照片，我羡慕钱锺书先生的才学，也同情杨绛先生晚年的际遇。“文革”中的苦难自不必说，更让人难以忍受的是这对文坛伉俪的温馨之家在两年内破碎了。杨绛先生在《我们仨》里写道：“1997 年早春，阿媛去世。1998 年岁末，锺书去世。我们三人就此失散了。现在，只剩下我一个。”丧女之痛、丧夫之痛铭心刻骨，杨绛先生却叙述得如此超然。这是心在流泪后的一种常人难以做到的刚强。在那单薄的身躯内竟有如此坚韧的力量，直令我等须眉自愧不如。后来，读了杨绛先生的《一百岁感言》，才领悟老人的境界。她写道：“一个人经过不同程度的锻炼，就获得不同程度的修养、不同程度的效益。好比香料，捣得愈碎，磨得愈细，香得愈浓烈。我们曾如此渴望命运的波澜，到最后才发现：人生最曼妙的风景，竟是内心的淡定与从容。”

杨绛先生的刚强只要你留心，在很多小事上都能感受到。在杨绛先生百岁寿辰时，我和铁凝去祝寿。杨绛先生听力不太好，视力却奇好，看书不用戴眼镜，特别是思维仍很清楚。老人见了铁凝相谈甚欢。她谈起五四运动爆发时，她才 8 岁，跟随游行的学生去东交民巷，走到天安门广场附近，遇到军警，队伍被冲乱，她躲到了水沟边的土坎后面。讲起当时的细节，杨绛先生记忆犹新，脸上泛出兴奋的红晕，被铁凝称为“婴儿红”。还是铁凝细心，她发现天花板上有几个手印，就问了一句。杨绛先生的回答让我们着实吓了一跳。老人说那是她换灯管时按下的。杨绛先生家里用的是半个世纪前普遍使用的棒状日光灯。有一次灯管坏了，老人家便挪来一张桌子，高度不够，又叠加一把椅子，然后爬上去换灯管。无处可扶，只有用手撑住天花板以求平衡。老人登那么高，还要一只手把坏灯管用力抽下来，其惊险和难度不亚于杂技里的高空椅子顶。我猜想，老人身边当时可能再无旁人，否则谁肯让老人冒险呢？身边无人保护，万一失手摔下来怎么办！等别人来更换不行吗？也许老人急需光亮，特别是晚上要读书写字。可家里其他房间灯也坏了吗？想来想去，一个个假设的理由都不成立，唯一的解释是，老人刚强，内心里不服老，一些事要自己动手做。

2013年，杨绛先生打了一场官司，是著作权纠纷。钱锺书、杨绛、钱媛与香港一位出版杂志的文人当时是朋友，有书信往来，该文人那里有钱家三人的书信手稿百余件。在名人书信手稿可兑换成钱的驱使下，不知怎么这些书信手稿就流入某拍卖公司的手上，行将开拍。一生心静如水的杨绛先生愤怒了。她毅然上诉，要以百岁之身走上法庭，维护自己及家人的著作权、隐私权。人们震惊了。我和铁凝内心很急。官司的输赢在我和铁凝的心里是第二位的，第一位的是担心影响到老人的健康。我们一面安慰老人，一面帮助做沟通工作。经多方共同努力，最终法院判决杨绛先生胜诉，停止了侵害书信手稿著作权的行为，赔偿经济损失和支付精神抚慰金共20万元，而这笔钱听说老人都捐了。在这场书信手稿拍卖案中，杨绛先生表现出铮铮硬骨的一面，没有半点柔弱，有的只是刚强。

去年末，听说杨绛先生病了，住进医院。我和铁凝赶紧打问，准备去探视。铁凝的秘书小丁给杨绛先生身边的吴阿姨打电话，吴阿姨回话说：奶奶说，谢谢，先不要来了。吴阿姨还说，有人来探视，奶奶都要脱去病号服，换上平时的衣装，梳洗一番，然后才见人。听了这话，我不禁感叹：老人病时，还这么刚强！我们不能到病榻旁去问候，只有请吴阿姨转达心愿：祝老人早日康复，寿比南山！

（原载2015年第2期《作家通讯》）

想起陆文夫

南　丁

陆文夫是我不时会想起的朋友。

文夫在苏州，我在郑州，相隔千里，平时难得相聚，只有在开会时才得以见面。我和他相识，就是在1956年春天的全国青年文学创作者会议上。那年我25岁，文夫28岁，都是刚刚学习写作的青年文学创作者。会后，都遭到命运的戏弄，我被打成右派，他被打成“探索者”反党集团分子，彼此音讯全无。

1979年秋，时隔23年之后，我们才又在全国第四次文代会上相见。其间，中国作协召开第三次会员代表大会。那天，我正坐在西苑宾馆的会场里听代表发言，同样来自河南的叶文玲走过来告诉我：“陆文夫在会场的前厅等你。”我来到前厅，与文夫相握相拥，彼此打量着脸上被岁月涂抹的沧桑。

这是粉碎“四人帮”之后文艺界的第一次大团聚。因此，虽然天气寒冷，大家都被春天般的气息温暖着，被小平同志在文代会上的《祝词》感动着。大伙喜笑颜开，将那份沧桑遮蔽。文夫也不问我的情况，也不说他自己，他只说方之。方之，我并不熟，是否在青创会上谋过面，也记不清，但我读过他20世纪50年代写的短篇小说《在泉边》和复出之作《内奸》——《在泉边》清澈，《内奸》老到，我认为都是难得的上乘之作。方之也是与文夫一样，被打成“探索者”反党集团分子。文夫说，方之原来也要来参加第四次文代会的，出发前，猝然病逝。他很为方之错过了这春天的聚会叹息。这时我就捕捉到文夫面部表情的变化，眼眶也湿润着，那是他心中的痛。

《北京文学》编辑部在这次会议的间隙，召开青年作家座谈会，被邀的有当时正年轻的贾平凹、叶文玲等，也有23年前参加青创会的王蒙、邓友梅、陆文夫和我等等。就好像23年过去，我们这些人都未变老。文夫笑着说："我都51岁了，还算是青年作家吗？"河南的张有德也在邀请之列，有德当年45岁，他早婚，已有了孙子，是当了爷爷的青年作家。这就像一场喜剧，大家都挺高兴的。

1980年冬，我与段荃法代表筹办中的《莽原》杂志，去参加在镇江举办的大型期刊座谈会。会后，我们有上海之行，我与荃法商量，在苏州停留一天，去看陆文夫，说说话，请他为《莽原》创刊号写个短篇。那天上午，敲响他家的门，文夫和夫人毓柔都在家中，我向文夫介绍荃法，文夫向毓柔介绍我。毓柔握住我的手问文夫："南丁？就是写《拉车歌》的那个南丁？"这一瞬间，我有点小小的惊喜和得意。《拉车歌》是我1978年1月中旬写的1.5万余字的短篇小说，发表在当年《河南文艺》的3月号上。我惊喜的是，这本地方出版的文学刊物，当时仍在苏北农村落难尚未回苏州的文夫夫妇竟能看到。更意外的是，毓柔非但看了，而且还记住了。毓柔是《苏州日报》的资深编辑。顺便说一句，这篇小说的插图作者是河南画家李伯安，后因大型油画组画《走出喀颜巴拉》为人们所知，但却英年早逝。

大家坐下，文夫、荃法和我三人相对，吸着烟，说着话。依稀记得，文夫充满期待地问，你们河南文学界怎么没有声音？其时，张有德的《辣椒》已获得首届全国优秀短篇小说奖，可能声音稍嫌微弱。文夫又说到他对当时一些文学作品的看法，我记得他说过的一句话："我们不能搞自杀文学呀。"对于文夫此话，我当时不解，至今也未理得十分清楚。中午，文夫让我们留下来吃饭，毓柔做的苏州味的红烧肉味道甚好，大家还喝了点小酒。饭后，文夫陪我们去找了家宾馆住下，翌日中午又到宾馆陪我们吃饭并送行。约文夫写的稿子，他如约寄来，即短篇小说《打羊》，发在1981年5月《莽原》创刊号上。

1985年末，我在河南省小说创作评论工作座谈会上作了题为“继续推进小说创作的好势头”的发言，随后据此写成文章《喧闹的1985》，回顾了河南1985年小说创作的喧闹景象。我在文中作出判断，河南作家群趋于形成，并回应了1980年冬的文夫之问：“5年前关切地问及你们河南怎么没有声音的、今年初当选为中国作家协会副主席的文夫兄，听到这喧闹，当也会感到慰藉的吧。”

1988年全国第五次文代会时，在人民大会堂的前厅碰到文夫，感到他比1980年时瘦了些，好像有些疲惫，未能够多叙谈，又遇到袁鹰，我们三人一起照了张合影。

2001年冬，全国第七次文代会、第六次作代会同时召开，但在不同的会场。我在文代会这边。那次作代会换届，文夫、张锲诸位皆因年事已高退出。闭幕那天晚上，我从也在作代会上的女儿何向阳处获得文夫、张锲的房间电话，分别与他们通了话。文夫说，他近年身体欠佳，烟已戒，酒也少喝。我感到他的情绪仿佛也受到身体的影响，不太高昂。

2002年初，向阳和一批作家评论家因《苏州杂志》之约有一次江南之行，《苏州杂志》正是文夫主编的，我让她为文夫捎去我的随笔集《水印》。向阳回来时捎来文夫送我的长篇小说《人之窝》。向阳说，李敬泽、徐坤等人在范小青的陪同下专程去拜访了陆文夫。陆文夫很高兴，谈兴甚浓，晚间吃饭，饶有兴味地说起当年自己如何被称为美男子等等，还谈及在场的潘向黎、何向阳的爸爸，说都是他的朋友，说他们年经时也都是美男子，云云。我一边听，一边笑，心里为他高兴，文夫的心态不错，挺年轻的，是否身体也好了一些？

2003年春，鲁彦周邀些朋友作皖南行，也邀了文夫，文夫因身体原因未来。我就未能与他相聚。

2004年春，我写信请他来郑州作一次讲座，借此见见面说说话。他回信说，仍因身体不好，不能前来。

《莽原》杂志辟有“当代名篇聚焦”专栏，2005年夏，李静宜约我与向阳合作，推荐一篇，我们就推荐了陆文夫的《小巷深处》。我作点评，向阳写了篇评论文章，一起发表在《莽原》2005年第5期上。我在点评后记中说："品评尚未作完，就传来文夫辞世的噩耗。文夫兄，这也算是对你的一点纪念吧。《小巷深处》是文夫的成名作，我至今也不明白，这么一篇歌颂善良、歌颂美好、歌颂爱情、歌颂诚实的纯真文字，当年为何要遭到批判？"向阳的评论文章题为"运河为枕"，文章的结尾，她引用了陆文夫在《老苏州》中的文字："苏州，这古老的城市，现在是熟睡了，她安静地躺在运河的怀抱里，像银色河床中的一朵睡莲。"然后，她说，"我们每个人都有一场熟睡，以完工我们的终章。但是能安静地躺在运河怀抱里，生前与一座城市共荣，身后化为河床中一朵睡莲的人，在这个世上并不很多。陆文夫，以他的德行，成为这不多人中的一个。"

文夫已远行10年，不时想起他的身影，涂抹以上文字，释我思念情怀。

（原载2015年2月4日《文艺报》）

南丁先生

墨　白

先生姓何，南丁是笔名。从开封到郑州，60 多年来出生在皖地的南丁一直生活在黄河岸边，2001 年秋天我沿着颍河进入淮河独自来到蚌埠时，首先想到先生。颍河是淮河的支流，从地理位置上说，我和先生同饮一河水。

第一次见南丁先生，让我难以忘怀的是他的歌声："多么辉煌那灿烂的阳光，暴风雨过去后天空多晴朗……"1987 年 9 月间，我参加《奔流》举办的"文学新人座谈会"，这是我有生第一次从颍河镇走出来参加的文学活动，会上小说家张一弓和评论家孙荪、王鸿生授课，也是这一次，我见到了传说中的南丁先生。座谈会开幕的当天中午，时任河南省文联主席的他陪同《小说选刊》原主编葛洛先生，在当时文联招待所下面的饭厅与文学青年会面。席间，张一弓和葛洛分别即兴演唱了《单程车票》和《兄妹开荒》，南丁先生即兴演唱了意大利民歌《我的太阳》："啊太阳，我的太阳，那就是你……"不是帕瓦罗蒂，是男中音，浓厚的，从胸腔里涌出的具有金属质感并含几分沙哑的男中音，音色宽厚带有自然的美感，就像从颍河，不，是从流经蚌埠的淮河里生出的混合了船工号子的风声。那具有穿透力的风声就此使我难以忘怀，以至后来我每次见到南丁先生时，那风声就会从我的幻觉里响起，穿过宽阔的原野吹过来。

南丁先生给我第二个深刻印象的是他的手札与著作手稿。1991 年底，我从任教 11 年的故乡小学调到周口地区文联编辑

《颍水》杂志，年初，就“孙方友作品小辑”请南丁先生写篇印象记。至今，我仍然保存着他在1992年元月5日、3月9日、3月18日关于《晕说孙方友》一文的书信，这三封信都是用蓝色墨水写在印有“河南省文学艺术界联合会”红色抬头的空白稿纸上，书信每页大约10行左右，字体仿佛一匹被月光照亮的白色原野的蓝马，狂飙而倔强，但也有一个特点，不好辨认。抄写一遍《晕说孙方友》我用去了整整一天的时间，其中多处还是请大哥辨认后才确定下来。后来，我在2006年出版的《南丁文集》的小说卷中，再次见到先生的手迹，那手迹写在八开大的稿纸反面，密密麻麻，仿佛开赴战场行进中的马队。我想，洋洋160万字的《南丁文集》，要奔过多少马群呢？再后来，我在不同的场合见过南丁先生挥毫，那骏马一样奔驰的书法作品就是他手札的再现，随心所欲，过目难忘，“南丁体”自成一家，不可模仿。

在和南丁先生的交往中，我尤其景仰他清澈的精神品格。2009年4月初，我搬迁新居，在家设席宴请南丁和田中禾两位先生，正为创作长篇历史小说《乐神葛天》在长葛收集资料的大哥中断采访特意赶回郑州作陪。席间，酒过三巡，先生给我们讲述了李凖先生的一则陈年轶事：某年，李凖赴江南某地参加一个影视会议，因为当时他还不是中国作协副主席，所以会上并没有因为他是一个大作家而在主席台上安排就座。李凖回来后同南丁先生讲起时仍愤然不平。先生淡淡一笑说，坐哪儿不是坐？不就一个副主席吗，能有你李凖大？言毕，先生端起酒杯用温和的目光看着我们一一碰杯，然后说：作品才是一个作家的立身之本！言毕，扬手一饮而尽。

作为一名作家，南丁先生自然是以著作立身。先生1950年开始发表作品，至今86岁高龄仍然笔耕不辍。先生晚年的随笔与散文写得尤其好，叙事语言诙谐朴实、文雅流畅，笔下人物个个真实感人，文人轶事件件写得情趣横生，哪怕是一篇千字文，也结构严谨气韵贯通，特别是《南丁文集》之后近十年的新作，我是每见必读，常常读着读着会击案而起，这老头儿，真乃文曲星。作家出版社2015年11月出版的散文集《半凋零》里，收入了南丁先生的20余篇新作，加上从《南丁文集》中精选出来的40多篇散文与随笔，应该说，这部书为我们呈现了他著作里语言文字最为精美的部分。2012年9月《南丁小说选》出版，这是作家出版社“共和国作家文库”的一种，书中所收26篇中短篇小说体现了他小说创作的总体水平。《南丁小说选》中有10篇写于1953年底到1957年，3篇写于1963年到1964年，13篇写于1978年到1983年春天之间，这样细算起来，他写小说的时间断断续续不到12年。南丁的小说创作关注中国底层民众的命运，挖掘与揭露人性的善良与丑恶，展现人生的悲欢离合，通过时代的风云变幻呈现历史的深度，这些构成了他作品的主题。先生小说的叙事风格以语言的简练与准确、塑造鲜明的人物形象而著称。如果不是经历1957年的反右运动和10年“文革”，我相信南丁先生会创作出更多的小说，在为他惋惜的同时又感到欣慰，因为这些早年著作的接受与传播仍然在持续。

读南丁的文章我常常会由衷地心生敬意，这敬意，自然来自他的人格魅力。2013年7月26日我大哥去世后，河南省作协、河南省文学院以及相关机构在8月9日为大哥召开追思会，先生冒着酷暑赶来，那天我在省文学院大厅里握住先生的手时，泪水不由得盈满了眼眶。先生在会上说：“方友堪称当代伟大的小说家，我们不要一说伟大就是历史上，不是这样的，就在我们的身边。方友洋洋八卷的《陈州笔记》记录了一个时代的历史，记录了一个世纪上百年的人物。方友的新笔记体小说要传世，要与颍河共存。”话语诚恳，让人感动。接下来在2014年7月26日、2015年3月28日召开的周年纪念会与《陈州笔记》研讨会上，南丁先生每次都在座，让我真切地感受到了他的菩萨心肠。仔细掂量，80多岁高龄的老人一次次来参加一个晚辈的纪念与研讨活动，那不是一般的胸襟。

在与南丁的交往中，我享受到了他给予我的亲切与随和。1999年10月下旬，我随他参加中国作协赴四川安县采风团暨“沙汀文学创作基地”挂牌活动，记得一天晚上他同我们几个年轻人一起看足球，到了精彩时激动得和我们一起呐喊，人突然间变得像个顽童,很可爱。那次在西行的火车上,先生还给我这个后生讲了一个笑话,后来被我写进了长篇小说《欲望与恐惧》里。当然,先生的随和并不是没有原则。1997 年冬天,为写一部关于红旗渠的电影,我随先生到林州采访体验生活,记不得因为何故,先生在电话里对当时省委宣传部的一位部长直陈己见、毫不客气。有关原则问题,无论面对的是谁,南丁都会体现出知识分子的本性来。真是文如其人。为人,先生是透明而真诚的。为文,先生是真实的,艺术的真实。真实与真诚,是人世间最大的智慧,这构成了人生的一种精神境界。应该说,南丁先生深得真谛。

(原载 2015 年 1 月 20 日《文艺报》)

和玉栋散步

乔 叶

2006年,我在上海就读作家研究生班,因为之前也在鲁院上过高研班,我越来越不好使的脑子就总是会把这两班同学弄混,对鲁院的同学会说:“我们在上海的时候……”对上海的同学会絮叨起鲁院的故事。好在能引起我这种错觉的同学并不多,刘玉栋就是其中的一个。

仔细想想,为什么他能引起我如此错觉,好像跟他同学了好几次似的?究其原因,大约是因为玉栋给我的印象定位就是一个标准的好男生。他温文尔雅,诚恳厚道,永远没有失礼的时候,又永远不在虚礼之中——第一次见面是在上海作协三楼的《上海文学》编辑部,他一进来我就认出了他,他也认出了我。我们互相寒暄:“乔叶啊?”“是,你是刘玉栋?”再没有别的话说。

然后就是两年的同学生涯。我和戴来同屋,他和戴来是鲁院首届高研班同学,经常来找戴来玩,我们也就越来越熟悉。学校在青浦乡下一个改装过的养老院里,前不着村后不着店,离得最近的繁华之地是三里之外一个名叫西岑的小镇,每到夜里10点之后,我们几个便夜游神一样去西岑消夜。消夜就免不了喝酒。戴来、田耳、小饭、罗伟章等都是喝酒的主力,我和玉栋永远是配角的配角的配角,不过也好,可以负责他们的安全:不让他们太靠路中间,也不让他们掉到沟里,路过那座漫长的大桥时,也不让他们把玩桥栏杆……回想起来,我和玉栋很像两个幼儿园老师,守护着一群调皮捣蛋的孩子。

我和玉栋就是在那种情境下几乎每天散步的，两个相对而言最清醒的保安在夜色里，在一群孩子喧哗闹嚷的间隙，散淡地说着闲话，说在鲁院读书的时光，说哪个作家又写了什么作品，今天老师的课上得如何，也说彼此的家事，他的女儿，我的儿子……话题在我们这里既有条不紊又纷乱迷离。在文学世界里我们似乎还是青涩的少男少女，在现实世界里我们已是沉重的成年之躯。然而无论是在文学世界还是现实世界，玉栋都是明悟的，通达的，和他说着话，我仿佛也跟着他明悟和通达了许多。

2008 年，我们学业结束，他回济南，我回郑州。两个城市直线距离并不远，却也难得再相见。不过跟别的同学比，我们见得还算是多的，作代会青创会什么的不必说，这几年我几乎每年都要去济南一次，讲课，开研讨会，做评委，借着这些由头，每年也都能见上玉栋一面，吃个饭，喝个茶，说说话。以至于到了后来我一到济南，撺掇饭局的朋友不用问我就会去请玉栋，还开玩笑："没有玉栋，乔叶哪儿吃得下济南的饭呀。"

今年 5 月初，我又一次到济南，这次是玉栋给的任务，给山东文学院的青年作家班做讲座。玉栋到高铁站接。我出了闸口在站台上找他，看见他正一脸寻觅地四处张望，心中顿时升起一阵熟悉的暖意——每次见到玉栋，我心中都会有如此暖意升腾。不知道为什么，他的存在总让我想起张爱玲的那八个字："岁月静好，现世安稳。"出了站，玉栋说要陪着我和《世界文学》的主编高兴老师一起去逛逛济南的精华所在。高兴老师上午刚上完了课，正好下午也有空。

于是，那天下午，我们三个便在济南城散了一场大步，算起来足足有 3 个小时。济南是泉城，自然是沿着泉水路线。从趵突泉开始，漱玉泉，金线泉，柳絮泉，白龙泉，珍珠泉，无忧泉，琵琶泉，黑虎泉，从黑虎泉返程，玉栋又带着我们逛到了济南的深街老巷里。在一条不知名的街口，他请我们吃了正宗的滕州菜煎饼；在王府池子街深处，他指引着我们来到一池泉水旁欣赏济南市民的花样游泳；在西更道街，他又请我们吃了素油旋……话说济南的这些街巷可真是有风味有气势啊，单看那些对联就知道他们的不俗："江山开眼界，风雪练精神。""柳堆千叠绿，泉涌一池春。"

第二天早上，早餐过后，玉栋说得消消食，便又带着我在住所附近的植物园散了一会儿步。散着步，说着写作的事，他心事重重地反思着自己，说自己的写作力量不够："不够狠。"他说。似乎是想要狠起来的样子。植物园里花已盛开，果已初结，空气清甜，鸟声如洗。不仅有花果，有的空地上还种着蔬菜和庄稼，玉栋一一唤着它们的名字，神情中也露出乡村孩子对这些事物骨子里的亲爱。看着他的样子，我突然想：这就是玉栋吧，不够狠又有什么关系呢？只要够慈悲，够柔软，也就有了足够的力量。某种意义上，慈悲和柔软不是最大的力量吗？

至此，想谈几句玉栋的小说。《给马兰姑姑押车》《幸福的一天》《年日如草》……读玉栋的小说，给我的感觉也像是在跟着他散步。他不剑拔弩张，也不横眉相向。他似乎就是在带着他的读者，带着我，慢慢地，不慌不忙地，在这个世界散步。他自嘲自己是一个慢得不像话的人。可是跟着这样一个慢得不像话的人这么散步，真是让我觉得，苦短的人生原来很悠长，浮夸的人世原来很踏实。

（原载2015年3月6日《文艺报》）

一个入殓师似的作家

——卢一萍印象

董夏青青

一

我大学毕业以后去了新疆工作，算起来和卢一萍已相处五年。这五年里，和他一起去参加笔会，常听到周围的人毫不保留地夸他，说他是“70后”风头正健的作家，再看看他，照旧是咧开大嘴憨笑，末了不好意思地说哪里哪里。何止不像个作家，给他根扁担，他就能挑起筐子上大集啦。

写这些，无非是想说，卢一萍看起来不像个作家。而正因为这个，他成了一位名副其实的作家。

与很多时髦的作者不同，他不是一个因为生活过分平静，而像找寻稀有矿藏似的在艺术中寻求不幸的闲人。那种人对故事情节有一种愚蠢的敏感，但对生活中的事件却完全麻木。相比书写现实的苦楚，更愿意在消遣的氛围里，为多愁善感的人们表演神经衰弱。而那真切的痛苦，如雅斯贝尔斯所说的，无望、无意义、伤心、赤贫和哀怜无助的不幸——大声呼求着救助，但是所有这些平凡普通的痛苦现实，都被因超拔提升而障眼蔽目的心灵当作不屑一顾的东西推到一边去了。

卢一萍常跟我说起他那家中的兄妹、磨难重重的童年，说起他学习的经历，说起四川大巴山深处的棚屋和草木。他小时候种地、玩耍时沾上脚的泥巴、熏腊肉时染在衣服上的烟火气，他从不刻意掸去。不管他日后去到新疆最西的群山，还是回到四川盆地，不管写一名被打伤耳朵的营长，还是在战争中失去男性尊严的连长，那股土腥味儿都在。这种味道，既可以说成是对一种写作口吻的偏好，也可以说成是他对其理解的生活本质所做的象征性传达。——这里说到的生活本质，是一整套话语方式和言说口吻，它像一团雾气，当它笼罩一个场所、一段景象，身处其中的人们很难发觉。唯有退后，隔开距离，那雾气对人物面部、声音、姿态、思想、灵魂所做的曝光、修改，才得清晰。

二

爱伦堡在《人·岁月·生活》中的一段描述，集中、迅速地体现了这种口吻的绝妙："在任何一出悲剧中，都有一些闹剧的场面。在我的岳父科律采夫医生的家中，有一次闯进一个穿着军官制服的身材高大的小伙子，他高声喊道：'耶稣给钉上了十字架，俄罗斯给出卖了！……'后来他瞧见桌子上放着一只烟盒，于是镇静而认真地问道：'银的吗？'"

如同那些给过卢一萍以丰厚精神养料的作家们一样，他极善于在平稳、远离祸事的生活流中，截出一个简易场景，以温柔质朴却极端准、狠的口吻进行针对现实表象的愉快审判。他心灵中的灾难景象，不是以洪水、地震、火灾的自然方式出现，而是某一次谈话，一顿午饭，在某个短暂而无奇的日常片段中呈现，人的扭曲、褊狭、怪诞，思想的卑劣以及精神的腐败集中在一个瞬间里展露无遗。他小说中的每一个文字，都如同凡人们每日展开的生活，含有作为悲剧而论的一切创痛。

前段时间，卢一萍把他前后写了将近七年，六易其稿的长篇小说《白山》寄给了我。我收到后即刻开始看，却直到现在也没有读完。只因为每看一行，都情绪翻搅，笑了一阵又想大哭一场。我跟在小说主人公凌五斗后头，看着他被命运扭成麻花，看着他和他成长的连队被精神世界的雪崩一次又一次掩埋，仿佛看到了一个时代沸腾的大锅里，无数颗饱受煎熬的心在挣扎着想要爬出。一个时代过去了,留下一片说起来挺美的废墟,一代人逝去了,留下一片无人着墨的惨白。这一切,不是没有人见证,只是往往有勇气说的人,没能力写,有本事写的人,识时务地避而不言。

倒是卢一萍,这个经常自诩为乡巴佬的有心人,选择在这寂寞的地方下着最笨的功夫,执意以白纸黑字打扫战场,以赤子之心重塑人心。对于他来说,作家最大的道德是书写一切,而不仅是书写正确的道德。真实即是善与美,他文字的真实一方面在于拒绝美化被贴上标签的人、塑造善人偶像;另一方面,在于他善于严审人性,在凋敝的人心深处找寻无疑的真实。

英雄与贵族的故事,固然激动人心,然而能把蝼蚁似的小人物一生写得惊心动魄,震撼灵魂,也是一个作者应当用文字完成的分内事。

三

很多人都曾说过,文学是天才的事业,而天才也时常乐意把自己的工作说得轻巧。那些炫目的篇章,仿佛是顺手拾得,一蹴而就的。相比那样汪洋恣肆的才情写作,卢一萍的写作更像苦行。当年,他以一篇先锋小说《激情王国》艳惊四座,作为“70后”中备受关注与期待的作者,他本能地利用这聚焦的光圈,继续做个常在文学刊物上抛头露面的明星人物,然而,在之后很漫长的一段时间里,他却走上了一条最为艰难和清冷的修行之途。

在写《八千湘女上天山》时,他找机会遍访那段历史的亲历者,搜集了堆满房间的素材资料,只为尽量客观与完整地录下他们行将掩埋的生命轨迹。待书出版后的许多年里,每逢有湘女的聚会和故人离去的告别仪式,他都会接到邀请。而这些时候,他也从不推辞,常带上鲜花与一份真心前去。离乌鲁木齐人民广场不远处,有一家湘女开的饭馆,卢一萍常想带朋友去给老兵捧场,而满头白发的老兵,却时常坚持不收菜钱。如此情意,便是因他那份执意还人以尊严的深情与果敢。

卢一萍平日里穿衣服，从不见西装革履，哪怕鞋子，也多是部队里发的制式皮鞋。有时候下班路过街边店铺，他也只盯着那些户外店，买出来的东西，不是打折的户外鞋，就是防水抗风的冲锋衣，无非是跟以前穿破了的那些衣服颜色不同而已。他家里的墙上，挂着一架马头骨，是他从荒原上捡回来的。空落落的眼窝，常年瞪着窗外。卢一萍和这马也相似，钟情荒野，他常年穿着户外服，一有机会便挎上背包，跑向高原荒漠。苦寒凄冷的边塞之地，他已用双脚踏遍。他信奉波斯诗人萨迪的漫游，并长期践行，利用各种机会，走遍了新疆、藏北、河西走廊、川西和云南。接近十年的漫游，把这个广阔的、山脉纵横的、带有传说色彩的地域变成了他视野和内心的"小世界"。在这里，"踏遍"不单是字面含义，卢一萍虽年轻，却像一位怀有最虔诚信仰的老者，以无畏的平常心，一步一叩，丈量了从凡心到圣境的全部路程。走过多少里地，喝过多少碗奶茶，听过多少次草原上的雷鸣，和多少位智者共饮，这些信息都会在文字里有所昭示。文学固然是虚构，但虚构不等于闭门造车和信口雌黄。只有亲手抚过孩童的脸蛋，亲眼见过老人的眼泪，才能将文字焐热，让其有人心的温度。是在这漫游途中，卢一萍找到了人类心中的爱与善良——这个世界的基点。

四

有人说，要想在写作上有所突破，必须学会倾听内心的声音。可是广阔天地，那么多嘈杂和声，有多少机会静下来，一五一十地面对自己呢。为了心灵的安宁，卢一萍把自己隐藏在灶台之前，能在家做饭，就不出去吃喝；将自己安顿于书架之间，读书一日，胜过日进斗金。这不是为了躲进小楼成一统，却是为了绕开心口不一、口是心非与言不由衷的陷阱，创造出带领人们的灵魂飞升的梵音。卢一萍曾如此描述一个理想的心灵镖师：

> 它是一个隐修者，而不是大街上的招摇者，更不是任何一群舞秧歌者的人，也不是老年交谊舞大赛上的频频获奖

者。它是一个骑着快马的刀客,它所到达的地方只有他自己知道,只有后来者赶上去后才明白——哦,他妈的,早在很久以前,那家伙已经到达过这里了——那时,他们开始在这里寻找启示录。

这段话,道明了他的文字理想,也表明了他的内心所求。他希望在自己的笔下,呈现出人类文明历程中经受的苦难与欢笑的结晶,这坚硬的晶体,能扛过时间的侵蚀,抵挡潮流的更替,与人类绵延的生命一起共存下去。让每一代人,都能在这些文字里,找到"休戚与共"。这是太灼目的野心与愿景,以至于他愿意以最朴实的心灵状态,去负担与承受这终生践行的辛劳。至此,他已从先锋走进世俗生命,已从荷尔蒙走向沉思。故事的荒诞,已非炫技,情感的汹涌之势,也不再是气血冲动的宣泄和哗众取宠。沉寂如灰,于热灰中,炼出了一副为他人命运沉浮而歌哭的热心肠。

在我心里,卢一萍是一个入殓师似的作家。用他的文字,整饬那些因为时代、命运、欲望而受难的模糊面容,还遇难者尊严与体面。入殓师凭一己的慈悲与想象,将那些一塌糊涂的面目重新塑造,形成一个已非其本来模样的新样子。好的文字,究竟是为了对抗"面目全非"而存在的,在被践踏与毁坏过的生命跟前,许下拒绝遗忘和草草掩埋的承诺。这承诺,让再卑微的生命,再血肉不清的死亡,都有了光。

(原载 2015 年 1 月 8 日《文学报》)

我所认识的马金莲

李 子 胜

对于宁夏“80 后”女作家马金莲来说，2014 年是文学创作的丰收年。先是在 3 月份获得《小说选刊》年度奖；8 月中篇小说《柳叶哨》获得首届“朔方文学奖”；9 月，第一部长篇小说《马兰花开》获得中宣部“五个一工程”奖；12 月，《长河》获得第三届郁达夫小说奖。

2014 年 3 月，我和马金莲一起在鲁院第二十二届高研班学习，四个月的学习生活中，对她有了深刻美好的印象。

开学典礼上，新学员代表讲话时，马金莲的发言中有句锋利的话，她说，在我们贫瘠的西海固，很多人把文学当宗教一样热爱。把对文学的热爱上升到宗教信仰高度，这是我听到的对文学痴迷的最为极致的表达，后来在与马金莲的接触熟悉中，也印证了这句话毫无夸张。

开学典礼后的下午，全班同学第一次集体活动，是在鲁院课堂上的自我介绍。在这 50 种方言荟萃、风格迥异的自我介绍中，马金莲的介绍只有寥寥几个字：“我叫马金莲，来自宁夏，谢谢。”与很多同学汪洋奔放的自我介绍比，她的简短快捷就像轻盈的晨风吹过了草叶上的露珠。

学习之初，班里五十位学员被分成了五个学习小组，我和马金莲分在了第五组。第一次小组活动，是大家一起去参观国子监、文庙、地坛公园、簋街。很随意的景观，就可以让我们兴奋感叹，在走过国子监状元桥时，同学们都争先走过，想通过脚步与状元桥的接触,给自己带来灵感和运气,而马金莲摇着头说,你们走吧,我们回族不讲究这个。

傍晚我们在簋街寻找满意的饭馆时,看到路边的地铁站,马金莲执意要回鲁院,她说,她只吃清真餐,怕影响大家吃饭。我们竭力挽留她,找到一家清真火锅店时,她犹疑不愿进去,门口招徕客人的大叔和她说了句什么,她才迈出了放心的脚步。我们吃完涮羊肉,只有她,张罗着给剩下的一个半烧饼打包。这个细节在我以后阅读她以贫困的西海固为背景的小说时,给我的印象是,她这不是矫情,而是对粮食的天然的、发自真心的尊重。

因为同学关系,我读马金莲的小说相对比较多,我发现在马金莲的小说中,可以随处看到传统文化、文学符号的存在。在《柳叶哨》《长河》等作品里可以隐约看到古典诗歌创作手法中的比兴技巧对她的影响,小说里托物起兴的物象随处可见,有暮鼓晨钟、朝阳晚风、飞雀噪鸦、繁星残月等;有时候,行文中忽然出现一段与后面情节关系并不密切的、看似闲笔的生活场景,在这些笔墨中,她的文字缓缓铺排,如一杯香茶,味道徐徐而生,仅仅啜饮一口,是不足以品出厚味的,就是这缓缓徐徐、闲庭信步,却将小说的人物底色悉数渲染出来了。例如《荞花的月亮》中,荞花与姐姐在养老院摘金盏花的场景;《长河》开头,"我"和母亲在秋天坐在院子里剥玉米的画面。她力求把读者带入她笔下的回民田园生活场景中。这种写法让文字蕴含着一股厚实绵密的味道。

马金莲小说的语言,含有丰富的文化、宗教元素。这些独特的文字,如"无常""埋体""海底耶""大小净",都是沉淀浓缩了丰富民族文化、宗教文化的富有沧桑感的语言符号。这些如岩画般古老的符号,在《长河》中发挥到了极致。初读《长河》,我就被她的独特词汇所吸引,不由自主地进入了她营造的苍凉伤感的语境当中。

马金莲擅长把寻常生活场景诗意化、童话化,她的小说中,独特新奇的儿童眼光、少女视角,为寻常生活披上了一层美丽的霞彩,她喜欢写舔舐锅底的火苗,她能捕捉到追随奶奶鞋底的一阵清风，她能把并不美味的酸菜浆水，写出海陆八珍般的诱惑，她用她的充满声音、味道的语言，轰炸我们的想象力、感受力，让我们常常为她显微镜般的语言表现力而惊叹。

对于小说人物，马金莲用文字勾勒出了一个善良要强的生命群像，那些西海固土地上的生命，大多数对生活充满了隐忍，即使写那些懒惰奸猾之辈，马金莲的笔触也尽可能地抱以善良和宽容。她不太追求小说的情节炸点，除了《绣鸳鸯》《蝴蝶瓦片》，她的小说很少有跌宕起伏的情节。她的小说里，贫穷的底色中，总有月光般温暖纯洁的人性美，她笔下的人物，没有变态、阴鸷、残忍、血腥，有的是善良、宽恕，是知恩图报。她的小说中，有种母性情感的隐藏。当然，对于生活过于琐碎的描写，也使得她的小说呈现出过度散文化，情节波澜不兴，挑战读者阅读耐性等缺陷。

鲁院学习的最后一个月，马金莲坐在我前排，她总是奋笔疾书，课间也是，嘴角还含着微笑，我就问她是不是记笔记，她说不是，她在写小说。原来，她的几乎所有的中短篇，都是先写在本子上，再整理到电脑里。她写小说的本子，也从不挑剔，有的干脆就是一些印着文字、表格的纸张的背面，但见那本子上密密麻麻，涂涂改改，笔走龙蛇，足见她写作时的专注与投入。

学习结束后，我们偶尔通过网络交流，慢慢地我才知道，马金莲是两个孩子的母亲，小儿子才3岁。干不完的家务，从没成为她写作懈怠的借口，她的发条总是绷得很紧，开一些无聊的会议，干完家务后困倦袭来之前，甚至半夜突然醒来后，都是她快乐的写作时间，而这些时间，换了别人，可能随手就挥霍掉了。

近期我细细读完了马金莲的长篇《马兰花开》，咂摸着她细腻的、散发着烟火味道尘土气息的文字，我觉得马金莲就像她笔下的主人公马兰一样，不是恃宠而骄的牡丹花，不是娇生惯养的玉兰花，更不是惹眼多刺的玫瑰花，她就是田野间茁壮成长的马兰花，她身上有着山一样强大的母性力量，她在用文字表达对人世的热爱。

检索百度词条，关于马兰花是这么介绍的：俗称马莲花，喜阳光，适栽于砂质土壤中，生于荒地、路旁、山坡草地，尤以过度放牧的盐碱化草场上生长较多，花大新奇，花色绚丽，鲜艳夺目。有蓝、白、黄、雪青等色。花期五六个月，每次花可开花 7 到 10 天，颇耐观赏。

朴素、坚韧的马兰花，和西海固的马金莲是多么相似。

花开飘香，愿马金莲在文学的道路上一直坚持。

（原载 2015 年 9 月 14 日《文艺报》）

我眼中的余秀华

刘　洋

1 月 16 日，余秀华以一首《穿过大半个中国去睡你》，几乎一夜爆红，余秀华的名字被广泛传播中有两个最大的前缀："脑瘫农妇诗人"和"中国的艾米莉·狄金森"。1 月 16 日晚，余秀华开始持续接到采访电话。与之同时，多家媒体的记者已在路上，或飞机，或高铁，或大巴，直奔余家，湖北钟祥市石牌镇横店村 8 组。我是赶路者之一。

1 月 17 日我到余家，不到一周的采访时间里，我的心态却多番突变：猎奇，反感，迷茫，悲悯，终究释然。去余家的途中，我翻看了她的博客和诗，确立的采访方向是她的三个世界：诗里的世界；村庄生活的世界；诗坛往来及成名的世界。我凭着以往的经验设想着可能的冲突：诗与现实的冲突，个人与家庭、村庄的冲突等等。

初见余秀华，她正跟先到的记者们一起吃饭，桌子正中央便是那盘此后引发巨大争议的"兔子肉"。她摇晃着起身，笑着问候："你来了？"尽管，此前我们毫不相识。

那天，余秀华被问到最多的是"突然的爆红""脑瘫"和《穿过大半个中国去睡你》那首诗。她的回答夹杂在记者不断增多的院子里，声音微弱。我心里盘算着等同行散去，再偷偷跑回来"抢个独家深谈"。很可惜，一位美女前辈提出晚上跟余秀华同睡，我的想法落空。

1 月 18 日，风云突变，一篇记录余秀华火爆后"喧嚣生活"

的稿子疯传。一句“记者来了,兔子死了,记者在女诗人家中吃兔子”成了网络红句,让本就面目尚未清晰的采访变得更加混乱。

余秀华有些着急,当着众人的面跟那位记者说“稿子不好”,并澄清“记者来了,兔子死了”只是个玩笑,她心里没有反感记者。1 月 18 日,当我问完所有准备好的问题,沮丧不已,甚至对余秀华产生了反感——她的玩笑与脾气交织,给出的答案几乎没有新闻信息量。

“你问到了我就告诉你,问不到我为什么告诉你?”她的这句话乍听来不就是对记者赤裸的挑战么！于是,好多“为什么”的问题被她直斥“问得不专业”,好多“你觉得”的问题被她反问“那你觉得呢”,往事基本不提,群访也好多次陷入集体沉默的尴尬。

她说,不喜欢“脑瘫”“农妇”“中国的艾米莉·狄金森”等标签,只希望人们多关注她的诗。她说,自己首先是个女人,然后是个农民,最后才是诗人,但诗又是很自我的事,不在乎别人是否理解。她说,自己就是对婚姻不满意,爱情从未出现在婚姻里。

1 月 19 日,我继续跟访余秀华,小伙伴去采访她周边的弟弟妹妹、老师同学以及村民。我和她聊聊“小苹果”“小鲜肉”等网络热词,聊聊正在热播的“大头娘娘和小头皇帝”。我此时的采访充满了引导,她讲到了对丈夫的真实感受,讲到了奶奶死去时的那次大哭,但每每要“趁势追问”时,她会恰当地绕开,回到原点。

有时候,人的交往真的需要时间,那是一种难以言喻的变化。1 月 19 日下午的某个瞬间,我突然觉得进入了余秀华的话语体系,听懂了哪些是她的玩笑,哪些是她的真实讲述,我开始后悔前一日的反感情绪,却也庆幸仍跟她增进着交流。

那天傍晚,余秀华哭了。一个当地媒体的编辑傍晚赶到余家,对着媒体讲述他跟余秀华的交往,还自称他就是余秀华的“推手”。矛盾在一次电视台的摆拍中爆发,那位编辑希望电视台拍下他与余秀华亲密交流的画面，没想到余秀华当场将其拆穿。此人悻悻离开，余秀华却在一阵喧嚣后哭了出来，边哭还边讲述着，“这个人以前老是打击我，说我有神经病，说我丑，叫我去死，现在还跑到我家里来作秀，我真的无法接受”。那是我第一次看到余秀华柔弱的一面，与此前的笑容和激烈完全不同，也与诗里的力量迥然相反。当晚，几个结束采访的记者跟她告别，她又一次哭了。

那晚，我跟两个同行一起住在了余家。余秀华从泪水中恢复过来，又跟我们开起玩笑，“晚上一起睡啊，你们穿越大半个中国，可以真的一起睡嘛，别想歪，只是睡着聊聊天”。于是，我们真的聚在了她的床边，有了一场“卧谈会”。当然，卧的是女性，男的坐在旁边的凳子上。

这不是一次采访，所有人都关了录音笔。我们聊着各种话题，她开始讲述自己的故事，讲述自己曾有过自我了断的情绪，也讲述 2011 年到 2012 年一些性描写诗作背后的自污和恐惧。不得不说，那是我们都想获得的故事，但悲悯压过了兴奋的苗头，我们真的如朋友一般在聊天而已。

（原载 2015 年 2 月 5 日《文学报》）

2015 年度文学评奖与评选

中国小说学会 2014 年度
中国小说排行榜揭晓

1 月 11 日,由中国小说学会主办,中共兴化市委宣传部承办的 2014 年度中国小说排行榜在江苏兴化揭晓。25 部上榜作品综合体现了本年度中国小说创作的精神风貌和艺术水准。

来自全国各地的二十五位评委,在公平、公正、准确的原则指导下,经过严肃认真、细致深入的遴选和讨论,遵循严格的投票程序,最终评出二十五部上榜作品。计有长篇小说《蟠虺》(刘醒龙)、《日头》(关仁山)、《耶路撒冷》(徐则臣)、《老生》(贾平凹)、《我的名字叫王村》(范小青)五部,中篇小说《所有路的尽头》(弋舟)、《良霞》(李凤群)、《世间已无陈金芳》(石一枫)等十篇,短篇小说《虚拟》(毕飞宇)、《一段被虚构掩盖的家史》(薛忆沩)、《小尾巴》(曹文轩)等十篇。

中国小说学会会长雷达表示,2014 的中国小说收获颇为丰硕,题材广阔,风格多样,叙事方式复杂多变,总体而言,呈现出多色调、多方位的文学场景。如何讲好百年中国故事,如何表述丰富驳杂的现实经验,如何探寻人性、灵魂的深层隐秘以及人生命运的壮阔或奇诡,继续构成作家们所共同面对、思考和书写的一个宏大的精神主题和叙事空间。这里面，有不少作品做出了令人振奋的贡献，也有的作品的探求不尽如人意。但无论成功还是失败，都将是我们的文学健步前行所赖以参照的重要的艺术经验。

坚守着"历史深度、人性内涵、艺术创新"的价值立场和艺术尺度，中国小说学会的年度小说排行榜活动迄今为止已持续进行十五届。通过密切关注、及时总结和科学评价新世纪以来历年小说创作的成就，该活动在海内外均产生了重要的影响力。本次排行榜的图书也将由全国百佳出版社之一的21世纪出版社继续支持出版。

长篇小说

《蟠虺》 刘醒龙
《日头》 关仁山
《耶路撒冷》 徐则臣
《老生》 贾平凹
《我的名字叫王村》 范小青

中篇小说

《所有路的尽头》 弋舟
《良霞》 李凤群
《世间已无陈金芳》 石一枫
《汤因比奏鸣曲》 宁肯
《种桃种李种春风》 余一鸣
《人罪》 王十月
《又见雷雨》 滕肖澜
《斧头剁了自己的柄》 王手
《悬棺》 肖江虹
《紫花翎》 陈冲

短篇小说

《虚拟》	毕飞宇
《一段被虚构掩盖的家史》	薛忆沩
《小尾巴》	曹文轩
《女人和狐狸的一个上午》	秦　岭
《岁暮》	张惠雯
《大马士革剃刀》	王方晨
《不速之客》	孙　频
《父亲的后视镜》	黄咏梅
《枪毙》	刘荣书
《隔壁,或者1991年你在干啥》	鲁引公

(原载2015年1月12日《文艺报》)

2014年度《诗刊》"诗人奖"颁奖

本网讯(记者　徐健)4月25日,《诗刊》2014年度"诗人奖"颁奖典礼暨"诗意增城"音乐诗歌晚会在广东增城举办。中国作协副主席吉狄马加、中国作协原党组副书记王巨才、中国文联书记处书记郭运德、《诗刊》常务副主编商震、广东省作协主席蒋述卓、《诗刊》副主编李少君以及数十位来自全国各地的诗人、评论家参加了此次颁奖活动。胡弦获得2014《诗刊》年度诗人奖,余秀华、王单单获得2014《诗刊》年度青年诗人奖。

此次奖掖的诗人、作品是评委会从2014年度《诗刊》上发表的作品中严格评选出来的。评委会认为,胡弦的诗歌内敛而沉静,其组诗《春风斩》有如一次次悠远的精神漫游,又常在娓娓道来间突现刀枪铁骑,夺人眼目。王单单的诗歌有着深刻、真切的生活和生命体悟,其组诗《车过高原》,是痛与力的写作,他真诚地书写日常生活与命运之痛,既是个体的,也是群体的,具有很强的广延性，触动人心。余秀华的诗，坚实、沉挚，是现实的血管中流出的本真之诗，是生存的泪水中涌出的疼痛之诗，其组诗《在打谷场上赶鸡》，透出了与众不同的人间烟火，她不管不顾的爱、刻骨铭心的痛、摇摇晃晃的命运，让她的文字如饱满粗壮的谷穗，充满重量和力量，饱含绝望和希望，很好地诠释了诗歌的强大和生命的沉重。

（原载 2015 年 4 月 27 日“中国作家网“）

第三届人民文学新人奖在甬颁发

4 月 17 日，由人民文学杂志社、中共浙江省宁波市鄞州区委、鄞州区人民政府共同主办的第三届人民文学新人奖颁奖活动在宁波市鄞州区举行。施战军、宁小龄、邱华栋、徐坤等参加了此次活动。本届人民文学新人奖共有 6 人获奖，笛安、颜歌、王凯、王选、陈蔚文、高鹏程分别获得长篇小说、中篇小说、短篇小说、非虚构、散文、诗歌新人奖。

设立于 2013 年的人民文学新人奖每年评选一次，希望通过表彰和奖掖在《人民文学》上发表作品的 40 岁以下新人，引导更多的文学青年投身文学创作，推动文学事业的发展。在本届新人奖的评选中，评委会认为，笛安在 2014 年突破自我，尝试历史题材写作，彰显了“80 后”作家拓展创作视野、关爱芸芸众生、追求艺术精进的趋向；颜歌通过一个小镇女人的婚变描绘了一幅充满当下人间烟火气息的市井图画，她飞针走线、匠心独具，展现了出色的写实功力；王凯的小说描述今日军营生活中的矛盾冲突和世相百态，他的笔墨精到而暗藏讽喻，轻灵别致而余韵悠长；王选深入“城中村”的寄居生活，细心而又耐心地体察着这一特定区域当下的繁杂和纷扰，他纸上的烟火，让我们欲罢不能；陈蔚文善于从生活细微处体验与感悟，其作品正视人的现实处境，直逼生存的本质与真相，情感细腻丰沛，富于智性光芒；高鹏程的诗歌让自然、社会与人诗意地融为一体，既有新鲜生动的感性，又有知性的透彻。据悉，此次新人奖的颁发是当地“王应麟读书节”开幕式的重要活动之一。开幕式上还举行了《鄞州文学》顾问聘请仪式、“鄞州作家阅读之旅”第二季启动仪式等。本届读书节将持续一个多月，主题为“阅读·成长”，以讲座、展览等形式走进社区、走进学校，推动建设书香社会。活动中，施战军、徐坤等还作了专题讲座，与当地读者展开了交流。

（原载2015年5月11日《文艺报》）

铁凝获法国文学艺术骑士勋章

5月16日，中国作家协会主席铁凝在北京获颁法国文学艺术骑士勋章。法国外长洛朗·法比尤斯代表法兰西共和国授予铁凝勋章并致辞，他肯定了铁凝在文学艺术创作领域取得的卓越成就，及其为中法文化交流做出的重要贡献。他称赞，铁凝的作品中涌动着“一种既抒情又浪漫的声音，致力于描述普通百姓的内心世界，尤其是女性的内心世界”。

铁凝在致答谢辞时表示，今天在这里接受法国文学艺术骑士勋章，感到十分高兴和荣幸。她向长期以来支持她的家人、作家同行、翻译家、出版家表示感谢，称这份爱与支持是她创作的动力。铁凝谈道，记得有位诗人说过，一个民族对文学的亲近程度，决定着这个民族整体素质的高低。而中国和法国都拥有悠久、深厚的文学传统和文化积淀。文化应该是一所教导谦卑的学校，它终生教导我们如何理解自己并且有能力欣赏他者。文学艺术是人生旅途上的路灯，它照亮心灵并使我们对时光和生命心存眷恋。铁凝说：“我从事的职业恰巧能和这两者发生关联，这已经是我本人的幸运和荣光。作为作家，写作是我生活的一部分；作为中国作家协会主席，为作家服务和开展国际合作是我的职责。我将会继续努力，和我的同行们一道，加强同法国文学界的合作，推动两国之间文学作品的互译，促进中法两国人民在这个新世纪更多的相互了解，以更具体、更活泼的方式提升两国文学交流水平。”

随后，铁凝与洛朗·法比尤斯就中法两国文学文化交流展开对话，中法两国知名作家、艺术家、翻译家的名字不时被提起。铁凝谈道，中法两国文化存在许多相通之处，两国在历史上一直都有密切的文化往来，应该让更多喜欢彼此文化的年轻人在未来参与到中法文化交流之中，因为，文学和艺术总是能超越政治、经济、社会的种种差异，实现人与人之间的心意相通，而那种状态是非常美好的。

法国文学艺术骑士勋章1957年由法国政府文化部设立，以表彰在文学界、艺术界有杰出贡献的人物，或在世界范围内为宣传法国文化作出突出贡献者。目前有50余位华人获此勋章。

（原载2015年5月18日《文艺报》）

“21世纪文学之星丛书”2015年卷入选作品审定

5月19日，经过两天的审读、讨论，全体编委以无记名投票方式选定“21世纪文学之星丛书”2015年卷的入选作品，入选的10部作品是：

陈宏伟的小说集《如影随形》、包倬的小说集《风吹白云飘》、张遂涛的小说集《陌生人来到马巷》、李晁的小说集《朝南朝北》、小昌的小说集《小河夭夭》、谭广超的诗歌集《圈地运动》、杨犁民的散文集《露水硕大》、赵兴红的评论集《小说戏剧性》、王颖的评论集《谜面与谜底》、季亚娅的评论集《文学的行间距》。

“21世纪文学之星丛书”是中国作家协会、中华文学基金会主办，中华文学基金会策划，由专门的编审委员会经过严格程序编选的青年作家作品集。自1996年开始，中国作家协会将编审、出版这套丛书列入扶植青年作家计划，意在扶持文学新人，繁荣中华优秀文学创作。2015卷是这套丛书的第18年卷，自1994年首卷至今，总计有184部青年作家的处女作入选。目前，这10部书稿正分别由10位编委负责编定、写序，预计年底前由作家出版社出版。

（原载 2015 年 5 月 20 日《文艺报》）

第九届茅盾文学奖揭晓

第九届茅盾文学奖 8 月 16 日在北京揭晓，格非《江南三部曲》、王蒙《这边风景》、李佩甫《生命册》、金宇澄《繁花》、苏童《黄雀记》五部长篇小说获得该项殊荣。

茅盾文学奖由中国作家协会主办，每四年评选一次。第九届茅盾文学奖的评奖范围为 2011 年至 2014 年间出版的长篇小说，共有 252 部作品参评，比上届增加 74 部。中国作家协会书记处聘请了来自全国各地的 62 位作家、评论家和文学组织工作者组成评奖委员会。评委对作品进行了认真阅读、深入讨论，经过 5 轮投票，于 8 月 12 日产生了十部提名作品并进行三天公示。8 月 16 日，经第六轮投票，产生了五部获奖作品并向社会公布了实名投票情况。

有关人士认为，五部获奖作品从不同侧面反映了近年来我国长篇小说创作的思想高度、艺术水准，体现出中国当代文学繁荣发展的态势。

中国作协专门设立纪律监察组全程监督，聘请国家公证机构对评奖进行公证。有关举措为确保评奖工作顺利开展提供了保障，为改进文学评奖风气积累了经验。

茅盾文学奖 1981 年根据茅盾先生遗愿设立，是我国具有最高荣誉的四大文学奖项之一，自 1982 年开评至今，评选出一批体现时代精神和民族精神的力作，为激励优秀长篇小说创作、推动我国社会主义文学繁荣发挥了重要作用。

据悉，第九届茅盾文学奖颁奖典礼将于 9 月下旬在北京举行。

（原载 2015 年 8 月 17 日《文艺报》）

刘慈欣《三体》获科幻最高荣誉雨果奖

8月22日，在美国华盛顿州斯波坎市举行的第73届世界科幻小说大会上，中国作家刘慈欣凭借科幻小说《三体》获得科幻文坛最高荣誉雨果奖，这是中国人首次获得这一奖项。

为纪念20世纪世界著名科幻作家雨果·根斯巴克，由世界科幻协会颁发的这一科幻文学奖项被命名为雨果奖。本次获长篇小说类雨果奖的是英文版《三体》系列的第一部。作为译者的刘宇昆代表刘慈欣参加了本届世界科幻小说大会并上台领奖。

刘慈欣的科幻小说《三体》系列（又名"地球往事"三部曲）由《三体》《黑暗森林》《死神永生》三部小说组成。故事视角宏大，从中国视角讨论科幻的一个基本问题，即人类和宇宙的命运。英文版《三体》去年在美国出版后，掀起一股中国科幻热，先后获得星云奖、雨果奖、轨迹奖、坎贝尔奖、普罗米修斯奖5个国际幻想文学奖项提名。《三体》系列第一部的英文版在亚马逊电子商务网站上所获评价平均为四星半（满分为五星），书评人和读者对《三体》的好评均占多数。

《三体》曾荣获中国作协主办的第九届全国优秀儿童文学奖。刘慈欣在发表获奖感言时谈及了科幻小说与孩子的精神世界的天然联系。他说，正是孩子对宇宙的好奇和对新世界的向往，构成了科幻文学的精神核心。愿中国的科幻小说与孩子们一起成长，以科学和想象为双翼，带着他们遨游星空。

从刘慈欣获奖可以看出，中国科幻文学越来越受到关注。长期以来，中国作协所属期刊社大力推介科幻文学作品。《人民文学》在2012年3月号上集中刊发了刘慈欣的4部短篇作品《微纪元》《诗云》《梦之海》和《赡养上帝》，引起业内的广泛关注。李敬泽曾说，科幻文学从科学的角度对宇宙和人类的可能性进行探索，展现出一种丰富的想象力。这种想象力是社会发展的重要动力。近30多年来,中国科幻小说的发展取得了巨大的成就,“一些优秀的科幻小说家,可以到世界性的平台上参与想象力的竞争”。

本报曾推出《对宇宙的敬畏是科幻文学的动力》等对刘慈欣的访谈评论文章,展现《三体》的创作历程及其在当下的独特性,深入探讨科幻文学的发展现状和未来前景,还组织了刘慈欣、韩松、吴岩等作家评论家在“中国作家网”上就“走向世界的中国科幻文学”的主题与网友进行交流。

(原载2015年8月26日《文艺报》)

“第五届西湖·中国新锐文学奖颁奖大会暨文学论坛”在杭州举行

秉持着“培养新人、推出精品”的办刊理念,《西湖》杂志多年来致力于发现和培养优秀的青年作家。“西湖·中国新锐文学奖”自2007年开始,每两年举办一届,成功发掘、推介了徐则臣、笛安、文珍、娜彧、朱个、石一枫、马小淘等青年文学人才。9月9日,由《西湖》杂志社、杭州市文联创研室共同主办的“第五届西湖·中国新锐文学奖颁奖大会”在浙江省杭州市举行。杭州市文联主席应雪林、中国作协办公厅主任胡殷红、《西湖》杂志主编吴玄等出席了颁奖大会。

荣获“第五届西湖·中国新锐文学奖”的是:双雪涛的短篇小说《大师》和祁媛的短篇小说《奔丧》。评委会认为,祁媛的小说语调冷硬,不只说着生的无意义、死的无意义,也在幸灾乐祸地嘲讽着生和死,而这种冷嘲热讽的背后又是个有情者;双雪涛的《大师》不仅写出了棋道,更写出了人道。两位棋手历尽沧桑之后的温暖,令人泪下。1983年出生的双雪涛近年来创作了《大师》《长眠》《平原上的摩西》等优秀的中短篇小说,他说:“作为一个写小说的人,无论是状态如何,处在哪个阶段,总得坐在椅子上写点东西，交一点租子。在我看来，掌管写作的神祇是一个苛刻而谨慎的人，你当然可以宣泄自己的才华一次性付款，但是我觉得他更倾向于你分期付款，把才华分布在每一个日子里。”出生于1986年的祁媛本是绘画专业的学生，她的写作以视觉和感性见长，善于发现日常生活中的“诗性”，她说：“写作有这样一种功能，它会让你把平时不愿意、也难于对别人启口的事，没有保留地说出来，在这之中，我感到了自己对自己的诚挚，我发现我那段生活充实难忘。”

（摘自2015年9月15日“中国作家网”）

第三季度中国网络小说排行榜揭晓

11月1日，由全国网络文学重点园地工作联席会议主办、中国作家网承办的2015年第三季度中国网络小说排行榜揭晓。

此次评选工作于9月15日启动，共征集来自全国22家文学网站推荐的159部作品。经过网上投票、预审、专家终审等环节，最终现场投票选出20部上榜作品（榜单附后）。陈崎嵘、胡殷红、何向阳、徐可、张柠、邵燕君、何平、庄庸、夏烈、桫椤、王祥、肖惊鸿、刘颋、马季、杨晨、栗洋、谢思鹏、刘晓闻等18名专家学者和文学网站代表参与终审，对参选作品发表意见，结合作品实际，探讨了中国网络小说排行榜的定位和特色，对作品推荐及评审机制提出了意见和建议。

中国作协副主席、中国网络小说排行榜专家评审委员会主任陈崎嵘强调，中国网络小说排行榜是中国作协贯彻习近平总书记在文艺工作座谈会上的重要讲话精神、落实《中共中央关于繁荣发展社会主义文艺的意见》、推进网络文学繁荣发展的一项重要工作，旨在展示网络文学创作实绩、研讨网络文学评价体系、引领网络文学创作、前瞻网络文学发展。中国网络小说排行榜要注重弘扬社会主义核心价值观，坚持向上向善的总基调，为社会提供正能量，旗帜鲜明地反对“三俗”，遴选出具有较高文学艺术价值同时又具备网络特质的作品。在评审过程中，评委还要考虑网络文学商业化运作的机制，结合读者互动、IP 转化等因素。通过评审与讨论，逐步确立排行榜的特色，树立自己的品牌。

自网络文学产生以来，十多年间获得了数以亿计的粉丝拥趸，但对网络文学的质疑声也从未中断。鲁迅文学院研究员王祥认为，网络文学属于大众文学体系，在自身实践中总结大众心理需求，有自身的伦理表达方法，但过度宣扬丛林法则是很多作品中存在的问题，有违人类基本伦理体系建构。此外，受商业因素影响，网络文学作品内容同质化、模式化的问题也日渐突出。如何克服网络文学创新性不足等缺点？南京师范大学文学院教授何平建议，应该赋予网络文学作品更多正在生长中的时代精神内涵，而不是局限于对传统文化的打捞。

与网络文学发展态势相比，网络文学的批评与研究相对滞后。在北京师范大学文学院教授张柠看来，网络文学作品最大的特点就是“元气十足的精神状态”与“艺术上的粗粝性”相生相伴，如何建构行之有效的网络文学批评标准尤为重要。海量的作品需要大批量的批评与之匹配，批评家应该理直气壮地为网络文学精品呐喊，但也要注意保持批评的客观性，避免“粉丝心态”。河北省作协特约研究员桫椤谈道，网络文学评价要注意处理作品文学性与网络性的关系。他说：“在我们既有的批评中，是否过分夸大网络文学和传统文学的差距？是否过分强调一部作品的网络性？这需要我们引起警惕。对网络文学作品的评价，仍应以文学性为主。”

中国青年出版社副编审庄庸建议，中国网络小说排行榜要重视对上榜作品的的诠释，使之逐渐成为中国网络文学批评的风向标，引领网络文学的发展。

第三季度中国网络小说排行榜精品榜

（以得票多少为序，得票相同者以首发时间先后为序）

序号	作品名称	作者	推荐网站	首发时间
1	《酌风流，江山谁主》	寂月皎皎	红袖添香	2014年5月
2	《女帝本色》	天下归元	潇湘书院	2014年1月
3	《冠军之光》	林海听涛	创世中文网	2014年2月
4	《紫阳》	风御九秋	中文在线	2013年10月
5	《远征》	金满	半壁江中文网	2015年6月
6	《星河大帝》	梦入神机	纵横中文网	2013年6月
7	《御宠医妃》	姒锦	潇湘书院	2014年5月
8	《三界血歌》	血红	起点中文网	2014年2月
9	《电商之狼：创业者与资本的爱恨情仇》	李南风	榕树下	2014年10月
10	《美人谋律》	柳暗花溟	起点女生网	2012年11月

第三季度中国网络小说排行榜新书榜

（以得票多少为序，得票相同者以首发时间先后为序）

序号	作品名称	作者	推荐网站	首发时间
1	《陆门七年顾初如北》	殷寻	言情小说吧	2015年4月
2	《穿越者》	骁骑校	中文在线	2015年6月
3	《拾光里的我们》	随侯珠	晋江文学城	2015年4月
4	《灵海》	钟原	网易云阅读	2015年4月
5	《全职法师》	乱	创世中文网	2015年5月
6	《无上传承》	落尘	塔读文学	2015年7月
7	《婚前婚后 II》	简思	潇湘书院	2015年5月

8	《盛宠医品夫人》	琴律	云起书院	2015 年 7 月
9	《生命的每一天都是奇遇》	三盅	榕树下	2015 年 5 月
10	《寒梅剑》	李天强	云文学网	2015 年 4 月

（原载 2015 年 11 月 1 日“中国作家网”）

“紫金·人民文学之星”颁奖

11 月 1 日，由人民文学杂志社和江苏省作协共同主办的第三届“紫金·人民文学之星”颁奖仪式在苏州大学举行。李敬泽、王燕文、施战军、李朝润、范小青、韩松林、朱秀林等出席颁奖仪式并为获奖者颁奖。

李敬泽在致辞中向年轻的获奖作家们表示祝贺。他说，本届获奖者中出现了不少来自各专业的非中文系作家，他们拥有更为丰富的经验背景，创作不拘成规，相信这些变化一定会体现在他们的作品中，给中国文学带来新的气象。他希望广大青年作家珍惜青春年华，继续潜心写作，不断推出更多无愧于时代、无愧于人民的优秀作品。

“紫金·人民文学之星”奖创办于 2013 年，是一项专门针对 30 岁以下年轻作家所设立的全国性文学奖项，致力于挖掘培养文坛生力军。该奖项评选不仅考量作品的基本艺术水准，也注重作者的探索精神及持续创作的潜力与能力。在本届评选中，徐艺嘉、于一爽、祁媛、胡竹峰、梁书正、杨晓帆分获长篇小说奖、中篇小说奖、短篇小说奖、散文奖、诗歌奖、文学评论奖，非虚构奖空缺；彭扬、孙一圣和常小琥、王苏辛和国生、羌人六、周渝和王大骐、黄相宜分别获得长篇小说、中篇小说、短篇小说、散文、非虚构、文学评论佳作奖，诗歌佳作奖空缺.

（原载 2015 年 11 月 4 日“中国作家网”）

2015 年度茅台杯人民文学奖揭晓

12 月 11 日下午,2015 年度茅台杯人民文学奖在北京颁奖,中国作协副主席何建明,茅台集团副总经理杜光义,周大新、孙慧芬、白描等获奖作家以及鲁迅文学院第 28 届高研班的学员出席了颁奖典礼。

一年一度的茅台杯人民文学奖已连续举办 13 年,在海内外文坛产生了广泛影响。获得优秀长篇小说奖的是周大新的《曲终人在》和孙慧芬的《后上塘书》,在题材和叙述上都有重大突破。在《曲终人在》中,周大新虚拟了 26 个被采访对象,讲述了他们与省长的交往,试图通过不同人物、不同身份的不同讲述"复活"已经死去的省长,突破了官场小说的创作定势。《后上塘书》采取由当事人经历、冤魂的悲鸣和四封来信这三个视角交替叙事的结构,写了被时代之剑洞穿之后人如何在新的境地身心重生的故事。

获得优秀中篇小说奖的是荆永鸣的《较量》和刘建东的《阅读与欣赏》,前者直面医疗体制的种种病象,并在心理层面上有独到的探索。后者是"河北四侠"之一刘建东为"师傅"写下的一部力作,其编辑称"叙事的褶皱及其铺展手法、叙述的声色及其张力控制等等方面",足可作为写作课堂研读的文本。短篇小说在评奖的过程中,尤被评委盛赞的是金仁顺的《金枝》,评委胡平甚至当场背出了小说的开头。同时,作家叶广芩的《鬼子坟》也获得了优秀短篇小说奖,身在日本的她由责任编辑代读了获奖感言:"因为写《鬼子坟》,我特意到安定门护城河边又走了一遍,面对着物非人非的景致,我体会到了以往生活细节逝去的无奈和文化失落的不安。"

优秀散文奖颁给了何士光的《日子是一种了却》。在年过七旬的老作家的笔下,"每逢我想起自己一生的因果的时候,往往会想起来的便是我的岳母"。日子是一种了却,命题发人深省,辞淡心平旨远。获得优秀非虚构奖的是白描的《翡翠纪》,

这是在“文化非虚构”方位上有所推进的一部作品，为非虚构写作拓宽领域提供了新的范本。获得优秀诗歌奖的是两位女诗人，李琦和颜梅玖。对于获奖诗歌，评委汪剑钊认为：“李琦的《伶仃之美》展示了诗歌介入社会的巨大可能性，尤为可贵的是，这种介入所借助的是审美的触角和汉语的自信，其作品始终闪耀着理想主义的光辉，并弥漫着建立在公民责任之上的朴素诗意。颜梅玖的《守口如瓶》从女性独特的视角出发，在诗歌语式和词语组合上进行了别具匠心的冒险性实验，达到了新奇又不失贴切的艺术效果，从而在对个体之痛的抚摩中完成了对时代创伤的揭示。”

今年是中国人民抗日战争暨世界反法西斯战争胜利 70 周年，涌现出一批优秀的抗战作品。今年的特别奖颁给了何建明的长篇报告文学《南京大屠杀》和黄国荣的长篇小说《极地天使》。《南京大屠杀》是在首个国家公祭日推出的，以详尽的事实和第一手资料，全景式地展现了 70 多年前那场惨绝人寰的屠城历史，还原了震撼灵魂的历史真相，并对国人发出振聋发聩的追问。《极地天使》关注的是二战期间山东的基督教教会中心潍县乐道院里羁押着的各同盟国在华侨民，他们的生存与反抗以及中国人民对于侨民的援助与营救。

此外，翻译奖授予了三位译者：韩斌（Nicky Harman）、程异（Jeremy Tiang）和伊萨贝尔·毕蓉（Isabelle Bijon）。韩斌翻译了包括贾平凹在内的众多中国当代乡土文学作家的作品，将乡土化的语言和雅致的文学风格处理得恰到好处。此次，他因在《人民文学》英文版 Pathlight 出色地翻译了孙一圣的《猴者》等作品而获奖。程异曾将包括《红楼梦》在内的多部中国文学作品改编成戏剧，在伦敦、纽约上演。此次，他因在 Pathlight 出色地翻译了傅玉丽的《一句该死的话》等作品而获奖。伊萨贝尔·毕蓉为《人民文学》杂志法文版《希望的文学》担任译者，因翻译了阿乙的《忘川》等作品而获奖。她还曾译介过杨绛的《干校六记》、刘震云的《一句顶一万句》等重要作品。2015 年，人民文学外文版除了英文版还推出了法文、德文、俄文、意大利文、日文版，明年还将推出西班牙、韩文、阿拉伯文等版本，将更多优秀的华语作品推向世界。

（原载 2015 年 12 月 12 日《文艺报》）

第 4 届《文学报·新批评》优秀评论奖在上海颁发

全球化背景下，文学正发生着深刻变化，我们该如何认识并应对这种变化？新技术时代，如何看待纯文学的坚守以及包括网络文学在内的大众流行文化对既有文学观念的冲击？是否需要持更为开放的文学理念？当下文学史的书写模式是否需要有所改变和调整？6 月 6 日，由《文学报》主办、以“我们这个时代的世界与文学”为主题的研讨会暨第 4 届《文学报·新批评》优秀评论奖颁奖典礼在上海举行，来自北京、上海、湖北、广东等地的 30 余位作家、评论家，围绕这些话题展开讨论。

“《文学报》的新批评大有可为。批评的力量不仅在于它的真诚，还在于讲理的力量。期待《文学报》的‘新批评’能够对整个批评氛围的建设和改善起到关键性的推动作用。”中国作协书记处书记李敬泽认为，《文学报·新批评》是一块在全国批评界都非常有影响的阵地。如果说谈到对批评的期待，就是“新批评”体现的直言、锐利的风格。批评需要自我认识，公众和社会也需要对批评有全面准确的认识，应该在哲学的、思想的、批判的意义上去理解批评。

与会评论家表示，在新的时代格局下，文学评论既要关注文学的新变，也要注意到文学的根本；既要有区域性的关注，也要有世界性的视野；既要有历史的观照，也要有对当下文学的深入思考。“我现在也越来越意识到，文学总是在讨论一些很小的问题，很小的变化。文学究竟还有没有可能对这个时代的重大问题发言，或者还有没有可能关注重大的问题？”评论家谢有顺说，我一直觉得应该思考一下当今时代对文学的期许，思考一下写作与生命有关的问题。“如果我的思考和写作能够帮助澄清这些，即使没有人读，也可以写下去。”

王彬彬、耿占春、江枫、刘琼、杨扬、顾骏获第4届《文学报·新批评》优秀评论奖；周明全、王恺文获第4届《文学报·新批评》优秀评论新人奖。

（原载2015年6月11日《中华读书报》）

第十六届百花文学奖揭晓

经过历时半年的投票与评选，第十六届百花文学奖日前揭晓。6月27日，由天津出版传媒集团、百花文艺出版社主办的“见证文学的力量”第十六届百花文学奖颁奖仪式在天津举行。

始创于1984年的百花文学奖，以采用读者投票方式产生获奖作品见长，每两年评选一次。在本届评奖中，获得短篇小说奖的是晓苏的《回忆一双绣花鞋》、毕飞宇的《大雨如注》、贾平凹的《倒流河》、徐则臣的《六耳猕猴》、铁凝的《火锅子》、苏童的《她的名字》、蒋一谈的《林荫大道》、张楚的《野象小姐》、王方晨的《大马士革剃刀》、秦岭的《女人和狐狸的一个上午》、尤凤伟的《金山寺》。获得中篇小说奖的是方方的《涂自强的个人悲伤》、迟子建的《晚安玫瑰》、蒋韵的《朗霞的西街》、胡学文的《风止步》、叶广芩的《太阳宫》、邵丽的《第四十圈》、弋舟的《所有路的尽头》、石一枫的《世间已无陈金芳》、赵玫的《蝴蝶飞》、陈应松的《滚钩》、王十月的《人罪》、普玄的《资源》、林那北的《雅鲁藏布江》、凡一平的《非常审问》。获得长篇小说奖的是王海鸰的《新恋爱时代》和严歌苓的《老师好美》。获得小说双年奖的是徐皓峰的《师父》和蔡骏的《北京一夜》。获得小说新人奖的是向春的《被切除》。获得散文奖的是王开岭的《夜泊笔记》、周晓枫的《素描簿》、丁燕的《断裂人》、小茶的《断章》、于坚的《盐津的蜂蜜》、朱以撒的《流水》、祝勇的《永和九年的那场醉》、塞壬的《悲迓》、艾平的《锯羊角的额吉》、鲍尔吉·原野的《童年的梯子通向天堂》、麦家的《致父信》、刘亮程的《驴叫是红色的》。荣获散文特别奖的是马雁的《马雁散文小辑》。20余位编辑获得编辑奖。

活动期间还举行了"作家编辑文学沙龙""天士力文学论坛""文学与影视文化沙龙"等一系列文化活动。据悉,第十六届百花文学奖所有获奖、入围作品将结集出版。天津市作协主席赵玫、党组副书记万镜明,吴义勤、何向阳、黄桂元、王雁翎、穆涛、宁肯等评委,以及部分获奖作家参加活动。

(原载2015年7月1日《文艺报》)

《狼图腾》作者姜戎获蒙古文豪奖

近日世界蒙古族作家联合会在蒙古授予中国小说《狼图腾》的作者姜戎该联合会最高奖"文豪"奖章。"文豪奖"是四年一度的由世界蒙古族作家联合会颁发的最高奖项。

《狼图腾》策划责编安波舜介绍,由于姜戎从来不在公开场合露面,所以委托他到现场领奖。不过姜戎发表了获奖感言:"听到世界蒙古族作家联合会会长呼兰女士和全体蒙古读者们将把'文豪奖'的奖章授给我以后,我高兴得险些不能自抑。因为这是只有莎士比亚、普希金和托尔斯泰等世界文学巨匠才配接受的巨大荣誉。可是,《狼图腾》只是我的处女作。我酷爱和崇尚草原的历史、文化和传统,所以对于收到蒙古人民的这份敬意感到很高兴。"姜戎还把蒙文版《狼图腾》的稿费和"文豪奖"奖金都捐给了蒙古草原保护基金会。

2004年4月出版的《狼图腾》讲述了上个世纪六七十年代一位中国知青在内蒙古草原与草原狼、游牧民族相依相存的故事。该书在国内出版后,被译为30种语言,在全球110个国家和地区发行。截至今年6月,该书在国内再版了160多次,销售近600万册,还被拍摄成同名电影。2010年《狼图腾》被翻译成蒙文在蒙古出版，迅速成为蒙古最畅销的小说。

（原载 2015 年 8 月 27 日《燕赵晚报》）

首届网络文学双年奖颁奖

新华网杭州 11 月 2 日电（记者　冯源）由浙江省作协、宁波市文联和慈溪市委宣传部主办的首届网络文学双年奖 2 日在浙江省慈溪市颁奖。作家猫腻的《将夜》获得金奖，海宴的《琅琊榜》、沧月的《听雪楼之忘川》、烽火戏诸侯的《雪中悍刀行》获银奖。

首届网络文学奖 2014 年 9 月 26 日启动，评奖范围是 2013 至 2014 年间以汉语公开发表的网络文学作品，评奖过程分为推荐、初评和终评三个阶段，先由来自影视、出版、网站、作家、评论家、媒体等 6 个界别的 20 名评委推荐出 99 部作品，再有 80 部作品通过资格审核，经 12 名初评委审读后，有 28 部作品进入终评环节。

中国作协副主席、鲁迅文学院院长吉狄马加说，近年来网络文学因其通俗性和趣味性，日益受到网民追捧，开创了作家成长的新模式，也改变了中国文化的格局，中国作协也吸收了大量网络作家成为会员，而要提升网络文学水平，推动网络文学创作，就需要网络文学在商业评价体系之外，构建新的评价体系，网络作家应该相互鼓励相互促进，作品要体现出文学对现实的关怀和担当，支撑中华民族的心灵世界。

（原载 2015 年 11 月 2 日“新华网”）

《南方文坛》2015 年度优秀论文颁奖

《南方文坛》2015 年度优秀论文颁奖会，于 2015 年 11 月 7 日在广西北海市举行。中国文联党组成员、书记处书记郭运德，中国作家协会党组成员、书记处书记阎晶明，中国现代文学馆馆长吴义勤，作家、解放军总后勤部政治部创作室原主任周大新将军，广西文联党组书记、主席洪波，北海市人大常委会代主任廖德全，苏州大学教授王尧、复旦大学教授郜元宝、《人民文学》副主编李东华、北师大教授张清华、复旦大学教授谈峥、广西文联副巡视员冯艺，以及中国现代文学馆的客座研究员、全国40余位批评家作家，北海近80位写作者见证了这一郑重而简洁的颁奖会。

今年《南方文坛》以第三届“北海文学周”为契机，举办坚持15年之久的年度优秀论文奖及颁奖会。《南方文坛》年度优秀论文评奖一直坚持这样的评选程序：先由编辑部初选若干篇目，提交评委独立审读终评，以邮寄投票方式评出6篇获奖论文，并以得票多少排序。同票，取年轻作者。此评奖方式持续了15年，先后有十余位国内名家以独立和认真的评委工作，支持了这个评奖；先后有90篇优秀论文支撑了这个奖项，其中不乏颇具影响的佳作，如2011年度张新颖的获奖论文，去年荣获第六届鲁迅文学奖。因为评委们的公正公开，尤其扶掖青年新锐，被业内誉为“中国文学批评的一个重要奖项”。

吴义勤代表评委会宣读获奖名单与获奖评语。阎晶明、郭运德、王尧、周大新、洪波为《南方文坛》2015年度优秀论文获奖者颁奖。

11月7日至9日在北海，《南方文坛》还继续联合中国现代文学馆举办了第六届“今日批评家”论坛、北部湾作家群创作培训班等系列活动，部分专家除了专题讲座外，还以一对一方式对北海作家创作进行了深度评点，名刊编辑并挑选拟发作品，极大地丰富并提升了第三届北海文学周的文学内容和质地，深受好评。

（原载2015年11月17日“中国作家网”）

翻译家刘文飞获颁俄国家奖章

11 月 4 日。俄罗斯总统普京在克里姆林宫举行隆重的授勋仪式,为 10 名外籍人士颁发俄国家奖章,其中中国学者、翻译家刘文飞获得友谊奖章。

在授勋仪式中,刘文飞第二位出场。他表示:“在中国,从事俄罗斯研究的学者有数千人,我并不是最合适的获奖者。但同时,我和我从事俄罗斯研究的同仁们也正是此项奖章最合适获奖者,因为我们研究俄罗斯文化,发展友好事业。”

刘文飞研究俄罗斯文学数十年,将普希金、陀思妥耶夫斯基、果戈理等俄罗斯文学巨匠的作品翻译成中文,对俄罗斯文学在中国的传播作出巨大贡献。2012 年刘文飞获得俄罗斯利哈乔夫院士奖,成为首位获此殊荣的中国人。2014 年刘文飞又成为第二届“阅读俄罗斯”奖“诗歌”奖项唯一获胜者。

俄罗斯友谊奖章设立于 1994 年,其前身为苏联人民友谊勋章,颁发给在各民族间维护和平、发展友谊、促进合作、增强理解的俄罗斯与外籍人士。

(原载 2015 年 11 月 6 日《长江日报》)

2015 年中国报告文学优秀作品排行榜揭晓

2015 年,是个报告文学创作收获丰硕的年份。这一年中,广大报告文学作家认真学习贯彻习近平总书记在文艺工作座谈会上的重要讲话精神,扎根人民、扎根生活,密切参与社会现实发展进程,在历史还原和现实发现思考方面都表现出色。报告文学作家积极融入社会生活,深入调查研究,用心谋划表达,严谨庄重的写作态度令人感动,获取的成绩也令人感到欣喜。经中国报告文学学会组织专家评委会对 2015 年新发表、出版的报告文学作品反复阅读比较筛选,尽管取舍艰难,最后还是提出排行榜名单如下：

2015 年中国报告文学优秀作品排行榜

1.《抗日战争》，王树增，人民文学出版社 2015 年 6 月、8 月、9 月出版

2.《根据地》，李延国、李庆华，《时代报告·中国报告文学》2015 年 1 期

3.《猎狐行动》，吕铮，作家出版社 2015 年 2 月出版

4.《薇甘菊——外来物种入侵中国》，李青松，中国青年出版社 2015 年 4 月出版

5.《与魔鬼博弈——留给未来的思考》，张雅文，重庆出版社 2015 年 7 月出版

6.《"乌坎事件"调查》，朱晓军，《北京文学》2015 年 3 期

7.《我在这世上太孤独》，弋舟，《美文》2015 年 3 期

8.《翡翠纪》，白描，《人民文学》2015 年 6 期

9.《诗词，滋养心灵的沃土——记中国古典诗词专家叶嘉莹》，江胜信，《时代报告·中国报告文学》2015 年 3 期

10.《丁玲传》，李向东、王增如，中国大百科全书出版社 2015 年 5 月出版

（原载 2015 年 12 月 28 日"中国作家网"）

王蒙：真正的文学拒绝投合

记者：《这边风景》写于四十年前，在四十年后出版并在四十年后获得大奖，您有何感受？

王蒙：好事不会觉得太晚，这是俄罗斯的谚语。更令人欣慰的是新疆，是伊犁，是各族尤其是维吾尔族人民，是他们的生动鲜活，他们的幽默智慧，他们的别有趣味，他们的艰难困苦中的光明快乐，还有他们的与内地城市大异其趣的语言与文化，突破了环境与书写的局限，创造了阅读的清新与感动。我感谢书里书外的天山儿女，感谢在困难的时期得到的那么多友谊、知识和温暖。感谢情歌《黑黑的眼睛》，感谢流淌过巴彦岱的大湟渠——人民渠，感谢房东阿卜都热合满·奴尔大哥与赫里其汗·乌斯曼大姐。

记者：应该说《这边风景》在您创作的作品当中是一部非常特别的作品，您个人是如何看待评价这部作品的创作的？

王蒙：这是一本下了苦功夫的书，使我想起了四十多年前，处于逆境的王蒙，决心按照《讲话》精神，破釜沉舟，置之死地而后生，到边疆去，到农村去，深潜到底，再造一个更辽阔更坚实的写作人；同时仍然热爱、仍然向往、仍然自信，仍然多情多思多梦多词多文。没有许多年的农村生活，没有与各族农民的同吃同住同劳动，没有维吾尔语的熟谙，没有对于生活对于大地、对于边疆对于日子的爱与投入，不可能有这部作品。

记者：本届茅奖参评数为历届之最，是否可以说，文学的生命力和前景依然是让人乐观的？您对当下文学发展有何看法？

王蒙：真正的文学拒绝投合，真正的文学有自己的生命力与免疫力，真正的文学不怕时间的煎熬。不要受各种风向影响，不盯着任何的成功与利好，向着生活，向着灵魂开掘，写你自己的最真最深最好，中国文学应该比现在做到的更好。

（原载2015年8月17日《文艺报》）

李佩甫：感谢我的平原

这已经是李佩甫写作生涯的第38个年头了。38年来，他创作了六七部中短篇小说集，10部长篇小说。进入花甲之年完成的《生命册》，是他的"平原三部曲"收尾之作，荣获了第九届茅盾文学奖。

"这部长篇，写作我用了三年，准备时间就更长了。这次能够获奖，对我来说，是一种鼓励和鞭策。"

当记者问及获奖是否也给写作带来"压力"时，李佩甫说，作为一个作家，他的"压力"是一直存在的，与获奖无关，文学本身就是一种探索和思维方式的追求，没有止境。他形象地讲述了一个小故事："常年在平原上行走，每到一地，渐渐养成了阅读县志的习惯。在一本旧县志上，曾读到一则记载，说此地有一景叫'高桥揽月'。去探访，却不曾见。那桥究竟有多高呢？没有人知道。据民间传说，古时，有一孩子，爬到桥洞里掏鸟蛋，一不小心，鸟蛋从桥洞里掉下来，鸟蛋落呀、落呀、落呀……那鸟蛋在下落过程中竟奇迹般地完成了孵化过程。就此，小鸟儿在落地之前脱壳而飞。于是，在梦中，我看见了那'桥'。可以上天揽月的'桥'。我也就成了一个企图爬到桥洞里掏鸟蛋的调皮孩子。所以，直到今天，我仍然在追寻文学的高度。难哪。"

对李佩甫来说，"平原"是生养他的土地，也是他的精神家园，是他的写作领地。在一段时间里，他的写作方向一直着力于"人与土地"的对话，或者说是写"土壤与植物"的关系，关注"平原"的生态。"我是把人当作'植物'来写的。"他把《羊的门》《城的灯》《生命册》视为一体，是一个"平原生态小说"系列，或者叫做平原上的“植物说”。

这部作品能够获奖，对李佩甫来说意义特别，这是对他笔下平原大地的感念。所以，他特别说，要“感谢我的平原。感谢平原上的风。感谢平原上的树”。

（原载 2015 年 8 月 27 日《文艺报》）

苏童：写作是一种自然的挥发

记者：您的中短篇小说在国内享有盛誉，也获得过很多大小奖项。这次您能够以长篇小说《黄雀记》获得茅盾文学奖，这对您来说有什么不一样的感受？

苏童：能够获得茅盾文学奖，我的第一感受肯定是高兴。大家都知道，茅盾文学奖的分量高于很多奖项，对每一个中国作家来说，这个奖项的意义都是非同寻常的。一方面，我自己是很盼望《黄雀记》能够得到茅盾文学奖的；另一方面，在得知这部作品获奖之后，我考虑的更多的是自己今后的路应该怎么走，应该选择怎样的创作方式，实际上这个问题比得奖之后的高兴更重要。高兴只是一两天的事，而未来的路还有很长。

记者：从上世纪末开始，您创作了很多优秀的中短篇小说和长篇小说作品，在所有的这些创作中，《黄雀记》有什么特别的地位和意义？

苏童：就我个人而言，最近几年创作的两部长篇小说《河岸》和《黄雀记》是我比较喜欢的。《黄雀记》这次获得茅奖让我觉得终于对自己有了个交代，对我而言也是很开心的收获。香椿树街的故事我写了很多年，围绕这个地方我也写过一些不是很成熟的长篇作品，《黄雀记》是香椿树街系列中最成熟、最完整的一部长篇小说，我个人认为，它也是我的香椿树街写作的一个重要标签。

记者：从开始写作到现在，您曾探索过多种文学形式和类型，比如先锋小说、女性主义小说、寻根文学、历史主义小说等等。与早期作品相比，近年来，您的作品风格变得越来越沉重，沉重的原因主要是作品中的反思和自省越来越多、越来越深刻,《黄雀记》对于历史和当代现实的反思,可以说很好地体现了您写作风格的转变。为什么会有这样的改变?

苏童:我觉得这种转变是自然而然的,对于写作者来说,很多时候在创作时自己并没有感受到这种转变,也就是说,我在创作中并不是主观要变得严肃,这样的转变应该说是自己心态变化的一种体现。我认为,写作在某种意义上说是作家自己的呼吸、血液的再现方式,一个人到中年的中国男人,经历了"文革"、改革开放,在个人的呼吸和血液中必然融入了不一样的体会,这种体会通过写作体现出来,可以说,写作是一种自然的挥发。

记者:您曾经说过,香椿树街的故事要写一辈子。刚才您也提到,得奖之后的路怎么走是更加值得思考的问题。您是否已经开始计划下一步的写作了?

苏童:的确,我还想要继续写有关香椿树街的故事。最近我也一直在构思和写作新的长篇小说,但我写东西很慢,目前这部作品还在不断地推倒重来,一次次地写了改、改了写,我现在还不太确定这部作品未来会以什么形式出现,目前还在持续的思考过程中。

(原载 2015 年 8 月 17 日《文艺报》)

格非:有意义的微小变革也并不容易

记者:从第一部《人面桃花》到最后一部《春尽江南》,"江南三部曲"的创作时间横跨十余年,这其中您的写作心态和方式发生了怎样的变化?

格非:"江南三部曲"源于我多年前的一个构思,当时这个构思是非常宏大的,后来在写作中我越写越没有信心,甚至说过,什么事都会发生,但我绝对不会再写"三部曲"。因为这个写作过程实在太枯燥了,在这些年的写作中我也付出了很多辛劳,最后呈现在大家面前的作品是我经过了思想变化和艺术探索之后的结果,这次能获得茅盾文学奖,说明这部作品得到了大家的肯定,我很高兴。

记者:您是上世纪90年代前后以中短篇的先锋小说蜚声文坛的,整体来看,近几年的作品倾向于对历史、当下和自我的反思,"江南三部曲"可以说是这种思考的集大成表现。这部作品对您的个人创作有什么特殊的意义?

格非:在写作"江南三部曲"之前,我一直觉得自己没有学会把握长篇小说,中短篇小说的写作我经过许多年的努力,自认为已经掌握得差不多了。但是我之前的长篇小说我自己一直不太满意。长篇小说的写法与中短篇小说完全不同,从中短篇小说开始写作的作家在进入长篇小说写作时需要重新学习和训练。"江南三部曲"加起来几十万字,结构宏大,横跨了一百多年的历史,对我来说是很大的挑战。同时,通过"江南三部曲",我在长篇小说写作方面越来越得心应手,我对于长篇小说写作的信心得到了很大的鼓舞。

记者:“江南三部曲”中的三部作品分别面对的是三个不同的历史背景:国民革命时期、上世纪五六十年代和当下中国,这三个时代之间有什么内在的精神联系?它们对于当下现实有什么启示?

格非:辛亥革命是中国近现代史的重要转折点,也是中国近代的一个缩影,《人面桃花》中,我挑选了一个江南的小村庄来展开故事,追溯到那个特殊的年代,表达我对已经远去的那段历史开端的反思,也是对于中国革命的思考。到了《山河入梦》,在上世纪五六十年代新的历史条件下,中国社会正在经历一种新的革命,说它是社会主义实践也好、乌托邦实践也好,总之是一种新的变革。《春尽江南》面对的是新时代的新历史,人们怀揣着梦想,有很多苦闷,也有很多对现实的感知,因此我们需要重新认识历史。这三个年代是我写作之初就已经构思的,后来也没有什么变化,就这么写下来。

记者:您刚才说到,自己对于长篇小说的写作越来越得心应手,那么下一部作品还会是长篇小说吗?有什么具体的构思?

格非:是的。事实上,下一部长篇小说我已经写好了一半,《收获》不久之后将会发表这一部分。下半部分我现在正在努力写。我希望这部长篇小说与以前的作品之间可以有一些微小的变化。我现在的观点是,文学的变化是微小的,同时也是深刻的。文学发展到今天,其实有意义的微小变革也并不容易。我不希望新的小说与之前的作品之间呈现出大开大合的断裂,也不想做推倒重建的工作。我的新长篇还会是关于中国历史和现实的思考,我希望自己的探索和变革能够体现在新的长篇小说中。

（原载 2015 年 8 月 17 日《文艺报》）

金宇澄:小说需要有鲜明的文本识别度

“从写完《繁花》开始,我就收获了很多惊喜,有很多年轻人包括非文学读者都很喜欢这部作品,这些消息慢慢传递到我这里,令我很感动。”当得知自己获得了第九届茅盾文学奖后,金宇澄这样对记者谈起《繁花》创作完成后的种种感受。而获得茅盾文学奖更让他感到是对“写作中所付出的努力的承认,也是对《繁花》这部作品中所运用的语言、传统叙事方式和话本元素的肯定。”

《繁花》的语言是经过改良过后的上海话,整部作品呈现出很强的地域性,在小说叙事中也利用了传统叙事方式和元素。对于这种写作方式,金宇澄说自己是有意为之。中国作家接受了几代的西方文学教育,很多人的写作受到翻译文字和内容的影响很深,更年轻的作者很多都懂外语,直接读原作,但金宇澄觉得这可能会影响小说叙事,出现叙事的翻译腔和同质化、缺少个性等问题。“艺术需要个性的,小说需要有鲜明的文本识别度,我希望《繁花》显示一种辨识度和个性,比如通过借鉴传统话本元素等方式。”中国文学学西方已有 100 多年,但金宇澄仍然认为,传统是我们生活乃至文学最基本的发动机,“西方理论也说,作者感觉无力时,可以从传统中找到力量”。语言方面,金宇澄之所以选择改良的上海话作为叙述语言,是觉得相对于固定的普通话而言,方言更有个性,更活泼,它一直随时代在变化,更生动,也更有生命力。

《繁花》除借鉴传统的写作方式,也传达传统中国文化对于人生的看法。作品题为《繁花》,读来却让人有人事飘零之感。

金宇澄曾说，如果自己是在年轻的时候，可能写不出《繁花》这样的作品。而到了六十几岁，就会觉得人的一生真的很短，人生变得简单，似乎用一个公式就可以概括。“当然，我这种想法也与中国传统的文化有关，传统的中国人就是这样想，普通人不是小说，一辈子没什么大风大浪，普通琐碎地就走过来了。这样看人生，有一点悲伤，但这不是负能量，而是提醒我们要更加珍惜美好的时光。”

（原载 2015 年 8 月 17 日《文艺报》）

王树增谈《抗日战争》：一部属于全民族的抗战史

陈曦、刘夏、高博（以下简称“采访者”）：据我们所知，上世纪90年代中期，您开始了以下两大系列作品的撰写：一是革命战争系列，已经问世的有《朝鲜战争》《长征》《解放战争》；二是近现代史系列，已经出版的有《1901》《1911》。上述作品为您赢得了首届中国人民解放军文艺大奖、首届“政府出版奖”，以及两次“五个一工程”奖和两次鲁迅文学奖，还在图书市场赢得了极其广泛的读者群，作品一版再版。请问《抗日战争》是否是您革命战争系列的最后一部作品？如果是的话，那么，为什么是抗战而不是别的选题成为这个系列的收官之作？

王树增：《抗日战争》确实是我革命战争系列写作的最后一部作品了。从严格意义上来讲，这套丛书实际是中国现当代革命战争系列，一直以我党所进行的革命战争为叙事对象。按照这一定义，从长征开始涉及大的战争的写作基本上已经完成，只剩下《抗日战争》这一部了。我之所以把它放到最后，最主要的原因还是不好写——首要难点就是历史认知。国民党是抗战期间的执政党，不少人受到某种思维定式甚至是历史眼界和政治胸怀的制约，对那段历史或多或少地进行了有选择性的回避，以一种政治目光来审视这场全民族的反侵略战争，这对抗日战争是不公平的，对八年抗战当中伤亡的3500万中国军民更是不公平的。第二个难点来源于我们认知的狭隘性。我为了弥补这种缺憾，广泛涉猎所有能接触到的史料。《抗日战争》的创作前期我去过日本和我们的台湾，就是力图以相对全面、相对真实、相对客观的视野来反映这场战争。最后一个难点，我认为近代以来，抗日战争是在中国这块国土上发生的时间最长、规模最大的战争，它令整个中华民族付出的代价之巨大是其他任何一场战争无法相比的，最终赢得的战争结果也是具有重大历史意义的。从这三个方面讲，抗日战争在我心里是沉甸甸的，我一直认为我除了史料没有准备好之外，笔力也没有准备好，才智也没有准备好，更为重要的是我对自己认知的把握，体现在书写上能否自如掌控，所以我得把它留到最后。

采访者：我们不妨将反映抗日战争的图书，粗略地分为三类：第一类是历史著作，如《中国抗日战争史》等；第二类是文献汇编，如《毛泽东选集》《中共中央文件选集》（第 11—15 册）《中华民国重要史料初编——对日抗战时期》等；第三类是纪实类作品，如《彭德怀自述》《李宗仁回忆录》等。据说每次您去书店，都会坚定这样一个意念：“有什么理由在如此浩瀚的书海中再增加一本？没理由就别写。”那么，在抗战书籍已经如此丰富的情况下，您花费数年之工撰写这部《抗日战争》的动力是什么？

王树增：其实很简单，我撰写《抗日战争》最大的动力就是这段历史是值得我们全民族为之骄傲的。我有一个观点，一个民族如果想要屹立于世界民族之林，每名成员都应该对本民族的历史有着渗入骨髓与血液之中的自豪感，这样才能有不断前行的巨大动力。抗日战争，其实是中国近代以来第一次以胜利为最终结局的抗击外来侵略者的战争。我的初衷，是要把民族的这种自豪感和自信心重新确立起来。刚才你们说过关于这类图书的归类问题，实际上我把我写的书定位为非虚构类文学作品。非虚构类文学与虚构类文学的作用不同，但其文学的特性是一样的。你们刚才所说的《中国抗日战争史》等等，那是史学类的书籍，是共性化的，是不带个性认知的。而我想用一种文学的表述方式，遵循文学基本的审美原则，在非虚构的前提之下来叙述历史。我必须给读者传达独特的、带有个人情感的对历史的认知。读者不是在读史料，他读到最后还是在读我怎么看。

我想这是非虚构文学作品很重要的一个原则。

采访者:《史记》最负盛名的篇章如《项羽本纪》《李将军列传》等,文章的传主均为战争人物。顾炎武盛赞司马迁是写战争的高手,说:“太史公固有一天下大势,非后代书生之所能及也。”而在我们看来,您写《抗日战争》时也“有一天下大势”在胸中。在一次有关《长征》写作的访谈中,您曾说:“关于行军和作战,没有方向感,就没法写。你不知道战场上敌我之间的距离、地势,不知道包围圈的范围,不知道突破口在哪个方向,怎么能写好?”《抗日战争》写行军和作战的难度,应该超过了《长征》。您能否谈谈在这方面作了哪些努力?

王树增:抗日战争比长征规模大多了,写作难度可想而知。写作时需要梳理整个作战思路,我必须首先把自己想象成为一个指挥部,一是要完全吃透日军的作战计划,明白每场战役的目的;二是要理解我方战役的目的、计划;然后是交战双方的行动过程,以及过程中所有的突变处、转折点等等。比较困难的是我没有军用地图,好在我拥有总参测绘局出的全套的详细到村庄地名的全国各省地图,加之军史中留存的每一次大规模作战的态势图。在写作时,必须把细节写得特别细,有时候为了吃透一场战役需要好几天,例如张自忠在枣宜战役中牺牲了,不能简单地说他牺牲了,要搞清楚他是怎么牺牲的,牺牲时的情形是什么样的。张自忠牺牲时身上不仅有枪伤,还有刺刀伤,说明战斗到最后一人的惨烈之状。张自忠留有遗书,他知道自己一过襄河肯定会死。作为作家需要搞清楚当时日军的战场态势和张自忠部及友军的态势是什么样,以及张自忠为什么非要过河。这都是为写作服务的,只要研究透了,就可以叙述得很精彩。我常常引用翻译过来的日本报纸上的消息。日军只要是少佐以上战死的都要登报,日军每个联队都有自己的战史,是日志性的,他们中午吃的是洋芋还是地瓜,记得很清楚。台儿庄战役那一段,我是用一个日本宪兵的日记串联起来的,这个日本宪兵经历了整个台儿庄战役后活了下来。撤出台儿庄那天,他说他突然发现运河岸边桃花盛开，春意盎然。我看到这儿内心被触动了一下——就拿它当这一章的结尾了。作品中的每一章都拥有自己局部的文学结构，是不允许随随便便去写的。当然可能因为我是写小说出身的，我过于重视细节了。

采访者：《抗日战争》每章的开头往往有先声夺人之妙。如第一章的开头说："中国士兵与日本士兵保持着对视姿势，但彼此都看不清对方的面容，因为下着雨，天空雾气迷蒙。"第五章的开头写道："第 61 军军长李服膺被处决的时候，喊出这样一句话：'不讲理的阎锡山万岁！'"您在这方面的创作心得是什么？

王树增：这是一个创作的小技巧。我们常说文学作品开头要陡、要峭，具体实践的方法正如首章开头所写的"中国士兵与日本士兵保持着对视姿势"，至于为什么对视，先不说原因，转而说天气，留下悬念慢慢道来。7 月的北平暴风雨来临前的那种极其沉闷，说雨不是雨，弥漫在空气里潮湿躁动的状态特别适合当时的对峙情形，一触即发的大战态势被营造起来后，再开始进行倒叙。

"不讲理的阎锡山万岁"，这是一句史料记载的原话，是执行枪决的那个人转述的。李服膺把天镇丢了，才导致了忻口战役的爆发，这是全面抗战以来处决的第一位军长。阎锡山枪毙李服膺想的并不全是抗日救国，最主要的是李服膺的失守，导致日本鬼子打到他的地盘上来了。之前蒋介石的中央军没打进来，红军也没打进来，这让阎锡山感受到了地盘难保，李服膺虽是阎锡山的嫡系爱将，也照样被枪毙了。这里顺便说一下，八年抗战当中，被各个战区，包括蒋介石处决的军长、师长，不下十几个二十几个，几乎每一仗都要枪毙指挥不力者，毫不客气，所以有了台儿庄战役中说的"不死于阵前，即死于国法"。

采访者：在介绍《解放战争》这部书的结构时，您使用了"主梁"一词，并说该书的"主梁"是"在 1945—1949 年这一重要的历史关头，中国最广大的百姓作出了什么样的选择，以及他们为什么作出这样的选择"。显然，《抗日战争》一定也存在着"主梁”,请问这个“主梁”是什么?

王树增:《抗日战争》这本书的“主梁”很清楚,就是中华民族从近代饱尝屈辱以来,终于坚定地不惜一切地说了“不”字——我不低头、我不妥协、我不屈服!作为那段历史时期的国家首脑,蒋介石没有投降,尽管中国从国力和军力上都不是日本的对手,要知道战争是要打一个国家工业能力的,而那时候的中国连一辆卡车都制造不了,而日本已经拥有好几个航母舰队了;尽管全面战争爆发几个月后,国民政府就失去了首都南京,一次次的几十万军队参加的会战却导致一座座战略要地的失守,更为严重的是连汪精卫都投降了。如果那个时候蒋介石动摇了、妥协了、屈服了,这个民族就亡掉了。蒋介石在这一点上是有历史功绩的。再看残酷的敌后战场,我们的敌后抗日武装在还很弱小的时候就敢无畏无惧地打百团大战。中国人在那个历史时刻终于由一盘散沙聚为一体了,终于团结一致了,终于用自己的坚韧不屈的顽强血战赢得了国家和民族的尊严。

我想如果把这个“主梁”具象化,就是不屈的民族精神,中国人从此膝盖不会再那么软了。我写这场战争从头到尾贯穿的精神就是不屈服,就是骨头要硬。现在,随着我们的国力增强,最重要的就是民心要硬、要坚强。我们国家的公祭日刚刚开始,今年为抗战胜利阅兵是第一次。那么,你们说的“主梁”问题就是这个问题,就是精神补钙问题。因为我们前辈已经创造了历史,抗战实际上就是一段不屈的历史。

采访者:习近平主席在今年5月访俄期间会见二战老兵时,提及中国共产党在抗战中发挥了中流砥柱的作用。您能否结合《抗日战争》的写作,谈谈中国共产党领导下的抗日军民的历史贡献?

王树增:这是一个很重要的问题。我认为“中流砥柱”这四个字非常贴切,理由有三:

第一,中国共产党人在全面战争爆发之前提出了统一战线的概念。那时的共产党已经付出了血的代价,当时的中央政府是国民政府，共产党人不仅拥护蒋委员长的领导，还不断地激励蒋介石坚持抗战。如果不是胸怀民族大义，不会有如此表现。共产党提出只有全民族抗战才能战胜侵略者，全民族抗战的前提是抛弃一切党派成见和利益得失，这个胸怀国民党没有，只有共产党人才有。共产党带头建立统一战线后，一下子就震动了全国各个阶层，包括资本阶层，包括外国华侨，真正团结一心，他们开始觉得这个民族有希望了。所以，在形成全民抗战的局面上，共产党人是发挥了中流砥柱作用的。

第二，我们应该细读一下毛主席的《论持久战》，至今看来仍是字字珠玑。抗日战争刚开始的时候，他已经非常精准地预测了战争未来的整个过程，充分了解了敌我双方的情况，以及这场战争为什么是持久战、怎么去打持久战。《论持久战》一直摆在蒋介石案头上。可以说它是中国抗日战争赢得最后胜利的关键，因为只有按照这一条路才能取胜，重庆政府就是以这个主轴为原则来进行所有部署的。共产党人的主张是赢得最后战争的主导战略，没这个原则不可能坚持到赢得战争的最后胜利。

第三，没有共产党人敌后战场的作战，也谈不上战争的胜利。战争初期国民政府所有将官都要参加游击战培训班，教员中多数是共产党人。怎样才能把对手拖到战争的泥潭里面，就是发动群众来坚持敌后作战。我们的敌后抗日根据地发展的规模和速度都非常惊人，因为共产党就是能和民众紧密团结在一起。没有敌后战场，正面战场哪能支持得住？华北战场几十万日军被拖着根本走不开。所以说不能低估敌后战场的作用，我觉得在军事上我们也可以说是起到了中流砥柱的作用。从指导思想、战略原则和军事意义上我们都可以称得上是中流砥柱，我是这样认识的。

采访者：据我们了解，您接下来将要投入《1921》的写作。请您谈谈这本书的基本构想。

王树增：写《1921》绝不是仅仅写1921年中国共产党成立。我将延续《1901》和《1911》的大历史观的写作方式，要写的大约是从1916年到1926年这10年的跨度间发生的历史事件，这样在时间上就接上《长征》了。

（原载2015年7月22日“中国作家网”）

刘慈欣:《三体》让中国文化在国际获得“存在感”

新华网北京10月29日新媒体专电　他长居于山西阳泉。曾经,白天他是山西娘子关发电厂的一名工程师,晚上他在科幻世界里徜徉,笔端滑落之处是几亿光年外的日月星辰……

他就是刘慈欣,连续12次获中国科幻文学创作最高奖“银河奖”。他的科幻小说《三体》荣获第73届雨果奖最佳长篇故事奖,成为首位斩获世界科幻文坛最高奖的亚洲人,开启了中国的“科幻元年”。

谈作品:《三体》让中国文化获得“存在感”

“《三体》获得美国科幻文学最高奖,不能仅从作品本身去解读,它背后是中国国家综合国力的体现,让中国文化在国际上有了更多‘存在感’。”刘慈欣说,只有国力繁荣、民族复兴的国家,才能为优秀科幻文学培育肥沃的创作土壤。

刘慈欣认为,《三体》获奖后最明显的效应是,中国科幻文学真正走进西方。“以前中国文化走出去,主要靠介绍我国古老历史和田园风光。《三体》首次向西方彰显新一代中国人对未来和宇宙的向往。”

刘慈欣的作品构思宏大,善于将极端的空灵和厚重的现实相结合。英文版《三体》去年在美国出版后,掀起了中国科幻热。难怪《纽约时报》评论认为,《三体》系列可能改变美国科幻小说迷的口味。

谈自己:“我会一直写下去”

与大家想象中科幻作家应该居住在大都市、接触最前沿的现代科学技术不同,很多中国有影响力的科幻作家都偏安一隅:刘慈欣,山西娘子关;王晋康,河南南阳;何宏伟,四川自贡……

“科幻作家要保持对科学神秘感的探究和想象力的发挥。”在刘慈欣看来,北上广这样的大城市本身就很现代、时尚,生活在这样的环境里,科幻感容易磨灭,“恰恰生活在偏僻环境、又了解现代科学的人,才能对科学充满敏锐的想象思维。”

与《三体》获奖带给国人巨大的震动相比,刘慈欣给人的感觉是低调睿智、谦和朴实。当记者问他获奖后生活有什么变化时,他答道:“影响不大,因为我周围的人对‘雨果奖’并不太在意。”

对未来的创作计划,刘慈欣透露他的下一部作品会尽量选择和《三体》不一样的故事和题材。“按照经济规律来说,《三体》畅销书至少可以写十部,后面写得多烂都能赚钱。但《三体》已消耗我很多知识积累,精品创作一直是我的创作理念。我会一直写下去。”

谈未来:中国科幻文学路在何方?

《三体》带火了科幻题材,也提振了国人对本土科幻作品的信心。但对于《三体》获奖是否会推动中国科幻文学创作这一问题,刘慈欣持谨慎态度:“欣喜之余必须冷静。对国内的科幻文学来说,它的推动效果依然有限,因为国内科幻文学长期以来较为低迷,仅凭某部作品获奖并不足以在短期内改变这种局面。”

刘慈欣无奈地说,如今的中国科幻文学依然处于边缘化的状态,不会因为此次获奖而有根本改变。就在媒体聚焦《三体》获奖、热议中国科幻未来的时候,创刊近 20 年、中国仅存的两大科幻杂志之一的《新科幻》悄悄倒闭了。

“目前国内科幻作家队伍很不稳定。作者涌现很多，又离开很多。”刘慈欣认为，现在短篇科幻小说只有《科幻世界》一个杂志能够发表，一般稿费千字150元。而长篇科幻小说连能否发表都是难题，即便发表也就卖个几千到一万册，出版社还要扣版税。“靠写科幻小说养家糊口并不现实。为了生存，年轻科幻作者只能从事其他行业。”

“中国科幻文学还属于小众文学，我国缺少高质量的作品和有影响力的作家。”刘慈欣认为，中国科幻文学要想真正繁荣起来，未来还有很长的路要走，现在只是起点。

（原载2015年10月30日“新华网”北京频道）

颜歌：写“平乐镇”是种心理治疗

《平乐镇伤心故事集》出版后，颜歌从北京到成都、重庆、武汉，和不同地方不同时代的作家对谈，见到很多对她的写作感兴趣的读者，这个过程又疲惫又兴奋。因为生了一场病，她现在乡下休养、读书、写写短文章。之后，就该动笔写作新长篇了。

读书报：最初你是在《五月女王》中写到平乐镇的吧，那时想过要写一系列以平乐镇为背景的作品吗？关于平乐镇，你现在的写作计划是怎样的？

颜　歌：最开始写到“平乐镇”应该是在2004年到2005年写的《良辰》这个故事集里面，这个故事集里有一些故事写到了城乡接合部，但是没有一个具体的名字，有的叫做“常乐镇”，有的叫做“平乐镇”，等等。但应该是在那个时候就决定要写一系列的以城乡接合部小镇为背景的小说，《五月女王》是第一部，也是在《五月女王》里（很随便地）把小镇的名字定为了“平乐镇”。目前是计划再写一个关于平乐镇东街的长篇，另外，在零散地给《南方周末》写一个叫做“乡镇事”的专栏，也是写的小镇的一些事。

读书报：在《平乐镇伤心故事集》的五篇小说里，《白马》《照妖镜》和《奥数班1995》或许源自你的成长经历或内心反映，《三一茶会》显得非常特别，怎么会想到写这样一群老人的情感和生活？

颜　歌：我奶奶和她的朋友们的确是有这样一个茶聚，在每个月的一号、十一号、二十一号，这个茶聚就叫做“三一茶会”；另外她也写诗，有时候我回去看她，她就会拿她的诗出来读给我听。一直以来，我都觉得我的奶奶爷爷那一代人的文学观和我这一代特别不一样，他们有一些我不能理解的甚至可以说是过时的东西，也有一些我们已经失去的纯美的东西。起了很久的意，想要写一个关于他们的故事，但始终没有下笔。因为写老人的故事我没有经验，也很难想象，觉得怎么写都不像。后来终于写了，然后很忐忑，不敢给我奶奶看。这个故事最初发在《收获》，发表以后她自然看到了，后来有一次我回去，她跟我说她还挺喜欢这个故事，她的茶友们也很喜欢，我就很开心，并且总算松了一口气。

读书报：有评论认为你在写作平乐镇系列作品的过程中是在建立属于你自己的美学世界，能说说你对这样评论的理解吗？

颜　歌：写故事是为了传达我对这个世界的理解和观察，表达我的意思。我想任何作家都是这样吧。与此同时，我选择写故事来表达的方式正是为了避免把意思直接说出来，别人来说挺有意思，我自己说就太没意思了。

读书报：从马尔克斯到莫言，从马孔多到高密，很多大作家都有属于他们的文学原乡。或者说，关于平乐镇的写作是一种文学原乡的建立？

颜　歌：在二十多岁的时候一直写平乐镇，我想是因为自己总是非常地怀念过去，怀念我和父母一起生活的世界。因此，不管我人在哪里，我总是写过去的小镇，现在想起来是一种心理治疗。归根结底，我只能从自己的趣味和经验出发来写作。写平乐镇是我的一个心结，纠纠缠缠写了快十年。以后会不会一直这么写，我想大概不会。这件事情在这个阶段自己已经做得差不多了，然后应该去做点别的事吧。

读书报：你的家庭环境很有文化氛围，说你出自书香门第也不为过，但你在《平乐镇伤心故事集》代序中，说到写作《我们家》要回答两个问题，“第一是如何完成真正意义上的虚构；第二是如何更贴身地来处理日常的粗鲁”，这第二个问题为什么成其为问题？《我们家》的写作回答了这两个问题吗？

颜　歌：因为我从小受到的文学熏陶主要还是诗情画意的，

一切都要是美的和雅的。但是，到了某个时候，你发现自己无法去写有人放了一个屁这件事，因为它不美也不雅。但放屁是现实生活的一部分，不会写放屁对写小说的人真是个硬伤。因此，怎么去处理不美不雅的生活，对我是一个难题。于是，在写《我们家》一开始，我就决定要去写一个没有受过什么教育的豆瓣厂老板。怎么去写他是对我的挑战，也的确让我费了很多脑筋。写完《我们家》，这两个问题的处理上我都学到了很多东西，不能说是解决了，但是肯定进步了。

读书报：《平乐镇伤心故事集》中《江西巷里的唐宝珍》写得真好，无论从虚构意义上还是处理日常的粗鲁意义上，情节的虚构之外，你怎么做到对其中人物内心的细腻变化刻画得那么到位？

颜　歌：这个问题挺有意思。我的本意是把《江西巷里的唐宝珍》这个故事写成一台剪影戏，像个乡村戏台的样子。从语言上、节奏上，我都试图做这种模仿。而人物刻画上我自认为就有很多简单刻板的东西，把很多人物做成一个个剪影的"形象"，这是我在《唐宝珍》里面做的一个事情。很多心理描写和人物刻画都是舞台感的。

读书报：你早期的作品还是带有很多青春文学的特质的，忧伤、凄美还带点奇幻，从《良辰》开始，再到《我们家》，你的写作越来越"接地气"，更多关注并讲述普通人的市井生活，为什么会有这样写作题材和文字风格上的转变？这会是你一直进行下去的写作路向吗？

颜　歌：首先，我早期的作品更多是习作性质的，得以发表纯粹是当时的大时代背景使然，很多是达不到发表标准的；再次，一个人十五岁写的东西和二十五岁写的东西肯定是有区别的，往后来说，三十五岁写的东西也应该不一样才对。

读书报：用方言写作算是进入所写地域环境的某种捷径，读者读着也会有代入感。但运用方言的分寸并不好拿捏，是用纯粹的方言还是被稀释后的方言，之前上海作家金宇澄在《繁花》中的上海话以及贾平凹很多作品中的陕西话都是这方面做得比较好的，你怎么看待方言写作？

颜　歌：使用更接近真实的语言来描述某个特定的时代和背景，这是写作的基本方法。至于怎么拿捏就是作家个人的体会了。我也在慢慢地琢磨和学习。总体来说，方言写作被一再强调在我看来是一件挺尴尬的事，这说明大多数人还是喜欢看噱头和看热闹。

读书报：你曾在北京的活动上说起对少年成名的困惑，你现在的写作也和少年时有很大不同，可是张爱玲说，“出名要趁早啊”，少年成名给你的写作带来了什么？

颜　歌：这几年，我在国外时间变多了，用中文和读中文的时间也变少了。老实说我是有点焦虑的，至于到底会给我的写作造成什么影响，现在还不知道。唯一可以确定的是我现在对中文的考虑比以前更多，想得更多的是这种语言本身的特点和质感。至于少年成名，我是很喜欢写小说的人，“成名”不“成名”应该都会继续写作吧，以前和现在都一样。

读书报：看到你在微博上说自己是“迷宫爱好者”，你喜欢陈雪的文字吗？刚好我此前采访了陈雪，感觉上她的文字侧重点不在故事，而更关心自己的内心和情感，这和你现在观察世界、芸芸众生、有着流畅好读情节推进的写作差别很大？

颜　歌：你看，我一直都认为自己是作品不好读的作家，现在忽然变好读了，有点无法适应。作为读者，我觉得陈雪的书挺好读，文字本身就很精彩。

读书报：关于平乐镇的写作，从《五月女王》到《我们家》再到《平乐镇伤心故事集》，如你自己所言，越写越短，越写越微观和具体。那么假以时日，你会写一部像你父亲期望的那样“史诗性的郫县豆瓣传奇”吗？

颜　歌：我无法做很久远的计划，也不知道自己会最终成为怎么样的作家。要是现在就知道了，那还不如赶紧当厨子去。

（原载2015年9月30日《中华读书报》）

张怡微:“我们经历了巨大变迁”

2015年《收获》长篇专号春夏卷,收录了赵丽宏的《渔童》、何顿的《黄埔四期》以及张怡微的《细民盛宴》。其中,张怡微是最年轻的,出生于上世纪80年代末,也曾顶着80后、“新概念”的标签,而今却从浮泛的青春故事,转向世情与人心的刻画。

《细民盛宴》初稿完成于2013年12月,后经两次改写,于今年2月完稿。在张怡微看来,有一个说法她是认同的:《细民盛宴》既是“家族试验”写作计划中的一环,亦是以前很多小说的“总纲”。此间寄寓了创作意图、人生态度,也关乎亲眼所见的经验材料和小说缔造的心灵世界。

骆以军以《细民盛宴》比附张爱玲的《小团圆》:“这样一组组人,这样展开的时间括弧,像剪纸窗花,影影绰绰、疏眉淡影。”通过“家族试验”,聚焦上海这座城市,以及家庭、家庭内部人与人的关系,也成为张怡微独特文体背后一贯的问题意识。

与张怡微从《细民盛宴》聊起,探讨小说创作的经验与想法,呈现对城市与生活的体悟,某种程度上说,却能管窥年轻作者在纯文学道路上的嬗变轨迹。这一切,仅与个人相关,却也是曾经的80后作家的明确路径之一。

从景到人:由地理向伦理

记　者:在《细民盛宴》(以下简称“细民”)之前,你写过另一个长篇《你所不知道的夜晚》(以下简称“夜晚”)。我对“夜晚”开头写田林、写小闸镇的那种笔法印象很深。到了“细民”

这里，开篇场景是爷爷行将去世，把家族里的次要人物拢聚在一个空间里，一个个讲述，也很抓人。从地理到家族、到人与人的关系，这种变化是怎么考虑的？

张怡微：因为也隔了很久，我其实不大会写长篇，这两个篇幅都不是特别长，大概在8万字左右，只能算是小中篇。写的题材也都是上海。最大的变化，可能"夜晚"比较专注于这家人的来历、前世，写得比较老实。到了"细民"，我大致知道我要做什么。譬如说我想把这样一群次要人物团在一起，需要一个大场景，所以开篇就是一个还没有发生的葬礼。

相比之下，"夜晚"的写法就是写了很多景。当时我有一个非常大的困扰，就是关于写景和人物的命运有什么关系？我觉得我写的景是景，人是人。那时候我还在讲座上问过迟子建，说怎样写景？迟子建还问我，是不是不热爱生活。王安忆说"她热爱的"，但上海的小孩很可怜，他们只看得到人，一望无际的人。所以当时我只做了一些简朴的素描。

"细民"主要就是写人，写细民，写他们在一起吃饭，写这些原本不算是一家人甚至很可能通过婚姻关系的解除，也就不算一家人的人物之间的关系。

经验与虚构：生活是有苦衷的平淡

记　者："细民"里有个设计过的一个小细节，最后袁佳乔躺在病床上，继父向她转达继母对她的评价。这一点是蛮有意思的，其实继父和继母在日常生活中是不需要见面的。这些不需要见面的伦理关系，在小说里可以见面，可以通过一道翻译，通过这样一个特殊的人，来传递我对自己过往一切的总结。这一段蛮感动的。

张怡微：单亲家庭的子女，其实是契约之下的附属物。这创设了非常多的伦理空间。之前我看亨利·詹姆斯的小说《梅茜的世界》，就是写了新型的、多元的家庭伦理关系。我对这个是很有兴趣的。

记　者：提到新型的、多元的家庭，不知道你有没有看过美剧《摩登家庭》。当然那是一种刻意轻松化、喜剧化的表述，淡化了很多现实问题，用诙谐的方式来说。但看“细民”，其实还是有点沉重的。我读完之后，既不是难过，也不是不难过，而是有点惘然。

张怡微：我觉得生活就是这样的。我看是枝裕和的电影，看威廉·特雷弗的小说，这一部分日常的无奈我是非常喜欢的。生活本身可能不是开心，也不是不开心，是一种非常有苦衷的平淡。尤其是我现在渐渐长大了，活到了父母没办法处理自己感情和婚姻问题的年纪，我才知道这件事情不是想当然，觉得一切都可以克服的。

我有了越来越多自己没法承担的责任，有我很想逃避的东西，有我自己的脾气和偏见的时候，我再回过头去看我和父母密集相处的十年。因为他们分开的时间已经比在一起的时间长得多，慢慢去想的时候会觉得，人生就是互相陪伴走一段。我写过一个曾经让我很心酸的场景，就是我们三个人会在三个不同的墓碑上。但那又怎样呢？在世的时候好好相处比较重要吧。该淡化的东西淡化，不只是一种能力的展现，其实是一种抉择。

记　者：是的。所以和这种对人生的看法相关，在你的小说里，人物也是现实、悭吝乃至冷漠的，但又不是坏，有时候还能看出，他们在用自己的方式表达爱。虽然用应然的标准来看，是很有限的爱。

张怡微：其实我们算是运用语言比较成熟的人。大多数细民家庭，或者说普通人家，无论父母还是子女，不大用语言表达感情的，他们不是职业的表达者。但他们也要相处，也很容易互相误解。他们也用爱在平衡误解，用时间在弥合很多伤害。有时候这种东西超越语言，比善于表达的人更容易理解生活创痛的一面。我很喜欢观察这种方面，它恰恰比语言更加动人。

像“细民”这个小说里，所传递的，其实也是一种非常激烈的感情。这种感情被一些伦理关系和一些生活现状给压抑住了。你能说它是有限的爱吗？恰恰它是非常大的、非常沉重的爱，也涉及到一些金钱和房子等细小的矛盾。但这种矛盾不至于让很多东西倒塌。

80后与文学：从来没有想过要代表任何人

记　者：这个我非常同意。说回上海，关于文学史意义的上海，其实有很多标签。但对年轻一代的写作者，可能早几年的意见比较趋同，觉得比较自我，更多地写自己的经验世界，比如咖啡馆和校园。但你从很早开始就着手写世情里的处境和命运。大的背景，又是现在年轻人不太熟悉的上海，比如工人新村。为什么会做这样的选择？

张怡微：因为工人新村我最熟悉。其实我后来有慢慢想要淡化工人新村这个概念，我觉得把握不了，尤其是工人这个阶级的许多东西。工人新村是当时非常先锋的工人身份的衍生物。其实我从小到大，我所理解的上海都是工人新村，我从来没有住过里弄、洋房或者公寓。我对工人新村的邻里关系和家庭环境比较熟悉。

至于上海的标签化，其实上海对我来讲也是有距离感的。我到市中心也会不知道往哪里走。尤其很多百货公司的设计，会让人觉得非常迷惘。这样一个高度商业化、高度摩登的上海，此时此刻我也不熟悉，更不要说被艺术化之后的形象。

写作还是从自己最熟悉的东西写起，会比较有把握。我很少在咖啡馆写作，校园的话，虽然我一直在校园里，但我也毕竟快到而立之年了，也面对很多超越学生的很多人生问题，只能说我可能比较喜欢写一些消耗人情世故的东西。但我的阅历是要落后于这些体验的，只能慢慢再多理解吧。

记　者：虽然80后、“新概念”是一个非常笼统的群体化的标签，根本无法描述其中的每一个人，但现在持这杆标尺的人还是有。我关心的问题是，从你个人的角度，从80后和“新概念”，到如今有比较独特的问题和明确的写作对象、题材，你怎么认识这种转变？

张怡微:80 后也不小啦,也人到中年了。我大概算 80 后里偏后的年龄层,但想象一下就能体会到,曾经定义的叛逆、个性或者不靠谱,都已经被很多东西替代了。当 80 后开始为人父母,开始承担很多时代的重量的时候,80 后就只是一个年龄的划分,不代表什么,没有办法左右每个人的命运。尤其是 80 后到底是文学化的标签,还是所有人的指代,这很难讲。写作上,我觉得基本上靠天赋,和年龄也没有关系。有天赋不管是几〇后,都能写出来。没有天赋,再年轻也没有用。

从我自己来讲,我们还是经历了时代巨大的变迁,都市更新,包括我们所体会到的一切,房价、工资、社会阶层的流变,非常严酷,并不是长辈们告诉我们的,我们有多么温适,多么无忧无虑。

在这巨大变动的 20 年里,我们的长辈们是和我们一起成长。从我们当时还是少年,到现在变成资深的成年人。我们的父辈在渐渐老去,他们也有很多接受不了的东西,所以才有那么多情绪需要发泄,需要股票这样的寄托。其实大家是一起成长的,并不是割裂的,你们归你们,我们归我们。

我只能就我个人的观察和体验,来展现我所看到的这个城市的细部、这个城市的人的关系的细部。它可能是有代表性的,可能也没有。它可能只对我个人有意义,对很少一部分人有意义。可能我也从来没有想过我要去代表任何人,去代表不属于我这个生活状态和生活环境的人,我也没有能力去做这样的事情。

(原载 2015 年 7 月 7 日《文汇报》)

怀人二章

王　蒙

庆炳千古

童庆炳先生去世的噩耗传来时，我的第一个反应是：他是在学生当中去世的吧？

我听他在公众场合讲过，他的愿景是，某一天，在课堂上，他倒下了，他走了。这是大美，这是大善，这是他的期待。因为，他热爱教学工作，他爱学生，爱讲台，爱教室。

他永远老老实实，尊重文学，尊重教育，尊重同行，尊重学子。他没有文人惯有的那种夸张与自恋。他从来没有过自吹自擂、张牙舞爪、轻薄为文哂未休的表现。他从来不搞什么酷评，什么骂倒一切，什么自我作古，什么爆破恐吓，什么装腔作势，什么迎合与投其所好。近几十年，那样的文艺评论“家”早就不罕见了。

但是老童亦有“牛”态：他曾经表示，所有中文系课程，他都教过，他都能开课。我在中国海洋大学旁听过他的《文心雕龙》课程，获益匪浅。

我还多次听到过童老师的倡议，他希望小学语文课本的第一课改为《论语》上的话：“己所不欲，勿施于人。”他说起这个话题，有一种如今少有的诚笃与认真。在我们的交往中，我体会到他的君子风范，诚恳、善意、克己复礼。包括在家中，他与妻子曾恬也是恩爱有加，令人感动。

他走了，不是在课堂上，如同在课堂上，听说是与学生们一起登山之时。他会有一种满足，与学子们一起，与青年人一起，与攀登的愿望一起。

孔子的伟大离不开他的弟子七十二贤人，童老师的学生阵容也令人赞叹。而他本人是黄牛一样地耕耘着，坚持着，谦虚着与进展着。他的去世引起了很大的响动，当然不是偶然。

难忘萧殷

1953 年秋天，我大胆开始了《青春万岁》的写作。1954 年，完成初稿，经潘之汀老师之手送到中国青年出版社萧也牧编辑室主任那里。1955 年，萧也牧带着我去北京东城赵堂子胡同萧殷老师家，听取萧殷老师的指导。他那时因《致青年作者》一书而著名。他热情肯定了小说的基础，郑重表扬了我的“艺术感觉”，同时指出了结构上的问题，一直谈到如何为我安排“创作假期”的事。

从此，赵堂子胡同 8 号那个小院，成了我喜欢去的地方，成了我知识与力量的源泉。

我阅读了萧殷致青年作者的一批谈创作的文章，从生活出发构思与下笔，把人物写活，他讲得亲切实在，读之获益良多。

萧殷师当时担任着中国作协的青年工作委员会副主任。另一个副主任是韦君宜，主任是阮章竞。

不久，盖着中国作协大印的公函开出，希望我的所在单位共青团北京市委批准我半年创作假。我还记得团市委的领导见到此函的反应，她说：“嗬，了不起。”

其后，在《组织部来了个年轻人》掀起的波澜中，萧殷师也一直与我保持着密切的联系，表达了他的关切、正直、善意。一家文学刊物约他写一篇评论此小说的文章，他打“公用电话”给我，说是希望一谈。我那天正好有些感冒，体温略高，但因为是萧殷师召唤，就带病坐三轮车去了。他非常关心我的身体，还吩咐给我做饭，强调要用鲜美的“蘑菇酱油”烧菜。他是广东人，我在他家吃过若干次广东口味的饭。

我还记得有一次是萧也牧同志也在场，二萧谈起批判“丁（玲）陈（企霞）反党集团”事件时，萧殷说起了某位随风起舞的作家，愤怒地说：“他那是品质问题！”

“反右”以后，萧殷去了广东。不久，我去了新疆。

我至今不忘他在“文革”后接到我的信时的兴奋心情，他告诉我，他见人就说：“收到王蒙的信了！”

可惜，他的身体已经很弱。

难忘萧殷，难忘赵堂子胡同8号，难忘开始跨出第一步时得到萧殷师的扶持，难忘他病重时我到广州医院看望的情景，以及后来我专门去龙山萧殷故乡参加萧殷公园活动的盛况。萧殷师的精神永存，遗爱永在，在他百年冥诞之际，我感到他的诚挚与爱心永远与我们写作人在一起。

（原载2015年7月10日《光明日报》）

蒹葭苍苍，白露为霜

——悼念顾骧先生

张 同 吾

新年伊始，惊闻顾骧先生溘然长逝，为之怆然悲惋。他是那么喜爱春草青青、春花烂漫，但他没能等到春天的脚步伴着他85岁生日的来临。

他是我的老领导，也是我敬重的师长和可以倾心交谈的朋友。他是上世纪80年代中期调至中国作协创研部的，到90年代初离休，这段时间很短，却是我们友谊的开端。那时我们还绝少官气和俗气，大家都直呼其名，我们亲切地称呼他“老顾”，正如称呼他的前任谢永旺为“老谢”一样，正如称呼光年、冯牧、达成一样。然而随着一代学人的身影渐行渐远，这种脱俗的风尚也随之淡然。顾骧是儒雅的，总是风度翩翩、笑容可掬，相处久了就发现在他和善的笑容里闪烁着一种自信的光芒，有一种凛然风骨，有一种超然甚至傲然的气息。的确，他是丰富的，他从抗日战争火光与血光的洗礼中走来，成为我国65年历史风云和文化流变的亲历者，他又是我国时代变革和文学发展的参与者。他亲历过风和日丽，也亲历过血雨腥风，亲历过东边日出西边雨，亲历过朝来寒雨晚来风，也亲历了改革开放。亲历多矣，参与众矣，倘若没有哲人的思辨精神，倘若没有学人的文化视野，倘若没有智者的聪颖灵慧，倘若没有仁者的人格魅力，只能让自己的心灵和面容随时光老去，而不会有新鲜的历史感悟和审美发现。顾骧，集哲人与学人于一身，集智者与仁者于一身，才能在他丰富的经历和见闻中，辨识历史功罪，窥见人间真伪，富有人类意识，张扬人性光彩。他在散文随笔《蒹葭集》中，记述了与周扬、荒煤、冯牧、朱厚泽、朱寨、赵朴初、沙千里、鲁彦周、周克玉、于是之、曾志、陶斯亮、张海迪等人的密切交往。他的不同凡响之处在于，他能把笔下的人物放在历史语境中考量，他懂得人创造历史、历史又制约人的因果关系，懂得有什么人就会有什么样的历史、而有什么样的历史就会产生什么样的人这种内在关系，于是他看到人与人的共性，能识别人与人的差异。他在文章中写道："晚年周扬，是他人生交响乐的一个华彩乐章"，因为"他终于'克礼复己'，挣脱了镣铐，打破了牢笼"，"走向民间，人性回归，恢复了自己"。不必讳言因为历史的扭曲，周扬也曾被扭曲，也犯错误，但他的可贵之处是在晚年"昂然高举人道主义大旗"，推动着我国新时期文学的发展。(《"克礼复己的周扬"》)同样从人性复归和人的自觉这个核心理念出发，顾骧看到荒煤毫无官气的洒脱自然，"宽厚坦诚，平易可亲"，"他不疲倦地精力旺盛地为新时期文学破坚冰、开航道"。他也看到了冯牧"没有任何拘束、任何顾忌和朋友一样交换意见，商量问题，推心置腹，赤诚相见"，也许他还有软弱的一面，但"当'左'的风浪袭来时，他顶风拒浪，直言抗争，坚持擎着思想解放这杆大旗，理所当然为文友们所拥戴"。(《一夕秋风，满城秋雨》)

顾骧全部作品，无论是理论文章还是随笔散文，其思想内核和精神命脉，都是张扬人道主义、讴歌人性魅力。周克玉身经百战、叱咤风云，却有一颗绵软的心，重访旧战场，他写下了"春泥最恋英雄血，清风年年播芬芳"。顾骧与克玉是同乡兼同窗相识甚深，他写道：当年"四平一战，极其惨烈，阵亡五千，尽为我江淮子弟。近年，苏北盐城海滨辟丹顶鹤自然保护区，每年入冬，白羽红缨丹顶鹤，由东北扎龙南来栖息，克玉构思巧妙地将这一历史事件与这一自然现象勾连编织，以借喻拟人手法，以丹顶鹤为意象，写出长眠于黑土地上的江淮子弟对故乡父老的忆念与寄托克玉对战友虔诚的缅怀：'一身素洁挺傲骨，万里转战染红缨。年年岁岁来此地，怀念故园父老情。'"周克玉上将是诗人，我与他也多有交往，真切感知他的人格魅力与人性光彩。

回顾顾骧的人生历程，不可回避那场尽人皆知的对周扬关于“异化”文章的批判，顾骧是这篇文章的起草人之一（另两位是王元化与王若水），他始终为此事感到纠结与愤然。我曾向他询问始末，他从马克思谈到黑格尔、费尔巴哈，因为我对这些经典作家与经典著作所知甚微，他谈得我云里雾里不知所以，但我相信马克思主义继承了人类优秀的文化遗产，必然贯穿着人文主义思想，体现人道主义精神。同时，顾骧又是情思细腻的人，也是具有诗性秉赋和浪漫情怀的人，他追求美轮美奂，喜爱惊艳绝尘。我喜欢看他跳舞，真是名士风度，翩然怡然；我更喜欢他的散文，熨帖圆融，读之让人悠然陶然，犹如“细雨轻风二月时，不缘红豆始相思”。他对《诗经》中的《秦风·蒹葭》钟爱至深。他说，“从儿时在家乡私塾中诵读《诗经》起，直到生命的晚秋，‘蒹葭苍苍，白露为霜’，一直是我心灵诗意栖息的艺苑”；过去我们“尊崇《诗经》是现实主义文学滥觞，《离骚》是浪漫主义源头。削足适履，方枘圆凿，框套无限丰富的文学现象”，其实《蒹葭》的魅力正在于有“千古难解之谜”，“它的多元审美，迷离意蕴，难以捕捉的思绪，亦真亦幻、亦诗亦梦的旋律中，引你遐思无尽，回味绵长”。这的确是识诗真谛之言，正如鲁迅所言，“诗歌不能凭仗了哲学和智力来认识，所以感情已经冰结的思想家，即对于诗人往往有谬误的判断和隔膜的揶揄”；凡是过于务实的人都不会成为诗人，因为他们不会“领会天国之极乐和地狱之大苦恼的精神相通”。（摘自《集外集拾遗》）

忆起三年前承他赠我《煮默斋诗抄》曾择其一步原韵奉和，这位江南秀士仙逝西归，令我今宵无眠，灯下重录以托哀思：

尘嚣之上自由魂，却非空颓入佛门。
少岁豪情驱倭寇，老壮史笔写昆仑。
怒斥陈腐千般罪，盛赞春风万里船。
最是一身浩然气，夜半钟声飘梦痕。

（原载 2015 年 1 月 7 日《文艺报》）

怀念老友孟伟哉同志

程 树 臻

从友人处得悉孟伟哉同志去世的消息，听后感到非常震惊、十分悲痛，因为我和老孟是相知相识60多年的老朋友了，有着很深刻的友谊。

我和老孟是上个世纪50年代认识的。当年，我在天津大学求学，他在南开大学读书。我读的是机械系，他学的是中文系，原是风马牛不相及的。但是，我偏偏是个文学爱好者，参与创办了天津大学文学社，同时，又在报刊上发表了一些小文章，于是，便有机会接触天津的一些作家。那时，老孟已经是小有名气的青年作家，以"小剑"为笔名，在《天津日报》上经常发表诗歌和小说，我对他非常仰慕。恰好他又成为南开大学文学创作小组的带头人，于是，我们便在天津作协组织的一次活动上认识了。

认识之后，交往便多了起来。因为当时"天大"和南开是互相毗邻的高等学府，校园之间可以随意走动，没有任何间隔，而南开的马蹄湖，湖水波平如镜，清澈见底，岸边花木扶疏，绿荫滴翠，风景非常优美，是自学和散步的好去处，我经常到此而流连忘返，在有意无意之间，便和老孟邂逅了。我是为复习繁重的功课而来，往往头昏脑涨；他却和一个漂亮的姑娘并肩散步，令人艳羡。

碰面后少不得握手叙谈一番，一来二去，我们彼此就更加熟稔了。就此机会，我向他提出意想中的要求：代我们文学社约请南开的中文系名教授和社员们见面并讲授文学创作知识。谁知他竟慷慨地应承了。于是，我们便得到李何林、李霁野等大师级的老教授的亲临教诲，大家都备感荣幸；我对老孟也更增加一层敬重，友情也随着加深一步。

不久，在北京召开了第一次全国青年文学创作会议，老孟是天津代表团中最年轻的一员，躬逢其盛，他自然是志得意满；但他回来向我们这些文学爱好者传达大会精神时，仍然表现得很谦虚，当然也有意气风发的神采。我们从他的传达中，受到很大的启发和鼓舞，在私下里他还格外向我表达较高的期望，而我就在这种期望、启发和鼓舞中产生了撰写长篇小说的念头。时在1956年，那是共和国的黄金时代，高层头脑尚清醒，政治比较清明，社会欣欣向荣，年轻人都充满着理想，憧憬着美好的未来。

1957年春，我已经是大学四年级下学期的学生，随着全班同学去无锡柴油机厂进行毕业实习。无锡风景秀丽，我们生活得轻松愉快，那是我们大学生活中最惬意的时期。就在这样的条件下，我抽暇完成了长篇小说《大学时代》的初稿。我原想回到天津后请老孟好好指点一下，因为他此时仍在南开就读，应该是最有发言权的。谁知就在这年夏天，中国政治气候骤变，原本风和日丽，朗朗乾坤，突然雷电交加，风狂雨暴——反右派斗争开始了！一大批单纯的、才华横溢、善于独立思考的知识分子，突然变成阶级敌人，被打入另册，纷纷被流放到异域他乡，进行劳动改造。我也“有幸”成为其中的一员（但属于从轻发落者），而被惩罚性地分配到北大荒一个新建的工厂。那时当然无颜和老孟告别，从此，我和他便劳燕分飞，杳无音信。

谁知就在中国严寒遁去、春回大地之后不久的1978年，我和老孟又意外地重新见面了。那时，他是人民文学出版社一个编辑室的主任，我却是从遥远的边疆来的业余作者，是应出版社之约来京修改稿件的。我们会面的地方竟然是出版社的食堂。当年来出版社改稿的作者都住在编辑部的办公室内，和编辑们共餐于同一个食堂。也许因为当时我们还算年轻，容貌改变不大，老孟居然一下子认出我这个当年的“老朋友”。于是，我们便在食堂的一角面对面坐了下来，边吃边聊；我们各自介绍了分别后的生存状况。至此，我才知道别后的这些年，他因为家庭出身好，又当过志愿军，历次运动的惊涛骇浪中，都安全“进垒”，先在人民大学教书，后到中宣部从政，最近又如愿调到人民文学出版社任职，而且居领导层；对于我，还没等我介绍，他却先我说道：你在“文革”前出版《钢铁巨人》时，我便注意到你了，那个年代能够出版长篇小说，不简单哩！可见他没有忘记我这个老朋友。我没有刻意向他叙述这些年“苦难的历程”，只简略地谈了谈当前的境况，特别提及我此次来出版社的任务：修改长篇小说《大学时代》，说一定请他指教，因为我们是同时代人，会对那段生活更熟悉些。他听后笑着说：一定认真拜读（可笑的是：当时我还不知道他现在的职位是主宰我们这些作者作品命运的人）。

经过这次叙谈后，又见了几次面，仅仅是打个招呼而已。因为他是个大忙人，不仅业务工作忙，社会活动也很多；而当我知道他现在身居要职后，为了避嫌，也不愿更多地叨扰他，甚至常常有意避之。谁知过了一段时间，在一天傍晚他突然来到我的驻地，向我说道：请你今晚到我家去一趟，认认门。事情来得突然，我也不便推辞，于是便随着他一同从出版社步行到美术馆后街他当时的家中。

他的住房出乎我意外地简陋：低矮的门脸，逼窄的厅堂，请我落座的是一张陈旧的木椅子。他说：这环境让你见笑了！我连忙说：哪里，艰苦朴素点好。说话间，他从挎包里取出了两瓶啤酒、一盘花生米、几个酱熏的猪蹄，又随手拿过来两个茶杯。这才正式告诉我，今天请你到我这里坐坐，有两个目的，一是叙叙旧，二是请你给我写的小说提提意见。原来，他现在正在创作一部反映抗美援朝的长篇小说，取名为《昨天的战争》。现要进入高潮，有好几个情节可用，但是他拿不定主意，让我帮助他“参谋参谋”。他说：这不算请客，只是这样便于聊天。

由于不善于饮酒，喝了多半杯，我便说：对不起，我已经喝足了。老孟随着将杯中酒一饮而尽，然后说：好，咱们书归正传。

随之，他便顺手从抽屉里取出一摞稿纸，翻了翻，直接向我朗读起来。他写的是朝鲜战争中最险恶的一段故事，字里行间，充满血与火的焦灼——在一个段落的节骨眼里他停了下来，说了几点他的构思，然后要我提出意见和建议。他辞诚意恳，我当然非常认真地提出我的想法。之后，我说：一点即兴的建议，仅供参考。他稍稍思索了一下，然后说：很有启发，多谢了！

这是我们俩最长的一次交谈。此后再没有更多的交流，他好像更忙了，很少能够见到他的身影（后来听说他在筹划大型刊物《当代》的出版），直到我的稿子修改完毕交卷为止。

我没想到我的稿子由老孟终审。当我的责编李景峰同志告诉我这个消息时，我有点顾虑地说：这样怕不好吧！会不会令他为难？可景峰却说：他是我的直接领导，终审属于他的职权范围。不过，没事儿！老孟会公事公办的。你放心！

过不几天，老孟把我和李景峰叫到他的办公室，谈他的终审意见。他开门见山地说：稿子我是抓紧时间看完的。优点是故事情节都非常真实，生活气息浓。他顺便笑着说：我和老程一样，从那个时代过来的，有一种亲切感。缺点是有些人物特别是教授的形象不够丰满，文字不够老到。不过，可以理解，是大学生的文墨嘛！

终审通过了，我松了一口气，尽管是“公事公办”，我对老孟还是感激的，我感激他的理解。

《大学时代》出版后，成为当年的畅销书，受到读者特别是大学生的热烈欢迎，一版再版，发行10余万册。景峰告诉我，老孟对此甚为高兴。

不久，大型文学刊物《当代》创刊了。由老作家秦兆阳任主编，老孟是常务副主编。他挑起了重担。

因此，我们的接触更多了起来，我是《当代》主要作者之一。新时期中我的小说、散文、报告文学，大部分发表在这个刊物上，以至于出版社的几位主要领导（包括老孟）称我和其他一些作者是《当代》的“基干民兵”。由于老孟和我们是同时代人，故经常在一起谈笑风生，他有时还跟我说点体己话。

但是，后来由于我国政坛的诡谲多变，深陷其中的老孟似乎也随之升迁起伏，和一些作家产生了某种矛盾和隔阂，人们对他褒贬不一，且不乏微词。我因为蛰居边塞，置身其外，不想也不愿了解其究竟，故而和他仍正常交往，偶尔见一次面，也是只谈友情，不论其他。我不想卷入任何旋涡之中。

后来，我奉调来京，主持《人民文学》的工作，对此，老孟是表示欢迎的。不过，虽在同一座大楼办公，见面的机会很多，却没有更多的交流，因为他此时已是中国文联的领导，我不愿多和他接触，占用他宝贵的时间，特别是当时的文坛并不平静。我仍然是过去的心态：不介入任何纷争。

有一段时间，由于某种客观原因，我工作上很不顺心，很是烦闷。老孟不知从哪里听到一点风声，一天，他专门来到我的办公室，热诚地对我说：如果你现在确实感到工作很困难，那就来文联吧！我设法安排。我领会了他的好意，却婉拒了。我说：我是搞文学的，还是在作协为好，有人来取代我，正合我心意，专心搞创作，正是我所希望的。话虽如此，我对老孟的关心还是很感激的。他虽然身居高位，还没有忘记老朋友，这是很难得的。

我们几乎是同时退休的。之后虽然很少见面，但是还是经常有电话联系，互问寒温，偶尔同时参加某个会议，便聚首一谈，互吐心腹，亦颇有快意。不久前，他告诉我正在编纂他的文集，同时征询我的意见（因为我曾经把我的文集赠他）。我将最初想法和编纂过程中的一些难题，坦诚相告。他似乎很高兴，说：一定认真参考。

我本来期待好好阅读他的文集，谁知却传来他不幸去世的噩耗，心里异常悲痛。痛惜我失去一个相交半个多世纪的朋友，文坛失去一个有实力和潜力的作家。斯人已去，我唯有暗自祝福：老孟，一路走好，在天堂里安息。

（原载 2015 年 5 月 11 日《中国艺术报》）

火热的耕耘者

——悼念刘茵师姐

雷　达

对刘茵的猝然去世我一直难以释怀。2 月 28 日下午，手机显示阎纲兄曾打来过电话——以前他从未与我用手机联系过，我顿感一定有事，赶紧打过去。没想到他的第一句话竟是：刘茵去世了！我惊呆，这怎么可能，什么病呀？阎纲略作解释，我依然不解。因为我知道，除了前年腿摔伤已痊愈、眼底黄斑使视力骤降之外，刘茵什么病也没有，体检结果出奇地正常，是标准的健康老人，加以她开朗热情的性格，我常想，她至少能活到 90 岁以上。可是，谁能想得到呢。

刘茵、阎纲、谢永旺、周明和我，同毕业于兰州大学。他们几位比我要高好多个年级，并未同时在校过，我称为师兄、师姐。多年来，他们给过我许多帮助，我对他们也非常尊重。新世纪之初，盘点“百年甘肃”时，有人把阎、谢、周还有我，并称为“兰大文坛四才子”，写成文章，在甘肃广为传扬。刘茵曾在中央人民广播电台工作，还在北京某中学教过书，上世纪 70 年代末调入人民文学出版社做编辑，先是在《当代》，后来是《中华文学选刊》。没想到，这一调，给中国文学界调来了一位优秀的编辑，给中国报告文学界输入了一位充满活力的耕耘者、播火者。在此后的几十年里，刘茵在发现人才、培养作者、发现好作品、推动报告文学事业发展方面，作出了突出贡献。

最近路遥的作品很火，是文坛热门话题之一。其实，路遥的成名作中篇小说《惊心动魄的一幕》责任编辑正是刘茵。路遥这部稿子投到全国许多刊物,全部被退稿,连连受挫,眼看陈忠实的《信任》、贾平凹的《满月儿》和京夫的《手杖》都获了短篇小说奖,路遥由焦虑而有些灰心,说,若这个中篇最后投《当代》也不用,“稿子不必寄回,一烧了之”。然而,生活中“惊心动魄”的喜事说来也会来。是刘茵打电话问路遥的上级董得理:“秦兆阳主编看过稿子了,准备采用,但有些意见。路遥可否来京改稿?”路遥得知后欣喜若狂,给刘茵写了 8 页长信陈述创作动因。刘茵回忆道,“路遥见到秦兆阳时非常局促,双手放在膝盖上端坐着,一副诚惶诚恐的样子”。路遥根据秦兆阳、孟伟哉、刘茵的意见进行了认真修改。1982 年这篇小说获得了首届全国优秀中篇小说奖。

记得发奖会在京西宾馆举行,当天下午,获奖者、编辑、评论家座谈,我和刘茵都在场。北京的作家们个个谈笑风生,外省作家却都拘谨不语,路遥尤甚,憋红了脸,像个怪人,使那天的气氛格外凝重、严肃。此时不知是路遥自己还是别人,弄翻了茶杯,嘭的一声砸在地上发出巨响,会场忽然静极,有人冒了一句“惊心动魄的一幕呀”,全场哄然大笑,联系到路遥的矜持和他获奖作品的名字,大家就笑得更凶了,气氛才转了过来。

后来路遥写道,在中国老一辈作家中,他最敬爱的是两位,一位是柳青,一位是秦兆阳,称他们为自己的文学“教父”。路遥后来又有获奖的中篇《人生》,获茅盾文学奖的长篇《平凡的世界》,成就赫然。但我在想,假若路遥最初没有碰上刘茵这样热心的成人之美的编辑,假若《惊心动魄的一幕》再一次遭遇退稿,路遥还会成为后来的路遥吗?实在难说。何为“机遇”?细想其实就是“人遇”或者“遇人”——人与人之间所充满的偶然性,在不断地改写着一个人的一生。

刘茵是报告文学领域里勤恳的耕耘者,更准确地说,是一位热情似火的耕耘者。她腿勤、嘴勤、手勤,眼观六路、耳听八方,这使她具有准确的判断力,好的题材线索、有潜力的作者,一经发现,她即刻行动,捷足先登。根本的动力还是她对文学事业的挚爱和奉献的精神。有多少优秀作品是经她编辑后走向中国文坛的？我没统计过，仅凭稀薄的印象，赵瑜的《强国梦》、胡平的《中国的眸子》、乔迈的《希望在燃烧》、李鸣生的《飞越太空港》《走出地球村》、黄传会的《中国山村教师》，还有卢跃刚的好几部作品等等，皆出其手。从作家到将军的刘亚洲，也曾是当年的新锐作者，刘茵多次谈过与他的交往，并责编过其稿子。具体是《陈胜》还是《恶魔导演的战争》，我记不得了。

不过，现在说起刘茵，大都强调她勤勤恳恳、兢兢业业搞编辑工作，其实忽略了另一面：她更突出的特点是有政治热情，关心时事，在拨乱反正和反对极“左”方面，有鲜明的立场和尖锐的见解。编辑出版《中国的眸子》的过程就是一个鲜明的例子，她特意送了我一本。

她与很多报告文学作家都是好朋友，大多有休戚与共、风雨同舟的情谊。她有一颗火热的心，有激情，乐于助人。人们半开玩笑地说，只要刘茵要办的事，没有办不成的。她锲而不舍，不屈不挠，不达目的绝不罢休，但都不是为自己，而是为他人、为作者。有一年，她向我介绍了一位青年才俊，并把其简历、文章等材料送过来，要我推荐他进中国作协创作研究部。看了材料，我很满意，把材料交到人事部。但我人微言轻，进个人到北京谈何容易，因为户口等原因，没调成。但她一直在追问，使我有压力。《敦煌之恋》的作者王家达是当时甘肃省作协主席，我的同班同学。王要我为他这本书写个序，我不写。没想到他“告状”到责编刘茵那里，她立刻抄起电话找我，要我必须写，说了一大堆理由，我还是写了。后来《敦煌之恋》获了鲁迅文学奖、“五个一工程”奖。我这篇序好像被用得很广泛。刘茵虽已退休多年，仍大量看稿，关心文坛，直到去年，她还把厚夫的《路遥传》推荐给人文社的编辑脚印，近日出版了。厚夫感谢不尽。

有一年，某报要报道刘茵，原来的大题目是“报告文学之母”，且马上要付印，她觉得不妥，犹豫着，征求我的意见。虽然我也理解，但我一向不大主张用“之父”“之母”“之祖”的提法，好像夸一个人总要让他当个长辈，压人一头，才叫荣誉。我也不喜欢“最后一个”什么什么的，好像时间到他那儿就停顿了。我直率地谈了些看法。她完全同意，立即让报纸撤换了版。

刘茵长期从事辛劳的编辑工作，个人情感生活又不无挫折，却能把全部热情投入事业之中。上世纪90年代中期，东北某出版社出她的个人作品及评论文章集子，不知为何，她执意要我写序，我就写了。这次阎纲兄还说，你序中的一句话是对刘茵最好的评价。我找了半天也没找到这句话。我倒是读到书中刘茵自己在散文《拣石子》中写的：“性格坚实的小石子，不甘在茫茫大海中沉没，顽强地漂动于海岸沉沙。”忽然感动，心想，这何尝不是她坚韧、顽强的生活信念的剖露呢！

（原载2015年3月23日《文艺报》）

好人的心跳

——怀念我的挚友赵长天

毛时安

长天已经去世很长一段日子里，我一直精神恍惚迷离。每天晚上坐在餐桌边上望着天花板上明晃晃的电灯发呆。要做的事情很多。书在手里却一个字都读不进去，白纸摊在手边也是一个字写不下去。早已不是那个在深秋月光下吹着孤独的口琴，唱着忧伤的《鸽子》，排遣内心郁闷的二十岁的小青年了。也早已过了当年三十多岁在作家协会初遇长天时意气风发的年龄了。在经历了一个大时代那么多的风风雨雨，我也算是意志非常顽强，心裹着一层厚厚铠甲，自以为能刀枪不入的钢铁战士了。太太看见我每天一副颓唐的样子，说，赵长天的死，对你打击真的老大。老实说我父亲去世的时候我也没有这样恍惚过。

长天去世在前年(2013 年)3 月 31 号。星期天。那天天很好，天空一片湛蓝，蓝得又深又高又透。我像往常一样去打乒乓。完了，到浦东去给小外孙买食品。那些日子，长天病情一直不太稳定，时好时坏。29 号抽了胸部的积水，接着白血球上升到 21 万。30 号本想约宗福先去探望长天，踌躇再三还是没去。当晚 7 点 55 分，我给长天的儿子赵延发短信：爸爸现在怎么样？答复：暂无危险。总有点不放心。路上短信赵延，立即接到他发给我的“已过世”的短消息。车刚进延安路隧道，眼前一片黑暗，头顶是黄浦江浩浩荡荡的流水。坐在车里，我禁不住号啕大哭起来，吓得司机不知如何是好。虽然对长天的走，已有了心理准备，但依然无法接受这冷的像冰一样残酷的事实。赶紧掉头驱车赶到瑞金医院，王安忆、臧建民、孙甘露、宗福先、褚水敖、顾绍文、沈善增已经到了。我恭恭敬敬向长天鞠了三个躬。然后，看着曾经朝夕相处，几十年在一起的朋友，被车推出，消失在楼道的尽头……

窗外，正是烂漫的春天，花开得多么的繁茂。长天在一个鲜花簇拥的日子里，去向了另一个世界。

长天让我的一生变得细腻、沉稳了许多

我们是多么地相信自己，相信科学啊。

前一阵子要出版我的一本书，要照片。结果选出几乎所有合影的照片里都有长天瘦长的身影。我们一起接待国内外作家，我们一起在巴老身体健康的时候簇拥着巴老，在巴老住院时探望在巴老床前，我们一起在龙华寺的大墙前，在南京，在杭州，我们一起在研讨、在吃饭、在游览，我们一起在……

作为副手，我和长天一起整整工作了八年。那是我们生命中最成熟最有光华的岁月。1989 年 3 月作协换届。长天是协会的副主席兼秘书长，我是副秘书长。那时还有一个副秘书长宗福先，作协 204 那间大办公室放着六张写字台，有主席徐中玉先生，副主席徐俊西、罗洛、赵长天、宗福先和我，后来又从贵州调来了叶辛。福先那时在谢晋恒通公司兼职，徐俊西是市委宣传部的副部长，主要在部里。主席徐先生是我大学老师，快八十岁了，刚当选满腔热情想干一番事业。老罗年纪大，通常中午回家，叶辛还没调来。经常就是长天和我两个人。我们有时候说很多很多话，但大多数时候静静地相处。在那些日子，我是亲眼看到了一个真实的实实在在的长天。

长天《赫德传》开头有一句话，和赫德的相遇很偶然。其实我们每个人和长天相遇，如果回忆的话也都是很偶然的，某一个下午，某一个早晨，某一个黄昏。我们最早认识应该在上世纪的 80 年代初。那是一个百废俱兴的时代。万物萌动，青春勃发。

人人都抱着一份对未来的浪漫主义冲动。十年“文革”被禁锢的身心有一种重见天日的解放感兴奋感。那是文学“火红的年代”。《上海文学》《收获》发表的每一篇小说都会成为全社会关注的热点。被压抑了十年的文学热情,像火山一样被引爆得熔岩四射,迸发着无限的光和热。直到今天,我们这代人一说起那段日子,眼睛都会发亮,恋恋不舍于那段和自己青春尾巴相连的岁月。当然今天我们明白,文学那样重要,也多少不太正常。上海作协和《上海文学》编辑部,时常开会、办青年作者的学习班。我们应该相识在那样的场合。作协那栋历经沧桑仍然风度优雅的小楼和门前的那块绿草地,是交朋友、发生故事的好地方。那时的长天还是工人作者。消瘦高挑的身材,长得眉清目秀。说话不多,声音很结实。用今天的话来说很有磁性。站在那里,文质彬彬,一派貌若潘安玉树临风的书生模样。1985 年评首届上海文学作品奖,他的小说《市委书记的家事》和我的评论《独特的生活画卷》都得了奖。就在这一年,他调进了作协。我们就有了很多见面交谈的机会。作为一个朋友,他让人踏实,能让人长期而久久地信赖。有很多必然的品质和东西在里面,他的为人,他的厚道,他的仁慈,他的沉静内敛,他对朋友润物细无声的浸淫。长天身上确实有很多东西久久地影响、感染着我们。我是一个粗糙的人,没有长天对我的影响,我今天不一定是这样的人。

我到作家协会刚开始工作的时候,风风火火,莽撞粗糙,什么事都是干起来再说。有一次主席团会开好以后,长天对我说,毛时安你不能这样做,这样做对你非常不利。为什么呢?主席团一开好会提了几件事我会不管三七二十一,就马上去做,做得非常卖力。因为我认为主席团开会的时候,如果这件事大家都没发言,就算通过了,通过了就该去做。长天像聊家常地跟我说,你不要认为大家不发言就是同意,大家不发言也许是保留态度。如果你做对了大家没有意见,如果你做错谁都会批评指责你。他说得很慢,声音也不响,一点没有批评的意思。

他对事对人,一直是这样很文静的书生气息的。长天让我的一生变得细腻、沉稳了许多。

我和他成了以心换心完全可以信赖无话不谈的朋友

作为领导,长天是一个非常有大局感的人。1989 年 11 月份为巴老八十五岁搞纪念展览和研讨,这是上届作协定下来的事没来得及做。当时也有一些同志提出反对意见,认为作家协会这个时候搞巴金的纪念活动不是很妥当。我觉得,一定要搞,这不是巴老个人的事。这样的活动不仅有利于提升上海文学的形象,而且有利于国外对我们中国现状的正确了解,让外界看到中国文化和中国依然在坚持开放。我们不能因为发生了一些事情,就畏首畏尾,就放弃很多工作。长天那时正处在一个困难的时候,我和他交流想法,他不顾个人的委屈和困难,在主席团会议上明确表明了自己主张办的想法。在长天的领导支持下,我直接给主席团写了一封不长的信,直接陈述了我的想法,争取了主席团的同意。前不久,整理旧物,当年的那封短信浮出水面。真让人百感交集,恍如隔世。在长天的细心耐心的具体指导下,我陆陆续续完成了巴老八十五岁纪念活动的各项文件和筹备工作。长天去世后,有好几天我一直在翻看以前作协的工作笔记。上世纪 90 年代初正是上海文学事业遭遇特殊困难的时候。当时作家们的情绪比较低落。我分管创联室、研究室。创联室提出,作家的情绪很大,他们工作很困难,希望领导能直接出面。结果每一次作家的活动长天都亲自出面,一个个地做作家的工作。组织作家学习、体验生活、编辑大上海小说丛书。为了能让作家安心写作,长天到处找关系找地方,想为作家们建一个舒适的创作中心。徐先生也不顾个人荣辱,带着我们到马鞍山、湖州,上海郊县的洪庙、花桥……长天长期在文学界工作,徐先生和我都是作协的新人马,前前后后都是长天忙。从来没听到他有一句怨言和牢骚。

不久,市场经济大潮在我们这些只会动笔杆子的书生毫无准备的情况下席卷而来。耳朵里不断传来下海做生意、倒卖钢材的消息。国家一时又拿不出钱来支持文学。文化界流行的是以商养文，不少熟悉的演员、作家朋友下海开公司。有位蛮有名气的话剧演员开了一个养狗场卖各种名犬。长天是作协当家人，天天为着钱发愁。但作协也不是他说了算。每一件创收的事，都是他里里外外地张罗协调。我不懂经济，而且从小不喜欢和钱打交道。所有这些事都是他扛着，我是爱莫能助。先是在作协门口开了个北海渔村的饭店，又和外面合作搞了一个景都公司。那公司一度做得风生水起，《萌芽》搬出文艺会堂，很长一段时间就在那办公。为了钱，长天和各色人物打交道，如当时万国证券的老总管金生，还有紫江公司的董事长。我们还异想天开地想出租，甚至出售那栋诗意盎然的主楼去做会馆。和一些香港老板反复谈判。为了不上当，长天一次次请有关部门了解他们的背景。当时估价 600 万元。幸亏竹篮打水一场空，没成功。肯定是不会成功的。有一阵子房地产热，长天带着我和后来到作协的叶辛，发动各种社会关系和资源，包括我们各自妻子的关系，到处找地，想为作协买地产搭顺风车，盖一个创作之家。我们就像一群没头的苍蝇，费尽心机，到处乱撞，到处碰壁。那时，长天和我心情都有点压抑，但是我们必须斗志昂扬地去工作。我们两家都住在曲阳新村。两个人一部车上下班，风里来雨里去。有时默默无语，有时相对一笑。204 办公室经常只有我们两个人。静静地看着时光流逝。春天，作协院子里的花都开了，很静很静。我们有时会推开朝南的那扇古典味十足很修长很气派的铸铁玻璃门，让院子里的气息涌进来。真的很静很静。东边墙头原来有个壁炉，壁炉的搁板上有个外宾送的座钟。钟的指针头上有一只小小的飞机。静得可以清晰地听到秒针走动“嘀嗒、嘀嗒”的声音。那只极其漂亮的见证了我们曾经岁月的座钟，后来不知给谁偷走了，我们的日子也渐渐出了头。我们从认识到现在已经将近三十年，从满头青丝意气风发的青年，到齿发摇落精力不济的老年。我和他有缘。由此，我和他成了以心换心完全可以信赖无话不谈的朋友。

还记得邓小平去世的那天早晨，我们望着车窗外一切如常上班的人群，心里都有一种欣慰，这样的伟人去世了，世界还是那么平静，世界真的是进步了。把对伟人的真切的怀念记在心里。我们在车上静静述说着小平为国家做的贡献。

长天的心很大，就像他的名字

长天的心很大，就像他的名字，能装很多东西，能承受各种委屈。他是一个好人，也是一个真正优秀的共产党员。那些日子我们经历的困难真是难以想象。在时代的巨大考验和人生的各种困难面前，长天是一个具有超强的毅力、信念的人，并且用毅力和信念支撑自己精神世界的人。

后来的日子就是我们的今天了。90 年代中期，世界变了。中国终于像一头睡醒的雄狮，仰天长啸了。在车上、在办公室，我们的谈话无所不包。大到世界风云、伊拉克战争，小到一个小说的一句描写、报纸里的一段花边新闻。一起讨论文学，什么是好小说，小说家的中年危机。讨论我们生活的国家和世界，那么陌生、新鲜，好还是坏。相似的阅历背景，使我们很容易沟通，很容易理解。有时也会有点分歧，大家也不坚持，一定要谁说服谁。虽然是寻常百姓，却也预见了很多事情。我们为社会进步兴奋，也为社会问题担忧，也自说自话自以为是地开一个药方。男人在一起，大约就是这样。

1997 年我奉调离开作家协会，去文化系统工作。我们有事没事就打电话，到了无话不说的程度。我们的妻子也成了好朋友。长天特别喜欢交响音乐，他真懂。我不懂，妻更不懂。有了国外著名的交响乐团来上海演出，我第一个就会想到长天。我至今记得，他听拉赫玛尼诺夫时全身心地投入和激动。他像沉寂的星空，宁静地专注地聆听着来自遥远的声音，完全沉浸在俄罗斯苍茫的大地上，使我想到年轻时看到的一幅列宁全神贯注听音乐的照片。

我和长天一起工作的八年，特别是前几年，可以说是相濡以沫：一起互相勉励着走过了一段风雨泥泞、不足为外人道的日子。远远不像后来的日子那么的松散、自由、无拘无束。想到了，打个电话，或者会上见个面，站在角落里说几句话。人和人相处，相濡以沫，作为历经磨难的友谊，历来为人们所称道。庄子说，泉涸，鱼相与处于陆，相呴于湿，相濡以沫，不如相忘于江湖。后来，我们的相处的快乐，就有了相忘江湖的味道和自在。人和人相处，究竟是像两条鱼挤在车辙里彼此用唾沫救助对方被大家感动好，还是在江河湖海里彼此不需太多牵挂各自游动好呢？

外表沉静内心很有激情，外表保守内心很有活力很有冲动

在很多人看来，我和长天不是一类人。事实也是。我是看起来乐观其实悲观，我的悲观，是对现代人类整体的悲观。看起来活跃现代，骨子里很保守很有惰性，迷恋于传统。长天却是外表沉静内心很有激情，外表保守内心很有活力很有冲动。他对市场经济比我有兴趣。曾经很快活地告诉我，还在中学的儿子赵延拿着家里的旧杂志去卖。很多年前，我去长江计算机厂认识了那里的老总潘先生。两人买了 286 电脑。带动了作协一起，陆陆续续办了各种汉字处理软件的学习班。结果，长天从 286、386 一路过去，很快就熟练地掌控了电脑写作的窍门。我却一直冥顽不化地抵制，要用手写抗拒时代的进步潮流。长天对于新事物新思想接受的敏感和能力，远远走在我的前面。赵延好不容易有了一份新、旧社会都人人羡慕的金饭碗海关工作，为了文学写作，在长天支持下，毅然辞职。在我是没有这样的勇气的。在很多时候，长天拉动着我，赶上了时代的步伐。

1995 年，我离开作协前，长天告诉我，他要去《萌芽》。这份曾经引领无数年轻人走上文学道路、为中国文学培养了无数作家、曾经那么如日中天的青年文学杂志，当时印数跌到了几千份。我自己年轻时就整本手抄过萌芽诗选。我知道，长天对文学的发自内心的热爱，也知道他会面临的巨大困难。也是有志

者事竟成，天无绝人之路。长天竟以新概念作文大赛，带领《萌芽》一举走出困境，从中走出来一批青年偶像。长天以一己之力，发起了对当下死背硬记的文学和语文教育体系勇猛和有点悲壮的冲击。他想让学生从小接受一条龙接受不同凡俗的文学熏陶，让文学天才有自由生长的空间。他创办了儿童读物《略知一二》，开办了萌芽学校。长天忘了，不少参加对抗应试教育的新概念作文大赛者，背后的动机也只是免试上大学。殊途同归，曲径通幽。他办刊办学，凡叫我，我必到。私下里我和长天聊过，他也无奈。而且，他试图冲击、改变的不仅是中国当下的教育体制，而且是目前世界通行的教育机制。他的路，后来越走越艰难，有点像西西弗斯。

在死神的面前，他从来没有妥协过

他去世后，我再打开手机，从2012年6月12日到2013年3月29日12点4分，他生病期间我们发了三百条短信。在短信中，他都显示出了一种难得的从容、坚韧和乐观。3月11日，输血才一天多，他血小板降到五千，我很急，他在说了病情后，特地加了一句："不过白细胞也跌到三万七了。"后来那些日子，他一直咳嗽，睡不好。3月19日，他短信里说："我研究出来怎么咳容易把痰咳出来，怎么在咳嗽间歇睡，昨晚较前晚睡得好。"有一次我去看他，问起他的吃饭，他说："昨天就吃了一根面条。"我说一定要吃，吃一点是一点，零零星星坚持吃一点下去。他说："我现在要把吃饭的胃口留出来吃药。"3月17日我给他买了一大包各式各样的进口小食品。我让阿姨都给他尝点。我知道他是个节约的人，特意关照他，不好吃就吐掉，别勉强、怕浪费，觉得还能吃的告诉我。没想到，他发来了短信："吃了瑞士小咸饼，蛮好。"3月25日我去北京前，又买了送去。后来丽宏告诉我，长天基本就靠这些咸饼干支撑着，让我心里难受了很久很久。他去世前那段日子里，我的日记里写满了他的病情。

在死神的面前，他从来没有妥协过。每次去看他，他的脸上表情始终是平静谦和的，挂着一种淡淡的不显山不露水的微笑，一如他的日常为人。有次去看他，他正好上洗手间出来，我扶他坐到床边，替他脱了鞋，把他的脚搬到床上。他躺下后，朝我笑了笑，像个孩子，笑得很单纯。倒是我每次看他，一出病房就忍不住地泪水往下流。那些日子我一直很纠结。想看他，怕影响他养病休息；不看他，我又非常放不下他的病情，也怕他一个人没人说话，太孤单，太寂寞。打电话也是这样，怕他说话吃力，累着他。病重期间，有时候他也给我打电话。一次电话中他告诉我，我的大学同学、《解放日报》的王富荣病危。还有一次打电话说，吴芝麟住在医院里。长天是个特别心挂着别人的人，即使在重病中他依然一直关心别人的事情。他给我发的所有的短信基本上是，“是”“好”“好”“是”。正是在这些最简单的语词里，我感受到了一个好人的心跳。

他的灵魂随着伏尔塔瓦河的粼粼波光去向了很远的远方

为了纪念亡友，我一直在编长天的文集，里面有三篇怀念巴老的文章。长天的文章总是很短，言简意赅。在《巴老走了》一文中，他写道：生活不会停止，历史继续着无情的书写。每个人都要问自己一个问题：巴老走了，我怎么活着？长天的追悼会上萦绕着斯美塔那作曲的《伏尔塔瓦河》的旋律。他的灵魂随着伏尔塔瓦河的粼粼波光去向了很远的远方。我想，他的所有的朋友都会想，长天走了，我们如何像他那样方方正正地活着，有意义地活着……

时间，是生命驻足的地方。死亡，是生命出走的时间。

一个人活在世上，朋友可以有很多，但说得上话、无话不说，可以信赖，能推心置腹，这样的朋友是不会很多的。有很多日子，我常常会突然拎起电话想找他说说话，然后轻轻放下，电话那端的他，不在了。很多事情回过头想，真是很不堪。作为朋友，如果好的话，想到的事就要尽快去做。四年前，我和他一起在无锡疗养，当时他妻子我妻子都在身边。我们约好两家人一起出去旅游。三年前过年，我们请他们夫妇还有宗福先夫妇一起吃饭，那顿饭吃得不好，环境有点杂。我妻子觉得有点对不起他们，一直想重新再请他们吃顿饭。结果，因为忙，就一直拖着。

时至今日，一切都无法弥补了，成为心头永远的痛。

如今，山和水都在，人没了。走着走着，人就老了，就没了。

如果有天堂，我会在天堂补上这顿欠着的晚餐。

所以，我说，朋友之间，如果想表达感情，在活着的时候，我们就该尽快努力地去做。

因为我们都不年轻，谁也不知道死神敲门的那一刻。

（原载 2015 年 2 月 11 日《文汇报》）

淡如秋水　纯如赤金

——悼念童庆炳教授

杜　书　瀛

这大半年老天爷一次又一次地对我进行打击:7个月前带走了好友何西来,20天前带走了好友刘扬忠,前几日又带走了好友童庆炳。

老童啊,半个月前我还为你的博士生进行毕业论文答辩,你同我谈笑风生;答辩通过后,你还把赠给学生的字装裱好,当场交到她们手里,以作永久纪念。我为你鼓掌,赞赏你对学生的一片真情。我看到学生眼里闪着泪花。现在,你却走了。

老天啊,你为何这么蛮横,这样冷酷,而且如此不依不饶,连夺我三位好友?

我与童庆炳教授从相识到相知,三十多年,彼此理解、信任、帮助,成为名副其实的挚友;但我们又完全是学者之间、文人之间的"君子之交"。如今社会,"酒肉朋友"多,"君子之交"少,而我们要的就是这"君子之交",我们珍惜的就是这"君子之交"。

说我与童先生是"君子之交",货真价实。

一方面,它清淡如白水——互相没有请过喝酒吃饭,走动也不多,连对方的家门都认不清楚;偶尔因事造访,一杯清茶,半日热语,离不开学术;彼此互赠礼物,没有大包小包的营养品或贵重宝物,唯有各自的著作或新发的文章而已,道一声"老童,你是专家,看看有什么不妥之处"或"老杜,你熟悉这个领域,挑挑毛病”。

但是另一方面，它却真纯如赤金。童先生有什么学术会议或是新书发布、作品讨论，总是邀请我参加，我也毫无顾忌直来直去陈说鄙见。譬如那年童先生主编的一套“文体学丛书”出版，邀请我参加讨论。我发言，说论题抓得很好，很有意义，特别赞扬了其中陶东风写的那一本；但也指出几本书之间并不平衡，有的还有待深入。前几年，我们文学研究所理论室召开关于拙著《价值美学》的研讨会，童先生专门准备了长篇发言，侃侃而谈半个多小时，长处短处一一道明，真切中肯，使我深受感动。平时遇到什么学术上的问题，我们往往立即通过电话或“电邮”，毫无保留地交流，譬如对“审美意识形态”、对所谓文学“越界”“扩容”等等问题，就曾电话互相述说各自观点，亮出的都是赤裸裸的掏心窝子的想法，理解、赞赏，或者争论、交锋。有些观点可以达成一致，从对方获得学术知音；有些观点不一致，各自坚持意见，再进一步思考、研究。总之一句话，全为学术，不掺杂学术外半点儿杂质。

我的有些著作，有时也请童先生作序，如我的学术讲演集《文学会消亡吗?》。我向他一提，他二话不说，立即答应。洋洋洒洒，条分缕析，肺腑之言，和盘托出。但是这种学术著作不赚钱，虽然此书获中南地区大学出版社优秀学术著作一等奖，出版社却没有给作者一分稿费。童先生听说之后，笑笑：“现在的学术生态就是如此，学者要学会过清苦生活。人来到这个世界上，就是受苦的，而学者尤其苦。”童先生作序，费神费力，坚决不要任何报酬。

我与童先生常常是在各种会议上或是学生毕业论文答辩时相见。前些年我没有退休的时候，会上见面的机会多，相对直呼其姓，前面加一个“老”字：“老童!”“老杜!”十分亲切。会议晚间，房间里交谈，不计时间，痛说学术上的“家长里短”，十分惬意。这几年，我虽然参加的会议不多，但偶尔有会，也保留前些年的“老传统”。就在童先生去世前整整两个月，即4月14日，我俩应邀到清华大学参加第三届“百盛——清华学报优秀论文奖”颁奖大会，同车一路。见他脸面浮肿，我嘱咐他保重身体。他说：“我们这把年纪了，总有那么一天。但是，我总想，死也要在讲堂上，那是最好的去处。”对童先生来说，一辈子教书，讲堂是神圣的。有次他告诉我，给学生上课，是他的节日。他讲课总要穿得整整齐齐，甚至打上领带。我问他最近做些什么？他浮肿的脸上泛起笑容，兴高采烈向我报告他今年的“大丰收”：除编好了十卷“文集”马上出版之外，还有四本书也要印行。我向他祝贺。他说：“后面的时间，我要搞创作。”我知道他出版过长篇小说和散文集，便说：“又要写长篇？”他立即摆手：“不不，这次搞的是‘穿越’性的儿童文学，也可以拍成电视。我的设想是：一个现在的孩子，‘穿越’回上个世纪50年代，做齐白石的徒弟，成为国画高手，发生了各种有趣的故事……为此，我专门研究了齐白石，还写了一篇长长的学术论文发表。”我刚想问他关于齐白石的论文发表在哪里，他不容我插嘴，自顾自，忙着继续说他的话题，“你看，英国的《哈利·波特》红遍全球，每年光从中国就拿走两个亿，为什么我们中国人自己不可以做……”童先生说这话的时候，天真得像个孩子。直至车到了清华大学主楼，他还沉浸在自己的设想之中。

这几年与童先生见面最多的，是在学生答辩的时候。连续数年，童先生的一二十位博士生毕业，我总是答辩委员会的“常委”，而且都受命当答辩委员会主席。他对学生的毕业论文要求非常严格。大概是三年前，也是我主持答辩，有三位学生，其中一位的论文大家提了一些比较厉害的意见。我说，论文答辩可以通过，但是请下去以后认真做一次修改。童先生作为导师说话了：“我建议你们这次不要通过，让他一年后再来答辩。”在童先生的坚持下，果然让这位学生拖了一年——年后，这位学生是作为优秀论文通过答辩的。

今年初夏，离学生答辩还有一个月，童先生就早早委托赵勇给我打电话，约定学生答辩时间为5月30日下午3时。我满口答应。5月26日，我给他发了一封邮件告诉他，我肯定准时出席答辩会，并顺便把一篇小文发给他：

老童,你好!

夏天来了,身体好吗?天热,保重!你的学生答辩,我随叫随到,你放心就是。

《随笔》今年第3期发了我的一篇小文《祭家父杜子孚烈士文》,发去一阅!

杜书瀛

两小时后童先生立即回复:

书瀛:

读了你的文章,深为你有这样英烈的父亲感到骄傲。我读了也感动。我也是烈属家庭,我的伯父是红军侦察员,长征前夕被国民党杀害。今年秋天我要回老家为他扫墓。

今年博士论文答辩两人,都要请你当答辩委员会主席,又要麻烦你了。5月30日下午3点见。

祝好!

童庆炳

5月30日下午我们如期相见。看见他面色红润,精神矍铄,我很高兴,直夸他"身体恢复得真好"。

他得心脏病抢救过来之后这两年,我们见面时,总觉他脸有些浮肿,精力也不济,去年学生答辩时,他靠在椅背上睡着了。半年前我去八宝山参加何西来遗体告别,童先生也挣扎着去了,总觉他体力有些不支,显得很疲惫,我在长椅上找个空位子让他坐下歇息片刻。两个月前那次清华开会,虽然他兴致勃勃"痛说"愿景,但他的脸明显浮肿得厉害,心中暗暗为他的身体担心。然而5月30日这次学生答辩,忽然见他似乎恢复了几年前没病时的老样子,脸不肿了,说话语速快了许多,腿脚好像也有力气了。晚饭时,他话很多,讲了许多有趣的事:从数年前在新加坡讲学、在韩国讲学的经历,到他的老师刘盼遂的学术功力;从指导莫言写毕业论文,到今后的学术活动打算……语速虽不是那么快,但也算得上滔滔不绝。直到晚上8点才散席。他拉着我的手一起走出饭店,并且亲自送我上了出租车。临别前,他说:“明年还有两个学生毕业——是最后的博士生了,其中一个小伙子是你们山东老乡,济宁人,素质好,潜力大,我已经同学校沟通,毕业后把他留下来。明年你一定要来给他答辩啊!”我说:“没有问题。”他向我招了招手:“一言为定!”

“一言为定!”言之凿凿,情之切切。话犹在耳,人却没了。

谁能想到,这次相会竟成永别呢!

(原载 2015 年 6 月 19 日《文艺报》)

一切缘于对诗歌的爱

——悼张同吾

张 庆 和

8 月 8 日，正要吃午饭，张同吾先生的夫人孟繁琛老师打来电话，说同吾于上午 9 点 40 分走了。闻之哽咽，悲痛之心难以言表。头天晚上我和孟老师还通了电话，说同吾情况不好，家里人都排好了班，准备日夜守护。

20 多天前，我曾去医院看望过同吾。他几乎吃不下饭，偶尔吃进了还会吐出来。他身体憔悴，精神还好，本打算看看他就走，不承想一聊竟 20 多分钟。实在不愿离开，可又怕他太累，只好四手相握，洒泪而别。

我和同吾相识 40 多年，我们心相通、语相谐，每每相见，大都叙家事胜于诗事，言自身多于他人，一种晴天雨日都可信赖的友情，随着时光的流逝而愈加深厚。

作为著名的诗歌评论家，张同吾的名字是响亮的，在诗歌界几乎无人不知。早在 25 年前，同是诗歌理论家的阿红就对张同吾有过这样的评价："难得的是他不执不随，难得的是他不媚不俗。同吾是有主见并且有创见的诗歌评论家，他的诗观是成熟的理性，评论一段时间的诗，他能作出精当的、历史的、有说服力的概括，指陈得失与路向；评论一位诗人的诗，他从多角度观察，从横向纵向比较，他能作出恰切的中肯的评价。""读同吾的评论，常常觉得是一种享受，没有经院气，没有酸腐味，不摆架子，不唬人，有感情，有色彩，有形象，通篇像散文，许多段落又像诗，但终究是评论，寻脉究络，又有严密的思辨逻辑。”阿红先生的评价是很准确很公允的，一个评论家能取得这样的成就，并形成鲜明的学术个性，是很不容易的事。

一个人成为杂家不难，而在许多领域都取得一定成就就难了。张同吾不但是评论家，他自己的散文、小说和诗歌也颇有成就。他当年评论过的小说《受戒》《蒲柳人家》等，都曾引起过很大的反响，有的还上了中央人民广播电台早间的“新闻和报纸摘要”节目。20多年前，继他的诗论集《诗的审美与技巧》（这本书当时印了1.1万册，很快就销售一空）、《诗潮思考录》《小说艺术鉴赏》等颇受读者喜爱的文学评论集之后，近年来又连续出版了他的评论集《诗的灿烂与忧伤》《沉思与梦想》《诗的本体与诗人素质》《枣树的意象和雨的精魂》《青铜与星光的守望》《高山听海音》、散文随笔集《哲学的白天与诗的夜晚》《放牧灵魂》以及书法作品集，《张同吾文集》七卷本也已经面世。作家从维熙说张同吾的小说评论“立意新颖，文笔朴实无华，字里行间飘溢出一种淡淡的墨香”，并称赞他的文风有一种阴柔之美，难怪青年作家和诗人们称赞他的评论是哲理风和散文美的统一。当年他的中篇小说集《不只是相思》出版后，引起了许多人的兴趣，蓝棣之教授在读了其中一部小说《爱，不是选择》之后，还兴致勃勃地写了一篇评论，称他的创作是“淡蓝色的初雪”。

张同吾先生的文化积淀是中西合璧，他的文艺观是开放的，他有着自由不羁的灵魂，对人间真善美的追求可以超越世俗的羁绊，充满人性美的魅力。可是在处世之道人格精神方面，又深受传统文化的熏染，比如他对青年朋友们都以礼相待，客气而尊重，却不轻易承认是他的弟子，一旦他认可，就不再客气而要求甚严，对你的作文做人全面负责。他从不以名家自居，居高临下。虽然对朋友感情深厚有求必应，但是，他又是寓刚于柔的人，永远不失去自我的人，是个不能任人摆布的人。如果你待他以诚，他一定投桃报李。过去在中学和大学教书，领导都很尊重他，他则以礼相待，恭谨勤学，他群众威信高，能一呼百应。他离开通州已经几十年了，至今那里还流传他的一些故事，有的甚至被增添了许多传奇色彩。

张同吾先生自幼爱诗，终生为诗事忙碌。他既是诗歌评论家，又是一位杰出的诗歌活动家、组织者，为我国诗歌事业的发展、繁荣作出了重要贡献。

上世纪90年代初期，为创建中国诗歌学会，在前无先例、手无分文的情况下，同吾凭着对诗歌的那份热爱和执着，克服种种困难，冲破无数阻力，终于为诗歌界搭建起一座诗的平台——中国诗歌学会，让诗人们拥有了一种家的归属感（当初同吾先生曾私下对我说，去民政部办理登记手续时需要注册资金，诗歌学会分文没有，他便把自己多年储存的稿费拿出一些，作为开办费用）。同吾担任中国诗歌学会秘书长达17年之久，这是一段漫长的岁月。17年里，无论组织诗人采风、搭建文企联合桥梁、挂牌授牌、研讨诗人作品，还是创建诗歌奖项等，他一桩桩、一件件都做得扎实、细致，方方面面都考虑得周全，并且尽量照顾到各方面情况和诗人们的心情。17年的秘书长工作，倾注了他退休生活的全部心血和智慧。同吾先生为中国诗歌事业所作出的突出贡献有目共睹，有口皆碑。

每当述及中国诗歌学会的工作时，同吾都以感念的心情，不止一次地说起最初那些曾经支持、关心、帮助，与他一起风雨同舟的伙伴和朋友。还特别感谢当年支持学会成立的作协领导玛拉沁夫，老诗人臧克家、艾青、邹狄帆等前辈，以及历届作协领导对诗歌学会的关心并支持，感谢来自全国的众多诗人们的理解和支持，感谢学会几位副秘书长的合作和辛勤工作。

诗歌学会的日常工作很繁杂，外出开会、讲学、各类文学活动和接待朋友等等，弄得他没时间看书写文章，为此他也曾经很苦恼，很无奈。他每年收到各地诗友寄来的诗集达数百册，约评约序者不计其数，他常为顾不上回信致谢而歉疚，而深感不安。但是，他仍是勉励以为，在极其繁忙中不断挤时间写作，这累累硕果实在难得。最近两年，诗歌界先后逝去几位重量级诗人，情义笃深的同吾心情十分沉重，他为每位过世的诗人都写过感人至深的怀念文章，字里行间无不流露出他的悲痛惋惜之情。可知，这些文章都是他以自己的病躯而为之。特别是在诗人李小雨追思会上由海田代读的那篇怀念文章，人们哪里知道，那是同吾在病榻上，忍着病痛，额头冒着汗，一字一顿，分几次才写成的。

今年3月，同吾病了，病情很重。北京乃至全国各地的诗人们得知消息后，有不少人想去看望他。同吾先是瞒着大家，电话里总说是感冒，小毛病，几天就好。后来他住进了医院，也不肯告诉大家。他对家人说，我一生只是缘于热爱诗歌，为诗做了点该做的事情，有点病犯不着惊动大家。大家都很忙，来一趟也不容易。再说了，来看我的人，要么带物，要么带钱，我这一生欠朋友们的太多太多了，以后让我拿什么去回报大家！同吾先生就是这样，为了诗事，为了诗人、朋友，他想得周到，做得细心，辛劳操持了一生。

张同吾先生是一座山，站上这山会望得更远；同吾先生是一棵树，走近这树会感知荫凉；同吾先生是一条河，站在这河边，会发现那种见底的清澈——这是千言万语说不尽的张同吾。

天堂之路也许不再坎坷，愿同吾先生一路走好。

（原载2015年8月14日《文艺报》）

李小雨，与诗同在

冯秋子

小雨去世，令人痛惜。

记念她的好，珍惜她的好，保存她的好。

她是一位经常提一袋沉重的诗稿往返家和单位的诗歌编辑，一位常年肯把个人的时间消磨于工作、把自己的创造性才华消融于刊物和作者的诗人。她的鉴赏和批评总能落在实处，她对诗歌的内部建筑渐得从容刀功，对诗性意识的认知越来越有自觉的考量，与诗结伴，来去匆匆，不言苦寒，埋头走路的时候尽藏着诗这件事……粗枝大叶的小雨，在大小不等的场合，又能展现出不经意的教养；一位生活在新时代过着没法再老的老式生活、读着旧诗新诗外国译诗、写着与众不同的灵慧诗章的女子，除了剔除杂芜、端详她的美好，我们能做什么呢？

小雨是朴素的，愿意亲力亲为，把个人在生活方面的消耗降到最低限度。这些方面，说不上什么，她愿意在习惯的秩序里生活。她的心能感知到好的东西，这是她的重地，光明照亮她的额头，牵引干涩的、略显老态的她不知疲倦地上路。如果没有来自个人或其他方面的干扰，她把目光放到根本的地方，心力和觉悟力相互映照，揣摩到事物深处、体味事物的本质——人的灵魂底处、里边那些光阴叠韵，那时候，她的感觉和智性异常敏捷、锐利、柔和、妥帖，而她出色的语言文字能力，从不离地、离心、离人，它们随时随地有力托举出她心底的声音，质感含蓄、湿润，意象深邃。

她的诗评和她的诗，都好。她的诗好，人们熟识已久；她的诗评好，很多人亦存有印象。从杂草丛中，尖锐而深刻地显现她的顽强、具有韧性、艺术质感绝妙的捕捉能力，她深刻、细致而又舒雅的诗性涵养浸染她的诗评。不可回避她有勉力而为的时候，我是说，不受干扰的时候，她和诗，诗和她，是纯粹的、远博的。听小雨谈诗，她眼睛落到诗的实处以后所传达的诗的光明魔力，是享受。我在诗刊社工作将近 4 年，从诗歌获得很多滋养，学习到很多东西，其中即有从小雨的工作、从她和诗的关系里学习到的东西。不拘日子长短，我内心犹存感激和怀念。

小雨勤奋而不遗余力为诗歌倾力前躬，全力以赴，常常忘记照料自己，更谈不上哪怕多一点点的铺张、享受。她活得简陋、粗糙，把款待自己舒适一点地活着的要求放逐到远处，放逐到不太能看见的地方。她那么生活着、工作着、损耗着，停不下来。遗憾就那样伴随她，走过 64 年。不算长，唉，时间在她跟前，永远停滞下来，不往前走了。

从工作中、从诗歌中感受到，小雨本质上是个自然、自觉的诗人，好诗人，好诗评家，好诗歌编辑家。好到被她粗糙地活着那种漫漫过程忽略，被淹没了她的粗糙的日常性忽略，被她有时候打着马虎眼的上心不上心的行走方式忽略。但时间以它自身的客观能量积攒下一个人的重要质性，她对于诗歌的职守和贡献，她给予诗歌的清醒关注和勤恳建设，她尝试发掘和维护的诗歌从粗糙日子往外生长的力气和理由……她能够探望到的诗的本质所系所向，她能够点拨的诗性灯火温暖、照耀了人心的真实记录，她扶助诗人发现自己、迈出属于他们自己的步伐的不懈努力，她因诗歌、因心向美好，而同自己内心里的麻烦长期作战的挣扎，最终灵魂跃升上方的对于众生的启示、帮助和鼓励……我们因之铭记小雨，李小雨，李老师，谢谢你。你，与诗同在。

小雨，尽得安宁。愿你安息、永驻。

愿人们能够从悲伤中出落、生长。

（原载 2015 年 4 月 3 日《文艺报》）

他们走向战场

严　平

一、走向战争的身影

2008年的那个冬天，我终于结束了《1938青春与战争同在》的写作，也完成了这本书的一个重要部分：北平学生移动剧团日记的整理。我在《后记》中写道：

> 一段时间以来，我似乎和日记的主人公成了朋友，我写着他们，想着他们，常常在独自行走的路上，在地铁拥挤的人流中，在昔日古老京城的遗址前，或是在今天孩子们娇嫩活泼的笑脸中，看到他们的身影，听到他们的声音……然而，今天我们终于要分手了。

分手有着说不出的不舍，但也如释重负。翌年春天，我协助张昕老师把两本移动剧团团体日记捐献给卢沟桥抗日战争纪念馆，遗憾的是由于身体的原因她终于没有能参加捐赠仪式。那天，隆重的仪式后，我们一行人在纪念馆前合影留念，蓝天下，纪念馆白色的墙体显得分外耀眼，不远处是古老而敦实的卢沟桥，河水在阳光的照耀下静静流淌……我们在春天的暖风里欢笑着，那过去了的沉重的浴血岁月似乎离我们很远很远。

然而，就在那之后不久，我接到电影史学家程季华老先生的电话。他说，我的书引发了他很多尘封的记忆让他夜不能寐。遥想当年，有十个演剧队坚守在抗日战争的正面战场上，他手中有较详细的资料，那是他和战友们用多年的心血收集起来的，是承载着历史和生命印迹的材料，他本想把这些材料整理出来，但是如今真的是年老了，身体和精力都不行了，他希望我能够来做这件事情。

我在电话中犹豫着。十个团队，会有多少惊心动魄的故事，我所写过的北平学生移动剧团并不在其内，和十个团队比，它更像是一支独立的小分队。然而，我知道重新走进历史深处的滋味，记得每次翻看那些旧日记、老照片总让我在深夜中久久不能入睡的情景，我甚至在博物馆展出的那些惨不忍睹的图片面前逃出来张大嘴巴拼命地呼吸着外面新鲜的空气……有谁愿意去一次次翻动那些血的疮疤，去触摸那些被侮辱被侵犯的灵魂，去拨动那些令人痛彻心骨的往事呢……犹豫中，我似乎又觉得有种声音在呼叫，呼叫，顽强地呼叫着……

我终于走进了程老的家。隔着时空的距离，我们进行着两代人之间的对话。

程老当年是抗敌演剧队第九队成员，这支团队成立于1938年，1941年改称抗敌演剧宣传队第五队，1946年改称演剧五队。他们诞生于抗日的暴风雨中，出没于湘、粤、桂、黔、滇各个战场，又跨越边界奔赴缅甸慰问中国远征军的将士们……他们面对战争、饥饿、贫困、疾病无所畏惧，于腥风血雨中奋力前行。在十个演剧队中，他们是延续时间最长的一支队伍，一直坚持到1949年新中国成立。

当我追问程老先生的个人经历时，他说比起老队员们，自己加入这支队伍较晚，即便如此，那些惊涛骇浪的日子也留给他永生难忘的记忆。他再三强调说不希望我写他个人，或者只写他所在的九队，而是希望我把十个队的经历都写出来！他们也曾计划亲自动笔并讨论过写作提纲，正是出于此，他和曾经是演剧队二队队长的吕复等人花费了多年心血，不断地收集着材料。

程老的讲述把我带入几十年前的战争岁月，他的声音虚弱沙哑但却执着，既饱含着深深的怀念也带有一个史学家穿越历史的睿智目光。在他的讲述中，我还惊讶地发现他所在的九队创立时，中共最初推荐的队长（因为陈诚不同意女人当队长，后来做了总干事），竟然是我所熟悉的“小范”阿姨——后来在延安曾经和母亲住一个窑洞的人。三十年代，她曾经因为才貌出众在革命队伍里分外突出，到了中老年，又因为丈夫的原因深卷在政治旋涡中成为颇受争议的人物。在她生命的最后几年里，我曾经和她聊过多次，我记得她曾经充满怀恋地提到过自己在演剧队的经历，提到1938那些难忘的日子，但当时我却因为满脑子装着其他问题，把她的这段经历忽略了。

1938年是个关键时刻。那一年，发生了许多让历史铭记的事情。随着抗日统一战线的形成，周恩来担任了在武汉成立的国民政府军事委员会政治部副部长，他所直接领导的第三厅主管宣传，由郭沫若担任厅长，其手下聚集了诸多进步文化名流：阳翰笙、胡愈之、田汉、冯乃超、洪深，还有金山、冼星海、郑君里、李可染……盛时多达百余人。而此时，由上海地下党建立的十二个上海救亡演剧队在各个战场进行了几个月的宣传，面临经费政治皆无保障，生活无路报国无门的困境。为了抗战宣传的需要，周恩来决定在第三厅下收编这些民众救亡团体，成立十个演剧队和十个宣传队，后来终因时间仓促经费不足，只成立了十个演剧队四个宣传队和一个孩子剧团。

1938年的那个夏天，一定是“小范”阿姨和她的战友们最兴奋的日子。十个陆续成立起来的团队聚集在武昌昙华林的一所中学里，8月1日，举行了演剧队正式成立授旗典礼。那天，四百多名演剧队员身着新军装按照各队的顺序排列在操场上，每个人胸前都别着蓝底白字的演剧队证章。队伍前面是站立笔直的洪深，和身着咔叽军装、脚蹬过膝马靴的田汉。主席台上红旗招展，军乐队奏响着乐曲。身穿灰色派力司中山装、头戴铜盆帽的郭沫若庄严宣布授旗仪式开始。当田汉的马靴“咔嚓”一响，操着湖南口音的“立正——”在操场上响起来的时候，当郑君里等人迈着很不规范的步子跑上台去接旗的时候，年轻的团员们不再扭着脸想笑又不敢笑，他们抬头挺胸，心中充满着说不出的感动。军事委员会政治部主任陈诚向各队授旗，队旗是由长条形蓝布制成，上面印着“军事委员会政治部抗敌演剧队第X队”。周恩来在讲话中说：“你们是战斗的文艺队伍，十个队不亚于十个师！”他的话在以后漫长艰险的日子里，成为鼓舞演剧队员的精神力量。

或许是因为演剧队员们实在太不军事化了，授旗后，他们和三厅的“名流们”一起进行了紧张艰苦的军事训练。最初，大家很不习惯，他们列队在操场上时甚至连站都站不整齐。后来成为人艺著名表演艺术家的田冲，此时二十二岁，是抗敌演剧队第三队的一员，他清楚地记得，自己是如何在骄阳似火的操场上，身着军装，斜挎皮带，头戴大盖帽，和大家一起列队操练，跑在前面的是全副武装的田汉、洪深。他们在教官的带领下挥汗如雨，把口号喊得震天响。训练是非常严格的。一次，郭沫若召集队长们谈话，还没开口就手指郑君里的胸口。几个队长一时摸不着头脑，直到郭沫若接连地指点着郑君里的脖子，大家才明白，他是在批评郑君里风纪扣没有扣上。此时的诗人郭沫若军人风度十足，他神色严肃地望着大家：你们都是军人！以后再不能这样吊儿郎当！队长们立刻立正，大声答“是！”，郭沫若这才缓和下来开始讲话。

很多年后，演剧队活着的人们，都忘不了1938那个改变命运的时刻。战争正残酷地展开，日本飞机每天都要轰炸武汉。一天，上百架飞机铺天盖日地从空中飞来，人们迅速地转移到防空洞里。郭沫若耳聋得厉害，他慢条斯理地向防空洞走去，洞口的人急得大声喊叫，他也听不见，快走到洞口时，人们听见头上的尖哨凄厉地响起，这是炸弹坠落的前兆，有人冲上去一把将郭沫若拉进洞里，轰的一声巨响，炸弹把对面的学校炸裂了，霎时，尘土飞扬，沙石遍地，硝烟弥漫，哭声震天……也就是在培训的日子里，周恩来为他们做了长达四个小时的形势报告，指示他们：“到国民党军队中去，深入前线，随军行动……”原本，他们中的许多人是希望到延安去的，周恩来的讲话彻底打消了他们的念头。

在日军接连不断的轰炸中，十支队伍分别开赴十个战区。跟随三队出发的年轻诗人光未然（张光年）挥笔写下了《演剧队员之歌》，歌词简单易记，充满着勇敢献身精神。

我们是青年的演剧队员，我们是青年的演剧队员。
我们用戏剧从事宣传，我们用戏剧从事宣传。
舞台是我们的堡垒，街头是我们的营盘。
台上台下打成一片，演员观众一致抗战！
打倒日本强盗！收复大好河山！
努力吧，努力吧，努力吧。
青年的演剧队员，
前进吧，前进吧，前进吧，
青年的演剧——青年的演剧队员！

……我是背着很多材料离开程老家的。在以后的日子里，我不断地阅读那些材料，这其中正式发表（出版）的大约有一半；另一些是内部编辑的文史资料；还有一部分则是队员们在战争年代积攒保存下来的原始材料，它们厚厚地钉在一起，纸页泛黄，发脆，每掀起一张都有破碎的可能。我小心翼翼地翻看那些纸页，揣测着在什么时候什么地方什么情况下年轻的演剧队员们把这些材料一点点地集中在一起，又经过什么样的颠沛流离把它们带在身边，保留下来……我想象着这些青年人怎样出没于硝烟弥漫的战场，尽管我熟悉他们中的一些人老年的模样，看惯了他们的白发、皱纹，和他们坚毅衰老的神情，但我依然禁不住地想象他们在战争中的青春身影……程老交给我的材料实在太多了，十个队！不同的战区，不同的境遇，不同的生存状态，不同的演剧生涯，还有每个人后来不同的命运……我一时竟不知道应该从什么地方开始我的书写，我向程老述说我的困惑，我知道他希望我能够写出较为系统完整的东西来，但我却更关注这其中个人的命运，他耐心地听着我的讲述，笑着对我说，还是照你自己的意思做吧……

最先印入我的脑海，挥之不去的，是他们走向战场的年轻身影。

一个队员在多年之后这样描述他所亲眼目睹的情景，岁月的漫长没有能将那些悲惨的记忆抹去一丝一毫：

> ……我们向前面的小山奔跑时，只听到一阵“嘘嘘——”炸弹鸣叫声，抬头一看，两颗亮晶晶的炸弹正朝着我们下来……接着几声巨响，大地震动，我和小刘都被埋在土中。等这一阵过去，我们挣扎着爬起来，一看到处是尘土飞扬，文庙大成殿几乎全毁了。我们面前的小学校课室（我们队过去曾在此住过）正在倒塌，刚刚我们还看到的那位站在侧门持枪的卫兵，上半身已被斜着炸飞，一些残体挂在树枝上，内脏粘在断墙壁上，鲜血淋淋，可是这个卫兵的下半截却还没有倒下，仍旧挺立在他的岗位上。……接着，又是一批敌机的轰炸、扫射，等这一批敌机转过去以后，我们再爬起来，向文庙右后方的橘树林里跑去，一路上只见东倒西歪的男女老少，有的身上淌着鲜血，有的倒在地上把炸出来的肚肠抓过来往自己腹腔里塞，有的拖着被炸断的大腿在爬……。一片哭声、一片嘶叫声。
>
> （马村夫《难忘的一昼夜》，
> 《壮绝神州戏剧兵》湖南文史杂志社 1990 年）

这些年轻的学生，当他们站立在一片片废墟和血泊之中，被前所未见的惨状震惊时，他们是否也立刻意识到了自己的命运？战争是残酷的，没有丝毫的浪漫可言，即便再年轻旺盛的生命在战争面前也依旧如此脆弱，或许，我只能从这里说起。

那一个个逝去的名字，那一座座青草绿了又枯了的坟头。

二、待报国时一起偿付

1938 年来临的时候，周德佑还不满十八岁。

从照片上看，他是一个帅气活泼的中学生，椭圆脸型，大眼高鼻,笑容里带着一种孩子般的单纯和善良。

周德佑出生于武汉的一个工商业世家,父亲周苍柏是汉口上海商业储蓄银行行长,也是一位具有进步思想的爱国实业家,喜欢音乐。周德佑自幼受家庭熏陶和学校良好的教育,擅长音乐、绘画、戏剧、文学,用他姐姐周小燕的话说,他是家里孩子们当中最多才多艺的一个。

抗日战争的烽火使周家和每一个普通家庭一样经受着猛烈的冲击。不到二十岁的周小燕从上海音乐专科学校回武汉过暑假时,抗战爆发。父亲对她说:"不做铁蹄下的顺民,不要回上海了。"小燕和妹妹们帮助母亲为前方的抗敌将士筹集棉衣,去医院护理伤病员,还参加了武汉合唱团。抗日名曲《长城谣》就是最先由她唱起:"万里长城万里长,长城外面是故乡……"在武汉街头,在临时搭起的简易台子上,周小燕迎风站立,用她纯净的嗓音深切地唱着,歌声如泣如诉,许多人在她的歌声里流下悲恸的眼泪。

与此同时,周德佑也离开读书的上海回到武汉。七七事变后,他创办了抗战期刊《天明》,与张光年等人一起重建"拓荒剧团",1937 年年底,剧团改编为中华戏剧界抗战协会的流动演剧队,周德佑留下一封给父母的信,随演剧队开往晋陕地区。

> 亲爱的双亲:
>
> 请不要担心,不要着急,我现在已经立下了最大的决心到山西去了,我相信没有任何困难可以阻碍我的,所以就毅然采取了这种行动。
>
> 没有事先同你们商量,这是我最大的罪过。可是我又曾经对爸爸谈过的,他不十分赞同,他曾经对我说:"想想再说",到现在我已经想过许久了,并且,我想过不对你们说还要好些,所以就没有对你们说。
>
> (请斥责我吧,是的,我是应该被斥责的,在国家到了这种国破家亡的时候,谁还能不受斥责呢?这个不孝的逆子,他也曾经对自己说过了,父母养育之恩,将来在报国的时候,一起偿付吧!!希望上天能够让他"如愿以偿"。)

这一次的走，也许是很糊涂的，可是，我觉得在这个时代，并不需要聪明，却很需要勇敢，我曾怨我自己没有勇敢，现在既有了勇敢，我宁可做傻子。

也许天下的事情还要让傻子们来干的。

我不需要钱，因为我们是跟团体一块去的，自己有钱还要给充公的，我身边有十五块钱，可以买一些袜子、衣服，至于外面的皮大衣，到了山西那边还有得发的（这次同行的人很多，家里有钱的孩子也很多，他们吃得苦，我也吃得的）。

除了请双亲千万放心之外，我没有别的话可说。以后当随地寄信回来。专此，祝

康健

德儿叩上

（《战斗的十年》，《山西文史资料》50辑）

七十多年前，年轻的周德佑于匆忙中写下了这封告别信，让今天的人们看了无不为之动容！他的信中充满了对父母的爱，对家人的爱，也充满着舍生取义报效国家的壮志豪情。面对民族的灾难，他毅然决然地把责任担在自己稚嫩的肩膀上，虽然内心充满矛盾，意识到此一去可能就是永别，但却动摇不了他的决心，他只能对慈爱的双亲说，养育之恩待“报国的时候，一起偿付”！当周苍柏夫妇读到这封信时，周德佑的双脚已迈出家门行走在祖国满目疮痍的土地上。读着信，母亲的眼泪浸湿了信纸。德佑还是个孩子，他本该在课堂上读书，拉他喜欢拉的小提琴，画他喜欢的画，家里已经给他备好出国留学的钱，他可以远离战争到国外去深造……但他却把自己年轻的生命投入到战争的不可知的凶险中去。母亲很难想象，这个在温室里长大的儿子，离开学校离开安逸的家会遇到什么情况，和所有的母亲一样，她每时每刻都感到揪心的焦虑和不安。

也正是这个时候，从上海来到武汉的田冲认识了周德佑。很多年后，他回忆说：“有一天，两位素不相识的青年来找我，一位名叫周德佑（著名歌唱家周小燕的弟弟），另一位名徐世津。

他们准备排一出话剧《五月的鲜花》,要我扮演其中一个能唱的农民。他们的言谈举止很有风度,一位就读于华中大学,一位是上海美专的学生,父兄都是上海银行的高级职员。我对《五月的鲜花》这首歌是极熟悉而喜爱的,所以很爽快地应允下来。”

田冲对新认识的人印象深刻。两人言谈举止“很有风度”,无疑和他们的家庭环境有关。正如周德佑所说,这支队伍中不乏富家子弟,徐世津的父亲是银行襄理,田冲的父亲是地方法院的院长……其他队员也都是来自武汉和上海的青年学生。人员聚齐后大家讨论决定去山西,那里既是前线,和延安又似乎只有“一箭之隔”,对年轻人很有吸引力。演剧队出发前面临的第一个问题是需要有自己的戏,周德佑与一位队友合作很快就创作出《大兴馆》。该剧描写从前方退下来的伤兵,因发泄对指挥官的不满对后方腐败的不满,在茶馆里彼此大打出手,伤了卖茶女,后发现茶馆老板和女儿都是受日本鬼子残害背井离乡的沦落人,不禁后悔莫及,决心重返前线抗战到底。由于剧情真实生动,表演逼真,演出效果十分强烈。一次演出中,表演伤员的田冲抡起凳子碰伤了卖茶女的额头,鲜血直流,台下观众都惊呼起来,表演卖茶女的女演员却完全沉浸在戏中,不但没有一点慌乱,反而一字字一句句满怀悲愤地述说着自己逃亡的不幸遭遇,看到这里,台下的许多人都声泪俱下,人们随着剧情的发展时而鼓掌,时而高呼口号,有的伤兵则捶胸顿足喊道:“这写的就是我啊……”

那之后,周德佑又导演了宋之的的《旧关之战》,创作了话剧《小英雄》——描写两个少年儿童设计杀敌的故事,演出后,有年纪大的农民就跑来问:“你们演了‘小英雄’,要不要老英雄啊?如果要,我们这里能组织一个老子军呢!”

周德佑全身心地投入了新的集体生活,他在队里身兼多职,不但做演员、编剧、导演,还做组织工作。父亲也想尽办法支持演剧队,在他们需要的时候给他们派来卡车,让他们住进条件好一点的地方……但毕竟鞭长莫及,长此以往是不可能的,周德佑带头用扁担挑起行李开始长途跋涉。白天他和伙伴们一起行军演戏，深夜还要赶写剧本，常常一天只睡两三个小时。深秋季节，鄂北山区已经十分寒冷，他和大家一样穿着草鞋在山村巡回演出。演戏没有道具，他就想办法利用老乡家的生活用具进行表演。当演剧队经济困窘时，周德佑把自己所有的钱拿出来……这个温室里长大的孩子见识了社会底层人们的生活，吃到了自己从没有吃过的苦，当同伴们遇到困难情绪低落的时候，他还会拉起他的小提琴鼓励大家坚持下去，那优美的琴声常常让大伙暂时忘记了疲劳和苦痛。

他终于病倒了。长时间艰苦的生活和超负荷的工作损害了他的健康，为了不影响演出，他咬牙坚持着，不把自己的病情告诉大家。这一天，在应县演出《我们的家乡》，周德佑扮演父亲，田冲扮演儿子，当儿子把父亲背下台时，田冲惊讶地发现周德佑的身体滚烫，人已经休克了。大家都慌了手脚，有点护理知识的人觉得他是得了伤寒，急电汉口周家派车来接，人很快就接了回去，但没有几天就接到周苍柏夫妇的讣电：德佑病故，希望派代表参加葬礼。全队人在震惊中悲痛得无以言表！

周小燕此生都不会忘记那个生离死别的时刻，原本健康活泼的弟弟气息奄奄，他是多么渴望活下去，多么渴望实现自己救国的心愿，多么依恋父母舍不得家人……昏迷中，他紧紧地拉着家人的手呼喊着："打吧！打死一个算一个，只有打死日本军阀……才有出路！"德佑的父母眼睁睁地看着自己的儿子就这么撒手人寰，心痛得昏了过去。

周德佑的葬礼在汉口举行。很多人闻讯赶来，周恩来邓颖超亲临致哀……，葬礼上当有人朗诵长诗"未满十八，忽尔夭亡。从今一去，地角天涯……为炮火下无辜之死，尸身不全，则君之死，亦属万幸，又何况为国勤劳，为国捐躯"的时候，人们哭泣的声音和凄婉的朗诵混成了一片。

演剧队选派田冲等人星夜赶路，终因路途太远，没有能参加葬礼。在周公馆的客厅里，德佑的父母看到儿子的队友，禁不住老泪纵横。让田冲们更加难过的是，周父取出一个存折，说是为儿子准备好的留学经费，现在儿子不在了，就把这笔钱捐给演剧队，希望他的队友们能完成儿子的心愿。面对悲痛欲绝的周家父母，队员们已经不知道该用什么语言来安慰两位长辈，却绝不敢接受这笔钱，他们只是再三地说：你们失去了儿子，但还有我们，我们就是你们的儿子呀！

周德佑的死激起了武汉上层人士的抗日热情，《新华日报》用大幅版面以“追悼周德佑志士特辑”的形式，刊发多篇悼念文章，并刊登了烈士的遗像和遗书。特辑还刊载了周德佑父母的感言。父亲周苍柏的感言是：我为国家损失了一个志士而难过，我要继续帮助德佑所参加的第七宣传队，让他们永远工作下去。母亲董燕梁的感言是：我要把爱你的爱来爱世界上一切无母爱的儿女，我要继续你的志愿，努力到底！

周德佑走了，这颗充满才华的晨星刚刚升起就不幸陨落。不久后，他所在的演剧队正式被郭沫若的三厅收编为抗敌演剧队三队，再次开赴山西前线。出发前，队员们前往东湖看望周的父母，两位老人一看到儿子的战友们便禁不止泪如雨下，他们再次提出要把儿子留学的钱捐给演剧队，并强忍悲痛，细心地为演剧队安排吃住。告别二老，队员们来到周德佑的墓碑前，那里已经长出了青草。

他们出发了。

一年后，周德佑的好友三队队长徐世津患肺炎去世。他和德佑一样直到累得咳血还对大家隐瞒病情，每当有人看到他咳嗽不止关心地询问时，他就说：“不碍事，过几天就好了。”他知道自己肩上队长的担子太重了，必须坚持。他顽强地忍受着病痛的折磨，直到跌倒再也站不起来，死时只有二十四岁。一年前，他和德佑同时出现在田冲面前，谈吐优雅，风华正茂。

也是一年后，周德佑的姐姐周小燕告别亲人赴法国留学，她那优美的歌喉终于唱响在欧洲舞台上，被国际音乐界誉为“中国之莺”。

周德佑曾经生活战斗过的队伍依旧坚守在祖国灾难的土地上，在波涛汹涌的黄河边，他们“第一次听到黄河船夫的号子，第一次看见有着赤铜色皮肤，白发苍苍的老舵手，第一次经受那惊涛骇浪中小船的颠簸起伏，第一次尝到战胜险恶的欢快”。张光年正是在那里酝酿了《黄河吟》(《黄河大合唱》)，而三队，正是第一个在延安唱响这支名曲的队伍。

当“风在吼，马在叫，黄河在咆哮，黄河在咆哮”的歌声一次次地响起来的时候，周德佑不在，徐世津不在……但似乎他们也在。

三、躺在自己耕耘过的泥土里

不知道今天还有多少人知道张曙的名字？知道他在战争年代创作的《还我山河》《保卫祖国》《日落西山》《丈夫去当兵》……，我翻看材料，发现在1938年的那段时间里，这位已经有了不小名气的青年音乐家活跃在抗敌演剧队的许多场合。他给队员们上课、为他们教授乐理知识，帮助他们排练新歌……，他们唱着他谱的歌，在简陋的戏台上、在田间村头、在刚刚结束了一场战斗还弥漫着硝烟的战场上、在医院伤员的病床前……然后，那些歌曲被更多的士兵和老百姓争相传唱开来。

1938年春，身为全国“文协”常务理事兼总务部主任的老舍，深切地感受着全国人民团结抗战的悲壮情景，写下了新诗《丈夫去当兵》。届时，未满三十岁的张曙是郭沫若领导的三厅文艺宣传处的一员，正和冼星海一起担负着抗战音乐方面的工作，读到老舍的诗后他非常激动，立刻谱曲，经反复修改后写成女生独唱曲。

> 丈夫去当兵，
> 老婆叫一声，
> 毛儿的爹你等等我，
> 为妻的将你送一程。
> ……

歌曲谱好后，张曙亲自传授九队女队员徐炜演唱。此时的演剧九队正活跃在“保卫大武汉”的怒潮中。冼星海在江汉关前指挥着万余群众高唱《义勇军进行曲》，展示出一派“惊天地泣鬼神”的气概，而我后来认识的“小范”阿姨正带领着队员们用湖北方言向渔民们一遍遍地教唱着田汉的《新堤真正好》，爱国护国的歌声唱响在众多有着黑红色皮肤的劳动者中间。新歌《丈夫去当兵》的出现，就像是在巨大声浪中奏响的一个响亮音符。伴随着张曙如泣如诉的二胡，徐炜时而温婉时而昂扬的歌声婉转起伏，让听者无不动容。这首歌一在武汉演唱，很快就传遍了全国各地，许多人就是哼唱着这首歌曲，告别了妻子儿女，走上硝烟弥漫的战场。

张曙自幼喜欢音乐，且勤奋好学，深得民间高师的喜爱和指点，很快在同辈中脱颖而出。中学时期他就曾在盛大庆典活动中一人演出二胡独奏《病中吟》、笛子独奏《姑苏行》等，高超的演技赢得了人们的惊叹和赞扬。张曙的音乐前途在很多人眼里是一片光明的，然而，他的艺术人生却注定和祖国多灾多难的命运连接在一起，充满着艰难曲折。1924 年，他曾在作文《衢城望秋记》中写道：

> 望城外觉得，数间排列不齐的茅屋，屋顶上飘着炊烟，被袅袅的秋风吹得影踪不见，屋边一棵大树，也给吹得呼呼地响，叶儿簌簌地落下来。还有几个强蛮无理的樵夫，拿着利斧伐她的枝条，取回家充燃料。……现在中国不是像这棵大树吗？叶儿呢，凄风苦雨中生活，欲哭无声地零落了！枝条呢，给强蛮无理的帝国主义侵掠去得不少了！国家的主人翁不问不管。唉！

怀着一颗忧国忧民的心，张曙参加了学潮。“五卅惨案”发生后，他和同学们走上街头示威游行，还组织了“国声社”在街头巷尾演出话剧《烈士顾正红》、昆曲《武家坡》等。一次，他带领剧社到外地演出，来回行程五十余里，募捐到银圆五十元，创造了募捐演出以来的最高收入纪录。义演结束后，他们将所得钱资全部汇寄上海，支援上海工人的反帝斗争。

1925 年，十七岁的张曙考入上海艺术大学音乐系，在此结识了田汉，并由田汉介绍秘密加入了共产党。1934 年他抵达长沙，从事群众性的音乐活动，创作了《农民苦》《救灾歌》《筑堤歌》，还组织了“紫东艺社”“大学生合唱队团”“长沙音乐研究会”等音乐组织，并担任《湘流报》的编辑。他用热情、机智、勇敢，团结着周围的人们，用歌声鼓舞和唤醒民众。

1938 年 10 月武汉沦陷前夕，张曙转移到长沙，继续从事音乐工作。11 月 12 日，长沙大火，张曙携妻子和三个孩子，踏上了前往广西桂林的流亡之路。一个多月的长途跋涉，他们或乘车或步行。挤在逃亡的人群中，天上是飞机轰炸，地上是无处躲藏的难民，空气中到处都弥漫着血腥的味道，每时每刻都有人在身旁默默地死去，目睹着无数家庭的颠沛流离，张曙的心里充满了愤懑和悲伤，在一个个人困马乏的深夜，疲劳不堪的他常常紧紧地搂住妻子女儿难以入睡……即便如此，他也依然充满着乐观，他还这么年轻，他坚信战争再残酷也会有胜利的一天，到那时候他就能够在阳光下写作自己心爱的曲子……

终于赶到了桂林，安顿好家人后张曙立刻投入到工作中去。桂林这座美丽的城市同样经受着日本侵略者的蹂躏，每日里飞机不断，空袭的警报响彻大街小巷，人心惶惶危机四伏。张曙和同志们一起在街头组织了规模浩大的“反轰炸歌咏大会”，让抗日的歌声鼓舞起民心。他没日没夜地忙碌着，当大家劝他要保重身体时，张曙满不在乎地拍着胸脯豪爽地说：“你们看我多强壮，我如今三十岁，至少还可以和敌人干五十年！”

很多年后，徐桑楚和九队的老人们还能清晰地记起那段日子。九队一路风尘从长沙赶到桂林，见到了先于他们到达的老师。张曙为演剧队的到来忙前忙后。九队在汉口成立时，支部第一次会议就是在张曙的住处召开的。成立后张曙经常到队里给大家讲授音乐知识，指导排练，还参加演出，彼此相处得像一家人一样。此时，大家能在桂林团聚，都感到格外高兴。

12 月 24 日是个黑暗的日子。徐桑楚回忆说：

> 这天一大早，比我们提前赶到桂林的张曙来到九队驻地，准备带我到省政府和省党部去“拜客”。我们俩一起步

行出发。路上，张曙边走边向我介绍当地的情况。哪想到，刚刚走到位于市中心体育场的省党部，忽然，防空警报拉响了。张曙一怔，连忙对我说："桑楚，你赶快回驻地安排队员隐蔽。我得回去一趟，不能跟你一块去了，老婆孩子还在家呢……"说着，他一路小跑往回赶，跑不出几步还回过头来跟我约定，等警报解除后再接着拜客。我急急忙忙跑回距离市中心不远的九队驻地，还没等我站稳脚跟，身后就传来一连串震耳欲聋的剧烈轰炸声。

（徐桑楚《杰出的音乐家——张曙》，《周恩来与十五个团队》文化部党史资料征集委员会编）

有史料记载，这是中午一时零五分，一大群日本飞机如蝗虫般飞临桂林上空，飞机在高空盘旋一阵后便俯冲下来，炸弹像雨点般从机上落下，顷刻间，桂林城陷入了一片浓烟火海之中。

几十分钟后，飞机呼啸而去，警报解除了。在九队的驻地，人们从防空洞里走出来，开始讨论如何继续一天的工作，就在这时，突然传来噩耗：张曙在空袭中牺牲了！

最初听到消息，徐桑楚的大脑一片空白，他不能相信这是真的！刚刚他们还在一起欢快地说笑，张曙回答他的各种问题，殷殷地嘱咐他应该注意的事项，怎么转眼就……徐桑楚和同志们拔腿向张曙的住处跑去，只见城东火光冲天，张曙所住的文昌门内房屋倒塌，一片断垣残壁，张曙满身鲜血地扑倒在瓦砾中，他的脑袋被炸空了，怀里还紧紧地抱着血肉模糊的小女儿……可怜张曙在外躲避空袭的妻子拖着另外两个女儿，一路大喊着张曙和女儿的名字狂奔进来，见此惨状，立刻昏厥过去，苏醒过来时竟一时神经失常，见了任何人都喊"张曙"，时而又不断地唱着张曙所谱的歌。

张曙走了，人们再也看不见那个"身材高大、面庞刚毅清秀、目光神采奕奕、浑身上下充满活力的人"，人们在清理他的遗物时，在他身上唯一能找到的，是一首刚刚写成的《负伤战士歌》：

谁不爱国？谁不爱家？
谁没有热血？谁愿意做牛马？
我们要报仇，我们忍不下。
带了花又算什么？
鬼子兵，谁怕他，
弟兄们，伤好了再去打，
杀人一个就够本，多杀几个就赚了他；
要干到底才是好汉，
要干到底才能建立大中华！

面对亡友，田汉痛哭不已；伤别老师，演剧队员们痛哭不已。他们满怀悲愤掩埋了张曙和女儿的遗体。葬礼上，郭沫若提笔痛书挽联："黄自死于病，聂耳死于海，张曙死于敌机轰炸，重责寄我辈肩头，风云继起；《抗战》歌在前，《大路》歌在后，《洪波》歌在圣战时期，壮声破敌奴肝胆，豪杰其兴！"

会场上，气氛肃穆，挽联挂满四周，挽歌飘荡，凄泣一片。

这一年，演剧队死于敌人枪炮下的又何止一人。

惠行之来自上海，在六队同伴们眼里，他的性格有点像个姑娘，椭圆的脸上总是带着微笑，平时不言不语，做起事情来细致认真。他负责道具的采购和制作，经常不辞辛苦地奔来跑去，遇到困难也总能开动脑筋因地制宜解决问题，他的热情和沉稳让大家都很喜欢。

9 月，六队来到第五战区浠水县。为了慰问前方将士，决定和四队等团体在宋埠镇联合演出《保卫卢沟桥》。这是一部由多名艺术家集体创作的三幕话剧，首次在上海公演时阵容空前轰动全国，就好像是"一颗掷向民众深处的爆烈弹，猛烈地激动每一个观众的神经，沸腾他们的热血"。演出这样一部大戏，对于全部财产只有几盒油彩、几条灰色幕布的演剧队来说困难很大。为此，同志们全力以赴，惠行之更是忙碌不堪，为解决布景道具上的难题一次次地奔走在宋埠的街头巷里。

镇里的土台子上，六十军赠送的大红缎子面幕挂起来了，阳光下徐徐飘动分外耀眼。演剧队员们兴高采烈地忙着排练，忽然，“一阵由远及近的轰鸣隆隆而来，震耳欲聋的呼啸声覆盖了宋埠的上空，接着炸弹爆裂，如急雷滚滚，大批敌机空袭来了。……大家从小学校里跑出，弹片、子弹四周飞舞，舞台上的红色幕布在气浪和烟雾中飘动，成了不祥的目标。大家冲上去，把幕布扯下来。房倾墙倒，老少呼号，炸弹在舞台四周落下，炸开，舞台弥漫着落下的尘土……”（章洛《我们走遍祖国》，《周恩来与十五个团队》）当愤怒而疲惫的队员们重新集合起来的时候，才发现惠行之不见了。大家一面救护伤员一面四处寻找。傍晚，寻找的人用门板抬着惠行之的遗体回来了，他满身是血，手里还握着一根刚刚买到的粗绳——《保卫卢沟桥》的道具。同志们把他抬到树林里，噙着眼泪默默地整理了遗容，他们守护着他，直到月色穿过树林，斑斑点点地照射进来，才心痛不已地把他埋葬。

二十五岁的赵曙牺牲在从徐州到武汉的突围中，他和周德佑一样没有等到被三厅正式收编。4月的时候，赵曙所在的一队刚刚在台儿庄为李宗仁的部队慰问演出，在取得胜利后还散发着袅袅硝烟的战场为伤员包扎伤口。之后，他们赶回徐州参加了大规模的祝捷演出，接着又受命奔赴武汉。就在他们搭乘的敞篷车刚刚从徐州开出几十公里时，在一个小站上遭到了日军的包围。那个暮色降临的傍晚，远处的枪声越来越近，小站里，大人叫孩子哭一片混乱，人们纷纷从车厢里跳出来四处逃散。演剧队也不得不撤离车站。大家都穿上农民的衣服，赵曙手持一根拐棍上面挑着一件白色衬衣作为标志，正是靠着这个标志，大家从混乱中突围出来聚集到一个村庄。刚进村喘息片刻，日本鬼子就赶到了。他们又急忙冲出村去。漆黑的夜里分不清东南西北，一行人只能跟着老乡们向一面山坡跑去。奔跑中，子弹嗖嗖地从身后飞来，赵曙连中两枪扑倒在山坡上。几天后的一个深夜，人们找到了他的遗体，怀着悲痛的心情草草地把他掩埋了。风华正茂的赵曙在上海演出《原野》时曾扮演仇虎，他身材魁伟，嗓音洪亮，舞台上初露头角便受到观众的喜爱，在他即将大展才华的时候却倒在日本人的子弹下,怎能不令人哀惋痛惜!

还有一些名字,我不想再一一述说。这是一些多么年轻的生命！我曾经看到一个材料说,当年上战场打日本鬼子的基本上是两种人:一种是青年学生,他们完全出于自愿,那时候常出现大批学生排着队等待上战场为部队补员的情景;还有一种是危难所逼被招或被抓的农民。演剧队的年轻人属于前者,他们有知识有教养,其中的一部分还生活在富足之中,却在历史的关键时刻挺身而出,毫不犹豫地奉献出自己……我也知道,无论是前者抑或是后者,他们都是这片多灾多难的土地抚育的孩子,战争由千千万万个他们支撑着,战争也同样毫不留情地吞噬掉他们年轻的生命。

……

2015 年 8 月

写于抗日战争胜利 70 周年的日子

(节选自《收获》第 6 期)

茅盾与茹志鹃

钟 桂 松

初遇《百合花》

茅盾在评论《百合花》之前并不认识茹志鹃，在茅盾认识的人中，也没有人告诉茅盾，茹志鹃是谁。茅盾是读了 1958 年 3 月《延河》文艺杂志上的小说《百合花》后，才知道有个作家叫茹志鹃。同样，茅盾也只是觉得这篇小说风格清新俊逸，才写评论，充分肯定这篇小说的。然而，殊不知，因为茅盾的评论，已经蔫倒的百合花又焕发青春，让处在人生低谷的茹志鹃又振作起来，成为新中国的著名作家。

茅盾的一篇评论，挽救了一个作家，成为当代文学史上的一段佳话。

《百合花》发表时，茹志鹃的丈夫在南京部队被打成“右派”，开除军籍，开除党籍。所以，这对 18 岁就参加新四军、22 岁入党的年轻编辑茹志鹃来说，不啻是晴天霹雳，面对这样的政治蒙难，茹志鹃感觉自己的人生已经掉入深渊，遑论一篇小说的发表与否，况且《百合花》也是经历了反复退稿才在《延河》上发表的。1958 年的春天，恰恰是“大跃进”的开始，各行各业，轰轰烈烈，文艺界也不例外，中国作家协会书记处给全国作家写信，发动全国的作家讨论文学工作如何实现“大跃进”，并且还组织讨论文学大跃进的条例草案，一派热气腾腾豪情万丈的局面！而茅盾作为文化部部长、作家协会的主席，也不得不参加作家协会组织的这些会议，不得不布置传达中央大跃进的精神，甚至此后不久，还参加作家协会组织的大炼钢铁大会战，亲自上阵砸锅子烧铁水，参加大办钢铁这样的荒唐事。

不过，茅盾毕竟是茅盾，在1958年的春天，牢骚发过以后，依然努力在岗位上履行一个国家文化部部长的职责：召开并参加全国文化厅局长会议，写应景的文章，还要读新出版的《林海雪原》等等长篇小说，写长篇文艺论文《夜读偶记》，同时还要阅读各地的文艺杂志，了解全国此时的文艺发展状况。所以，当茅盾读到《延河》文艺杂志1958年3月号上茹志鹃的小说《百合花》时，眼睛一亮，像在沙漠里突然发现了绿洲，非常欣喜。他5月12日读完《百合花》后，说，《百合花》“是我最近读过的几十个短篇中间，最使我满意，也最使我感动的一篇。它是结构谨严、没有闲笔的短篇小说”。茅盾在读过各地大量文艺杂志上发表的作品之后，专门写了《谈最近的短篇小说》一文，详细分析了丁仁堂的《嫩江风雪》、申蔚的《洼地青春》、愿坚的《七根火柴》、勤耕的《进山》、绿岗的《忆》、管桦的《暴风雨之夜》和茹志鹃的《百合花》等等短篇小说。其中，茅盾用相当的篇幅分析肯定和高度赞扬《百合花》，认为《百合花》是“结构上最细致严密，同时也最富于节奏感的”。连用两个“最”字来肯定《百合花》的结构和节奏感。至于人物形象，茅盾也给予高度评价：《百合花》里的“人物形象是由淡而浓，好比一个人迎面而来，越近越看得清，最后，不但让我们看清了他的外形，也看到了他的内心”。同时茅盾还充分肯定了茹志鹃《百合花》“清新、俊逸”的创作风格，称赞《百合花》在创作方法上“善于用前后呼应的手法布置作品的细节描写，其效果是通篇一气贯串，首尾灵活”。在“展开故事”和“塑造人物”两个方面，“尽量让读者通过故事发展的细节描写获得人物的印象；这些细节描写，安排得这样自然和巧妙，初看时不一定感觉到它的分量，可是后来它就嵌在我的脑子里，成为人物形象的有机部分，不但描出了人物风貌，也描出了人物的精神世界”。

当茹志鹃在1958年6月的《人民文学》上第一次读到茅盾

的这些评价，非常激动，说：自己这个“已经蔫倒头的百合，重新滋润成长，一个失去信心的、疲惫的灵魂，又重新获得了勇气、希望。重新站立起来，而且立定了一个主意，不管今后的道路会有千难万险，我要走下去，我要挟着那小小的卷幅，走进那长长的文学行列中去”。茹志鹃的兴奋和决心是发自内心的。一个对前途一片茫然、对生活失去信心的年轻编辑，在心灰意冷的时候突然得到著名文学家的充分肯定，能不激动吗？

茅盾的《谈最近的短篇小说》发表一个月后，应出版社要求，将《谈最近的短篇小说》以及评论到的七个短篇小说编成一个小册子，由作家出版社在 1958 年 7 月出版。在这部书里面，编排上，茅盾格外青睐茹志鹃的《百合花》，作为殿后的小说，还写了《百合花附记》。看得出，小说《百合花》在茅盾心中的分量。但是，茅盾对当时茹志鹃看到他的评论时的激动和兴奋，却浑然不知，没有信息传递到茅盾那里。

一次匆忙的会见

1960 年的秋天，茅盾因事到上海，茹志鹃所在的《文艺月报》社的领导叶以群告诉茹志鹃，茅盾先生来上海了，住在上海国际饭店，并专门安排茹志鹃去茅盾下榻的饭店见茅盾。第一次见到扶持自己的前辈，据茹志鹃自己回忆，当时自己兴奋得忘记了是哪个宾馆，而且见面后竟然没有话说，一路上想好的“诉说、讨教、感谢”，见了面，“最终，就连一句最普通的谢谢也没有说，就告别了”。这是当时茹志鹃见茅盾的一个真实场景。这里，茹志鹃回忆说是 1960 年的夏天，但是，笔者查了 1960 年的茅盾年谱，发现 1960 年，茅盾只有在去杭州迎接波兰作家协会副主席、党组第一书记普忒拉曼特先生时到过上海。具体说，茅盾于那年 10 月 19 日从北京坐飞机到上海，第二天他就坐火车到杭州；29 日陪同客人又从杭州到上海，在上海待了几天，再回北京。离开上海时已经是 11 月初了。所以，估计茹志鹃第一次见到茅盾，就是在这次公务出差期间。可惜在茅盾 1960 年的日记中，也没有记载。两年以后，即1962年5、6月间，也是一个春暖花开的季节，茅盾集中时间将全国1959年、1960年发表的上百篇小说读了一遍，以札记的形式写下了几万字的《读书杂记》。其中，茹志鹃又是十分幸运，她的《春暖时节》《澄河边上》《如愿》《三走严庄》《阿舒》《同志之间》等六篇短篇小说进入茅盾的视野，茅盾对茹志鹃的这六篇小说每篇都有精辟的点评。这让茹志鹃又一次沉浸在兴奋之中。茅盾评《春暖时节》，认为茹志鹃"写静兰（女主角）思想发展的过程很细致"，"特点在于细腻地刻画了女主角的思想发展而不借助于先使矛盾尖锐化，然后讲道理，说服、打通思想等等通常惯用的手法"，肯定茹志鹃突破公式化的写作痼疾，已经有了自己的清新的写作特色；对小说《澄河边上》，充分肯定"《澄河边上》写自然环境、故事发展，都紧密相扣，前后呼应，既写戎马仓皇，也写宜人风物；全篇节奏有起有伏：而这一切只用了七千余字，笔墨之精练即此可知"；对《如愿》，茅盾认为其中的主人公刻画得非常成功，出场时"有挺胸向前的气概"，在写作上有"爽朗凌厉"的感觉；对《三走严庄》，茅盾写了近千字的评论，认为"这篇小说的女主角是作者所写的女性中间最可爱也最可敬的一个"。茹志鹃"活画出一个娴静温柔但看得清、把得稳，时机到来时会破樊而出的一位青年妇女——收黎子"……我们知道，茅盾是描写时代女性形象的高手，塑造了一系列的现代女性形象。所以，茅盾的这些评论，自然给茹志鹃以极大的鼓舞。但是，茅盾对茹志鹃作品的这些评论包括对所有新中国成长起来的作家的评论文字，已经为一些人所觊觎、关注，意识形态领域里的一些人开始寻找机会，找茅盾秋后算账。

1964年，是中国意识形态领域开始风起云涌的一年，也是茅盾极为郁闷和无奈的一年。从茅盾1962年写完茹志鹃等一批青年作家的作品评论之后，就开始纠结起来，动辄得咎，奉命出国参加会议，被说成犯了投降主义错误；去大连开一个专业的小说创作会议，立刻被说成宣扬中间人物，反对英雄主义；1964年，茅盾在事实上已经成为文艺界批判的对象。1964年9月，一份《关于茅盾的一些文艺观点》的内部报告材料中，收集、罗列了茅盾从1957年到1964年之间对青年作家作品的评论观点，包括对茹志鹃作品的肯定和赞扬，变成了茅盾宣传资产阶级文艺思想的罪证，认为茅盾对“那些所谓描写日常生活、思想内容不深厚、时代气息不浓，或者属于所谓‘清淡’‘轻巧’，内容单薄的一类作品，则总是不厌其烦地津津乐道，极口赞扬”。认为茅盾“以这种资产阶级的美学观点，作为评价一切作品的标准”。1964年9月的这份报告，估计茅盾当时不会看到，但茅盾在上半年就已经明显感觉到这种不正常的气氛，所以他在1964年5月写了《冰消春暖》的作品评论后，不再写评论文章，从此封笔十余年。

茹志鹃写了《说迟了的话》

“文革”后，茅盾开始全身心地撰写回忆录。同时又活跃在中国的文坛上，参加一些社会活动和会议，过去多年没有联系的作家，也陆续联系上并且有了书信往来。所以，从1977年开始，八十多岁的茅盾又成了文坛忙人。“文革”以后的中国，各行各业都是热气腾腾，一种你追我赶的紧迫感弥漫在人们心头，茹志鹃的创作热情也同样十分高涨，创作了小说《剪辑错了的故事》，又将自己多年创作的作品进行整理，编了一部短篇小说集。小说集编好后，她想到曾经扶持过自己从而改变自己命运的茅盾先生，她想让茅盾为自己的这部小说集写个序并题写书名，留作纪念。1980年10月，茹志鹃给茅盾写了一封信，向茅盾提出了自己的想法。茅盾对茹志鹃的创作风格一向喜欢，而且印象深刻。所以，接到茹志鹃的信以后，茅盾立即在11月9日回信：

志鹃同志：

来信读悉。我将勉力为您的短篇集写一篇序，并题书名。

来信所列各篇所发表的刊物名单，我想我这里大概都有。让我查一下,如有缺少,再请您补寄。

因为要读十几篇作品,然后能下笔写序,恐怕今年内写不成了。手头有回忆录写开了头预计本月可以写完,然后再读您的作品,再写序(那倒一二天可成,主要是读作品花的时间多),大概要到明年一月内做完这些事。预先奉告,请勿着急。

匆匆即颂

健康

沈雁冰

十一月九日

当时的茅盾身体已经大不如前,而回忆录的写作工程量非常大,此时回忆录的写作才只写到了上世纪30年代初,他这里讲的回忆录"本月可以写完",估计是其中的某一节。茹志鹃收到茅盾的信以后,非常感动,又立即回信:

沈先生:

回信敬悉,非常高兴。其实先生也不必每篇都看,给我写点嘱咐就可。我即将先生愿意为我写序,并题书名这一好消息,转去百花出版社,我想他们也会非常高兴的。

想到先生要花许多宝贵的时间来看拙作,内心甚感不安。时间放在明年一二月份都可以。

作品集内的一篇《三榜之前》是我给《人民文学》明年二月号女作家专辑写的,我当写信要他们把小样打出,即给先生送去。

谢谢了,太谢谢了。

祝

健康

茹志鹃

十一月十六日

然后,茅盾本来安排在1981年的1、2月份完成的事,却在百忙中完成了。他将茹志鹃寄给他的十篇小说全部读了一遍,还像过去一样，为她的每篇小说写下了读书札记，三言两语，言简意赅。如对《家务事》，他认为写出了“文革”时的“虚伪做作”；《儿女情》中的人物如尤梅“性格鲜明”，四五千字的短篇却写得“波涛起伏”，充分肯定茹志鹃的写作手法之经济。其他如《剪辑错了故事》《一支古老的歌》《离不开你》《冰灯》《草原上的小路》等等，每篇都有介绍和点评，总共写了近五千字的读书札记。此时已经是1980年的隆冬季节。紧接着，茅盾又腾出手来，用诗的语言为茹志鹃的小说集写序。茅盾开篇写道：

> 如在暑天，火伞高张，居斗室者挥汗如雨，坐立不安，忽然乌云蔽日，而闷热更甚；俄而狂风大作，电雷交加，沛然下雨，终于是倾盆大雨，刹那之间，暑气全消。正是人人都有过的经验。我以为小说也有这样的。又如静夜不眠，忽有箫声，自远而来，倾耳听之，箫声如小儿女絮语，又如百尺高楼，离人怀念远方的亲人，又有如千军万马，自近而远。这不是人人经常都有，但偶然会有的经验。我以为小说也有像这样的。……

茅盾用诗一样的语言写序，是他为他人作品作序中不多见的。他称茹志鹃的小说“就像是静夜箫声”，同时认为：“小说的风格倘近于静夜箫声，初读似觉平凡，再读则从平凡处显出不平凡了，三读以后则觉得深刻，我称这样的作品是耐咀嚼的，有回味的。”而茹志鹃的小说，就有这样的回味。这个序，茅盾写于1980年12月10日，说明茅盾在一个月不到的时间里，读了茹志鹃的十多篇小说，并且做了几千字的读书札记，写了文采斐然的序，又一次给予茹志鹃莫大的鼓励。当时茅盾为茹志鹃的小说集写好序后，又给茹志鹃写了一封信，连同写的序一起寄给她。至于他为写序而作的读书札记，茅盾生前没有发表，身后编入《茅盾全集》，才和世人见面。茅盾在信中说：

> 志鹃同志：
>
> 委写之序，已经写好，奉上，请斟酌能不能用。至于取其中一篇之名为书名，我以为《冰灯》寓意深远，《红外曲》

则指“四化”，尤其是老干部钻研科学。究用哪一个，请你自己斟酌畧。匆匆？即颂，撰祺！

沈雁冰

十二月十五日

而茹志鹃收到茅盾如此高度评价的序言，自然十分欣喜，她立即给茅盾回信，表示感谢：

茅盾先生：

收到先生写的序，当即读了好几遍，鼓励多矣！我当作为一种鞭策，来努力达到先生所说的“静夜箫声”的意境。实在太感谢了。我当即奉出版社，并告诉他们先生所定的书的题名《冰灯》。《红外曲》是一篇报告文学，所以还是《冰灯》好。

天气骤冷，望先生多多保重。再次地感谢了。

致

敬礼

茹志鹃

十二月十五日

这里，茅盾来信的时间和茹志鹃回信的时间是同一天，为什么是在同一个时间？据茹志鹃回忆，她是在 12 月 12 日收到茅盾“写的序文及亲笔回信”的。所以，可能是茅盾的回信日期落款在手稿上打了提前量的缘故。

三个月以后，即 1981 年 3 月 27 日，茅盾逝世。茹志鹃十分悲痛，两天后写了一篇怀念茅盾的文章——《说迟了的话》，发自内心地感谢茅盾对她的无私提携，披露了因为茅盾的提携才改变自己命运的往事。1985 年 7 月 4 日，乌镇茅盾故居开放，茹志鹃风尘仆仆来到乌镇参加典礼，并与茅盾儿子韦韬先生见面，表达自己对茅公的怀念之情。

（摘自 2015 年 10 月号《书城》）

中国文化的地标——朝内166号

杨 新 岚

朝内大街的地标建筑很多,朝内81号因为鬼电影而出名,晚上常见探险者在周边挥动着光束。

对于中国的文化人来说,朝内166号是他们心中的文化地标。

166号在路南,路北对面是清朝的地标——九爷府。雍正在弟弟十三爷去世后,把他的老府改为贤良祠,把他的儿子挪到这儿,盖了一个大清最符合王府规制的府邸。九爷府西侧有个路口通203大院,现为老文化部的家属院,也是人民文学出版社1951年成立时的老巢,院子靠正街便是老外交部的大楼。

166号楼的西侧,步行两分钟便是老的朝内菜市场,是"文革"中百姓心中的地标,有北京最全的副食供应。

朝内菜市场和老外交部楼之间有个过街天桥,天桥上能看到老外交部楼西侧有个铺着黑瓦的大殿,大院一直驻着清洁队。百姓说清洁队能镇宅,这里是凶宅。明末崇祯帝先奔朝阳门逃命,城门叫不开,他回宫路过此院,想让里面的测字先生测个"友",测字的说,不好了,反贼出头了,反字出头为"友"。崇祯改口说,是有无的"有"。测字的说,更不祥了,"有"是大明的"大"少一捺,大明的"明"少一"日",大明不全了。崇祯说,是子午卯酉的"酉"。测字的说:"完了……天子是至尊,"尊"字少头缺脚就是"酉","尊"字斩头截脚,还尊吗? 崇祯绝望中奔景山上了吊。

此殿本是元朝的太庙，克死了明帝也正常，只是清朝认为妨死了皇帝，太凶，禁了它的香火。

这些都是我来 166 号很多年后听说的。刚来那一年是 1986 年，我 20 岁，刚刚大学毕业，大院临街的前楼正好 30 岁。

前楼共五层，一至四楼从正中间分开，东侧是人民出版社，西侧是人民文学出版社，五层全归“人民”，“社员”们以“人民”和“文学”来称呼彼此。前楼、后楼、东配楼、西配楼几乎围成了一个方圈，只在西配楼北端有一个缺口作为进出院的通道。

一年后，我住进了西配楼 301 室，开始听到这栋楼的传奇。

第一个传奇是楼里原来住过很多牛人。写《老井》的郑义在这里剁过手指头。冯骥才 1979 年前后在后楼 216 住过两年，他称这儿为“我的另一个窝儿——精神的巢”。他的经典短篇《雕花烟斗》是在这儿写的。去年还听到当年的老主编孟伟哉说，这篇东西还是他提供的素材。《雕花烟斗》刊在《当代》后，“人文社”诗人屠岸递给他一封信，表达对小说的喜爱。

冯骥才和屠岸不熟。有天晚上在 216 室，有人来说屠岸在四楼办公室病倒，要马上送医院，高大的冯骥才背起屠岸就跑下楼，把他放在车上。冯骥才至今感念于屠岸这些前辈对作者的关心，怀念那个年代、那些生活的真情与激情。

今年，冯骥才又回到 216 室，在自己坐过的椅子上坐了又坐。往院子里张望了许久，院里停满了汽车，当年的篮球架还在，他在院里住时，曾帮人文社组建过篮球队。

踢过球的队友不知哪儿去了，冯骥才很感慨。我把他请到 219 室，给他看秦兆阳坐过的沙发。跟他说，好几次差点被扔掉，我都给拦住了。他激动地坐在沙发上，右手放在扶手上，给我们指扶手上的破洞，说：“这个破洞都是有意义的，说明秦老的身体习惯，是留有名人痕迹的文物。”

沙发是五十年代苏联样式，座位、靠垫和扶手异常宽大，奇怪的是这么多年，弹簧依旧舒适和绵软，只是沙发巾破旧得看不出原来的图案。

我请冯骥才看我的办公桌，桌子是个老木桌，带三个抽屉的上体，由左右两个小柜架起来。左边的小柜门打开，门后贴了一个纸条，是个发黄的家具登记表，写着：秦兆阳。桌子的侧面贴着一个拇指长的扁铜牌——人民文学出版社。字是繁体字，足见时光的老旧。

我跟冯骥才说，人民社都搬走五年了，这个楼一直在喊拆，我们也快拆了。冯骥才叹息说，太没有文化了，你们是皇家出版社，这儿是中国最有文化的地方呀，应该保护起来才对。

从新中国的文学史来说，166 号楼真值得保留。六十年来吐出了那么多古今中外的文学名著，是几代人的精神粮仓，哺育了好几代中国人。

从 1951 年开始，第一任掌门人冯雪峰就定下了调子——古今中外，提高为主。他这个社长还是周总理给出版署署长打电话指定的。他把解放区的作品编为“中国人民文艺丛书”，把建国后的编为“文艺建设丛书”，他提出编《鲁迅全集》和《瞿秋白文集》。由楼适夷主抓现代作家选集。冯雪峰和聂绀弩还策划出版了四部古典校注本及其他古典名著。外国文学方面主抓了东欧和前苏联的名著。

1954 年，王任叔协助冯雪峰工作，力主扶持新人，抓新创作，便创立了作家出版社这块副牌，166 号现在还能看到贴有“作家出版社”标牌的木椅。《保卫延安》《青春之歌》《林海雪原》都是那时候出版的。王任叔是蒋介石比较亲近的同乡，一生传奇。

1958 年，作家出版社分出去归中国作协，人文社又开始抓经典和抓人才。郭绍虞、张友鹤、傅雷、梁宗岱、范希衡、李丹、周作人、丰子恺、纳训等都被出版社抓用过。

出版社有很多文二代，楼里时常能看到前辈的影子。《当代》原编辑冯夏雄是冯雪峰的儿子，虽然他没跟我提过父亲，但杜鹏程的《保卫延安》，大家都知道是他父亲首先肯定并力促出版的。

有些历史我虽然不知道，但是说不好哪天就跳出来。有一年，《当代》有个小庆祝，编辑著文提到了《林海雪原》的编辑龙世辉。当时龙世辉已去世，他的爱人谢素台来找我，跟我说了一个多钟头的前因后果。大意是龙世辉对此文做了多少有价值的修改，却不为世人理解。她替老伴叫屈。谢素台就是翻译《安娜·卡列尼娜》的那个外文部的老编辑。看着眼前这个干瘦、鼓眼、执着的老妇，我都不敢相信那么美好的文字出自对方！她对老伴名声的看重使我对她肃然起敬。

有个外文编辑叫胡允桓，很喜欢和单身汉混在一起，同事说，你别看他净闲聊，他可是霍桑《红字》的翻译呢。家里没地方，他是坐在马桶上翻译的。他老婆更牛，是英语教学大家。我更喜欢他译的《鲁滨孙漂流记》。

人文社规矩很多，比如新来的大学生要去校对科实习一年，我便去了一年。印象中美女如云，那个年月的美女都以有文化为荣。科长叫吴钟璜，据说给毛主席校过大字本，还作为劳模上过天安门城楼。带我的美女说，他除了不会生孩子，一切女人会的他都会。我注意到科里有一个美女姓纳，叫纳尔谨，气质不凡，略长的短发柔柔地随步履摆动。同事说，她是纳训的女儿，就是那个翻译了《一千零一夜》的编辑。我后来住到红星胡同后，同事指给我看他翻译时住过的简陋平房，我顿时知道了什么叫蓬荜生辉。

上世纪80年代前，新中国几乎所有的文学名著都在166号诞生，谈笑有鸿儒，往来无白丁，说的就是这栋楼。现代文学史上的重要作家，要么本人，要么儿女，都在这儿进进出出。老舍的女儿直接就是现编室的编辑。

我在《当代》感受了很多历史。比如，路遥改稿子时在我们办公室住过，改的是处女作《惊心动魄的一幕》。他当年给责编刘茵写信，说此作被多家退过，如果《当代》也不用，他此生就告别文学。稿子被转交到刘茵手中，她又推荐到秦兆阳那儿。秦老看后，立刻请路遥来166号改稿。孟伟哉也在正式发稿上留下了很多处修改的笔迹。

刘茵最喜欢坐在办公室的一个简易沙发上。她说，这是阎刚做的，是用好几根扁担断开后做的，扶手的末端刚好是扁担的两头，又安全又巧妙。阎刚当过《文艺报》主编，给老婆做沙发成了文坛轶事。这些度过艰难岁月的知识分子，各有各的高招。

166号还见证了历史。大炼钢铁的时候，后楼是个四合院，院中架起炉火，大炼钢铁。各家各户的铁锅铁器，扔进炉子，日夜熬炼，最后练出几个铁疙瘩。几个文人还兴致勃勃地提去报喜。

"文革"中，屠岸在社里有一个好友叫赵光远。1967年，赵的爱人把标语"打倒刘少奇"改为"刘少奇万岁！"被捕后被定为"现行反革命"且拒不认罪，1970年1月被处死。赵光远在爱人被捕后心神迷乱，再加上被审查"社会关系复杂"。1969年从166号四层跳楼自杀。

"文革"期间，"军队毛泽东思想宣传队"进驻出版社，军宣队夺得了终审权。1976年，总编辑韦君宜发现某书稿有"批邓"内容，军宣队张某终审已签过字。文中有"一枪打死邓小平，给他来个透心凉！"韦君宜立即把书稿扣下，不让发排。张某大闹，写大字报声讨韦君宜。没人帮他抄写，他就自己抄写后贴出来，语法不通，错别字连篇，大家一看，无不大笑。"四人帮"倒台后军宣队本该被清算一下，时任社长的严文井宽容了他们。

少年时代的阅读及在166的浸渍，搞得我走到哪里都能想到166的小说。去山西沁水县的老庙，想到赵树理《李有才板话》，看见桑干河，想到丁玲《太阳照在桑干河上》，去延安，想到杜鹏程《保卫延安》，去保定，想到《野火春风斗古城》。去阿坝，想到阿来《尘埃落定》，去商州，想起贾平凹商州系列，路过白鹿原，想到陈忠实。

作家对166号也是一往情深。阿来喜欢人文社的原因是——提供了很多值得一读的好书。陈忠实称社里编辑是"文学的圣徒"。王蒙说，人文社是真正团结全体作家的。学者孙玉石说人文社："以不断创造的优秀产品向人们诉说，一个具有光辉历史与自由灵魂的民族，不应该是物质上的富翁，精神上的乞丐。"诗人谢冕说："朝内大街166号——我心中的文学殿堂。"

老编辑王培元写了一本书——《永远的朝内166号》，他说，冯雪峰、舒芜、巴人、孟超、张友鸾、秦兆阳、林辰、蒋路……这些名字不仅嵌入了中国现当代文化史和文学史，也嵌入了朝内166号，他们中的每个人都具有独立的精神文化价值。

清华建筑学院教授朱自煊说："在那里，有一代文人的集体记忆，有它特殊的历史文化价值。"其实，这栋楼的设计师也是一个文化传奇，他叫马增新，是从明朝盖故宫开始就修建皇家建筑的兴隆马家的第十三代传人，他设计过百货大楼的结构，他爱人设计的166号五层窗户之间的牡丹花饰，六十年来一直淡淡地彰显着这栋楼的品质和优雅。

真心希望这栋老楼继续存在下去，留住时代和文学的记忆。

（选自2015年9月11日《作家文摘》）

谁帮巴金实现了心愿

——中国现代文学馆筹建秘辛

徐庆全

1985年1月5日,在中国作家协会第四次代表大会上,中国现代文学馆宣告成立;3月26日,中国现代文学馆开馆典礼在北京市海淀区万寿寺西院隆重举行。2000年5月23日,中国现代文学馆迁至北京市朝阳区慧忠庵永久新址,由江泽民主席题写馆名,同日,"中国现代文学馆"对外开放。如果从1981年现代文学馆开始筹备算起,近4年的筹备时期,巴金、叶圣陶、冰心、胡耀邦、胡乔木、周扬、白介夫、江泽民、邹家华、丁关根等为之下了大力气,值得记入历史。

1985年1月5日,在中国作家协会第四次代表大会上,中国现代文学馆宣告成立;3月26日,中国现代文学馆开馆典礼在海淀区的一所古建筑万寿寺西院隆重举行。成立现代文学馆的首倡者、时年81岁的巴金主持仪式,胡乔木、邓力群、王蒙、胡风等二百多位社会知名人士莅临。屈指算来,中国现代文学馆已经走过了30年的历程。

2000年5月23日,由江泽民主席题写馆名的"中国现代文学馆"开馆仪式,在北京隆重举行,同日,"中国现代文学馆"对外开放。

30年来,两次开馆仪式,馆址从局促的万寿寺移到占地2.4万平方米的永久新馆,这一事实本身就是现代文学馆30年发展历程的坐标。而如果从1981年现代文学馆开始筹备算起,近4年的筹备时期,同样可圈可点,值得记录历史。

胡乔木与文学馆的选址

1981年,巴金的建议在报刊披露后,胡乔木就是这个建议的热情支持者。这年的4月13日,他在给当时的文化部副部长贺敬之的信中,专门谈到了这件事:

> 巴金提议成立新文艺资料馆,这个意见他也跟我说过,我觉得很好,表示愿意尽力支持。听说荒煤同志也很赞助。不知有没有着落?有没有希望?
>
> (《胡乔木书信集》,人民出版社2002年版)

胡乔木时任中央书记处书记,主管文化意识形态的工作。在信中,他对建立文学馆所表露的支持态度,无疑使中国作家协会关心支持巴金这一建议的同志感到欣慰。中央主管领导有"愿意尽力支持"的态度,剩下的就是中国作家协会给中央的报告了。所以,才有7天后的4月20日,中国作家协会召开主席团扩大会议,专门讨论文学馆的筹建问题并给中央报告的举动。

建立文学馆的事情定下来以后,第一件大事就是选定馆址。首倡此议的巴金,也很关心这个事情。

1981年10月13日,胡耀邦在北京宴请从巴黎国际笔会回来的巴金。席间,巴金也向胡耀邦表达了建立现代文学馆的重要性,并请求胡耀邦予以支持。胡耀邦当然表示支持。胡耀邦和巴金的谈话,正在外地休养的胡乔木听说后,很想知道确切情况。11月6日,他在给秘书黎虹的信中说:

> 陈沂同志告:林默涵告他,据巴金女儿说,耀邦同志宴请巴金同志一行(在席间答应将宋庆龄故居拨给新文学资料馆,并由中央拨给经费,还说以后有什么问题可直接来北京解决),望询问胡与他谈话详情。
>
> (《胡乔木书信集》)

黎虹按照胡乔木的要求,找到胡耀邦的秘书了解详情:

胡耀邦的秘书对我说，胡耀邦答应巴金说，中央可以拨一些资金，但没有说要将宋庆龄故居作为馆址；至于拨多少钱，耀邦也没有说具体数目。我了解情况后才知道，原来是传走样了。我把详细情况向乔木作了报告。

（2002年9月2日电话采访黎虹记录）

胡乔木知道，馆址的选定，牵涉到与北京市委有关领导的沟通问题，以中国作协之力，恐难以完成。所以，他对此事十分关注。现任中国现代文学馆馆长舒乙回忆说：

乔木同志为这件事下了大力气，整整花了一年半的功夫，方得以解决。现在，发现了大量档案材料，是当时中央和北京市之间来往书信文件，每一件都是最后归到乔木同志那里，由他定案。房子几经周折，开始选在西郊的潭柘寺，后来是颐和园的"藻鉴堂"，最后选定万寿寺的西院。

（舒乙：《胡乔木和中国现代文学馆》，《新文学史料》1997年第3期）

我手头就保存了一封胡乔木为现代文学馆的选址问题给周扬的信，可以为舒乙的回忆提供佐证。

周扬同志：

关于新文学资料馆事，经多次交涉，北京市已允拨给房屋做建馆之用，张光年同志亦已表示同意。潭柘寺离市区虽路远，但汽车交通亦只需五六十分钟，而且房屋完好，环境优美，只须安装暖气，此事北京市亦已同意协助。但后来光年同志卧病，作协同志又嫌地方僻远，不愿接受，陷入僵局。我本以为事情已在进行，预备函告巴金同志，不料另生枝节，使我亦无法再向北京市和巴金同志开口。此事望直接过问，使其早日实现。文学资料馆本非商场，离京稍远有什么克服不了的困难？何必都挤在闹市？我如有暇，很想到该寺看看，究竟有什么不能解决的问题，可惜这个时间很难定下来。君毅同志原亦答应市委当派负责同志陪我去看看，只因光年已同意，我托付给他了。

胡乔木(1982年)二月二十日

从信中看,文学馆最早的馆址是潭柘寺。能把馆址选在这里,还是胡乔木和北京市副市长白介夫协调的结果。

“文化大革命”前,白介夫与胡乔木的夫人谷羽同在中国科学院工作,关系比较熟。白经常到胡乔木家里,一来二往,与胡乔木也很熟了。在给现代文学馆选址时,胡乔木自然找到了在北京市任秘书长(稍后任北京市副市长)的白介夫。白介夫回忆说:

> 我当时是北京市的副市长,分管文物局。巴金提出倡议后,乔木同志很重视的。我几次听乔木同志讲,巴金这么大岁数了,提出了这样的建议,这个建议是好的,对国家是有益的,尽量早一些解决。
>
> 解决这个问题,最大的困难是选定馆址。乔木同志指示后,市里决定由我负责。我分管文物局,就让文物局给想办法腾出一个地方。文物局的同志经过认真的考察,开始选定在潭柘寺。报告乔木同志后,乔木同志还是满意的。但是,作协的同志不太同意。
>
> (2001年8月8日采访白介夫)

作协的同志不同意的原因是:嫌地方太远。张僖告诉我:

> 筹建现代文学馆,在当时是个大事。因为我是作协秘书长,所以很多具体工作就由我来跑腿。关于选址问题,很麻烦的,前后选过几个地方。刚开始选在潭柘寺。我去看过,张光年同志也同意。可是,作协一些同志觉得太远,上下班不方便,而且资料利用也不方便,就希望换一个地方。
>
> (2001年12月14日采访张僖)

胡乔木信中说:对于潭柘寺的地点,当时的作协党组书记“张光年也同意”,张僖也是这样认为的。但是,后来在作协同志的要求下,张光年也不得不同意作协的要求。张光年日记中记载此事说：

> （1982年）1月18日，晚朱子奇来。谈文学馆房子问题，正代我拟稿致函乔木、（冯）文彬促进。

（张光年：《文坛回春纪事》（下），海天出版社1998年版）

看来，朱子奇代替张光年“拟稿”给胡乔木的信，内容就是希望更换馆址的，所以，才有2月20日胡乔木给周扬的信。

显然，作协的这种“另生枝节”让胡乔木很为难。胡乔木在信中叙述了潭柘寺的种种好处后，语出无奈：“我亦无法再向北京市和巴金同志开口”了。他在信中希望周扬“直接过问，使其早日实现”。

多方协调馆址落户万寿寺

周扬时任中宣部主管文艺的副部长、中国文联主席，现代文学馆的筹建，正是在他管辖范围之内的事。接到胡乔木的信后，周扬自然要找作协的同志进行协调：

> 周扬同志找我了解了一下情况，我把作协的意思向他汇报了，并告诉他光年同志也希望另选一个地方。周扬同志说，再和作协的同志商量商量，如果能在潭柘寺当然更好；如果确实要另外选址，你们再和北京市的同志沟通一下，态度要积极，尽量早定下来。并说，不要再劳烦乔木同志了。

（2001年12月14日采访张僖）

张僖自然将周扬的意见带回作协研究。而作协所能做的，就是向北京市说明作协更换馆址的想法。为此，作协书记处书记朱子奇就找了北京市委副书记贾庭三，并致信周扬作了汇报：

> 周扬同志
>
> 今天上午我和孔罗荪同志去看了贾庭三同志。准备下

午去向乔木同志汇报关于筹备文学馆的房子问题，并说明我们不是反对在潭柘寺。贾庭三同志听了我们谈的情况认为潭柘寺和乔木同志主动提的颐和园房子都是不适合的，那些地方只能作为休养所或写作场所，而且也要几年才能用。他说，这个问题，他已向段君毅报告过，由副市长赵鹏飞同志负责解决。赵是分工管房子的，他在国外访问，月底返京，贾表示，等赵回来后面商如何解决好。

我已将以上情况向乔木同志处汇报过。乔木同志表示北京同意设法解决，至于究竟在哪里适合他没有意见。我说，遇到困难再向他报告。

关于中外文学交流情况及问题和专家们对作协房子状况的意见，正整理中。日内送上，请考虑转报中央领导同志参阅。

敬礼！

朱子奇二月二十日

由此看来，北京市倒是积极配合的。具体做事的还是白介夫：

既然作协有这个要求，就只能另选地方了。几经周折，后来，文物局的同志告诉我，只有万寿寺可以考虑。我到万寿寺看了，西楼的前面有许多民居，后殿可以作为馆址。作协的同志也来看了，觉得还可以。我报告乔木同志后，乔木同志亲自来考察。看后觉得不是很理想，但认为总算解决了问题。

（2001年8月8日采访白介夫）

尽管周扬不想让作协再劳烦胡乔木，但是乔木对此事还是很关注。白介夫的回忆，可以从张光年日记中得到印证：

(1982年)4月20日，上午乔木同志的秘书黎洪来电话，说北京市答应将紫竹院附近万寿寺西院（曾被总政文工团占用起火）的房屋约二十间拨给文学馆，副市长白介夫昨天带他去看过，修一下可用。他要我找白面谈。我为此打电话给李枫，李说罗荪明天返京，再约一同去看白介夫。

（《文坛回春纪事》）

胡乔木的秘书黎洪，也记得当时的情况：

把馆址选定在万寿寺，作协的领导同志也勉强同意了。说勉强，是因为当时作协的想法是，希望中央拨出一笔钱，新盖一幢楼，这样既解决了作协的办公地点，又有了现代文学馆的馆址，作协也便于管理。可是，当时国家资金是紧张的。考虑到这一情况，乔木认为，目前只能先选定一个地方，过渡几年，等有钱了再盖新馆。

（2002年9月2日电话采访黎虹记录）

这样，中国现代文学馆的馆址最后选定在万寿寺西院。随后，胡乔木致信巴金，告诉他馆址已落实的事情。

但是，当时万寿寺西院有一部分房子，总政歌舞团在使用。为了让总政歌舞团腾出房子。这年的7月7日，胡乔木专门给时任中央军委副主席的杨尚昆写信，请他协调解决。

远在上海的巴金接到胡乔木的信后，很高兴。但是，在与总政协调的过程中，颇费了一些时日。这种耽搁，让巴金很不安，担心再生变故。于是，又写了一篇文章，呼吁促成此事。巴金的文章还是在香港《大公报》上发表，题目是"再说中国现代文学馆"。在文章中，巴金语出无奈地写道：

文学馆的招牌早已由八十八岁老人叶圣陶同志写好，就是找不到地方挂出来……我们目前需要一所房子……可是在偌大的北京城却找不到我们需要的房子。我们要求过，我们呼吁过……。有一天我收到了北京的信，说是房子已经解决，作协的人看过了同意接受，我白白高兴了两个星期，甚至一个月，后来才知道房子里的人不肯搬，我们也无法叫他们搬走，这就是说我们只好望梅止渴了，那么就等待吧。但是要等到什么时候呢？

在文章的最后，巴金有些按捺不住的激动，以发牢骚的方式再次呼吁说：

> 过去的事情已经过去了。在摧残文化的十年梦魇中我们损失了多少有关现代文学的珍贵资料，那么把经历了浩劫后却给保留下来的东西搜集起来保存下去，也该是一件好事。去年在隆重纪念鲁迅先生诞生百年的时候，我曾经这么想过，先生不见得喜欢这种热闹的场面吧。用现代文学馆来纪念先生或许更适当些。先生是我们现代文学运动的主帅，但他并不是"光杆司令"。倘使先生今天还健在，他会为文学馆的房子呼吁，他会帮助我们把文学馆早日建立起来。

> 胡乔木读到巴金的文章后，10 月 7 日，又将这篇文章转送给白介夫。10 月 10 日，白介夫写信给胡乔木，报告说：已通知市文物局，决定下星期和占房单位办理交接手续，随即和文学馆商定使用协议。
>
> 三个方面一齐努力，房子终于彻底解决了。
>
> （《胡乔木与中国现代文学馆》）

1982 年 10 月 16 日，"中国现代文学馆筹建处"在北京万寿寺西院正式成立。胡乔木前往祝贺，亲自为它挂牌，并发表了讲话。周扬、贺敬之、华楠、王政柱、刘导生、张大中、刘白羽、艾青、曹禺等知名人士，也一同参加。

巴金首倡应者如云

1981 年 2 月 14 日，巴金在香港发表的系列文章《创作回忆录》的第十一节的《后记》中，在谈到搜集资料、抢救资料的重要性时，第一次正式提出了建立中国文学资料馆的动议。3 月 12 日，《人民日报》附编者《后记》，转发了这篇文章。在文章中，巴金说：

> 我们过去太轻视这一类的工作，甚至经常毁弃资料。在“文化大革命”中不少有关我国现代文学的重要资料化成灰烬。我听说日本东京有一所“近代文学馆”，是作家们自己办起来的。我多么羡慕日本的作家。我建议中国作家协会负起责任来创办一所中国现代文学馆，让作家们尽自己的力量帮助它完成和发展。倘使我能够在北京看到这样一所资料馆，这将是我晚年的莫大幸福，我愿意尽最大的努力促成它的出现，这个工作比写五本、十本《创作回忆录》更有意义。

《人民日报》的编者《后记》，十分重视巴金的倡议。这一倡议，立即在国内外引起了强烈反响。

茅盾、叶圣陶、夏衍、冰心、丁玲等老作家纷纷赞成和支持。孔罗荪、臧克家、曹禺、唐弢、周而复等著名作家，纷纷发表文章以示响应。4月20日，中国作家协会主席团扩大会议召开，会议讨论了筹建现代文学馆的问题，巴金提出，他准备献出稿费十五万元作建馆基金，并愿捐出自己的全部手稿和有关资料。会议决定中国现代文学馆由巴金、孔罗荪任荣誉馆长并报中央批准。经中共中央宣传部批准，由中国作家协会筹备。

巴金的倡议，也得到了当时的中央领导同志的肯定。胡耀邦在这一年的10月13日接见巴金等时，对建立中国现代文学馆表示热情关怀和支持，并作了重要指示，说这是建设社会主义精神文明中的一件很有意义的工作（《人民日报》1981年10月17日）。12月，中国作家协会主席团会议决定由巴金、谢冰心、曹禺、严文井、唐弢、王瑶、冯牧、孔罗荪、张僖9人组成“中国现代文学馆筹备委员会”，孔罗荪任主任委员。

1982年2月15日，中国现代文学馆筹备委员会在北京召开第一次会议，宣告中国现代文学馆筹备委员会成立。虽然巴金因故未出席，但他在当日与北京作家协会的同志通了电话，对中国现代文学馆筹建处的成立表示高兴。

中国现代文学馆的筹备委员会将馆址选在了北京西郊万寿寺西院。将馆址确定在这里，是中国作家协会与北京市委协商的结果。在此期间,胡乔木付出了极大的热情和精力。

第一次开馆仪式

经过了三年的筹建,1985 年 3 月 26 日,中国现代文学馆正式开馆。巴金在家人的搀扶下,同历经命运坎坷的文艺界元老耆宿夏衍、胡风(由梅志陪同)等人步上石阶,走入这座梦想成真的“文学殿堂”。他们欢聚在一起,共叙文坛此一盛事。

在叶圣陶亲书的“中国现代文学馆”门前,中国作协主席、中国现代文学馆名誉馆长巴金主持了开馆典礼。在热烈的掌声中他激动地说:“中国文学队伍是一支强大的力量,中国现代文学馆的成立将会证明这一点。”“我相信中国现代文学是一股强大的力量,文学馆的存在和发展就将证明这个事实。我又病又老,可以工作的日子也不多了,但是只要我一息尚存,我愿意为文学馆的发展出力。我想,这个文学馆是整个集体的事业,所以是人人都有份的,也希望大家出力,把这个文学馆办得更好。”

一直关注此事的胡乔木,也出席了开馆仪式,并代表党中央发表了讲话。他在讲话中说:

> 中国现代文学馆的工作在中国历史上还没有前例。今后怎样工作,当然会有很多复杂的问题,对于这方面,各位文学界的前辈、先进会提出很多宝贵的意见。我只是希望文学资料馆能够越办越好,能够越办内容越充实,能够在中国现代文学事业上留下永远不可磨灭的、重要的地位,发挥越来越大的作用,而且对其他姊妹艺术界建立同样的机构起一个促进的作用。

在提出希望后,胡乔木并表示:巴金同志的建议首先是向胡耀邦同志提出来的。我愿意代表党中央表示:在文学馆今后的工作当中,凡是需要党中央帮助的地方,我们一定尽力地给予无保留的支持。(胡乔木:《在中国现代文学馆开馆典礼上的讲话》,载《胡乔木谈文学艺术》,人民出版社 1999 年 9 月版)

胡乔木是这样说的,也是这样做的。1988 年 10 月,胡乔木到上海看望巴金。一直惦念文学馆发展的巴金,请胡乔木回京后替他到文学馆看看,如果有什么困难,就帮忙解决一下。

胡乔木在回京后的第二天,一大早就来到文学馆,并表示是"奉巴老之命前来帮忙的"。在馆内人员的陪同下,胡乔木仔细地查看了全馆每一处库房和展室,并和馆内负责人座谈。通过座谈,胡乔木认为文学馆有两大问题:一是管理体制问题,二是馆址问题。对于馆址问题,胡乔木认为,在永久馆址没有得到解决以前,暂在万寿寺西院不动。对于管理体制的问题,他主张文学馆由两家共管,一家是国家档案局,管文学馆的财政事业费来源,另一家是中国作家协会,管文学馆的业务归口。这样,文学馆既能解决自己的财政困难,又能和作家们保持最密切的关系,比目前单独由作协一家领导有利得多。

尽管文学馆的同志认为胡乔木的这个思路非常好,但在实际运作中却并没有得到实行(《胡乔木和中国现代文学馆》),但是,胡乔木在现代文学馆建设过程中所付出的心血,至今也是令人感念的。

巴金上书江泽民永久性馆址确定

中国现代文学馆在经历了十多个春秋的艰苦创业后,藏品增多,规模扩大,作为过渡性馆址的万寿寺已阻碍了其发展。文学馆在开头的几年,因财政部所拨开办费的支持,工作幅度较大,藏品的增加也比较可观。但是,业务经费的捉襟见肘是已成的事实,不必讳言。临时性馆舍既占用了文物场地,又使得文学资料的现代化管理很难实现,也是显然的。巴金预见到此点,从1985 年开始便一再地提出建设永久性馆址的问题,进入 1990 年代后,巴金以他固有的执着,继续推动此事,并为此给时任总书记的江泽民上书,要求为文学馆盖新馆:

尊敬的江泽民同志:

最近我收到中国现代文学馆的来信,对文学馆目前遇到的困难，我感到很不安。归结起来最迫切的是解决馆舍的问题。这件事已经拖了好几年，但至今尚未落实。

建立中国现代文学馆是我一生最后一个工作，我愿意把我最后的精力贡献给中国现代文学馆，我相信它的前途非常广阔。这是表现中国人民美好心灵的丰富矿藏，它可以增强我们的民族自豪感，提高对我们民族精神的认识。我不愿意看见它夭折。它眼前又不少困难，需要大家的支持；也盼望能得到您的帮助，请您过问一下，在新馆址未落实之前，希望仍一如既往让中国现代文学馆在万寿寺西院安身，不实行有偿借用。

我又老又病，写字困难，请原谅。一切拜托了，敬候批复。

此致敬礼

巴金

一九九三年一月三日

附上中国现代文学馆来信。

同年2月22日，冰心也向时任国务院副总理的邹家华致信，表示赞同巴金的建议。

接到巴金的信后，江泽民很重视。从现代文学馆保存的档案看，1月7日，江泽民即批示："请关根同志约请家华、希同同志一道商量一次，结果望告。"1月8日，邹家华即圈阅；1月11日，丁关根批示："请先送铁映、家华、希同同志阅。请中办帮助安排一个时间商谈。"2月4日，陈希同圈阅。

时任中宣部部长的丁关根批示，中央宣传思想工作领导小组秘书组立即对现代文学馆反映的情况作实地调查，并提出解决问题的具体意见。2月22日，邹家华副总理根据调查组提出的意见批示：同意建新馆；在新馆建成前，暂允中国现代文学馆继续无偿使用万寿寺西院为临时馆址；现代文学馆在借用期间要保护好文物。

4月9日，在收到有关部门的情况报告后，江泽民亲自给巴金复信：

巴老：

今年元月三日来信，早已收悉。随即批转有关部门研处。现收到处理情况的报告，送上请过目。专此即颂康好！

江泽民

一九九三年四月九日

同一天，江泽民还特意致信邹家华和陈希同，督促落实：

家华、希同同志：

现收到对巴老来信处理情况的报告，望能关心予以落实。巴老不轻易提出什么要求。他是一位中国比较有影响的老作家，何况也是为了文学事业的需要。世界不论哪个文明国家，总是要拿点钱出来支持文艺工作的。务望予以继续支持。

专此即颂　敬礼。

江泽民

一九九三年四月九日

信中，江泽民在“望能关心予以落实”，“务望予以继续支持”下勾出重点线，予以强调。

5 月 12 日，邹家华批示：请锦华同志阅示，请计委商作协，落实新馆立项和建设问题。并请希同同志阅示。

这样，在中央的直接推动下，得到北京市的协助，经过项目论证、规划，确定了如今的北京东北部慧忠庵的新址。当巴老得知已获准建新馆的消息后，他脸上又一次露出了欣慰的微笑说：“有希望了。”

江泽民再次批示新馆建设日新月异

但是，新址确定下来，现代文学馆的新馆建设也并没有一帆风顺。首先摆在面前的是两个突出的问题：一是设计方案与进度问题；二是土地、税收费用过高，仅有投资难以支撑。巴金老闻此消息后，十分焦急，于1995年3月27日又一次上书江泽民总书记：“谢谢您对中国现代文学馆事业的关心和支持。”“围绕着工程建设，目前仍存在着不少困难，令我十分焦虑，为此，我请您再次过问一下。”巴金对工程性质、税收、土地费、资金困难等具体问题，分列四条直报总书记，然后又在信中认真对总书记说：“中国现代文学馆是加强精神文明建设的重点工程，需要各方面的积极配合和支持。我赞赏您在批示中强调的‘望能关心予以落实’，‘务望予以继续支持’。我还是那句话，文学馆是我最后一项工作，我盼望在我有生之年，能亲眼看到新馆的落成。”

1995年4月7日，江泽民收到此信后，再次当即批示有关部门予以落实。1995年4月中宣部、中国作协相关领导同志立即拜访了北京市委市政府有关领导，转达了总书记的批示，共商减免土地开发费用问题。

这年4月，时任中宣部副部长、中国作协党组书记的翟泰丰，同现代文学馆馆长李準、常务副馆长舒乙带着一个设计在沙盘上的现代文学馆模型、专程来到巴金的病室，巴金坐在轮椅上仔细地望着展示在他面前那座未来的现代文学馆模型，认真地听着舒乙的讲述。他断断续续地说道：“五四以来的现代文学，就是把中国人民的心灵表现出来。”他已经很多年没讲过那么长的话了，显得有些激动，停了一会儿他接着又说，“人生要有理想，我写作七十年，就是靠理想……我就是对拜金主义很反对。”在场者无不被巴金这番发自肺腑的话语所打动。

1995年6月30日，翟泰丰按照丁关根批转总书记的批示，又以中宣部的名义约请国家计委、税务总局、北京市政府，围绕落实江泽民总书记的关于现代文学馆重要批示，共同商酌对：1. 现代文学馆选址，2. 工程前期经费，3. 工程设计进度，4. 减免税收、压缩土地费，5. 工程投资，6. 工程施工等重大问题做出了具体决定，并报告中央办公厅。此次会议后，经各方面共同努力，六个问题都不同程度地得以落实，国家计委相关领导提出了关于新馆设计要突出文化建筑的特点，既是传统的又是现代的园林化工程新的设计思想,并得到各方面支持。同时根据文学馆功能,又增拨占地67万平方米,当年拨出工程前期费用200万元。计委给了大力支持,北京市政府也积极协助,工程进展加快。1996年完成新设计,1997年11月开工,1999年9月整个建筑主体工程全面竣工。(翟泰丰:《我与巴金老人的往来》,《中国作家》2003年第12期)

1996年11月25日,中国现代文学馆举行了新址奠基仪式。巴金高兴地发来贺词:“我因病不能远行,但我的心和你们在一起。我希望:方方面面,齐心协力,快一点建好,拜托了!”冰心也写来贺信:“今天,我得知:中国现代文学馆新馆奠基了,我非常高兴。请接受我衷心的祝贺。我愿意在我有生之年看到新馆的建成和揭幕。”

2000年5月23日,环境幽雅、园林式建筑风格的中国现代文学馆举行了隆重的开馆仪式。深卧病榻的巴金无法走进挚爱的新馆,然而他在对新馆图片反复的抚摸和端详中早已熟知了这里的点点滴滴。开馆仪式上宣读了巴金的贺信,引发了长时间热烈的掌声。每一位到馆中的人,都会荣幸地与巴金握手——每个门的把手都是按照巴金的手模制作的。

如今,这座文学圣殿已经走过30年历程了,接待了成千上万的参观者。当人们在触摸经典的同时,不会忘记巴金的倡导之功;而在回望建馆的历程时,人们同样也不会忘记胡乔木、周扬、白介夫、翟泰丰等人在这一历程中的重要作用,更不会忘记中央总书记江泽民对文化建设的重视。

(原载2015年1月28日《中华读书报》)

2015 年度逝世文学艺术家

吕雷同志逝世

著名作家,中国作家协会主席团委员,广东省作家协会原副主席、原党组成员吕雷同志因病于 2015 年 1 月 1 日在广州逝世,享年 68 岁。

吕雷,1947 年 3 月出生于重庆,籍贯广东惠东。1968 年参加广州生产建设兵团,历任农工,茂名石油工业公司工会干事,广东省作家协会专业作家,文学创作一级。1986 年毕业于中国作家协会鲁迅文学院第八期。1988 年毕业于北京大学中文系作家班。曾任广东省作家协会副主席、一级作家、中国作家协会全国委员会委员、享受国务院特殊津贴专家、广东省政协委员。

1972 年开始发表作品,1982 年加入中国作协。著有长篇小说《大江沉重》(合作)、小说集《浪尖上的信笺》、电视剧本《炫目的海区》等多部作品。《海风轻轻吹》《火红的云霞》分获 1980 年、1982 年全国优秀短篇小说奖,长篇报告文学《国运——南方纪事》获中宣部第 11 届“五个一工程”优秀作品奖,1988 年获庄重文文学奖。

阿红同志逝世

辽宁省作家协会原副主席、顾问阿红同志，因病于 2015 年 1 月 1 日在沈阳逝世，享年 87 岁。

阿红，原名王占彪，陕西华阴人。中共党员。1952 年毕业于南京大学中文系。历任辽宁省作家协会书记处书记、副主席，《处女地》《文艺红旗》《鸭绿江》等杂志编委、编辑部副主任，《当代诗歌》副主编、主编，编审。辽宁省作家协会顾问，中国诗歌学会理事，辽宁省新诗学会副会长。1988 年曾获中国作家协会文学期刊优秀编辑奖，享受政府特殊津贴。

阿红 1950 年开始发表作品，1979 年加入中国作家协会，著有诗集《淮河——我心中的河》《窗外不是梦》，诗论集《漫谈诗的技巧》《探索诗的奥秘》，以及散文、小说等多部作品，其诗作被翻译成多种文字。

吕剑同志逝世

中国文学杂志社原编委吕剑同志，因病医治无效，于 2015 年 1 月 2 日在京逝世，享年 95 岁。

吕剑，原名王聘之。山东莱芜人。1935 年毕业于山东博山颜山初级中学。1943 年于重庆加入中国抗敌文协，历任文协昆明分会常务理事，文协港粤分会理事，昆明《扫荡报》副刊主编，香港《华商报》副刊主编，《中国诗坛》编委，北方大学艺术学院教师，华北大学文艺研究室研究员，随军记者，《人民文学》编辑部主任、诗歌组组长，《诗刊》《中国文学》编委。中华全国文学艺术工作者第一、四、五次代表大会代表，中国作协授予文学编辑荣誉证书。

1938 年开始发表作品。1949 年加入中国作家协会。著有诗集《进入阵地》《英雄碑》《溪流集》《喜歌与酒歌》《吕剑诗集》《吕剑诗存》《吕剑诗钞》，旧体诗集《倾盖集》（合作），散文杂文集《一剑集》《吕剑之卷》《双剑集》《燕石集》，诗论集《诗与斗争》、《诗与诗人》等。

曾敏之同志逝世

中央政府驻港联络办广东联络部离休副厅级干部、香港《文汇报》原副总编辑曾敏之同志，于 2015 年 1 月 3 日逝世，享年 98 岁。

曾敏之，笔名望云，祖籍广东梅县，生于广西罗城，30 年代末走上文坛，在桂林等地从事散文和报告文学创作。1941 年出版第一个散文集《拾荒集》。《烧鱼的故事》是他早期散文的代表作，通过溶江边上一个农家少女烧鱼的生活片段精确而感人地描述了战时乡间人们的心态。1942 年起在《大公报》任记者，积极投身于大后方的抗日救亡文化工作。

1946 年起任重庆《大公报》采访主任，写了不少专访和特写，其中《闻一多的道路》《十年谈判的周恩来》都是当时很有影响的文章。1949 年后在广州从事鲁迅研究和古典文学研究。1960 年到暨南大学中文系任副教授，并发表了几十篇文艺理论文章，还在香港报刊上发表有关古典诗词欣赏的专栏文章。1978 年冬到香港出任《文汇报》副总编辑。1979 年加入中国作家协会，继续从事散文、杂文创作，1982 年后连续出版了两部论诗的专著。1988 年当选为香港作家联谊会主席。

王啸文同志逝世

中国社会主义文艺学会副会长王啸文同志于 2015 年 1 月 12 日因病在北京逝世，享年 68 岁。

王啸文同志曾任《北京青年报》记者、编辑、新闻部主任，《文艺界通讯》(中国文联理论研究室主办)编辑，《当代电视》编辑、副主编、主编；编审；享受国务院政府特殊津贴；著有小说、报告文学集《龙涎》，电视文艺审美散论集《阅览时空》等。

桂向明同志逝世

桂向明同志因病医治无效，于2015年1月18日在江西玉山逝世，享年83岁。

桂向明，笔名绿笥。1933年5月出生，江西贵溪市人。1950年结业于南昌大学政治专业。历任解放军五十一军政治部直属政治处干事，湖北军区后勤部见习参谋，宜昌专区干部文化学校教师，古城中学教师、教导处主任，玉山第二中学教师。

1965年开始发表作品。1994年加入中国作家协会。著有新诗、散文诗集《如果我十九岁》《中国的十月》《灵魂在高唱》《人淡如菊》《痕迹》《春风词笔》等。曾获江西省首届《谷雨》文学奖、第四届北京杂文奖二等奖等。

李小雨同志逝世

中国共产党优秀党员，当代著名诗人，诗刊社原常务副主编、中国诗歌学会副会长李小雨同志，因病于2015年2月11日在北京去世，享年64岁。

李小雨同志1951年10月26日生于河北省丰润县，在父亲李瑛的影响下，自幼接触诗歌。1969年到河北农村插队落户，两年后参军，在铁道兵基层单位当卫生员，发表第一组诗歌《采药行》。1976年起到《诗刊》编辑部工作，历任编辑、编辑部主任、副主编。1983年加入中国作家协会。先后在《诗刊》《人民文学》《人民日报》《上海文学》等各地报刊发表诗作。曾在中国作家协会文学讲习所学习。曾任《诗刊》常务副主编、中国诗歌学会副会长兼秘书长。

主要作品有诗集《雁翎歌》《红纱巾》《最后一分钟》等。曾获得过首届庄重文文学奖、第二届铁人文学奖等，作品被译为英、法、意、日、韩等文字。

柳杞同志逝世

北京军区政治部创作室原副主任柳杞同志，于2015年2月12日在京逝世，享年94岁。

柳杞，原名蔺风萼，后改名蔺柳杞，又名柳杞。山东郯城人。中共党员。1937年肄业于临沂师范。1938年参加八路军，历任晋察冀军区《抗敌三日刊》编辑，冀察军区司令部军事报道员、政治部宣传科科长，华北第二纵队政治部宣传部部长，《解放军文艺》副总编辑，邯郸军分区副政委，北京军区创作室副主任。

柳杞1937年开始发表作品。1956年加入中国作家协会。著有长篇小说《长城烟尘》《战争奇观》，中篇小说《山径崎岖》，短篇小说集《好年胜景》《苍苔履痕》，散文短篇集《九尽杨花开》《安适小屋》《柴沟堡的除夕夜》等。《长城烟尘》获文学创作奖。部分作品选入相关选集并译有外文版本。

黎汝清同志逝世

南京军区政治部创作室原创作员黎汝清同志，因病医治无效，于2015年2月25日在南京逝世，享年88岁。

黎汝清，山东博兴人。中共党员。1944年参加革命工作，参加过昌潍战役、济南战役、淮海战役、渡江战役，历任上海警备区宣传副股长，医院副政委、党委秘书、教导员，15师直工科副科长，江苏省第六届政协委员。曾立二等功三次，三等功三次。享受政府特殊津贴。

黎汝清1979年加入中国作家协会。著有长篇小说《海岛女民兵》《冬蕾》《万山红遍》（上、下）、《叶秋红》（上、下）、《故园暮色》《故园夜雨》《芳茗园之夜》等，儿童文学集《秘密联络站》，诗歌散文集《在祖国的土地上》《青风岩》《战马奔驰》，中篇小说《我守卫在桃花河畔》《自由》，电影文学剧本《小号手》《海霞》，评论集《黎汝清研究专集》等。长篇小说《皖南事变》

获1988年华东文艺图书奖一等奖及全国第二届图书奖金钥匙奖，《黄洋界上》获全军第三届文艺新作品一等奖，电影文学剧本《长征》获1988年华表奖、第二十一届《大众电影》百花奖。

孟伟哉同志逝世

中国作协名誉委员，中国文联原党组副书记、秘书长孟伟哉同志，因病医治无效，于2015年2月26日在京逝世，享年82岁。

孟伟哉原名孟全，笔名小剑。祖籍山西洪洞。1948年参加中国人民解放军。1951年参加中国人民志愿军。1958年后在中国人民大学任教。1964年借调至中宣部文艺处。1973年到人民文学出版社工作。先后任过《当代》杂志副主编，人民文学出版社副总编辑，中共青海省委宣传部副部长及省文化厅厅长、党组书记，人民文学出版社社长、《当代》主编，中央宣传部文艺局局长，中国文联党组副书记兼秘书长。为全国第八届人大代表，全国人大教科文卫委员会委员。1979年加入中国作家协会，曾任中国作家协会第四届理事、第五届全国委员会委员。

在部队期间开始写作，1950年开始发表散文、通讯。1954年发表了第一个短篇小说《两个通讯员的故事》。后到天津南开大学中文系学习，并陆续发表一些小说、诗歌和文艺论文。著有长篇小说《昨天的战争》《访问失踪者》，中篇小说《夫妇》《黎明潮》，短篇小说《归途》《一百名死者的最后时刻》《战俘》等百余篇，作品集《孟伟哉诗选》《孟伟哉小说选》，论文评论集《作家的头脑怎样工作》，散文集《人在风云幻化中》等。《一座雕像的诞生》获首届解放军文艺奖。

刘茵同志逝世

人民文学出版社专家委员会委员、《中华文学选刊》杂志社原常务副主编编审刘茵同志，因病于2015年2月28日在京逝世，享年 79 岁。

刘茵陕西渭南人。中共党员。1956 年毕业于兰州大学中文系。历任中共中央国际活动指导委员会干部，中央人民广播电台编辑，人民文学出版社诗歌散文组编辑，《当代》杂志编辑、编委等。《中华文学选刊》副主编。中国报告文学学会常务理事等。

刘茵 1954 年开始发表作品。1984 年加入中国作家协会。著有《徐曼小姐》《陆游》等散文、报告文学作品数十万字。报告文学《播鲁迅精神之火》（合作）获全国优秀报告文学奖、《当代》文学奖等。编辑作品多次获全国优秀报告文学奖、徐迟报告文学奖、鲁迅文学奖、全国五个一工程奖等。

袁阔成同志逝世

评书表演艺术家袁阔成于 3 月 2 日因心脏衰竭去世，享年 86 岁。

袁阔成出生于天津，出身评书世家，伯父袁杰亭、袁杰英和父亲袁杰武号称“袁氏三杰”，以擅说《五女七贞》而著名。自幼随父习艺，后拜金杰立为师，并得到陈士和的指点。14 岁（一说 16 岁）登台，长期在唐山、天津、哈尔滨、营口、北京等地献艺，以短打书《十二金钱镖》《施公案》享名。1949 年后带头说新书。1952 年在唐山说《吕梁英雄传》和《二五长征》等新书，政府曾奖励其一面锦旗。1958 年参加营口市曲艺团。参加全国第一届曲艺汇演时，表演的《舌战小炉匠》深受欢迎。1963 年表演的《许云峰赴宴》等新书，轰动一时，被誉为“说新书的带头人”。期间，先后在电台播讲演出了《烈火金钢》《林海雪原》《红岩》《赤胆忠心》《野火春风斗古城》等现代题材的新评书。1979 年在北京“建国三十周年献礼演出大会”上，表演的《桃花庄》受到文化部的奖励。从 20 世纪 50 年代到 80 年代，他久居辽宁营口市。

1981 年，应中央人民广播电台之邀，录制长达三百六十五讲的《三国演义》,1985 年播出后受到好评,荣获辽宁省人民政府 1983 年优秀文艺创作奖。1985 年调至中央人民广播电台文艺部工作。1988 年以来先后为中央电视台、中央人民广播电台录制《长坂雄风》《西楚霸王》和为北京电视台录制《红岩》,在中央人民广播电台音像出版社录制了《十二金钱镖》等。其作品《水浒外传》入选《中国十大传统评书经典》丛书。除了继承传统评书的传统技巧,袁阔成还首开现代评书的先河,他表演的《红岩》《林海雪原》等新书也颇受欢迎。

曾彦修同志逝世

人民出版社原社长、总编辑曾彦修同志,因病医治无效,于 2015 年 3 月 3 日在京逝世,享年 96 岁。

曾彦修,笔名严秀,四川宜宾人。1919 年生。1933 年入本县叙州联中读书,1935 年在重庆北碚兼善中学毕业。1936 年在北碚中国西部科学院地质研究所做初级练习生。1937 年上半年在成都联中(石室中学)读书。1937 年 12 月到延安,入陕北公学。1938 年加入中国共产党。1938 年 4 月后入马列学院学习、工作。1941 年夏调中央政治研究室工作。1943 年 3 月调中央宣传部。1949 年南下,任中共中央华南分局宣传部副部长、南方日报社社长。1954 年 3 月调北京,任人民出版社副社长兼副总编辑。1957 年划“右派”。1959 年摘帽。1960 年到 1978 年在上海辞海编辑所做编务工作。1978 年夏调京。后任人民出版社社长、总编辑等。1983 年申请退休。

1941 年开始发表作品。1955 年加入中国作家协会。著作有《平生六记》《严秀杂文选》《一盏明灯与五十万座地堡》《天堂往事略》《微觉此生未整人》《京沪竹枝词》,主编《中国新文艺大系杂文卷》等。

吕厚民同志逝世

中国文联荣誉委员、中国文联原副主席、中国摄影家协会顾问、杰出的摄影家和摄影组织工作者吕厚民同志，因病医治无效，于 2015 年 3 月 9 日在北京逝世，享年 87 岁。

吕厚民生于 1928 年 9 月 9 日，黑龙江省依兰县人。1948 年 3 月参加工作，翌年加入中国共产党。1949 年从东北电影制片厂调到北京电影制片厂，1950 年 1 月被组织上安排到中南海工作，主要任务是为第一代领导人拍照。曾任中国文联副主席，中国摄影家协会分党组书记、副主席，中华民族文化促进会副主席等职务。

吕厚民毕生在摄影创作的沃野上耕耘，有高尚的艺术追求和高超的艺术才华，用镜头永远留住了伟人的音容笑貌，凝固了许多珍贵的历史影像。曾为毛泽东、周恩来等党和国家领导人拍照，代表作有《欢送志愿军归国》《毛泽东与周恩来》《毛泽东打乒乓球》《周恩来与邓小平在颐和园》《毛泽东在书房》等。他广为流传的《毛泽东在庐山》系列，成为以自然风光表现当时中国时代背景和环境下党和国家领导人的经典形象。

申力文同志逝世

女作家申力文同志，因病医治无效，于 2015 年 3 月 12 日在京逝世，享年 68 岁。

申力文，笔名申力雯，女，出生于河北省秦皇岛市。1968 年插队，1970 年学习中医学。后历任北京灯市口医院中医科、北京东直门医院临床医师。1985 年开始发表文学作品，1992 年加入北京作家协会，1993 年加入中国作家协会。著有小说集《女性三原色》，散文集《京城闲妇》，杂文集《女人的穴位》，诗歌集《麦田之秋》等。中篇小说《女性三原色》获《当代》文学奖，《梅太太的宅院》获人民文学出版社红豆杯《当代》文学奖等。

孟波同志逝世

著名音乐家孟波因病医治无效，3 月 16 日在上海华东医院逝世，享年 99 岁。

孟波原名孟绥曾，江苏常州人。儿时孟波家附近有家澡堂，洗完澡的人们唱歌，给了他最初音乐启蒙。13 岁时，孟波只身来到上海打工。抗日战争爆发后，他结识吕骥、冼星海等人，并成为上海歌曲协会主要成员。曾任《大众歌声》编辑。1939 年加入中国共产党。后任新四军抗敌剧团团长，延安鲁艺教员、戏剧音乐资料室主任，延安中央管弦乐团指导员。建国后，历任中国音协天津分会主席，天津市文化局副局长，广州市文化局局长，上海市文化局、电影局局长，中国音协秘书长，上海音乐学院副院长，中共上海市委宣传部副部长，上海市文联副主席，中国音协第一、三届理事和第二届常务理事，音协上海分会副主席。

孟波于抗战期间开始音乐创作，主要作品有《牺牲已到最后关头》《高举革命大旗》等，参与创作电影文学剧本《聂耳》，著有传记文学《麦新传》。他还促成了小提琴协奏曲《梁祝》的诞生。

黄宗林同志逝世

江西省文联原党组成员、副主席黄宗林同志因病医治无效，于 2015 年 3 月 22 日在南昌逝世，享年 90 岁。

黄宗林，笔名中凌、星记。中共党员。1942 年开始发表作品。1984 年加入中国作家协会。著有《第二回锣鼓》《唐科长》《修改不完的规划》《醉汉》《从剪桃枝谈起》《回到生产岗位》等作品。《归浴》获江西省政府庆祝建国 35 周年文艺创作奖。

廖振同志逝世

广东省梅州市文联原副主席、市作协原主席廖振同志因病医治无效，于 2015 年 3 月 24 日在梅州逝世，享年 84 岁。

廖振，原名廖其光。1959 年开始发表作品。1986 年加入中国作家协会。著有小说《战斗的少年时代》《石头娃子》《送盐》《香蕉村的黎明》《游击区的小猎人》《猎人的爱情》《天猎》等。长篇小说《敌后少年军》获 1985 年广东省儿童文学优秀作品奖。

国丽霞同志逝世

中国共产党优秀党员、中国作家协会人事部主任国丽霞同志，因病医治无效，于 2015 年 4 月 25 日在北京逝世，享年 51 岁。

国丽霞同志 1964 年 11 月出生于内蒙古集宁。1987 年 7 月大学毕业。1996 年 3 月调入中共中央宣传部工作，历任干部局办公室副主任、主任，干部处处长，副巡视员。2012 年 9 月调入中国作协，先后任人事部副主任、主任。

国丽霞同志忠诚于党的事业，理想信念坚定，勤于学习思考，工作兢兢业业。胸怀坦荡，为人正直，组织纪律观念强，要求自己严格，在干部群众中有很高威信。她在中宣部工作期间，在加强宣传文化系统干部队伍建设以及干部局局内建设等方面做了大量富有成效的工作。调入中国作协后，她认真贯彻中国作协党组书记处的决策部署，任劳任怨，克服困难，积极努力开展工作，在干部配备、队伍建设和干部人事工作制度化建设等方面做了大量开创性工作。

汪国真同志逝世

中国艺术研究院文学艺术创作研究院文学艺术创作中心主任汪国真同志，因病医治无效，于 2015 年 4 月 26 日在京逝世，享年 59 岁。

汪国真，1982 年毕业于暨南大学中文系，1979 年开始发表作品。1991 年加入中国作家协会。1984 年发表第一首比较有影响的诗《我微笑着走向生活》。1985 年起将业余时间集中于诗歌创作，期间一首打油诗《学校一天》刊登在《中国青年报》上。1990 年开始，汪国真担任《辽宁青年》《中国青年》《女友》的专栏撰稿人，掀起一股"汪国真热"。

著有诗集《年轻的潮》《年轻的风》《年轻的思绪》《年轻的潇洒》《汪国真诗文系列》《汪国真爱情诗卡》《汪国真抒情诗赏析》等。曾获全国图书金钥匙奖。

姚振函同志逝世

河北省衡水市文联原副主席、作协名誉主席姚振函同志，因病医治无效，于 2015 年 4 月 28 日逝世，享年 76 岁。

姚振函，笔名阿涛、仄之。中共党员。1979 年开始发表作品。1986 年加入中国作家协会。著有诗集《土地和阳光》《我唱我的主题歌》《迷恋》《感觉的平原》《时间擦痕》等。曾多次获河北省文艺振兴奖。

李传根同志逝世

北京供销社农业公司原工会主席李传根同志，因病医治无效，于 2015 年 5 月 13 日逝世，享年 77 岁。

李传根，中共党员。1956 年开始发表作品。2006 年加入中国作家协会。著有长篇小说《飞将军刘善本》，人物传记《中国人民解放军高级将领传》第七卷《刘震》、《中共党史人物传》第三十九卷《刘善本》等。

陈志红同志逝世

南方日报出版社原社长、广东省作协副主席陈志红同志，因病医治无效，于 2015 年 5 月 21 日在广州逝世，享年 57 岁。

陈志红，女，中共党员。广西合浦人。1974 年赴农场当知青，后先后就学于中山大学哲学系、暨南大学中文系，为文学博士。毕业后到广东作协工作，历任广东省文联干部，省作协副秘书长，《当代文坛报》《南方周末》副主编，《南方日报》文艺部主任、文体新闻中心主任，南方日报出版社社长，高级编辑，广东省作家协会副主席，广东省文艺批评家协会副主席等职。

1984 年开始发表作品。1990 年加入中国作家协会。著有专著《自由的缪斯》《中国现当代小说中的知识女性》等，散文集《一人上路》《寻找青草地》等，报告文学《福乐之神》等。曾获全国女性文学奖、当代文学研究优秀成果奖、广东鲁迅文艺奖、广东新人新作奖等。

刘扬忠同志逝世

中国社会科学院文学研究所研究员刘扬忠先生，因病医治无效，于 2015 年 5 月 23 日逝世，享年 70 岁。

刘扬忠先生 1946 年 2 月出生，贵州省大方县人。1968 年毕业于贵州大学中文系，1970 年 5 月至 1978 年 9 月先后在贵州大方六龙中学和大方县师范学校任教。1978 年 10 月考入中国社会科学院研究生院文学系，师从吴世昌先生，毕业后留所从事古代文学研究工作。曾担任古代文学研究室副主任、主任，中国社会科学院研究生院教授，博士生导师，中国社会科学院文学所学术委员会委员，《文学遗产》编委，兼任中国宋代文学学会副会长、中国词学研究会学术委员会主任、中华诗词学会常务理事、中国韵文学会常务理事、中国李清照辛弃疾学会副会长等，1993 年获得国务院特殊奖励津贴。

刘扬忠治学范围涉及词学、词学学术史、诗学、文学史、文学史学史以及散文、骈文、古典小说等。先后出版有《宋词研究之路》《辛弃疾词心探微》《周邦彦传论》《诗与酒》《中华文学通览·宋代卷·崇文盛世》《唐宋词流派史》《中国文学史学史》（合著）、《儒风汉韵流海内：两宋辽金西夏时期的"中国"意识与民族观念》等学术专著及主编相关学术著作等共计四十余种，发表古典文学研究专题论文一百余篇，出版旧体诗词《四万斋诗词存稿》。其中《辛弃疾词心探微》获夏承焘词学奖二等奖，《全宋词典故辞典》（合著）获国家辞书奖二等奖，《唐宋词流派史》获中国社科院优秀科研成果奖二等奖，《中国文学史学史》（合著）获第十四届中国图书奖和第一届中国出版政府奖。

王业康同志逝世

原中国青年出版社秘书长、人民文学出版社副社长、中国出版协会原秘书长王业康同志，因病医治无效，于 2015 年 5 月 26 日逝世，享年 90 岁。

王业康，1925 年 5 月 21 日出生。1940 年加入中国共产党。1945 年受党委派参与创办《新少年报》，自此开始了其出版工作生涯。先生曾参与接管上海"儿童书局"、筹建并供职中国青年出版社、筹建中国大百科书版社等工作，1982 年 9 月调任人民文学出版社副社长，为文学出版事业的传承、改革和发展做了大量的工作。1986 年 3 月，当选中国出版工作者协会理事、常务秘书长。

朱幼棣同志逝世

中国作家协会会员、国务院研究室教科文卫司原巡视员朱幼棣同志，因病医治无效，于 2015 年 6 月 3 日在京逝世，享年

66岁。

朱幼棣,笔名有棣。中共党员。1971 年参加工作,历任黄岩城关第二中学教师,黄岩铅锌矿生产技术科技术员。1982 年毕业于山东大学中文系语言文学专业,成为新华社国内部记者。之后历任编辑、工业编辑室副主编及副主任、教科文编辑室主任,新华社国内部政文采访室主任,新华社中央组组长,山西省委办公厅副主任,国务院研究院社会发展司司长等职。

1977 年开始发表作品。1997 年加入中国作家协会。著有长篇报告文学《裂谷雪崩》《中国大陆新富豪》《中国:世纪大灾变》《市场背后的世界》《后望书》,中短篇小说集《沉默的高原》,通讯《唐古拉山的风云影子——陈金水》等。

童庆炳同志逝世

中国作家协会会员,北京师范大学教授、博士生导师童庆炳同志,因病医治无效,于 2015 年 6 月 14 日逝世,享年 79 岁。

童庆炳,1953 年毕业于连城第一中学初中,同年考入龙岩师范学校范卓娅班就读。1955 年,毕业于福建龙岩师范学校,保送至北京师范大学。1958 年,毕业于北京师范大学中文系,并一直留校任教至今,历任北京师范大学中文系助教、讲师、副教授、教授、博士生导师,曾任北京师范大学中文系副主任兼副书记,北京师范大学研究生院副院长。兼任教育部马克思主义理论研究与建设工程文学组首席专家,教育部社会科学委员会委员;中国文艺理论学会副会长、顾问,中国中外文艺理论学会副会长。

1988 年秋,北师大研究生院与鲁迅文学院合办首届文学创作研究生班,童庆炳和何镇邦被任命为总导师。他同时也教授莫言、刘震云、余华、毕淑敏、迟子建、徐星、肖亦农、白冰等人的"创作美学"课程。

1993 年加入中国作家协会。著有长篇小说《生活之帆》《淡紫色的霞光》,散文随笔集《苦日子　甜日子》,理论著作《文学概论》《艺术创作与审美心理》《中国古代诗学与美学》《文学审美特征论》《中国古代文论的现代意义》等。主编《中西比较诗学体系》《现代心理美学》《文学创作与文学评论》《文学理论教程》等。《文学理论教程》获国家教学成果奖，多部专著获教育部人文社科著作奖和北京市社科优秀著作奖。

谢铁骊同志逝世

著名电影艺术家、中国电影家协会名誉主席谢铁骊，于6月19日10点40分在北京协和医院逝世，享年90岁。

谢铁骊于1938年参加抗日救亡文艺活动，在参加新四军后成为一名文艺战士；1940年，进入淮海军政干部学校学习；1942年加入中国共产党，任新四军文工团戏剧教员、第三野战军第三十军文工团团长等职。中华人民共和国成立后，谢铁骊在中央电影局表演艺术研究所任教员。

1959年，谢铁骊开始独立拍片。他的代表作有《暴风骤雨》《早春二月》《智取威虎山》《海霞》《大河奔流》等。曾任第五、六、七、八届全国人大常务委员委员，第七、八、九届全国人大教育科学文化卫生委员会委员，中国电影家协会第六届主席和第七、八、九届名誉主席，中国文学艺术界联合会荣誉委员，中国电影导演协会第一届会长，中国电影集团公司艺术委员会主任、北京电影制片厂党委书记。

毛志成同志逝世

中国作家协会会员、首都师范大学文学院教授毛志成同志，因病医治无效，于2015年6月29日在京逝世，享年75岁。

毛志成，民盟成员。1940年生于北京，1960年毕业于北京师专，历任中学教师，北京师院一分院副教授，首都师范大学中文系教授、中国作家协会会员，兼任中国中小学教育研究委员会会长。

1973 年开始发表作品。1984 年加入中国作家协会。著有长篇小说《我与小城告别》等,中短篇小说集《乌纱巷春秋》等,杂文随笔集《毛志成杂文精品选》等,学术专著《文学智能品质论》等。曾获全国报纸副刊奖、首届郭沫若散文随笔奖。

李景荣同志逝世

中国作家协会会员、中国人民解放军总政宣传部原研究员李景荣同志,因病医治无效,于 2015 年 7 月 3 日在京逝世,享年 87 岁。

李景荣,笔名黎景、田野。中共党员。1950 年开始发表作品。1992 年加入中国作家协会。著有报告文学集《春风化雨》《与癌共舞》等,长篇小说《灰色 · 本色》《奸雄 · 阿瞒》等。曾获华北军区文艺丛书二等奖等。

朱琳同志逝世

中国共产党的优秀党员、被誉为“中国话剧皇后”的北京人艺著名表演艺术家朱琳,因病医治无效于 7 月 7 日凌晨 3 时 20 分在北京去世,享年 92 岁。

朱琳 1923 年生于江苏海州(连云港),自幼酷爱唱歌和表演。1938 年 8 月 1 日,年仅 15 岁的朱琳在武昌昙华林参加了由周恩来、郭沫若、阳翰笙、田汉、洪深等领导下成立的抗敌演剧队第二队。从此,朱琳在党的领导下,在抗日的烽火硝烟中开始了自己的演剧生涯。在其漫长的演艺生涯中,曾出演过众多优秀的话剧和影视作品,其中由她塑造的《雷雨》中的鲁侍萍、《蔡文姬》中的蔡文姬、《虎符》中的如姬夫人、《武则天》中的武则天、《带枪的人》中的纳佳、《洋麻将》中的芳西雅等角色都成为中国戏剧舞台上的经典艺术形象。

2012 年,近 90 岁高龄的朱琳登上舞台,在北京人艺建院六十周年献礼大戏《甲子园》中扮演王奶奶,这是她最后一次登上首都剧场的舞台，坐着轮椅的朱琳坚持完成了自己的谢幕演出。

杨应彬同志逝世

中国作家协会会员，广东省委原常委、秘书长，省政协第五、六届副主席、党组书记杨应彬同志，因病医治无效，于2015年7月13日在广州逝世，享年94岁。

杨应彬，笔名杨石。中共党员。1921年10月生于广东省大埔县。中央军校第四分校第十七期步科毕业。大埔百侯中学、广西南宁国民基础教育研究院肄业，军委会战平团学员总队、陆军大学参谋班特五期毕业。建国后，任广州市军管会副秘书长，参加华南分局党校筹备和组建工作。后任广东省人民委员会办公厅主任，中共广东省委副秘书长，省委常委兼秘书长，广东省第五、六届政协副主席、党组书记，广东黄埔军校同学会名誉会长、中国国际文化交流中心广东分会理事长、中国陶行知研究会副会长、广东中华诗词学会会长、中国作家协会及广东省作家协会会员，是中共十二大、十三大代表，第七、八届全国政协委员。

1935年开始发表作品。1964年加入中国作家协会。著有《小先生的游记》，散文集《岭南春》《春草集》，论文集《碎砖集》，诗词集《东湖诗草》《东山浅唱》《东廓吟鞭》《金华集》（合作）等。

杨文林同志逝世

中国作家协会会员、中国作协名誉委员、甘肃省文联原副主席、《飞天》杂志社原总编辑杨文林同志，因病医治无效，于2015年7月14日逝世，享年84岁。

杨文林，笔名文林叶。中共党员。1948年开始发表作品。1979年加入中国作家协会。著有组诗《响在田野上的短笛》，诗集《北疆风情》，散文《陇头水泊》《天鼓大音》《豆饭养食忆》等。

组诗《伊犁风情》《南粤鹧鸪天·诗之祭》《绍兴三首》分别获甘肃省第一、二、三届优秀文学作品奖。获中国作协全国文学期刊编辑荣誉奖，中国作协、国家新闻出版署老编辑、老出版工作者荣誉证书。

丁宁同志逝世

中国作家协会会员，中国文联理论研究室原主任、编审丁宁同志，因病医治无效，于2015年7月18日逝世，享年91岁。

丁宁，笔名紫丁、阿宁，女。中共党员。山东文登人。肄业于胶东蓬黄联中。1938年参加革命工作。历任胶东抗战话剧社、青年话剧团演员，抗大鲁南一分校学员，胶东孩子剧团导演，胶东女中教员，胶东公学指导员，《胶东大众》《胶东文艺》编辑，《南京文艺》副主编，南京文联创作室主任，南京市委宣传部文艺处处长，中国作协办公室主任、秘书室主任、创研室研究员，国家文化部政策理论研究室主任，中国文联理论研究室主任，编审。

1946年开始发表作品。1979年加入中国作家协会。著有散文集《冰花集》《心中的画》《半岛集》（合集），《银河集》《丁宁散文选》《晨曦集》《蓝宝石集》（合集）。散文《幽燕诗魂》《愧疚》选入高等学院文科教材、实验中学语文课本，《绿荫月出》《游击队的女儿》《晨曦》等多篇获奖。

徐汝钊同志逝世

中国作家协会会员、广西钦州市文联原主席徐汝钊同志，因病医治无效，于2015年7月29日在钦州逝世，享年76岁。

徐汝钊，笔名于峪。中共党员。1960年开始发表作品。1990年加入中国作家协会。文学创作一级。著有短篇小说集《离离乡间草》，中篇小说集《永远的河流》，长篇传记文学《刘永福》，话剧剧本《无名县奇人奇事》等。曾获首届广西文艺创作铜鼓奖。

檀林同志逝世

中国作家协会会员、河北任丘人民医院疑难病专利研究所原所长檀林同志，因病医治无效，于 2015 年 8 月 6 日在京逝世，享年 66 岁。

檀林，满族。1979 年开始发表作品。1982 年加入中国作家协会。著有长篇小说《燕子李三》，专集《檀林畅销作品集》（十卷），电影文学剧本《燕子李三》，电视剧剧本《东部警官》等。《一个女囚的自述》获火花奖。曾获中国民间文艺家协会建国 50 周年德艺双馨称号。

孙幼军同志逝世

中国作家协会会员、外交学院副教授孙幼军同志，因病医治无效，于 2015 年 8 月 6 日在京逝世，享年 82 岁。

孙幼军，黑龙江哈尔滨人。1950 年参军，1952 年转业入高中，1954 年考入俄语学院二部，1955 年转入北京大学中文系，1960 年毕业。同年到外交学院任教，副教授。中国作协儿童文学委员会委员，北京作协名誉理事。

1961 年开始发表作品。1980 年加入中国作家协会。著有长篇童话《小布头奇遇记》《怪老头儿前传》《小济公传》等，中篇童话《神奇的房子》《云里国历险记》，系列童话集《怪老头儿》《小猪唏哩呼噜》，短篇童话《小狗的小房子》《小贝流浪记》《冰小鸭的春天》。散文集《怪老头儿随想录》《孙幼军童话全集》（四卷）以及译作八种。曾获国际安徒生文学奖提名奖，全国优秀儿童文学奖，宋庆龄儿童文学奖等。

张同吾同志逝世

当代著名诗歌评论家、中国诗歌学会名誉会长、原中国作家协会创作研究部研究员张同吾同志,因病于2015年8月8日上午9时47在北京逝世,享年77岁。

张同吾,男,原名张国良,河北乐亭人。1962年毕业于北京师范学院中文系,多年从事教育工作。1983年10月调入中国作家协会创作研究部,先后任副研究员、研究员。1994年参与创建中国诗歌学会并担任秘书长,2012年4月换届后任中国诗歌学会名誉会长。参与组织了一系列有影响的文学活动。

张同吾同志从上世纪60年代开始发表作品。1985年加入中国作家协会。主要著作有诗评诗论集《诗的审美与技巧》《诗潮思考录》,小说集《爱,不是选择》《不只是相思》,小说评论集《小说艺术鉴赏》,诗集《听海》《中秋月》等。三次获全国优秀图书奖和优秀散文奖。《诗潮思考录》获第三届中国当代文学研究会优秀作品奖。有《张同吾文集》七卷本行世。

徐和瑾同志逝世

上海复旦大学法语系教授、著名法语翻译家徐和瑾2015年8月15日下午在上海因病逝世,享年75岁。

徐和瑾,复旦大学教授,从事法语教学与翻译。中国法国文学研究会理事,法国普鲁斯特研究中心通讯研究员,法国普鲁斯特之友协会会员。

主要翻译作品有:巴尔扎克的《交际花盛衰记》、左拉的《娜娜》、莫泊桑的《漂亮朋友》、塞利纳的《长夜行》、普鲁斯特的《在斯万家这边》和《在花季少女倩影下》、纪德的《伪币制造者》和《梵蒂冈地窖》。著有《普鲁斯特传》《杜拉斯传》《局外人》等,编有《新法汉小词典》《大辞海 · 外国文学卷》法国文学全部条目、《实用法语信函》等。徐和瑾2004年开始独力翻译法国意识流作家普鲁斯特代表作《追忆似水年华》(又译作《追寻逝去的时光》),截至今年6月已出版了四卷,但仍带着未完成的三卷遗憾离世。《追忆似水年华》在世界文学史上占据极其重要的地位,也是无数翻译家挑战的高峰。

黄培亮同志逝世

中国作家协会会员,广东省作协原党组成员、副主席,《作品》杂志社原主编黄培亮同志,因病医治无效,于2015年9月9日在广州逝世,享年85岁。

黄培亮,笔名庄犁。中共党员。1957年开始发表作品。1979年加入中国作家协会。从事文学编辑工作40余年,发表评论文章30余万字。1987年获国家新闻出版总署、中国出版工作者协会颁发的出版工作荣誉证书,1988年获中国作协颁发的首届全国文学期刊优秀编辑奖、文学编辑荣誉证书。

刘业锦同志逝世

中国作家协会会员、广西曲艺家协会原常务副主席刘业锦同志,因病医治无效,于2015年9月10日在南宁逝世,享年84岁。

刘业锦,笔名叶锦,女,壮族。中共党员。1951年开始发表作品。2002年加入中国作家协会。著有诗集《星光集》。童话作品《小“小人国”历险记》获1986年全国科普广播优秀节目奖等。

周巍峙同志逝世

中国文联名誉主席周巍峙因病医治无效,9月12日在北京医院逝世,享年98岁。

周巍峙原名周良骥、何立山,江苏东台人。1934年参加上海左翼歌咏运动，任中国歌曲工作者协会执行干事，读书生活出版社出版部主任。1937 年参加八路军。曾任全民通讯社记者，中国歌曲作者协会常务理事，八路军驻临汾办事处秘书。1938 年赴延安，同年加入中国共产党，后任晋察冀边区音协主席、边区参议员，延安鲁艺助理员、文工团副团长，中共张家口市委文委书记，华北联合大学文工团团长、戏剧音乐系主任，华北人民政府文委委员，华北文联常委，天津市军管会文艺处处长。

建国后，历任中央歌舞团团长，中央实验歌剧院院长，文化部艺术局局长、文化部党组书记、副部长、代部长，中国音协第二届常务理事、第三届副主席，中国舞协副主席，中国曲艺家协会副主席，中国音乐家协会副主席、顾问，中国对外文化交流协会副会长，中国文联第一、三、四届委员，全国艺术科学规划领导小组组长，中国田汉基金会理事长，文化部振兴昆曲指导委员会名誉主任。1996 年 12 月当选为中国文学艺术界联合会第六届全委会主席。2001 年 12 月当选为中国文学艺术界联合会第七届全委会主席。是第五届全国政协委员，第七届全国政协常委。

谱写的歌曲主要有：《上起刺刀来》《前线进行曲》《起来、铁的兄弟》《子弟兵进行曲》《中国人民志愿军战歌》《十里长街送总理》等。

鹿玲同志逝世

中国作家协会会员、海南省作家协会副巡视员鹿玲同志，因病医治无效，于 2015 年 9 月 16 日在三亚逝世，享年 52 岁。

鹿玲，笔名鹿翎，女。中共党员。1986 年开始发表作品，2014 年加入中国作家协会。从事文学副刊编辑工作 20 余年，发表过诗歌、散文、文学评论等作品。

许木咏同志逝世

中国作家协会会员、广东省茂名市政协原副主席许木咏同志，因病医治无效，于 2015 年 9 月 21 日在茂名逝世，享年 68 岁。

许木咏，广东茂名人。中共党员。1972 年开始发表作品。2003 年加入中国作家协会。著有散文集《镜鉴录》《人生的偶然》和《农民的话题》等。

王勉思同志逝世

中国作家协会会员、离休干部王勉思同志，因病医治无效，于 2015 年 9 月 23 日下午 3 时 28 分在北京逝世，享年 90 岁。

王勉思，原名陶景和，1923 年 8 月 24 日生于北京，祖籍浙江省绍兴县。1944 年 11 月参加革命工作，1945 年 5 月入党。先后在晋察冀边区、北京工人出版社、河北省文联、湖南省文联、湖南人民出版社工作，1982 年 1 月任湖南少年儿童出版社社长，1985 年 4 月离休，2015 年 9 月获中共中央、国务院、中央军委颁发的“中国人民抗日战争胜利 70 周年纪念章”。主要作品有诗歌《无题》、回忆录《风雨故人情》等。

毛承志同志逝世

人民文学出版社原当代文学第二编辑室主任、编审毛承志同志因患心肺功能衰竭，于 2015 年 9 月 25 日在北京逝世，享年 87 岁。

毛承志，江苏镇江人，1948 年参加革命，1950 年毕业于北京师范大学中文系。1953 年任市委宣传部文艺处干事。1956—1966 年任中国作协《文艺学习》和《人民文学》编辑。1971 年任人民出版社编辑。1978 年起，历任人民文学出版社理论组组长、现代文学部副主任、当代文学第二编辑室主任、副编审、编审。1990 年退休后受聘民盟中央群言出版社任副总编辑。曾兼任中国当代文学研究会常务理事兼副秘书长，中国小说学会理事。

毛承志1948年开始发表作品。1983年加入中国作家协会。在编辑岗位上，组织出版了大量读者喜爱的优秀图书，以及《周扬文集》等重要图书。参与了《新文学论丛》创办与编辑工作。在编辑工作之余，先后发表诗歌、散文、文艺评论百余篇，出版过《花苑漫步》《秋窗骋思录》等论文集，先后获当代文学研究第一届、第六届优秀成果奖。

陈涌同志逝世

中国作家协会会员、中国作家协会名誉委员、中共中央政策研究室顾问陈涌同志，因病医治无效，于2015年10月4日在京逝世，享年96岁。

陈涌，原名杨熹中，又名杨思仲。1919年8月出生，广东南海人。1938年参加革命工作，同年9月到延安抗大并加入中国共产党，后任延安八路军后方留守处秘书。1939年起，在延安鲁迅艺术学院学习、留校任教，后在延安解放日报社任记者、编辑、副刊副主编。1947年秋后，在华北局宣传部、中央宣传部工作，曾参加"中国人民文艺丛书"编辑工作。1949年12月后，任中央马列学院助教，在全国文协工作并任《人民文学》编辑，中国科学院文学研究所研究员兼现代文学组组长。1958年3月，受到错误处理。1960年后，在兰州艺术学院、甘肃师范大学任教。1979年到中央办公厅研究室工作。1980年后，任中央书记处研究室文化组组长、顾问，研究室顾问。1991年8月离休。曾任中国作家协会第三届、四届理事，第五届顾问，第六届、七届名誉委员，中国文联第四届全委会委员。

1938年开始发表作品。上世纪50年代加入中国作协。长期从事鲁迅专题研究和文艺理论研究，曾参加《鲁迅全集》新版本的注释工作。著有《文学评论集》《文学评论二集》《鲁迅论》《陈涌文学论集》《在新时期面前》等。陈涌从事文艺理论研究和评论工作70余年。在文艺理论、鲁迅研究和文学评论诸多方面，均有较大建树。

宋德咏同志逝世

中国作家协会会员、世界文化艺术研究中心原研究员宋德咏同志，因病医治无效，于 2015 年 10 月 10 日在上海去世，享年 75 岁。

宋德咏，笔名德咏、小松。1958 年开始发表作品。1983 年加入中国作家协会。著有长篇小说《花梦鹃魂》，散文集《翠绿色的信笺》，中篇小说集《0 号卖花女》，影视剧选集《浣纱女的传说——德咏影视剧作选》，电视剧剧本《洋场歌女》等。曾获全国首届金盾文艺优秀作品奖、第十三届田汉戏剧奖二等奖等。

张之涛同志逝世

中国作家协会会员、内蒙古文联原秘书长张之涛同志，因病医治无效，于 2015 年 10 月 16 日在京逝世，享年 79 岁。

张之涛，河北深县人。中共党员。1959 年开始发表作品。1980 年加入中国作家协会。著有长篇小说《额尔古纳森林》，中篇小说《河路情仇》《大河之恋》，诗集《大雁高飞》《张之涛诗选》《翠谷之恋》，长诗《翠绿的晨星》《青山欲晓》《荒火的高原》《青山儿女》（合作），电视剧剧本《山林的雾》《绿之歌》《兰谷出梦》等。

朱恩涛同志逝世

中国作家协会会员、公安部原部长助理朱恩涛同志，因病医治无效，于 2015 年 10 月 21 日在京逝世，享年 77 岁。

朱恩涛，中共党员。20 世纪 60 年代开始发表作品。1998 年加入中国作家协会。著有专辑《国际刑警之歌》等，电视连续剧剧本《缉毒警察》（合作）等，长篇小说《红色天网》等，散文随笔集《国际刑警情思》等。歌词《国际刑警之歌》《蓝色的徽章熠熠闪亮》曾获公安部金盾文学奖。

草婴同志逝世

中国作家协会会员、上海市作协原副主席、著名翻译家草婴同志,因病医治无效,于 2015 年 10 月 24 日在上海逝世,享年 93 岁。

草婴,原名盛峻峰。浙江镇海人。中共党员。1938 年开始学习俄语,同时参加新文字研究会。1941 年起,先后为《时代》杂志、《苏联文艺》杂志及《时代日报》译稿。1945 至 1951 年任时代出版社编译。1960 年参加《辞海》编辑工作,任《辞海》编委兼外国文学学科主编。

1942 年开始发表作品。1949 年加入中国作家协会。译著有《战争与和平》《安娜 · 卡列尼娜》《复活》《一个地主的早晨》《哥萨克》《克鲁采奏鸣曲》《哈吉 · 穆拉特》《童年 · 少年 · 青年》《当代英雄》《新垦地》《一个人的遭遇》《顿河故事》《拖拉机站站长和总农艺师》等,2003 年出版《我与俄罗斯文学》。1987 年获莫斯科国际翻译苏联最高文学奖高尔基文学奖。

梁淑安同志逝世

中国社会科学院文学研究所研究员梁淑安先生,因病医治无效,于 2015 年 11 月 12 日逝世,享年 78 岁。

梁淑安,女,1938 年 6 月出生,祖籍广东番禺,1965 年毕业于南京大学中文系,研究生学历。1966 年 4 月至 1969 年 4 月在中央对外文委国际司工作;1969 年 5 月至 1972 年 9 月在对外文委"五七"干校劳动锻炼;1972 年 9 月至 1978 年 9 月在北京人民出版社美术组担任编辑;1978 年 10 月调入文学研究所近代文学研究室从事近代文学研究,曾担任近代文学学会理事、中国南社与柳亚子研究会理事。

梁淑安主要致力于近代戏剧研究,著有《中国近代传奇杂剧经眼录》《话剧史话》《南社戏剧志》，主编《中国文学家大辞典·近代卷》，参与编写《中华文学通史》（近现代编），编选出版有近代戏曲作品集和研究资料集多种，发表系列考辨文章《近代曲家考辨》及学术论文多篇。

李凤祥同志逝世

中国作家协会会员，北京晚报原副总编辑、高级记者李凤祥同志，因病医治无效，于 2015 年 11 月 13 日在京逝世，享年 75 岁。

李凤祥，笔名凤翔、落藜等。河北满城人。中共党员。1970 年开始发表作品。1997 年加入中国作家协会。著有散文集《神拳儿女》《凤翔散文选》，文艺评论集《戏剧人物面面观》《谈史说戏》（合作）、《诫子弟书》（合作），编著《北京风物游览典故》等。

于浩成同志逝世

中国作家协会会员，群众出版社原社长、总编辑于浩成同志，因病医治无效，于 2015 年 11 月 14 日在京逝世，享年 91 岁。

于浩成，笔名吴澄。满族。北京人。中共党员。1948 年毕业于华北联合大学俄语系。1946 年后，历任《晋察冀日报》编辑，晋察冀军区司令部秘书处英语译员，天津市公安局科长。1956 年起担任公安部直属的群众出版社社长、总编辑。1980 年起，兼任《法学杂志》主编，《法律咨询》杂志社社长，并被选为中国政治学会副会长、中国宪法学研究会副总干事。其后，又担任南开大学法学教授，中国法律与社会发展研究所（民间机构）所长。

1946 年开始发表作品。1984 年加入中国作家协会。著有《新绿书屋笔谈》《鸣春集》《当代杂文选粹——于浩成之卷》等。

熊元义同志逝世

中国作家协会会员、《文艺报》理论部主任熊元义同志，因病医治无效，于 2015 年 11 月 15 日在京逝世，享年 51 岁。

熊元义，湖北仙桃人。文学博士，研究员。曾任《文艺报》理论部主任，国家社会科学基金艺术学项目评委，中国新文学学会副会长，全国马列文艺论著研究会常务理事。曾荣获中国文联第七届文艺评论奖等。

1989 年开始发表作品。2000 年加入中国作家协会。著有文艺理论专著《回到中国悲剧》《中国悲剧引论》，文艺理论和文艺评论文集《拒绝妥协》《中国作家精神寻根》《眩惑与真美》等。

章文龙同志逝世

中国作家协会会员，解放军报社原新闻研究员、副军职离休干部章文龙同志，因病医治无效，于 2015 年 11 月 17 日在京逝世，享年 98 岁。

章文龙，中共党员。1938 年开始发表作品。1986 年加入中国作家协会。著有诗集《栽柳集》《寻草集》，杂文评论集《树下拾掇》等。

乔象钟同志逝世

中国社会科学院文学研究所研究员乔象钟，因病医治无效，于 2015 年 11 月 21 日逝世，享年 95 岁。

乔象钟，1921 年 4 月出生，山西河津县人。1945 年 3 月参加新民主主义青年社，1948 年至 1949 年在正定北京华北大学学习和工作，1950 年 3 月至 1952 年 12 月担任北京铁路总工会文教部主任干事，1954 年北大政治经济学系研究生毕业后，分配至北京中央美术学院担任教员，1956年调入中国社会科学院文学研究所从事古代文学研究工作。1987年职称晋升为研究员，1992年获得国务院特殊奖励津贴。

乔象钟在唐代文学研究领域有深厚的造诣。主编《唐代文学史》《中国文学史》唐代上卷，参与选注《唐诗选》、校订《乐府诗集》、编著3卷本《中国文学史》，撰写《蔡仪传》，协助编辑10卷本的《蔡仪文集》，撰写近20万字的文章论述李白的生平事迹及思想，并结集为《李白论》。

张忠军同志逝世

中国作家协会会员、丹东市作协副主席张忠军同志，因病医治无效，于2015年12月5日在辽宁丹东逝世，享年59岁。

张忠军，中共党员，1975年开始发表作品，2010年加入中国作家协会。著有诗集《一个人的想象方式》《之间》《侧身》，随笔集《对话或独语》等。诗集《侧身》获第六届辽宁文学奖。

王富杰同志逝世

中国作家协会会员、《通俗小说报》原副主编王富杰同志，因病医治无效，于2015年12月8日逝世，享年58岁。

王富杰，笔名迪莉、李晓。天津人。2001年加入中国作家协会。著有长篇小说《遣送大西北》《黄飘带》《美梦难圆》《新编西游记》《黑色日记》《都市女人的忧伤》，报告文学集《春潮带雨晚来急》《心理有病的人们》，中篇小说集《戴桂冠的囚徒》等。

程季华同志逝世

著名中国电影史学家、研究员、教授程季华于2015年12月14日因病在北京逝世，享年94岁。

程季华，湖北沙市人，1921年5月2日出生，1937年12月参加革命，同年加入中国共产党。1938年后在移动演剧队、抗敌演剧五队从事抗日宣传活动。后任中国歌舞剧艺社监事会监事长、新加坡中华艺术专科学校教师。新中国成立后，历任文化部电影局艺术处业务秘书兼演员科科长、艺术研究室主任，中国电影出版社副社长兼总编辑，中国影协第二至四届理事、第四届书记处常务书记和电影史研究部主任、研究员，《中国电影年鉴》主编，美国洛杉矶加利福尼亚大学艺术研究院客座教授，中国电影评论学会副会长。

程季华主编的《中国电影发展史》（第一、二卷），为中国电影史奠基之作，产生深远影响。2014年获第23届中国金鸡百花电影节终身成就奖。

王晓峰同志逝世

中国作家协会会员，辽宁省作家协会理事、大连市作家协会副主席王晓峰同志，于2015年12月16日在大连逝世，享年59岁。

王晓峰，中共党员。辽宁瓦房店人。毕业于旅大师专数学系，辽宁师大中文系。曾任大连市文联副巡视员、创研部主任、中国作家协会会员、辽宁省文联委员、辽宁省作家协会理事、辽宁省作家协会特约评论家、辽宁省文艺评论家协会理事、大连理工大学兼职教授、大连市作家协会副主席兼秘书长。

著有文学评论集《王晓峰文谈》《灯下偶记》《看法——王晓峰文学笔记》《生活里的文学和艺术》《当下小小说》，文学作品集《离婚》，长篇纪实文学《七彩梦》等，主编或参与主编文学评论集、文学作品集50多部。

蒋星煜同志逝世

2015年12月18日，戏曲史家蒋星煜在上海逝世，享年

96 岁。

蒋星煜,江苏溧阳人。肄业于上海复旦大学。曾任重庆中央政治学校图书职员,中华教育电影厂编辑,南京中央通讯社记者。1949 年后历任上海市军管会文艺处、华东文化部艺术处干部,上海艺术研究所研究员,上海师范大学、华东师范大学兼职教授。中国戏曲学会常务理事。1995 年曾获中国作家协会抗战时期从事文学创作老作家荣誉纪念牌。

1942 年开始发表作品。有关《西厢记》专著计 7 种,分别出版于北京、上海、中国台北与日本。著有专著《以戏代药》《中国戏曲史钩沉》《中国戏曲史探微》《〈西厢记〉考证》《中国戏曲史索引》《中国戏曲史拾遗》《〈西厢记〉新考》《〈西厢记〉罕见版本考》等 10 部,历史人物传记《海瑞》《况钟》,历史小说集及散文随笔集《海瑞的故事》《文坛艺林见知录》《中国隐士与中国文化》《颜鲁公文书学》《历史故事新编》《包拯海瑞的故事》《公主的镜子》《大理寺正卿的失踪》等。专著《明刊本〈西厢记〉研究》《〈西厢记〉的文献学研究》分别获 1984 年、1999 年中国戏剧家协会理论著作奖、国家文化部文化艺术优秀成果奖。

李成俊同志逝世

中国作家协会会员,澳门日报董事长、澳门新闻工作者协会名誉会长李成俊同志,因病医治无效,于 2015 年 12 月 30 日在澳门逝世,享年 89 岁。

李成俊,笔名惜珍、方菲。1979 年加入中国作家协会。著有《澳门文学论集》《澳门基本法文献集》《今日印度》《林则徐与澳门》《海天 · 岁月 · 人生》《待旦集》《夜未央楼随笔》等。2002 年、2009 年分获澳门特别行政区政府颁发的金莲花勋章、大莲花荣誉勋章。

(李晓晨根据有关资讯整理)

2015 年文坛大事记

1 月

《21 世纪中国文学大系(2001—2010)》在京首发 1 月 6 日,南京师范大学出版社在北京举行《21 世纪中国文学大系(2001—2010)》首发式暨出版座谈会,中国作协书记处书记阎晶明出席座谈会并讲话。李春林、施战军、胡平、孟繁华、白烨、王玮、陈晓明、张清华、王家新、何言宏、刘琼等评论家围绕文学大系的编纂传统及其在新世纪面临的挑战展开研讨。

南京师范大学出版社推出《21 世纪中国文学大系(2001—2010)》,力图全面、系统地呈现新世纪第一个十年的文学景观,为学术研究和文学阅读提供有价值的文献资料。该大系共分 13 种文体,计 18 册,分别为文学理论卷、文学批评卷、长篇小说卷、中篇小说卷、短篇小说卷、诗歌卷、散文卷、随笔卷、杂文卷、翻译卷、史料卷、报告文学卷、戏剧卷。大系由何言宏任总主编,王尧、陈晓明、张清华、张新颖、施战军等任分卷主编。

北京图书订货会举办《群山之巅》新书发布会 迟子建首度现身新书的发行仪式

“我现在 50 岁,写了 30 年小说,出版了 80 部作品,还是第一次举行这样一个新书首发式。”在 1 月 8 日开幕的北京图书订货会上，创作过《伪满洲图》《额尔古纳河右岸》的迟子建这样说，她把新作《群山之巅》称为非常重要的作品。《群山之巅》由人民文学出版社和上海九九读书人出版。

今年的北京图书订货会上，知名作家的新作并不多，这场《群山之巅》首发式也成为当天人气最旺的活动。

嘉宾、评论家李敬泽称自己虽然年龄大了，但是看这部小说里的细节有点忍不住流泪。“那里边的每一个人骨子里都是孤独和沉默的人，有一句话我印象特别深刻，‘我想小说中那些卑微的人物，怀着各自不同的伤残的心，却要努力活出人的样子’。”

“70后”以下青年创作现状观察研讨会举行 1月10日，“私人经验·历史记忆与公共空间——‘70后’以下青年创作现状观察”研讨会在京举行。中国作协副主席李敬泽出席会议，陆建德、孟繁华，杨庆祥、丛治辰等近30位专家学者与会。与会者围绕“70后”“80后”的代际命名展开讨论。李敬泽特别谈道，近年来青年作家创作出越来越多必须认真对待和研究的作品。我们应该思考，沿用传统的批评话语和研究框架来解读和阐释他们的创作，是否依旧有效。他期待年轻一代的批评家能立足于青年作家们丰富的生活经验和创作经验，从特定的概念、角度去阐释这代人的写作。

中国小说学会2014年度中国小说排行榜揭晓 1月11日，由中国小说学会主办、中共兴化市委宣传部承办的2014年度中国小说排行榜在江苏兴化揭晓。25部上榜作品综合体现了本年度中国小说创作的精神风貌和艺术水准。来自全国各地的25位评委，在公平、公正、准确的原则指导下，经过严肃认真、细致深入的遴选和讨论，遵循严格的投票程序，最终评出25部上榜作品。计有长篇小说《蟠虺》（刘醒龙）、《日头》（关仁山）、《耶路撒冷》（徐则臣）、《老生》（贾平凹）、《我的名字叫王村》（范小青）5部，中篇小说《所有路的尽头》（弋舟）、《良霞》（李凤群)、《世间已无陈金芳》(石一枫)等10篇,短篇小说《虚拟》(毕飞宇)、《一段被虚构掩盖的家史》(薛忆沩)、《小尾巴》(曹文轩)等10篇。

中国影视文学版权拍卖大会举行 1月16日,由作家出版社与北京东方雍和国际版权交易中心联合主办的2014“首届中国影视文学版权拍卖大会”在京举行,“中国影视文学版权交易平台”同时启动。中国作协副主席廖奔出席活动并致辞。国家新闻出版广电总局版权管理司司长于慈珂、北京电视艺术家协会主席孙向东、作家出版社社长葛笑政等参加活动。

本届拍卖大会累计从各种渠道征得文学作品、剧本和影视合作项目等共961部,作品题材风格类型多样。会上从中精选了前期路演推介过程中市场反响强烈的12件优秀作品上拍。经统计,本届拍卖大会累计成交金额达18241万元,其中前期交易撮合成交4681万元,现场签约5200万元,现场拍卖成交8360万元。

《中华辞赋》高端论坛在京举行 1月17日,由《中华辞赋》杂志社、中国作家出版集团主办,中华诗词学会、中国新闻文化促进会协办的“《中华辞赋》高端论坛”近日在北京中国现代文学馆举行。中国作协副主席、《中华辞赋》杂志社社长何建明和李东东、闵凡路等诗人、作家、评论家50余人参加此次研讨。会议主题是诗赋文学如何在新时期为时代服务、为人民创作,大家围绕辞赋等传统文体在新的历史时期如何传承、创新,更好地表达人民心声,更紧密地联系时代与社会等问题进行讨论。论坛结束后,举办了首届中华诗赋吟诵会。

雷加百年诞辰纪念座谈会在京举行 1月28日,雷加百年诞辰纪念座谈会在中国现代文学馆举行。中国作协主席铁凝出席座谈会并讲话。中国作协党组书记钱小芊主持座谈会。中国作协副主席陈建功、李敬泽及各界专家学者、雷加亲朋故友80

余人与会。与会者追忆了与雷加交往的点点滴滴，对其人品和文品给予高度评价。雷加之女刘甘栗在座谈会上向中国作家协会和各位与会者表示衷心的谢意。纪念座谈会后，雷加亲属还向中国现代文学馆捐赠了雷加部分手稿。

为时代　为人民：文学记录中国——《当代》2014年度长篇小说论坛暨《当代》创刊35周年纪念会举行　2015年1月21日，《当代》杂志在北京举办"为时代　为人民：文学记录中国——《当代》与中国新时期现实主义文学"主题活动，进行《当代》2014年度长篇小说论坛暨《当代》创刊35周年纪念会。当天，几代作家、编辑济济一堂，共同庆祝这一文坛盛事。作家王蒙、贾平凹、刘心武、阿来、张炜、刘震云、王树增、梁鸿、笛安、蒋方舟等出席活动，中国出版集团公司总裁谭跃、作家代表中国作协主席铁凝致辞，《当代》创刊号的作者人民文学出版社前总编辑屠岸、人民文学出版社社长管士光在会上发言。50余位中国著名作家、评论家，出版社同行及媒体界朋友共计160余人参加了活动。

活动开始时，《当代》杂志表示了对35年来，所有阅读《当代》的读者由衷地感谢；对这35年里，所有把自己呕心沥血的创作成果托付给《当代》的作家由衷地感谢。同时，为35位作者、两位读者颁奖。活动另外一个主题是《当代》2014年度长篇小说论坛。经过现场投票，评选出2014年度五佳作品，分别是：贾平凹《老生》、徐则臣《耶路撒冷》、杨绛《洗澡之后》、阎真《活着之上》、严歌苓《妈阁是座城》；其中贾平凹《老生》得票最多，获得2014年度最佳作品。现场还宣布《当代》2014文学拉力赛年度总冠军是长篇小说《人民警察》，作者程琳，第一届《当代》拉力赛冠军王蒙先生为作家颁奖。

2月

北京作协小作家分会召开首次会员代表大会　2月4日，北京作协小作家分会第一次会员代表大会暨第三期"文学托举梦想”培训营在北京怀柔开营。北京市文联党组书记陈启刚，北京市文联党组副书记、北京作协分党组书记程惠民出席活动。小作协秘书长周敏作工作报告，大会通过了小作协2014年的工作总结和2015年的工作计划。会议审议通过了北京作协小作家分会章程，选举产生了第一届理事会、主席、副主席和秘书长。张之路被选为主席。此次培训历时三天，首都100多位热爱文学的孩子与著名儿童文学作家面对面交流，接受现场授课和专业辅导。张之路、马光复、张国龙、葛竞和星河5位作家分别作《科学是美丽的》《微小却很精彩》《如何写作文》《故事是如何“变”出来的》《星光在这里交汇——文学、科学与艺术》等专题讲座。

文学界纪念杨宪益百年诞辰　2月9日，杨宪益百年诞辰纪念座谈会在中国现代文学馆举行。中国作协主席铁凝出席会议并致辞。中国作协副主席李敬泽主持纪念座谈会。来自各地的近百位专家学者及杨宪益亲属与会。座谈会上，屠岸、叶廷芳、文洁若、谢飞、黄乔生、范玮丽等人先后发言，他们回顾了与杨宪益交往的旧事琐忆，尤其提出他的自由之精神、独立之思想堪为一代知识分子的典范。杨宪益以一颗赤子之心面对祖国和人民，葆有不灭的信念和理想，被称为“翻译了整个中国的人”，为中西方文化交流作出卓越贡献。

“草根诗人”现象与诗歌新生态研讨会在京举行　2月9日，由中国作协创作研究部、诗刊社、文艺报社联合主办的“草根诗人”现象与诗歌新生态研讨会在京举行。中国作协副主席李敬泽，《文艺报》总编辑梁鸿鹰，《诗刊》常务副主编商震、副主编李少君，中国作协创研部副主任彭学明、何向阳，以及十多位诗人和批评家与会，研讨会以余秀华、郭金牛、陈亮、曹利华、笨水、老井、玉珍、许立志等15位诗人为研讨对象，由点及面地讨论“草根诗歌”现象，并就“草根诗歌”的特征、诗歌与现实的关系、诗歌批评的标准、新媒体对诗歌生态的影响等问题展开研讨。

中国作协举行 2015 年迎春茶话会　2 月 10 日，中国作家协会在首都大酒店举行老作家老同志迎春茶话会。中国作协主席铁凝，中国作协党组书记、副主席钱小芊，中国作协副主席何建明、陈崎嵘、李敬泽，中国作协书记处书记白庚胜、阎晶明，同在京的 400 多位老作家老同志欢聚一堂，共迎新春。迎春茶话会由钱小芊主持，他一一介绍了出席迎春茶话会的中国作协党组书记处各位同志，向老作家老同志们致以新春的祝福和问候，感谢大家对中国作协工作和我国文学事业繁荣发展的关心和支持。铁凝在迎春茶话会上致辞。中国作协党组书记处同志与前来参加迎春茶话会的作家朋友逐一握手，互致问候，送上对羊年新春的真挚祝福。

《民族文学》广西中青年作家专号研讨会在京召开　2 月 10 日，《民族文学》广西中青年作家专号研讨会在中国现代文学馆召开。中国作协党组成员、书记处书记白庚胜，中国韬奋基金会理事长聂震宁，《民族文学》主编石一宁，广西文联党组成员、副主席石才夫，《民族文学》副主编赵晏彪，以及梁鸿鹰、何向阳、雷达、范咏戈、白烨、贺绍俊、王必胜、黄宾堂、王彬、王久辛等评论家出席了研讨会。严风华、凡一平、张柱林、林虹等广西作家亦赴京参会。《民族文学》主编石一宁向与会作家、评论家介绍了《民族文学》1 期广西中青年作家专号从筹备到出刊的总体情况。大家认为，广西有深厚的文学传统，上世纪 90 年代以来，崛起为中国文坛的一方重镇，而少数民族作家是广西文坛的主力军，体现出了雄厚的实力与潜力，尤其是一批中青年作家的创作各有千秋，引人关注。

3 月

第四届唐弢青年文学研究奖评出并颁奖　3 月 2 日，第四届唐弢青年文学研究奖于2014年7月启动，经过20位推荐评委的推荐，共有68篇论文进入初评，20篇论文进入终评。后经全体终评评委多轮投票，最终5篇作品获奖，分别是：贺桂梅的《1940—1960年代革命通俗小说的叙事分析》、黄平的《革命时期的虚无：王小波论》、岳雯的《抒情话语与八十年代小说家的命运》、刘大先的《从时间拯救历史——文学记忆的多样性与道德超越》、李永东的《上海模式的中国乌托邦叙事》。评委们一致认为，获奖论文是反映本年度中国现当代文学研究最新水平的力作，体现了青年学者透辟的思辨力和敏锐的创新精神。

茅盾文学奖评奖办公室发出征集第九届茅盾文学奖参评作品的公告　3月15日，茅盾文学奖办公室发出关于征集第九届茅盾文学奖参评作品的公告，公告就征集办法、作品参评条件、征集程序与时间等，作了具体说明，并附发了茅盾文学奖评奖条例、《第九届茅盾文学奖参评作品推荐目录》《第九届茅盾文学奖参评作品推荐表》。

首届微小说高峰论坛在北京召开　3月15日，由《小说选刊》杂志社主办，以“微型小说（小小说）发展展望：创造力，优化、普及与提高”为主题的“首届全国微型小说（小小说）高峰论坛”在北京举行。中国作协党组成员、书记处书记阎晶明，评论家雷达、白烨、何向阳、贺绍俊，赵晏彪、徐可、杨晓敏和来自全国各地的微小说理论研究机构代表、作家、期刊编辑代表等参加了会议。论坛着眼于微型小说（小小说）发展现状，围绕微小说的现状和趋势，重点探讨微小说如何实现“大众化”和“精品化”同步发展；如何有效运用移动互联网推动微小说写作和阅读热情；如何建设微小说理论评论体系，将微小说纳入中国文学传统等根本性课题，进行了深入研讨交流。

第六届“茅台杯”《小说选刊》奖在京颁奖　3月15日，由《小说选刊》杂志社和中国贵州茅台酒厂（集团）有限责任公司共同主办的第六届“茅台杯”《小说选刊》奖颁奖典礼在京举行。中国作协副主席张健、陈建功、何建明，中国作协书记处书记阎晶明、中国贵州茅台酒厂（集团）有限责任公司董事长袁仁国，及百余位作家、评论家、编辑家出席颁奖典礼并为获奖作家颁奖。经过评委会严肃、认真的评审，叶广芩的《太阳宫》、红柯的《故乡》、王十月的《人罪》获中篇小说奖，邓一光的《我们叫作家乡的地方》、王方晨的《大马士革剃刀》、蔡骏的《北京一夜》获短篇小说奖，周李立的《八道门》获得新人奖。本届“茅台杯”《小说选刊》奖增设微小说奖，游睿的《父亲的证明》获奖，李伶伶的《数学家的爱情》、赵明宇的《饿刑》等获提名奖。

鲁迅文学院第二十六届中青年作家高级研讨班举行开学典礼 3月17日，鲁迅文学院第二十六届中青年作家高级研讨班（文学评论班）开学典礼在京举行。中国作协主席铁凝，中国作协党组书记、鲁迅文学院院长钱小芊，中国作协副主席何建明、陈崎嵘、李敬泽，中国作协书记处书记白庚胜、阎晶明出席开学典礼，并与学员们合影留念。本届高研班学员的一个突出特点是学历水平高、学术背景强，50名学员中有博士研究生22名、硕士研究生13名，有25名学员供职于高校和研究机构，很多学员在自己的研究领域、工作岗位上已取得了出色的成绩。

中国作家协会第八届主席团第七次会议在京举行 3月25日，中国作家协会第八届主席团第七次会议在北京召开。中国作家协会主席铁凝主持会议。会议深入学习贯彻习近平总书记在文艺工作座谈会上的重要讲话精神和全国宣传部长会议精神。会议审议了《中国作家协会2014年工作总结（审议稿）》和《中国作家协会2015年工作要点（审议稿）》，同意提交中国作家协会第八届全国委员会第五次全体会议审议。会议提名吉狄马加同志为中国作家协会第八届全国委员会副主席候选人，提交中国作家协会第八届全国委员会第五次全体会议选举。推举吉狄马加同志为中国作家协会第八届书记处书记。李冰同志由于已超过任职年龄，不再担任书记处书记职务。会议高度评价李冰同志为我国文学事业和作协工作作出的贡献，并对李冰同志表示衷心感谢。会议根据《中国作家协会章程》第26条规定，审议通过了部分团体委员变更事项。

4 月

中国作协五十六个民族作家红色赣州行在京启动 4月7日，中国作协在京举行56个民族作家红色赣州行活动启动仪式。中国作协副主席何建明、书记处书记白庚胜出席启动仪式并讲话。中国作协创作联络部主任彭学明主持启动仪式。《民族文学》主编石一宁、河北省作协主席关仁山作为采风团代表接受授旗。朝鲜族诗人南永前代表作家发言。本次采风活动由中国作家出版集团、中国作协创作联络部、中共赣州市委宣传部共同组织。自4月7日至13日，何建明、白庚胜作为采风团团长将带领56个民族作家，赴江西赣州，走进红色革命根据地瑞金、宁都、兴国、赣县、会昌、寻乌、龙南等地，接受革命传统的教育和洗礼，在生活中挖掘文学创作素材，努力创作出优秀作品。

2015文学深军新势力——深圳青年作家研讨会在京举行 4月9日，由中国作协创研部与广东省作协、深圳市文联共同主办的"2015文学深军新势力"——深圳青年作家研讨会，在中国现代文学馆举行。中国作协副主席李敬泽，广东省作协党组副书记孙丽生，深圳市文联主席罗烈杰、专职副主席顾焕金及20余位专家学者与会研讨。研讨会由深圳市作协主席李兰妮主持。研讨会就萧相风、钟二毛、弋铧、徐东、阿翔、刘静好、老家阁楼、郭海鸿、吕布布九位青年作家的创作进行研讨。与会者认为，这些作家的作品写出了各自体验到的深圳人的生存面貌，在艺术形式上各具特色，其丰富性和多样性在国内其他城市的文学版图上都是少见的。

专家为陕西新世纪长篇小说把脉　4月10日，由陕西省作家协会和文艺报社共同主办的“陕西新世纪长篇小说研讨会”在西安召开。中国作协书记处书记阎晶明，陕西省委常委、省委宣传部部长景俊海，陕西省委宣传部副部长陈彦，陕西省作协主席贾平凹，陕西省作协党组书记蒋惠莉，以及来自全国各地和陕西的40余位批评家，共同就陕西新世纪长篇小说的发展情况、特点和未来前景等展开了讨论。会议由李国平主持。畅广元、雷达、白烨、贺绍俊、张陵、孟繁华、陈福民、吴秉杰、李星、王鸿生、王山等专家，结合路遥、陈忠实、贾平凹等人的具体作品，就陕西的长篇小说创作所体现的乡土文学传统、现实主义精神等进行了深入探讨，并就陕西文学所存在的不足提出了中肯的意见和有益的建议。

中国现代文学馆第三批客座研究员离馆暨第四批客座研究员聘任仪式在京举行　4月15日，中国现代文学馆第三批客座研究员离馆暨第四批客座研究员聘任仪式在中国现代文学馆举行。中国作协主席铁凝，中国作协党组书记钱小芊，中国作协副主席李敬泽出席聘任仪式。聘任仪式由中国现代文学馆馆长助理李洱主持。经过各省作协推荐和中国现代文学馆学术委员会的严格评审，项静、黄德海、杨晓帆、马兵、季亚娅、艾翔、周明全、方岩、王鹏程、王迅等10位优秀青年评论家入选。铁凝和钱小芊为客座研究员颁发聘书。第三批客座研究员代表丛治辰和第四批客座研究员代表项静分别发言，感谢中国现代文学馆对现当代文学批评事业的关心，并决心以此为契机不断提高自己，为当代文学评论事业尽力尽责。

《曲终人在》作品研讨会在京举行　4月，茅盾文学奖获奖作家周大新最新长篇作品《曲终人在》在三联书店和中国作协分别举行了新书发布及作品研讨会。人民文学出版社副总编辑应红、中国作家协会副主席李敬泽、《文艺报》主编梁鸿鹰、《人民文学》杂志主编施战军、中国作协创研室主任何向阳等和数十位评论家出席。与会者认为,这本书能够为反腐新闻补充深层细节,能够为官场生态提供一些深入的反思。周大新在《曲终人在》中,不仅文体实验上有所尝试与突破,更可贵的是依然保持现实主义的内核和底色,描述了一个官员作为“一个人”“一个好人”的生存环境,以及面对现实的困惑和突围,直面了我们这个时代非常紧迫重大的精神问题。

江苏省作协第八次代表大会举行 4 月 23 日至 24 日,江苏省文学艺术界联合会第九次代表大会、江苏省作家协会第八次代表大会在南京举行。中国文联党组书记、副主席赵实,中国作协党组书记、副主席钱小芊出席会议开幕式并致辞。中共江苏省委书记、省人大常委会主任罗志军在开幕式上讲话。赵实代表中国文联向大会的召开表示祝贺。钱小芊代表中国作协向大会的召开表示祝贺。会议审议通过了范小青受江苏省作协第七届理事会委托向大会所作的工作报告,审议通过了经过修改的《江苏省作家协会章程》,选举产生了江苏省作协第八届理事会。在江苏省作协八届理事会第一次会议上,范小青当选为江苏省作协主席,朱苏进、苏童、叶兆言、周梅森、储福金、毕飞宇、丁帆、许钧、张文宝、鲁敏、汪政、王尧、祁智、叶弥当选为江苏省作协副主席。

第三届全国青年作家批评家主题峰会在绍兴举行 4 月 24 日,第三届全国青年作家批评家主题峰会在浙江省绍兴市召开。《人民文学》主编施战军、副主编邱华栋、徐坤,《南方文坛》主编张燕玲,《中国作家》主编王山,《花城》名誉社长田瑛,《十月》主编陈东捷,《钟山》贾梦玮,《青年文学》主编张菁,滕肖澜、钟求是、付秀莹、吴玄、马小淘、刘玉栋等青年作家,黄平、夏烈、金赫南、丛治辰、黄德海、杨晓帆等青年批评家与会。会上,名刊主编、青年作家批评家就本次峰会主题“多媒体融合与青年写作”互动对话,对多媒体给写作带来的挑战与机遇展开热烈讨论。作为峰会重要议程之一,峰会现场推选出 2014 年度青年作家和批评家。滕肖澜当选“年度青年作家”，夏烈当选“年度青年批评家”，李宏伟、武强华获“年度青年作家表现奖”，徐刚获“年度青年批评家表现奖”。

《诗刊》2014年度“诗人奖”颁奖　4月25日，《诗刊》2014年度“诗人奖”颁奖典礼暨“诗意增城”音乐诗歌晚会在广东增城举办。中国作协副主席吉狄马加、中国作协原党组副书记王巨才、中国文联书记处书记郭运德、《诗刊》常务副主编商震、广东省作协主席蒋述卓、《诗刊》副主编李少君以及数十位来自全国各地的诗人、评论家参加了此次颁奖活动。胡弦获得《诗刊》2014年度诗人奖，余秀华、王单单获得《诗刊》2014年度青年诗人奖。

第三届人民文学新人奖在甬颁发　4月27日，由人民文学杂志社、中共浙江省宁波市鄞州区委、鄞州区人民政府共同主办的第三届人民文学新人奖颁奖活动在宁波市鄞州区举行。施战军、宁小龄、邱华栋、徐坤等参加了此次活动。本届人民文学新人奖共有6人获奖，笛安、颜歌、王凯、王选、陈蔚文、高鹏程分别获得长篇小说、中篇小说、短篇小说、非虚构、散文、诗歌新人奖。设立于2013年的人民文学新人奖每年评选一次，希望通过表彰和奖掖在《人民文学》上发表作品的40岁以下新人，引导更多的文学青年投身文学创作，推动文学事业的发展。

5月

第九届茅盾文学奖参评作品目录发布　5月15日，茅盾文学奖评奖办公室发表第一号公告，称：第九届茅盾文学奖参评作品征集工作于2015年3月15日启动，2015年4月30日结束。经审核，初步认定共有252部作品符合《茅盾文学奖评奖条例》所规定的参评条件。现将参评作品目录在《文艺报》和中国作家网（http://www.chinawriter.com.cn/）公示。若发现其中有不符合参评条件的作品，请向评奖办公室反映。

铁凝获法国文学艺术骑士勋章 5月16日，中国作家协会主席铁凝在北京获颁法国文学艺术骑士勋章。法国外长洛朗·法比尤斯代表法兰西共和国授予铁凝勋章并致辞，他肯定了铁凝在文学艺术创作领域取得的卓越成就，及其为中法文化交流做出的重要贡献。他称赞，铁凝的作品中涌动着“一种既抒情又浪漫的声音，致力于描述普通百姓的内心世界，尤其是女性的内心世界”。铁凝致了答谢辞，随后，铁凝与洛朗·法比尤斯就中法两国文学文化交流展开对话。

“21世纪文学之星丛书”2015年卷入选作品审定 5月19日，经过两天的审读、讨论，全体编委以无记名投票方式选定“21世纪文学之星丛书”2015年卷的入选作品，入选的10部作品是：陈宏伟的小说集《如影随形》、包倬的小说集《风吹白云飘》、张遂涛的小说集《陌生人来到马巷》、李晁的小说集《朝南朝北》、小昌的小说集《小河夭夭》、谭广超的诗歌集《圈地运动》、杨犁民的散文集《露水硕大》、赵兴红的评论集《小说戏剧性》、王颖的评论集《谜面与谜底》、季亚娅的评论集《文学的行间距》。

“深入生活、扎根人民”弘扬柳青精神研讨会在京召开 5月20日，中国作家协会、中共陕西省委宣传部、光明日报社在京联合召开“深入生活、扎根人民”弘扬柳青精神研讨会。中国作协党组书记、副主席钱小芊，中共陕西省委常委、宣传部部长景俊海，《光明日报》总编辑何东平，中宣部文艺局局长汤恒出席研讨会并讲话。来自全国多地的10余位作家、评论家、学者在会上发言，对如何更好地弘扬柳青精神进行了深入研讨。研讨会由中国作协副主席李敬泽主持。贾平凹、阎纲、畅广元、雷达、刘醒龙、胡平、李星、白烨、梁鸿鹰、关仁山、张志忠、段建军、王春林、冯秋子等作家评论家，以及陕西省柳青文学研究会副会长董颖夫先后发言，分别从多个维度对柳青的创作道路和文学精神进行了探讨，对柳青的为人为文给予高度评价。

第三届两岸青年文学会议在京举行 5月28日，由中国作协港澳台办公室主办、台湾文学馆合办、台湾《文讯》杂志社和中国现代文学馆协办的“第三届两岸青年文学会议”在京拉开帷幕。来自海峡两岸四地的60余位青年作家、文化学者共聚一堂，在为期4天的交流中，聚焦新世纪以来两岸长篇小说最新创作动态和学术研究成果，围绕“文体与叙事”“小说与传媒”“小说与城市”“小说与历史”等议题，展开了深度对话。

6月

儿童文学“系列化”现象及问题研讨会在北京召开 6月10日，中国作协创作研究部、中国作协儿童文学委员会在京召开“儿童文学‘系列化’现象及问题研讨会”。中国作协副主席李敬泽、高洪波和来自全国各地的近20位儿童文学作家、评论家和编辑与会。会议由中国作协创作研究部主任何向阳主持。与会者认为作家品牌化、作品系列化这些现象本身体现了儿童文学的繁荣，一定程度上也符合儿童文学创作规律和市场规律，但是也存在着“走偏走样”的现象，一些作家面对市场压力，难免浮躁，不能保持一以贯之的艺术水准，作品质量良莠不齐。面对“系列化”我们应该认真总结其中的艺术规律、成功经验和值得吸取的教训，以使儿童文学能够更加健康地发展。

第三届中韩日东亚文学论坛在京举行 6月13日，由中国作家协会主办的第三届中韩日东亚文学论坛在北京开幕，“三国文学时间”正式开启。论坛开幕式上，中国作协主席铁凝、韩国作家崔元植、日本作家岛田雅彦作主旨发言。中国作协副主席李敬泽主持开幕式。中国作协副主席莫言、书记处书记阎晶明，以及韩日驻华使馆文化公使出席开幕式。其间，33位作家围绕“现实生活与创作灵感”进行主旨演讲与对话交流，在北京与青岛之间寻找文学的灵感，聚焦文学与社会之关系。作家们从文学出发，勾连起社会、历史、政治、经济、文化的方方面面，思考文学该与时代、社会、人性保持怎样的联系，作家又应如何从生活中发现灵感，发现自己，发现他人。

雷达散文集《皋兰夜语》研讨会在兰州举行　6 月 18 日，由中国小说学会、西北师大、甘肃当代文学研究会主办的国内著名评论家、中国小说学会会长雷达对话陇上学者、作家暨散文集《皋兰夜语》研讨会昨日在西北师大举行，来自甘肃省的评论家、作家及兰州大学、兰州交通大学、西北师范大学、天水师范学院、郑州师范学院的学者和研究生代表等参加了研讨会。与会者认为，雷达先生是我国第四代文学评论家群中评论生命力最持久、影响力最大的一员宿将。他的所有文章，都隐含着对深深陷入现代物欲中的中国人，包括他自己，如何自警、自省、自律，保持人的原始天性的思绪。西部浑厚的大地，恰恰给他一种母乳般的精神滋养，在文字的气质上，他也在追寻一种来自西部未被雕饰的村野风格，有一种率真之气、人文之魂。

莫言在哥伦比亚发表演讲　6 月 22 日，在哥伦比亚波哥大参加中拉人文交流研讨会的中国作家莫言发表演讲。莫言在演讲中说道，拉美文学对于上个世纪 80 年代开始写作的中国作家来说，是非常辉煌、非常亲切的文学现实。当时大量的拉美文学被翻译到中国，包括自己在内的很多中国作家从中大受启发。莫言在演讲中还讲述了 30 多年来幻想与现实在中国的转变，“最近三十多年以来，中国社会发生了翻天覆地的、令全世界瞩目的巨大的变化和进步，我们当年很多幻想的事情现在都变成了现实，当年我们很多做梦都没有想到的事情今天都变成了现实或者正在变成现实”。他认为，中国社会面临的进步，是中国作家们面临的新的现实，也是文学创作、艺术创造最宝贵的资源。

中国作协组织网络作家“走进抗战历史” 6月23日，在雄壮的国歌声中，中国网络作家“走进抗战历史”活动在北京卢沟桥启动。由此出发，在接下来的10天时间里，网络作家将走访有代表性的抗战遗址、纪念场馆和抗战幸存者，通过实地考察、采访采风、座谈讨论等形式，走进抗战历史。中国作协副主席陈崎嵘、办公厅主任胡殷红，以及30多位网络作家、网络文学编辑参加了启动仪式。

专家向“小兵张嘎之父”致敬 6月24日，中国作家协会、河北省委宣传部和河北省作家协会在石家庄为以撰写抗战小说著称的作家徐光耀举办了文学创作研讨会。众多作家、评论家汇聚一堂，共同探讨徐光耀文学作品的经典魅力，向这位已90岁高龄的“小兵张嘎之父”致敬。徐光耀本人也亲临会场。中国作协党组成员、书记处书记阎晶明在会上宣读了中国作协主席铁凝的书面讲话。铁凝在讲话中说，徐光耀的文学之根始终扎在生活的厚土中，因有深厚生活的丰富滋养，有取之不尽用之不竭的写作源泉，使得他的作品读来特别有滋有味。

7月

王树增《抗日战争》新书发布会在京举行 7月2日上午，军旅作家王树增的长篇纪实文学作品《抗日战争》新书发布会在北京隆重举行。中宣部出版局巡视员刘建生、国家新闻出版广电总局出版管理司司长周慧琳、中国人民解放军总政治部文艺局局长姜秀生、中国出版传媒股份有限公司副总经理孙月沐到会并发表了讲话。作者王树增向与会者详细介绍了该书的创作历程，人民文学出版社有限公司总裁管士光介绍了该书的出版过程。在京的三十余家媒体记者参加了会议。

《抗日战争》自出版以来，连续登榜并入选多项文学读物的名单，很短时间即跃居抗战图书最受欢迎的作品之一。

“血肉筑起的长城——抗战中的文学”展览在京举行 7月8日，由中国作家协会主办、中国现代文学馆承办的“血肉筑起的长城——抗战中的文学”展览在北京举行。中国作协主席铁凝，中国作协党组书记钱小芊，副主席吉狄马加、陈崎嵘、李敬泽，书记处书记阎晶明出席开幕式。铁凝代表中国作协向在抗战中与人民战斗在一起的作家们表示最深切的怀念，向参加过抗战的文学界老战士、老作家致以崇高的敬意和诚挚的祝福。老作家玛拉沁夫代表老作家、老战士讲话。

全国儿童文学创作出版座谈会在京举行 7月9日，中央宣传部、中国作协在京召开全国儿童文学创作出版座谈会，学习贯彻习近平总书记系列重要讲话精神，着眼满足少年儿童阅读需要，繁荣儿童文学创作，研究如何更好地推动多出精品、多出人才，为少年儿童提供最好的精神食粮。会议强调，繁荣发展儿童文学事业，要深入学习贯彻党的十八大和十八届三中、四中全会精神，学习贯彻习近平总书记系列重要讲话精神，始终坚持“二为”方向和“双百”方针，坚持先进文化的前进方向，推出更多思想精深、艺术精湛、制作精良的优秀作品，为实现“两个一百年”奋斗目标、实现中华民族伟大复兴的中国梦作出新的更大贡献。共青团中央、教育部、国家新闻出版广电总局等有关部门负责同志，29家专业少儿出版单位主要负责人和百余位儿童文学作家、评论家参加会议。会议为期两天，于10日结束。

第十届“海峡诗会”在福建建宁举行 7月15日至17日，第十届“海峡诗会”在福建建宁举行。福建省委常委、宣传部部长李书磊，中国作家协会党组成员、书记处书记阎晶明在开幕式上做了贴近诗歌现实的致辞，与会诗人深受感染。来自两岸四地的四十余位诗人莅会。台湾诗人郑愁予、简政珍、陈义芝、萧萧、向阳、陈育虹、辛牧、方群、龚华、陈谦，香港诗人秀实、郑单衣、巴桐，澳门诗人姚风，大陆诗人舒婷、叶延滨，诗评家谢冕、孙绍振等，都在会上发言。他们以“美丽乡村觅诗行”为主题，围绕“现代诗：个人经验与乡土资源”的诗学议题展开交流，对华文现代诗的创作、发展，对当下诗歌创作问题提出了很好的意见。

2015年第一、二季度中国网络小说排行榜揭晓 7月31日，由全国网络文学重点园地工作联席会议主办、中国作家网承办的2015年第一、二季度中国网络小说排行榜揭晓。中国网络小说排行榜每年推出四次季度榜和一次年度榜，每次榜单分为新书榜（10部）、精品阅读榜（10部）。每次评选分为作品征集、网上投票、初审、专家终审、公布榜单五个环节。2015年第一季度、第二季度榜单合为一次评选，评选工作于6月13日启动，共征集来自全国22家文学网站推荐的187部作品。

8月

第九届茅盾文学奖揭晓 8月16日，第九届茅盾文学奖在北京揭晓，格非《江南三部曲》、王蒙《这边风景》、李佩甫《生命册》、金宇澄《繁花》、苏童《黄雀记》五部长篇小说获得该项殊荣。茅盾文学奖由中国作家协会主办，每四年评选一次。第九届茅盾文学奖的评奖范围为2011年至2014年间出版的长篇小说，共有252部作品参评，比上届增加74部。中国作家协会书记处聘请了来自全国各地的62位作家、评论家和文学组织工作者组成评奖委员会。评委对作品进行了认真阅读、深入讨论，经过5轮投票，于8月12日产生了十部提名作品并进行三天公示。8月16日，经第六轮投票，产生了五部获奖作品并向社会公布了实名投票情况。

2015·中国少数民族当代文学论坛在甘肃召开 8月20日，由中国作家协会和中共甘肃省委宣传部主办的第三届中国少数民族当代文学论坛——“丝路文学语境下的多民族文学审美——2015·中国少数民族当代文学论坛”，在千古丝路的重要驿站甘肃兰州举行。中国文联副主席、中国作协少数民族委员会主任丹增，中国作协党组成员、书记处书记白庚胜，甘肃省委常委、省委宣传部部长连辑，甘肃省委宣传部副部长、省文联主席邵明等出席会议。连辑、白庚胜、丹增分别致辞。本届论坛旨在加强少数民族文学理论批评建设，发现和挖掘少数民族在古丝绸之路上的文学实践和成就，探讨和拓展少数民族文学对新时期“一带一路”建设的现实作用和历史担当，深化少数民族文学对丝路文学书写的参与，加强少数民族文学对中华民族文化复兴及人类进步事业的贡献。

中华诗词学会第四次全国会员代表大会在京举行 8月20日，中华诗词学会第四次全国会员代表大会在京举行。中宣部副部长王世明，中国作协党组书记、副主席钱小芊，全国人大华侨委员会副主任委员令狐安等出席大会开幕式。钱小芊宣读了刘云山、刘奇葆同志对大会的批示，并代表中国作协讲话。郑欣淼主持大会开幕式并致开幕词。李文朝代表中华诗词学会三届理事会作了题为“为实现中华民族伟大复兴的中国梦，勇于弘扬诗词文化的历史担当”的工作报告。当天，大会选举产生了由213人组成的新一届理事会、71人组成的常务理事会和学会领导班子。郑欣淼连任中华诗词学会会长，李文朝连任中华诗词学会常务副会长，代雨东、李树喜、张克复、陈文玲、范诗银、林峰（北京）、罗辉、周啸天、赵永生、胡迎建、贾学义、钱志熙、高昌、彭崇谷当选为副会长，林峰兼任秘书长。

中国女性文学第十二届国际学术研讨会在呼市召开 18日—20日，纪念中国当代文学研究会女性文学委员会成立20周年暨中国女性文学第12届国际学术研讨会在呼和浩特召开。来自国内外高校、研究机构的140余名学者，以大会发言和小组讨论相结合的方式，从女性文学研究反思与学科建设、跨文化视域中的女性文学研究、现当代女性文学文化现象、21世纪以来的女性文学创作、性别视角下的文学创作与媒介传播等多个角度，就当下的女性文学创作现象与研究热点进行了解读和对话，取得了丰硕的成果。研讨会期间举行了女性文学委员会理事会扩大会，选举产生了新一届中国当代文学研究会女性文学专业委员会的组织机构。乔以钢任女性文学委员会主任，林丹娅、林树明、董丽敏、李玲、王侃任副主任，董丽敏兼任秘书长；谭湘为名誉主任，金燕玉、刘思谦为顾问。会上还颁发了由女性文学委员会主办、冰心文学馆协办的第四届女性文学研究成果表彰奖。

张志民诗歌研讨会召开 8月21日，在抗日战争胜利70周年到来之际，在当年的平西抗日根据地斋堂镇，中共北京市门头沟区委宣传部、北京市作协、首都师范大学中国诗歌研究中心联合主办了“张志民诗歌创作研讨会”。高洪波、刘恒、王升山、吴思敬、杨匡汉、骆英、沈奇、马淑琴等诗人、学者与会。与会者谈到，张志民在抗日战争的烽火中投身革命，在时代的风云变幻中矢志为民，以时代的亲历者和受害者身份写下一系列具有民族和时代特色的诗作，显示了诗人与时代同在、与人民同歌哭的精神质地，这对当前诗歌创作具有方向性的启示意义。与会者还就张志民诗歌创作的历史分期、写作资源、美学风格及其所开创的诗歌道路等问题展开了交流。

第二十二届北京国际图书博览会 “中国作家馆”在京开幕 8月26日，由中国作家协会主办、中国作家出版集团承办的第二十二届北京国际图书博览会“中国作家馆”在北京中国国际展览中心举行。中国作协党组书记钱小芊、中国作协副主席何建明出席并为“中国作家馆”揭幕。随后，中国作家馆举行了程雪莉抗战题材新书《寻找平山团》首发式。《寻找平山团》真实地描述了在民族危亡时刻，平山儿女前赴后继、转战南北，为全国解放和民族独立而英勇献身的感人故事，塑造了太行子弟兵“忠勇稳定、悲歌慷慨”的英雄形象，凸显了中国共产党在领导全国各族人民实现民族独立和人民解放中的巨大贡献。该书由作家出版社和花山文艺出版社联合出版。

抗战题材文学创作研讨会在北京举行 8月27日,由中国作家出版集团主办、《长篇小说选刊》杂志社承办的抗战题材文学创作研讨会在北京举行。中国作协副主席何建明出席会议并发言。雷达、范咏戈、梁鸿鹰、施战军、张陵、高叶梅、胡殷红、何向阳、彭学明、邱华栋、李朝全、汪守德、李舫、黄国荣、丁晓平等20余位作家、评论家与会研讨。研讨会由中国作家出版集团管委会副主任徐忠志主持。与会专家学者重点围绕《南京大屠杀》《寻找平山团》《抗日战争》《极地天使》《三尺布》《吾血吾土》《来生再见》《大国博弈·1945》《磷火》《抗战救护队》等作品展开讨论。他们谈道,抗战题材文学创作是中华民族新的精神和文化长城上的堡垒,抗日战争的伟大胜利凝聚着全民族的牺牲和奋斗,也包含着中国作家们的激情和奉献。战争留下的记忆是复杂的,文学赋予其更加丰富的内涵和深远的意义。

9月

《三体》与中国科幻原创力研讨会在京举行 9月1日,由中国作协创研部、《光明日报》文艺部共同主办的"《三体》与中国科幻原创力研讨会"在京举行。中国作家协会副主席、党组成员、书记处书记李敬泽,中宣部文艺局理论文学处处长彭云,《光明日报》文艺部主任彭程出席研讨会。会上,国内众多科幻文学研究专家围绕中国科幻文学的现状及未来发展展开了热烈讨论。研讨会由中国作协创研部主任何向阳主持。研讨会上,各位专家学者从多个角度评说了刘慈欣的《三体》及其获奖的意义,为中国科幻文学事业的未来发展提供了诸多建设性意见。

首都文学界"纪念中国人民抗日战争暨世界反法西斯战争胜利70周年"座谈会举行 9月6日,中国作家协会隆重召开首都文学界"纪念中国人民抗日战争暨世界反法西斯战争胜利

70周年”座谈会。中国作协主席铁凝出席座谈会并讲话。中国作协党组书记、副主席钱小芊主持座谈会。中国作协副主席吉狄马加、陈崎嵘、李敬泽、高洪波，书记处书记白庚胜、阎晶明，主席团委员王巨才、张胜友等出席。钱小芊作主持讲话，作家、评论家代表邓友梅、柳建伟、孟繁华、大解、程雪莉、李云雷、张者、成善一等先后发言。徐非光即席演唱了《抗日儿童团歌》《孩子剧团团歌》。大家从不同角度回顾抗战历史，表达对革命先烈、文学前辈和死难者的怀念，肯定文学的社会价值和精神力量，表示要弘扬抗战精神，推动抗战文学创作。

冯牧先生藏书手稿暨铜像入藏中国现代文学馆　9月12日，冯牧先生的女儿女婿程小玲、任肖兵夫妇将冯牧先生的珍贵手稿《战地手记》等以及生前收藏的作家著作签名本一千多册、名家书法作品等捐赠给文学馆，同时著名雕刻家宋小鸿先生也将他创作的《冯牧》铜像原创青铜定稿捐赠给文学馆收藏。即日，中国现代文学馆举行了隆重的捐赠仪式。捐赠仪式由中国现代文学馆馆长吴义勤主持。中国作协党组成员、书记处书记、副主席李敬泽到会讲话。中国作协副主席陈建功、高洪波，以及徐怀中、贺捷生等在京的冯牧先生亲属、朋友、文学界知名人士近50人出席仪式，并纷纷发言，深情怀念这位文学前辈。

中国作协作家维权工作经验交流会在京举行　9月16日—17日，中国作协作家维权工作经验交流会在京召开。16日上午，中国作协书记处书记白庚胜、中国作协副主席张抗抗、中国作协创作联络部主任彭学明、国家版权局版权管理司副司长段玉萍等出席了会议开幕式，开幕式由中国作协创作联络部副主任邢春主持。彭学明在开幕式上宣读了中国作协书记处书记白庚胜的讲话。国家版权局版权管理司副司长段玉萍系统介绍了我国的版权保护现状和有关作家维权的政策法规。荣获“第四届世界知识产权保护组织版权金奖”的张抗抗现身说法，向与会者介绍了自己的作家维权经验和体会。来自全国各省级地方作协和产业(行业)作协分管维权工作的同志及中国作协作家权益保障办公室等40余人参加了会议。

冯至先生诞辰110周年纪念座谈暨学术研讨会在京召开 9月19日上午,冯至先生纪念座谈会在京举行。中国作协副主席、鲁迅文学院院长吉狄马加到会讲话,中国社会科学院原副院长汝信、中国社会科学院外国文学研究所所长陈众议、中国社会科学院文学研究所所长陆健德,以及屠岸、范大灿、童道明、黄燎宇等知名作家、翻译家、学者和冯至先生亲友近百人出席,缅怀冯至先生为人为文的品德及其卓著贡献。会上,冯至先生的女儿冯姚平女士代表亲属将冯至先生的手稿、信札、藏书等珍贵资料捐赠给中国现代文学馆。在下午举行的学术研讨会上,曾镇南的《以一生尽其天职的诗人》、叶隽的《冯至与中国德文学科的开辟》、张辉的《冯至先生的多重精神探索给我们的启示》,以及张宽、佐藤普美子等国内外学者均高度评介了冯至先生的文学成就和对现今文坛的启示意义。

《新时期中国少数民族文学作品选集》成果发布会在京召开 9月19日,由中国作家协会主办、中国作家协会创作联络部与中国作家协会少数民族文学委员会承办的"《新时期中国少数民族文学作品选集》成果发布会"在中国现代文学馆举行。中国作协党组成员、副主席、书记处书记吉狄马加,中国作协少数民族文学委员会主任丹增发表讲话。中国作协创联部副主任冯秋子受中国作协党组成员、书记处书记白庚胜委托,作有关工作通报。国家民委、社科院、作家出版社等相关单位的代表出席会议并发言。在京各民族卷主编、编委,鲁迅文学院少数民族文学创作培训班的学员等百余人参加发布会。

《新时期中国少数民族文学作品选》总计55卷60册。丛书共收录2218位作者的4279篇作品,其中小说792篇,散文1413篇,诗歌2010首,报告文学63篇,影视剧本1篇,长篇作品仅列目录。

诗刊社举办第三十一届青春诗会 9月14日至18日,第31届青春诗会在福建省龙岩市永定区举行。中国作协副主席吉狄马加,福建省委常委、宣传部部长李书磊,中国作协主席团委员张胜友,《诗刊》常务副主编商震、副主编李少君,福建省文联副主席陈毅达等出席开幕式。杨庆祥、袁绍珊、宋尚纬、白月、江汀、李其文、天岚、张二棍、武强华、秋水、林宗龙、赵亚东、茱萸、钱利娜、黎启天等15位青年诗人参加此次诗会。诗刊社邀请刘立云、娜夜、潘虹莉和霍俊明担任本届诗会的辅导老师。参会诗人分为4组,每组由一位辅导老师和一位诗刊编辑带队,对提交的诗歌稿件进行详细讨论。

第九届茅盾文学奖颁奖典礼在京举行 9月29日晚,第九届茅盾文学奖颁奖典礼在北京中国现代文学馆举行。中国作协主席、第九届茅盾文学奖评奖委员会主任铁凝,中国作协党组书记、副主席钱小芊出席颁奖典礼并分别致辞。中宣部副部长景俊海出席颁奖典礼。茅盾文学奖由中国作家协会主办,根据茅盾先生遗愿于1981年设立,旨在褒奖优秀长篇小说创作,是我国目前具有最高荣誉的文学奖项之一。本届评选范围是2011年至2014年出版的长篇小说。格非的《江南三部曲》、王蒙的《这边风景》、李佩甫的《生命册》、金宇澄的《繁花》、苏童的《黄雀记》五部佳作最终胜出。在欢快的乐曲声中,获奖作家上台领奖。格非、王蒙、李佩甫、金宇澄、苏童5位获奖作家分别发表了获奖感言。作家们或平实朴素,或热情风趣,讲述了创作背后鲜为人知的点点滴滴,分享了他们对社会人生及文学的感悟。

10月

陈涌同志逝世 10月4日,中国作家协会会员、中国作家协会名誉委员、中共中央政策研究室顾问陈涌同志,因病医治无效,于2015年10月4日在北京逝世,享年96岁。

陈涌，原名杨熹中，又名杨思仲。1938年开始发表作品。上世纪50年代加入中国作协。曾任《文艺报》主编，中国社会主义文艺学会会长，《文艺理论与批评》主编。长期从事鲁迅专题研究和文艺理论研究，曾参加《鲁迅全集》新版本的注释工作。著有《文学评论集》《文学评论二集》《鲁迅论》《陈涌文学论集》《在新时期面前》等。《"五四"文化革命的再评价》一文获第二届鲁迅文学奖理论评论奖。

闽派文艺理论家批评家高峰论坛暨"闽派诗歌"研讨会在京举行 10月9日，2015闽派文艺理论家批评家高峰论坛暨"闽派诗歌"研讨会在北京中国现代文学馆举行，来自北京、福建等全国多地的近百位专家学者齐聚一堂，对"全媒体时代的文艺与批评"进行深入研讨，并就"闽籍学者文丛"和"闽派诗歌"展开讨论。中国作协副主席李敬泽、福建省文联主席张帆、中国文联书记处书记郭运德、北京大学中国诗歌研究院院长谢冕等出席论坛并致辞。中国文艺评论家协会主席仲呈祥、中国作协书记处书记阎晶明、中国文联书记处书记陈建文、福建省文联党组书记张作兴等有关方面领导，中国文联理论研究室主任庞井君、《文艺报》总编辑梁鸿鹰，张炯、张胜友等闽籍和在闽工作的文艺理论家、批评家、诗人，部分在京专家学者等与会研讨。

除主题论坛外，今年的论坛还特别设置了两个专题研讨环节，使其内容更加丰富。2014年，闽派文艺理论家批评家高峰论坛在福州举行，实现了"闽派批评"近30年来的首次大团聚。今年高峰论坛移师京城，并邀请了超过半数的非闽籍学者、作家和诗人参与，体现了论坛的开放性姿态。

严文井百年诞辰纪念座谈会在京举行 10月19日，中国作协在中国现代文学馆举行严文井百年诞辰纪念座谈会。中国作协主席铁凝出席座谈会并致辞。中国作协党组书记、副主席钱小芊主持座谈会。中国作协副主席陈建功、高洪波、李敬泽、张抗抗等出席座谈会。屠岸、金波、阎纲、杨匡满、聂震宁、王涛、周明、覃琨、管士光等满含深情地讲述了与先生交往共事的点滴往事。他们谈道，严文井的为人为文都值得称道，他的童话永远都没讲完。他的儿童文学创作执着于表现人性，既是诗意的又是哲理性的，对陶冶孩子的情操、启迪智慧和心灵产生了重要影响。王蒙、谢永旺、文洁若、吴泰昌、邵燕祥、徐城北、樊发稼、崔道怡、叶稚珊、李辉、陈国华、谷斯涌、何志云、陈虹等参加纪念座谈会。

2015年全国报告文学创作会在山东济南举行　10月20日至22日，2015年全国报告文学创作会在济南举行。中国作协副主席、中国报告文学学会会长何建明出席会议并讲话。来自全国各地的200余位报告文学作家和作者参加了此次会议。今年全国报告文学创作会的主题是：以深入理解文艺和人民的密切关系，坚持社会主义文艺的方向，提高使命意识，端正文艺作风，更好把握报告文学的特性，如何积极切近现实社会生活，真实正确地接受传递社会信息，面对各种社会矛盾，积极传递正能量，发出准确文学声音为中心内容展开对话交流。与往年一样，今年的创作会仍然设置了多场报告文学论坛和自由论坛，邀请近20位知名报告文学作家、评论家、学者向来自全国各地的作家授课，分享交流各自的创作研究心得体会，并对业余作者的创作提出意见和建议。精彩的讲述、到位的点评，令广大作者受益匪浅。

中国作协八届八次主席团扩大会议在京召开　10月23日，中国作家协会第八届主席团第八次扩大会议在北京召开。中国作协主席铁凝主持会议。中国作协党组书记、副主席钱小芊代表书记处作工作报告。中宣部副部长景俊海出席会议并讲话。会议深入学习贯彻习近平总书记在文艺工作座谈会上的重要讲话精神，认真学习中共中央《关于繁荣发展社会主义文艺的意见》，对中国作协今年以来的工作进行了总结，对深入学习贯彻习近平总书记在文艺工作座谈会上的重要讲话精神、学习贯彻《关于繁荣发展社会主义文艺的意见》作出部署。会议审议通过八届八次主席团扩大会议决议。陈崎嵘同志由于已超过任职年龄，不再担任书记处书记职务。会议对陈崎嵘同志为我国文学事业和作协工作所作出的贡献，给予高度评价并表示衷心感谢。会议同意成立中国作协网络文学委员会。中国作协主席团成员出席会议。中国作协各单位、各部门负责人列席会议。

全国网络文学重点园地工作联席会召开 10 月 22 日，第六十九次全国网络文学重点园地工作联席会议在京召开。中国作协副主席李敬泽出席会议并讲话。中国作协办公厅主任胡殷红、创作研究部主任何向阳出席会议。中国作家网、阅文集团、中文在线、作家在线、大佳网、铁血网、汉王书城、晋江文学城、纵横中文网、旗峰天下、塔读文学、网易云阅读、凤凰网、百度多酷、看书网、半壁江中文网、掌阅文学、爱读文学、创别书城、天涯读书、蔷薇书院、晨星盛世网、飞库网、中国诗歌网、云阅文学网等 20 余家网站相关负责人参加会议。会上，来自铁血网、晋江文学城、掌阅文学、半壁江中文网等网站代表，分别介绍了各自网站的学习情况并畅谈了学习体会，肖惊鸿、马季、刘晓闻对"2015 年优秀网络原创作品推介活动""首届中国网络文学论坛"以及"中国网络文学排行榜"第二期工作做了介绍和总结。

翻译家草婴同志逝世 10 月 24 日，中国作家协会会员、上海市作协原副主席、著名翻译家草婴同志，因病医治无效，在上海逝世，享年 93 岁。

草婴，原名盛峻峰。浙江镇海人。中共党员。1942 年开始发表作品。1949 年加入中国作家协会。译著《战争与和平》《安娜·卡列尼娜》《复活》《一个地主的早晨》《哥萨克》《克鲁采奏鸣曲》《哈吉·穆拉特》《童年·少年·青年》《当代英雄》《新垦地》《一个人的遭遇》《顿河故事》《拖拉机站站长和总农艺师》等，2003 年出版《我与俄罗斯文学》。1987 年获莫斯科国际翻译苏联最高文学奖高尔基文学奖。

第三季度中国网络小说排行榜揭晓 11月1日,由全国网络文学重点园地工作联席会议主办、中国作家网承办的2015年第三季度中国网络小说排行榜揭晓。此次评选工作于9月15日启动,共征集来自全国22家文学网站推荐的159部作品。经过网上投票、预审、专家终审等环节,最终现场投票选出20部上榜作品。18名专家学者和文学网站代表参与终审,对参选作品发表意见,结合作品实际,探讨了中国网络小说排行榜的定位和特色,对作品推荐及评审机制提出了意见和建议。

第三届"紫金·人民文学之星"颁奖 11月1日,由人民文学杂志社和江苏省作协共同主办的第三届"紫金·人民文学之星"颁奖仪式在苏州大学举行。李敬泽、王燕文、施战军、李朝润、范小青、韩松林、朱秀林等出席颁奖仪式并为获奖者颁奖。徐艺嘉、于一爽、祁媛、胡竹峰、梁书正、杨晓帆分获长篇小说奖、中篇小说奖、短篇小说奖、散文奖、诗歌奖、文学评论奖,非虚构奖空缺;彭扬、孙一圣和常小琥、王苏辛和国生、羌人六、周渝和王大骐、黄相宜分别获得长篇小说、中篇小说、短篇小说、散文、非虚构、文学评论佳作奖,诗歌佳作奖空缺。

第十四届全国文学院院长联席会议召开 10月28日,第十四届全国文学院院长联席会议在贵阳举行,来自22个省区市的26个文学院的代表参加了会议。中国作协副主席、鲁迅文学院院长吉狄马加,贵州省人大常委会党组副书记、副主任张群山,中共贵州省委宣传部副部长谢念出席会议并讲话。与会代表结合各地文学院工作实际,着重就如何鼓励、支持和帮助作家通过多种形式深入生活,扎根人民,为人民创作;如何采取措施加大青年作家的培训力度、拓展培训模式;如何创新和完善合同制作家和签约制作家的管理体制机制;如何发掘文学人才资源并团结不同类型作家、壮大作家队伍、实现文学人才可持续发展;各文学院如何跨地区合作、整合资源、优势互补、发挥协同效应、繁荣文学发展等方面问题展开深入交流和探讨，提出了许多务实而富有建设性的建议和意见。

陈涌先生追思会在京举行 10月21日，40余位专家学者及陈涌先生家人出席追思会，深切缅怀陈涌先生，共同探讨马克思主义文艺理论与批评的历史与未来。丁振海、吴元迈、徐可、涂武生、曾镇南、白烨、董学文、陈漱渝、解志熙、李平安、刘润为、熊元义等先后发言，陈涌的女儿杨小菲在会上也谈到她眼中的父亲，他表示：陈涌最大的遗憾，是那么多手稿完成不了，他带着他永远不能释怀的遗憾走了。

11月

毛泽东诗词研究会第十五届年会在京召开 11月2日，由中国毛泽东诗词研究会主办的“毛泽东诗词与中华民族伟大复兴的中国梦”学术研讨会暨中国毛泽东诗词研究会第十五届年会在京召开。冷溶、贺敬之、逄先知、滕文生、陈昊苏、杨胜群、陈晋等出席。研讨会后，举行了第五届会员代表大会暨第五届一次理事扩大会议，选举了研究会新一届领导机构。陈晋当选为中国毛泽东诗词研究会会长，董学文等15人当选为副会长。

中国文学博鳌论坛在海南开幕 11月10日，由中国作家协会主办的中国文学博鳌论坛在海南省博鳌镇开幕。本次论坛的主题是“世界视野中的中国文学与中国精神”，60余位作家和评论家将围绕4个议题交流研讨，分别是：在新的历史条件下，中国文学如何立足本土，认识中国和表达中国；在全球化背景下，在世界文学格局中，中国文学如何保持自己的主体性，增强文化自觉与文化自信；文学创作如何弘扬中华美学精神，如何回应和激活传统资源；文学在民族精神和文化认同的建设中有何作用，中国文学如何在实现中华民族伟大复兴中国梦的进程中发挥精神引领和精神支撑作用。

甘肃省作家协会第六次会员代表大会在兰州召开　11月15日，甘肃省作协第六次会员代表大会在兰州召开，甘肃省委常委、宣传部部长连辑出席开幕式并讲话，省文联主席邵明主持会议，省文联党组书记、副主席周丽宁，省文联党组成员、副主席翟万益、苏孝林、王登渤，省文联副巡视员李积麒，省作协主席邵振国，省作协常务副主席魏珂以及来自全省各地和行业的近百名作家代表参加会议，与会代表回顾总结五年来甘肃文学的成就和经验，分析形势，研究问题，共商进一步搞好作协和甘肃文学工作的大计，选举产生了新一届主席团成员。马步升当选为新一届甘肃省作家协会主席，魏珂、罗玉琴、叶舟、娜夜、陈玉福、高凯、牛庆国、马青山、任真、雪漠、铁穆尔、赵淑敏当选为副主席。

陈忠实文学创作研讨会在西安召开　11月22日，由西安工业大学与省作协联合举办的陈忠实当代文学研究中心成立十周年庆典暨陈忠实文学创作研讨会在西安工业大学图书馆隆重召开。中国作家协会副主席、省作协名誉主席陈忠实，省作协党组书记、常务副主席黄道峻，西安工业大学党委书记赛云秀、校长苗润才出席开幕仪式并讲话。研讨会上，中国现代文学馆馆长、西安市副市长吴义勤，新华社陕西分社党组书记、社长李勇，中国当代文学研究会会长白烨，省作协副主席、陈忠实当代文学研究会中心副主任李国平，著名文学评论家朱小如、肖云儒、畅广元、李星、李震等就陈忠实文学创作50年来的创作道路、现实意义，陈忠实当代文学研究会成立10年来所取得的成果及陈忠实文学研究的发展方向进行了总结和讨论。

关于增补中国作家协会诗歌委员会组成人员的公告　11月23日，中国作家协会书记处研究决定，增补中国作家协会诗歌委员会组成人员，增补名单为：主任：叶延滨，委员：李琦、荣荣、耿占春、高兴。

河南省作家协会第六次代表大会在郑州举行　11月27日，河南省作家协会第六次代表大会在郑州举行，中国作协副主席、书记处书记吉狄马加，河南省委常委、宣传部部长赵素萍等出席大会。在会议的开幕式上，省委、省政府对作家李佩甫进行特别表彰。授予李佩甫“河南省文学创作杰出贡献奖”，奖金50万元。

同日，省作协第六次代表大会审议通过了上一届省作协工作报告，修改通过了省作协新的章程，选举产生了省作协新一届领导机构。邵丽当选省作协主席，乔叶、马素芳（鱼禾）、冯杰、刘先琴、孙郁（墨白）、何弘、张鲜明、韩达、南飞雁等12人当选为副主席。乔叶兼任秘书长。

纪念先锋文学30年国际学术论坛在京举行　11月27日，“通向世界性与现代性之路”——纪念先锋文学30年国际学术论坛在北京师范大学京师学堂举行。开幕式由北京师范大学文学院副院长、国际写作中心执行主任张清华教授主持。中国作协副主席、书记处书记李敬泽先生在致辞中回顾了先锋文学30年的历程，指出先锋文学的重要主题是时间和历史。此次会议分为批评家发言专场、青年学者发言专场和著名作家发言专场，多位国内外知名批评家和学者对先锋文学的精神、意义及转型等问题进行了深入的发言与对话，而曾经躬行于先锋文学创作的余华、苏童、格非等作家，通过讲故事的方式回忆当时的创作与自身的思考，更使先锋文学以真实可感的姿态，唤醒一代读者的鲜活记忆。

学习习近平总书记文艺工作座谈会重要讲话学术研讨会在京召开　11月28日，由中央党校文史部、中国社会科学院文学所联合主办的“追寻当代中国文艺道路——学习习近平总书记文艺工作座谈会重要讲话学术研讨会”在京召开。中央党校文史部主任冯鹏志、副主任李文堂，中国社会科学院文学所所长陆建德、外文所所长陈众议,《文艺报》总编辑梁鸿鹰,《文学评论》副主编高建平等专家学者,以及中央党校研究生和文化学师资班的学员100多人与会。在整整一天时间中,与会专家围绕深入学习习近平总书记在文艺工作座谈会上的重要讲话进行发言、讨论和对话,各抒己见,气氛热烈。

河北举办"从孙犁到铁凝"学术研讨会 11月28日,由河北师范大学文学院、衡水市委宣传部主办,安平县委宣传部协办的"从孙犁到铁凝——现当代文学与现代中国的历史变迁"学术研讨会在石家庄举办,来自全国各地高校和科研院所的80余位专家学者汇聚一堂,围绕"荷花淀派"与孙犁的文学遗产、铁凝与新时期文学中的社会转型书写、河北地域文学中的乡土中国变迁等议题展开了交流研讨。研讨会上,河北师范大学铁凝暨河北作家研究中心揭牌成立。11月29日,与会专家学者赴孙犁故里安平县,参观了孙犁故居、孙犁图书馆、孙犁广场等。

贾平凹研究中心在其母校西北大学揭牌 11月29日上午,贾平凹研究中心在他的母校西北大学揭牌。西北大学校长郭立宏与中国作协党组成员、书记处书记李敬泽共同为贾平凹研究中心揭牌。陕西省委宣传部副部长陈彦、中国当代文学学会会长白烨、中国现代文学研究会会长丁帆、中国现代文学馆馆长吴义勤,以及李星、畅广元、李国平、杨乐生、段建军、李继凯、刘炜评、周燕芬、穆涛等多位作家、评论家参加了揭牌仪式暨"贾平凹与中国当代文学研讨会"。西北大学文学院院长段建军说道,在贾平凹的母校西北大学成立贾平凹研究中心,有着特别的意义。贾平凹研究中心成立后,将以西北大学文学院为主体,汇聚整合陕西高校及科研院所的文学批评资源,集中精力对贾平凹的散文、小说、书法、绘画等多方面艺术成就进行全面研究,就贾平凹作品的人文精神和文化内涵、贾平凹与陕西文化、贾平凹与中国现当代文学、贾平凹与当代世界文学的关系等重要课题展开深入研究。

12 月

全国文学报刊工作会议在京举行 12 月 1 日,由中国作家协会主办、中国作家出版集团承办的全国文学报刊工作会议在北京开幕。中国作协党组书记、副主席钱小芊出席会议并讲话。中宣部出版局巡视员刘建生、国家新闻出版广电总局新闻报刊司司长李军出席并致辞。来自全国近百家文学报纸、期刊的负责同志参加会议。《人民文学》主编施战军、《当代》社长孔令燕、《文艺报》总编辑梁鸿鹰、《花城》主编朱燕玲、《文学自由谈》副主编董兆林代表与会文学报刊在开幕式上先后发言,分享交流了各自的办报办刊经验。会议期间,全国文学报刊联盟正式宣告成立,并依据联盟章程产生了首届联盟组织机构。共有 56 家文学报刊成为联盟理事单位,104 家文学报刊成为联盟会员单位。《人民文学》为联盟理事长单位,《人民文学》《十月》《当代》《收获》《花城》《诗刊》《民族文学》《文学评论》《小说月报》《文艺报》《文学报》等 11 家文学报刊(排序不分先后)为联盟常务理事单位,徐忠志为联盟秘书长。

中国作协作家法律服务团在京成立 12 月 3 日,中国作协作家法律服务团成立仪式在北京中国现代文学馆举行。中国作协党组书记、副主席钱小芊,国家新闻出版广电总局副局长、国家版权局副局长阎晓宏,中国法学会副会长张文显,中国作协副主席张健、陈建功、张抗抗等出席成立仪式。中国作协书记处书记白庚胜主持仪式并宣读了作家法律服务团成员名单。钱小芊、张健为中国作协作家法律服务团成立揭牌。钱小芊、张健、陈建功、张抗抗、张胜友分别向到会的作家法律服务团特约专家、特约律师及特约律师事务所代表颁发聘书。

“2015 · 北京文艺论坛”在京举办 12 月 1 日至 2 日,由北京市文联主办,北京市文联研究部、北京文艺评论家协会承办的

"全媒体时代的文艺价值重构:2015 · 北京文艺论坛"在京召开。北京市文联党组副书记刚杰,北京文艺评论家协会主席、北京大学中文系教授谢冕分别致辞。论坛上,各艺术门类的专家围绕全媒体背景下文艺价值的重构,结合当前多个艺术领域文艺发展现状,深入探讨了文艺价值重构的艺术尺度、全媒体时代的写作与批评、多媒体对当代戏剧的渗入与改变、全媒体时代舞蹈价值的坚守与重塑、全媒体时代的音乐生态建设等理论话题。

2015 年度茅台杯人民文学奖揭晓 12 月 11 日下午,2015 年度茅台杯人民文学奖在北京颁奖,中国作协副主席何建明,茅台集团副总经理杜光义,周大新、孙慧芬、白描等获奖作家以及鲁迅文学院第 28 届高研班的学员出席了颁奖典礼。获得优秀长篇小说奖的是周大新的《曲终人在》和孙慧芬的《后上塘书》,获得优秀中篇小说奖的是荆永鸣的《较量》和刘建东的《阅读与欣赏》,获得短篇小说奖的是金仁顺的《金枝》,叶广芩的《鬼子坟》;优秀散文奖颁给了何士光的《日子是一种了却》。获得优秀非虚构奖的是白描的《翡翠纪》,获得优秀诗歌奖的是两位女诗人,李琦和颜梅玖。今年是中国人民抗日战争暨世界反法西斯战争胜利 70 周年,涌现出一批优秀的抗战作品。今年的特别奖颁给了何建明长篇报告文学《南京大屠杀》和黄国荣长篇小说《极地天使》。

张贤亮纪念馆开馆仪式在银川举行 12 月 8 日是作家张贤亮的诞辰日。当天,张贤亮纪念馆开馆仪式暨张贤亮文学成就研讨会在宁夏银川市镇北堡西部影城举行。中国作协副主席陈崎嵘,宁夏回族自治区党委常委、宣传部部长蔡国英为张贤亮纪念馆揭牌。陈崎嵘为张贤亮纪念馆开馆赋诗一首。张贤亮纪念馆分为六大主题展室,按照时间顺序分布于四合院的各个房间。在同时举行的张贤亮文学成就研讨会上,宁夏师范学院副院长郎伟作了"张贤亮:文学与西部大地"的主题发言,贺绍俊、马知遥、高耀山、石舒清、顾建平、高小立、白草、牛学智等作家评论家从不同角度对张贤亮在文学上取得的成就进行评价。

中国作协影视文学委员会2015年年会在京召开　12月15日，由中国作协创研部主办的中国作协影视文学委员会2015年年会暨影视文学现状及趋势研讨会在京举行。中国作协副主席李敬泽出席会议并讲话，中国作协副主席、中国作协影视文学委员会主任陈建功主持会议。与会委员回顾了2015年委员会工作，并对委员会2016年工作要点进行了深入探讨。与此同时，各位委员及特约专家学者还对2015年影视剧创作现状进行了系统的梳理与盘点，并据此预测了2016年影视文学的发展趋势，对未来影视剧创作提出了建设性意见。

第二届全国高校文学社团高峰会举行　12月12日，由全国大学生文学社团联盟主办的第二届全国高校文学社团高峰会在江苏徐州江苏师范大学举行。中国作协副主席何建明，共青团中央学校部副部长、全国学联副秘书长石新明，江苏师范大学党委书记徐放鸣出席会议并讲话。来自全国各地30多所高校的文学社团负责人、江苏师范大学学生代表等参加此次活动。此次活动特别邀请了部分作家、评论家和文学报刊社负责人参与。范小青、刘醒龙、欧阳江河分别围绕"丝绸之乡的中国故事""小说、人生与国家""诗歌、人生与一带一路"等作了主题报告。欧阳江河、李少君、顾建平就诗歌创作和赏析的有关话题展开对谈，并同与会社团代表互动交流。

广州纪念萧殷诞辰100周年　12月8日，广东省文联、作协，羊城晚报社，广东省评协联合举办的萧殷诞辰100周年纪念研讨会在广州举行。广东省文联专职副主席李劲堃、省作协专职副主席杨克分别致辞。崔艾真代表文艺报社向《文艺报》创办人之一、前辈萧殷先生致以真挚的敬意。广东省作协主席、暨南大学党委书记蒋述卓主持研讨会。来自全国各地的100余位专家学者会聚一堂，共同探讨了萧殷的文学成就及其对当前文艺评论和创作的价值和意义。会上还播放了《高山景行风范长存》纪念萧殷诞辰100周年专题片。

中国作协成立网络文学委员会 12月17日,中国作协网络文学委员会第一次全体会议在京召开。中国作协党组成员、副主席李敬泽出席会议并讲话,中国作协副主席、中国作协网络文学委员会主任陈崎嵘主持会议。与会委员围绕网络文学委员会的职能和2016年工作要点展开了认真讨论,赞同《工作要点》提出的主要工作任务:筹建一至两个网络文学理论研究基地,主办两至三次网络文学作品或文学现象研讨会,编辑出版两至三部网络文学理论专著,发布中国网络文学年度发展白皮书;积极参与第二届中国网络文学论坛的组织工作;通过创建中国网络作家创作基地、研究基地、活动基地,开展网络作家网上教学培训,组织网络文学作品研讨等方式团结广大网络作家,推动网络文学创作的发展;继续做好中国网络文学排行榜的评选工作,对上榜的作品要进行认真审读、推介,进一步增强优秀网络文学作品的影响力。

中国作协儿委会2015年年会在京举行 12月21日,中国作协儿委会举行2015年年会,会议以"立足本土原创放飞中国梦想——学习十八届五中全会精神把握和迎接儿童文学发展新常态"为主题,总结分析了2015年儿童文学创作状况和问题,并就引导儿童阅读、促进原创作品的推广等问题展开了讨论。中国作协副主席、党组成员、书记处书记李敬泽,中国作协副主席、中国作协儿委会主任高洪波,中国作协儿委会副主任王泉根、张之路、曹文轩,以及儿童文学作家、批评家王宜振、朱自强、刘海栖、汤锐、汤素兰、李国伟、张晓楠、徐德霞、黄蓓佳、梅子涵、董宏猷、韩进、薛涛、薛卫民、刘颋等参加了会议。汤素兰、董宏猷、刘海栖、韩进、王宜振、黄蓓佳分别代表湖南、湖北、山东、安徽、陕西、江苏等省份,总结了他们在2015年的儿童文学活动以及这一年儿童文学所发生的新变化、新状态。

内蒙古文联第八次代表大会召开　12月28日至29日，内蒙古自治区文学艺术界联合会第八次代表大会在呼和浩特召开。内蒙古自治区党委书记王君，内蒙古自治区主席巴特尔，中国文联副主席、书记处书记左中一，内蒙古自治区党委、政府有关部门、宣传文化单位、人民团体负责人和老艺术家代表出席大会开幕式。内蒙古文联第七届主席团主席巴特尔作工作报告，回顾了2010年以来内蒙古文学艺术界联合会第七次代表大会在加强队伍建设、培养优秀文艺人才、扶持推出草原文艺精品等方面的成就。大会选举官布扎布为内蒙古文联第八届主席团主席。

编 后 记

每到年尾岁头，都格外地忙碌，用四蹄朝天形容都不为过，因为这本“文坛纪事”和另一本“文情报告”，都须在年内基本完成撰著与编著，转过年即要交付出版。

两本书中，这本“文坛纪事”虽属时讯、时文、时评选编，但因为是以特殊方式记录和反映年度文坛实况和文学风景，我很是在意，也特别上心。

2015 年的文坛，在依流平进之中，穿插了一系列的大事与要事，如习近平《在文艺工作座谈会上的讲话》公开发表、《中共中央关于繁荣发展社会主义文艺的意见》的发布、纪念中国人民抗日战争暨世界反法西斯战争胜利 70 周年的活动等等，这些都需要以适当的方式予以收录，加以关注，同时还要顾及这本“文坛纪事”要面向更多受众的普及性与可读性。因此，怎样选文，如何编排，也颇费了一些心思，花了一些气力。现在呈现出来的面目，在“年度特载”“学习《讲话》笔谈”“要闻聚焦”等栏目，集中反映了一些重大事件与重要现象，而“文情传真”“现状观察”“文人互看”等专栏，则尽量选收有年度特色和鲜活气息的资讯，以使选文在客观反映年度文坛基本景况与主要面貌的同时，也能做到大小兼顾、轻重相宜。

2015 年间，相继去世的文人甚多，其中认识的友人也相当不少。有些人是应该写文章加以悼念的，但因种种原因未能如愿。那么，就以这本书中“忆怀故人”这个栏目的文章，借以寄托我个人的悼念之意与惜怀之情吧。

是为编后记。

白　烨

2016年2月12日于北京朝内